Vahlens Handbücher
der Wirtschafts- und Sozialwissenschaften

Finanzwissenschaft II

Theorie der Besteuerung

von

Prof. Dr. Dietmar Wellisch

unter Mitarbeit von

Dipl.-Volkswirtin Elke Baumann

Verlag Franz Vahlen München

Die Deutsche Bibliothek – CIP-Einheitsaufnahme

Wellisch, Dietmar:
Finanzwissenschaft / von Dietmar Wellisch. – München :
Vahlen (Vahlens Handbücher der Wirtschafts- und Sozial-
wissenschaften)
2. Theorie der Besteuerung / unter Mitarb. von
Elke Baumann. – 1999
ISBN 3 8006 2501 6

ISBN 3 8006 2501 6

Satz: DTP-Vorlagen der Autoren
Druck und Bindung: C. H. Beck'sche Buchdruckerei, Nördlingen
Gedruckt auf säurefreiem, alterungsbeständigem Papier
(hergestellt aus chlorfrei gebleichtem Zellstoff)

Vorwort

Der vorliegende Band Finanzwissenschaft II: *Theorie der Besteuerung* ist Teil eines dreibändigen Werks zur Finanzwissenschaft. Während sich die Finanzwissenschaft I: *Rechtfertigung der Staatstätigkeit* mit Marktversagensgründen beschäftigt und davon ausgehend den Bereich staatlicher Aufgaben festlegt, steht in der Finanzwissenschaft II die Finanzierung öffentlicher Aufgaben durch Steuern im Vordergrund. Der Band Finanzwissenschaft III: *Staatsverschuldung* untersucht schließlich die Frage, ob mit der öffentlichen Kreditaufnahme tatsächlich eine weitere Möglichkeit zur Verfügung steht, staatliche Ausgaben zu finanzieren.

Die Erhebung von Steuern sollte nicht willkürlich sein, sondern effizient und gerecht erfolgen. Während sich der Begriff der effizienten Steuererhebung eindeutig bestimmen läßt, ist die Frage einer gerechten Besteuerung naturgemäß sehr umstritten und wird deshalb ausführlich aufgegriffen. Von den Forderungen nach einer effizienten und gerechten Besteuerung ausgehend werden im vorliegenden Band die Wirkungen der wichtigsten Einzelsteuern abgeleitet, und es wird der Frage nachgegangen, wie ein effizientes und gerechtes Steuersystem beschaffen sein sollte. Neben diesen zentralen Problemstellungen finden auch Fragen der internationalen Abstimmung der Besteuerung, der Steuerflucht sowie der Steuerhinterziehung Eingang in die nachfolgenden Ausführungen.

Auch an dieser Stelle möchte ich mich nochmals ausdrücklich bei meinen wissenschaftlichen Mitarbeitern Frau Diplom-Volkswirtin Elke Baumann, Herrn Diplom-Volkswirt Ulrich Hange, Herrn Diplom-Volkswirt Jörg Hülshorst und Herrn Dipolm-Volkswirt Jörg Kroschel für die umfangreiche Unterstützung bei der Erstellung der Buchmanuskripte bedanken. Ohne ihre Hilfe hätte ich nicht innerhalb einer recht kurzen Zeit dieses umfassende Werk vorlegen können.

Gewidmet ist auch dieser Band meiner lieben Frau Dorothee und unserem kleinen Sohn Moritz.

Dresden, im September 1999 Dietmar Wellisch

Inhaltsverzeichnis

Kapitel 1

Eine Einführung

Aufgabe der Finanzwissenschaft ist es, sich mit den öffentlichen Einnahmen und Ausgaben zu beschäftigen. Dabei wird der Frage nachgegangen, wann, wie und in welchem Umfang der Staat in das ökonomische Geschehen der privaten Haushalte und Unternehmen eingreifen und wie er diese Eingriffe finanzieren sollte. Wir wollen uns in diesem Band mit der Einnahmenseite des Staates beschäftigen. Abbildung 1.1 vermittelt dazu ei-

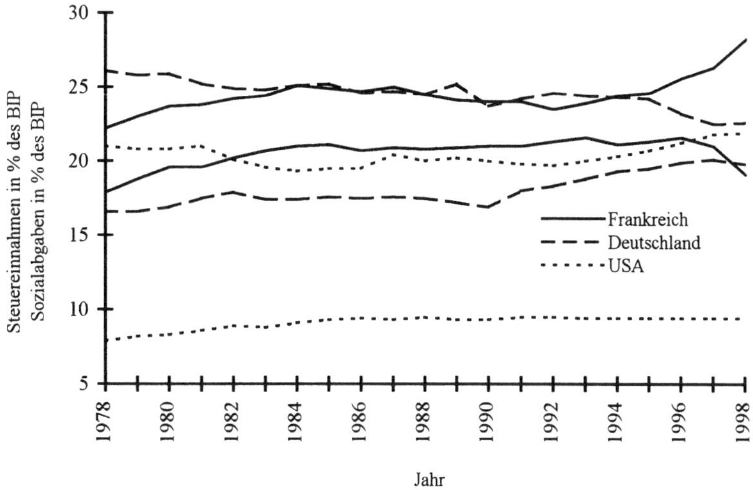

Schätzungen und Vorausschätzungen für 1997 und 1998.

Bundesrepublik Deutschland: ab 1991 inkl. neue Bundesländer.

Quelle: EU-Kommission (1998).

Abb. 1.1: Steuereinnahmen und Sozialabgaben im Vergleich

nen ersten Eindruck über die Entwicklung der beiden wichtigsten Finanzierungsquellen des öffentlichen Sektors, die **Steuereinnahmen** und die Beiträge zu den gesetzlichen Sozialversicherungen[1], im Verlauf der letzten 20 Jahre in Frankreich, der Bundesrepublik Deutschland und den USA. Sie sind als Anteil am Bruttoinlandsprodukt (BIP) zu Marktpreisen dargestellt.

Zur Unterscheidung der öffentlichen Einnahmen der einzelnen Länder sind die Kurven Frankreichs durchgezogen, Deutschlands lang und der USA kurz gestrichelt. Die flacher verlaufenden Kurven der drei Länder stellen jeweils den Anteil der Sozialabgaben am BIP dar. Beim Vergleich dieser drei Kurven sticht sofort der geringe Anteil der US–amerikanischen Sozialabgaben ins Auge. Er liegt über den gesamten Zeitraum relativ konstant bei 8% - 9% des BIP. Dagegen befindet sich der Anteil der Wirtschaftsleistung der europäischen Länder, der an die gesetzlichen Sozialversicherungen abgeführt werden muß, auf einem deutlich oberhalb von 15% liegenden Niveau. Während der Anteil der Sozialabgaben in Frankreich bereits seit Anfang der 80er Jahre ca. 21% beträgt und nur für 1998 auf erstmals wieder unter 20% prognostiziert wird, sind die Beiträge zu den gesetzlichen Sozialversicherungen in Deutschland seit 1990 von bis dahin konstanten 17% rapide angestiegen und haben 1998 knapp 20% erreicht.

Demgegenüber hat sich die **Steuerquote** - der Anteil der Steuereinnahmen am BIP - der Bundesrepublik Deutschland, die 1978 noch die höchste der betrachteten Länder war, kontinuierlich von 26% auf knapp 23% vermindert und liegt damit jetzt unterhalb der Steuerquote Frankreichs. Diese ist spiegelbildlich von 22% auf voraussichtlich 28% angestiegen. Wiederum ist auch bei den Steuereinnahmen der Rückgriff des US–amerikanischen Fiskus auf Einkommen, Vermögen und Verbrauch der Privaten am geringsten. Die Steuerquote der USA bewegte sich im betrachteten Zeitraum um die 20%–Marke und liegt derzeit etwas unterhalb der deutschen Steuerquote.

Insgesamt ist der Anteil der Wirtschaftsleistung, der vom Staat und den Parafisci vereinnahmt wird, in den EU–Ländern mit über 40% und in den USA mit gut 30% sehr hoch. Einen tieferen Einblick in die Struktur der öffentlichen Finanzen vermittelt Abbildung 1.2. Indem die öffentlichen Haushalte Deutschlands (hier gehen nur Zahlen des früheren Bundesgebiets ein), Frankreichs und der USA von 1991 einander gegenübergestellt

[1] Diese als Zwangsabgaben erhobenen Beiträge fließen jedoch nicht in die Haushalte der öffentlichen Gebietskörperschaften, sondern in die Haushalte der sogenannten **Parafisci** wie die gesetzliche Kranken–, Pflege–, Renten–, Unfall- und Arbeitslosenversicherung, die als öffentlich–rechtliche Körperschaften organisiert sind.

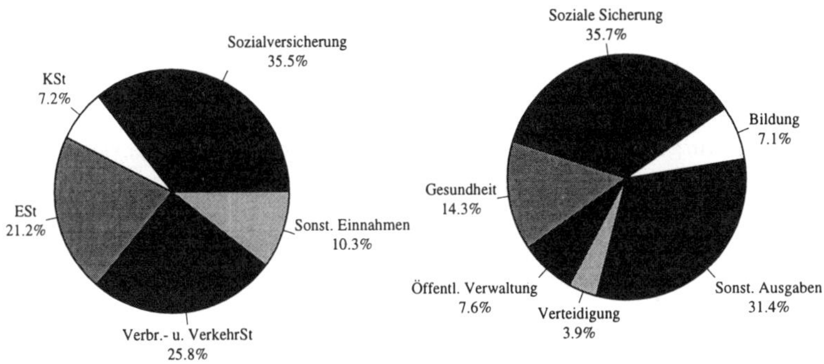

Bundesrepublik Deutschland

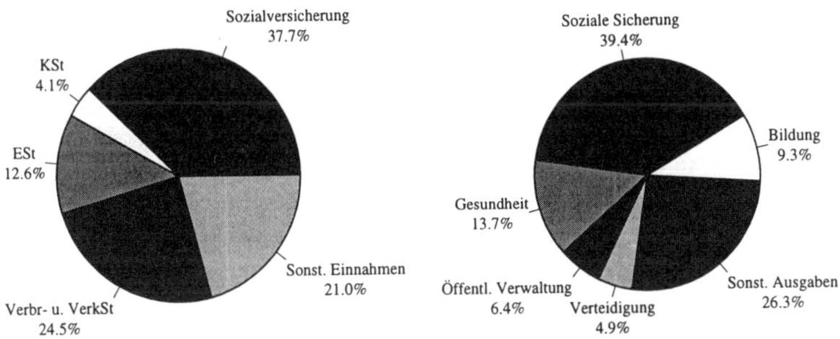

Frankreich

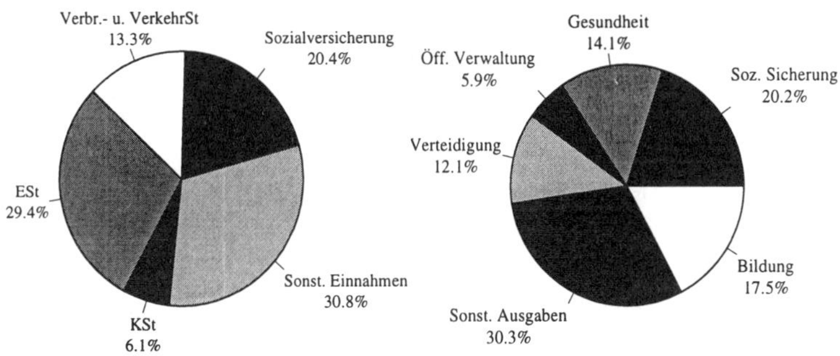

USA

Quelle: IMF (1997).

Abb. 1.2: Staatseinnahmen und –ausgaben von 1991 im Vergleich

werden[2], ermöglicht diese Abbildung einen Vergleich der einzelnen Einnahmen- und Ausgabenbereiche des öffentlichen Sektors in den drei Ländern. Dabei ist anzunehmen, daß sich dieses Verhältnis von Einnahmen und Ausgaben in den letzten Jahren über die Länder hinweg nicht drastisch geändert hat. Es handelt sich um eine aggregierte Darstellung, in der alle Regierungsebenen sowie die Parafisci berücksichtigt werden. Würde man nur die konsolidierten Einnahmen und Ausgaben der zentralstaatlichen Ebene der drei Länder berücksichtigen, würde dies das Bild verfälschen, da Deutschland und die USA im Vergleich zu Frankreich viel föderaler geprägt sind. Es ist zu erwarten, daß in diesen beiden Ländern mehr staatliche Aktivitäten auf Länder- bzw. Staaten- sowie Gemeindeebene entfallen als in Frankreich[3].

Bei den Einnahmen auf der linken Seite wird zwischen Steuereinnahmen, Sozialversicherungseinnahmen und sonstigen Einnahmen unterschieden, wobei zu den sonstigen Einnahmen Gewinne öffentlicher Unternehmen, Zölle, Einnahmen aus Veräußerungen staatlichen Vermögens, Zinseinnahmen und finanzielle Zuweisungen aus dem Ausland sowie von EU-Institutionen zählen. Von den Steuereinnahmen sind die Einnahmen aus der **Einkommensteuer** (ESt), der **Körperschaftsteuer** (KSt) und den **Verbrauch- und Verkehrsteuern** einzeln dargestellt, da sie zu den größten steuerlichen Einnahmequellen zählen. Die Statistiken des IMF weisen für die unteren Regierungsebenen die **Umsatzsteuer** nicht mehr gesondert aus. Deshalb wurde sie im Oberbegriff Verbrauch- und Verkehrsteuern erfaßt. Die Umsatzsteuer macht jedoch einen erheblichen Teil der unter dieser Rubrik zusammengefaßten Steuereinnahmen aus.

Die Ausgabenseite, die durch die rechten Kreisdiagramme beschrieben wird, differenziert zwischen Ausgaben der **Sozialen Sicherung**, Gesundheitsausgaben, Ausgaben der öffentlichen Verwaltung, Verteidigungsausgaben, Bildungsausgaben und den sonstigen Ausgaben, die z.B. Ausgaben für die öffentliche Sicherheit, Kultur, öffentliche Unternehmen, öffentliche Investitionen, Transport und Kommunikation erfassen. Auch Zinszahlungen auf die ausstehende Staatsverschuldung gehören zu den Aufwendungen des öffentlichen Sektors und sind in den sonstigen Ausgaben enthalten. Angemerkt sei, daß unter dem Begriff „Soziale Sicherung“

[2] Neuere Zahlen auf dieser vergleichbaren Basis sind immer noch nicht vorhanden, da der Internationale Währungsfonds (IMF) seit der Wiedervereinigung bisher keine Angaben über die unterschiedlichen Ausgaben auf Länder- und Gemeindeebene für Deutschland veröffentlichte. Aufgrund der unterschiedlichen Datenzusammenstellung in den einzelnen Ländern konnten aber auch keine aktuelleren Zahlen des Statistischen Bundesamtes herangezogen werden, da sonst die Vergleichbarkeit der Daten nicht mehr gewährleistet gewesen wäre.

[3] In Frankreich existieren lediglich zwei Verwaltungsebenen, die zentrale sowie die Gemeindeebene.

neben Sozialversichungsausgaben auch **Transferprogramme** wie z.B. die Sozialhilfe zusammengefaßt werden.

Bei der Betrachtung von Abbildung 1.2 fällt auf, daß die Einnahmen- und Ausgabenanteile in Deutschland und Frankreich nahezu identisch sind. Unterschiede ergeben sich lediglich in der Aufteilung zwischen den Verbrauch- und Verkehrsteuern und den Steuern auf Einkommen und körperschaftliche Gewinne. Anders als in Deutschland übersteigt in Frankreich der Anteil der Einnahmen aus **indirekten Steuern** (Verbrauch- und Verkehrsteuern) den der **direkten Steuern** (Einkommen- und Körperschaftsteuer). Der Anteil der in Abbildung 1.2 ausgewiesenen Steuereinnahmen an den Gesamteinnahmen beträgt in Deutschland etwas mehr als 50% im Vergleich zu 41,2% in Frankreich. Dagegen fällt bei den USA der hohe Anteil der Einkommensteuer an den Einnahmen auf, dem nur ein sehr geringer Anteil an Verbrauch- und Verkehrsteuern gegenübersteht. Dies rührt daher, daß die amerikanischen Umsatzsteuersysteme gänzlich anders gestaltet sind und auch den Einzelhandelsumsatzsteuern nur eine unbedeutende Rolle zukommt.

Der Einnahmenanteil aus den gesetzlichen Sozialversicherungen entspricht in allen betrachteten Ländern dem Ausgabenanteil für Soziale Sicherung. Die Schlußfolgerung, die Sozialversicherungseinnahmen deckten gerade die Ausgaben für Soziale Sicherung einschließlich der Transferprogramme, wäre allerdings verfehlt. Tatsächlich werden **Umverteilungsprogramme** wie Sozialhilfe, Kindergeld oder Wohngeld mit Steuereinnahmen finanziert, während andererseits die getrennt ausgewiesenen Gesundheitsausgaben über Sozialversicherungsbeiträge bestritten werden. In Deutschland und Frankreich bilden, wenn auch in leicht unterschiedlichem Umfang, die Ausgaben zur Sozialen Sicherung den größten Staatsausgabenanteil. Dagegen ist der Anteil der Sozialversicherungseinnahmen sowie der Ausgaben für Soziale Sicherung in den USA eher gering, wie wir bereits in Abbildung 1.1 erkennen konnten. Dieser Unterschied kann durch die schwächer ausgeprägte soziale Absicherung seitens des Staates in den USA erklärt werden. Auffallend ist weiterhin, daß die USA im Vergleich zu den beiden EU-Ländern einen sehr viel höheren Ausgabenanteil für Verteidigung und Bildung haben. Die hohen Verteidigungsausgaben, die auch absolut gesehen weit über dem Niveau in Europa liegen – 1991 machten die Ausgaben in den USA mit 308,86 Mrd. US$ fast das Zehnfache dessen aus, was Deutschland (32,65 Mrd. US$) bzw. Frankreich (31,48 Mrd. US$) für Verteidigung ausgaben – fallen lediglich auf zentraler Ebene an und können mit der Stellung der USA als letzte verbliebene Weltmacht erklärt werden. Der hohe Prozentsatz für Bildungsausgaben, der hauptsächlich auf lokaler Ebene sehr stark eingeht, ist dagegen weniger leicht zu deuten. Da in den Statistiken keine näheren Angaben über die Zusammensetzung der einzelnen Größen gemacht werden, können hier keine weiteren Schlüsse gezogen werden.

Wie wir bereits bei Abbildung 1.1 betont haben und anhand der linken Kreisdiagramme in Abbildung 1.2 bestätigen konnten, sind die Steuereinnahmen und die Sozialversicherungseinnahmen die zwei wichtigsten **Finanzierungsquellen** der öffentlichen Haushalte. Können diese sowie die sonstigen wenig ergiebigen Einnahmen die öffentlichen Ausgaben nicht decken, muß sich der Staat im wesentlichen neu verschulden. **Staatsverschuldung** stellt die dritte wichtige Finanzierungsquelle des Staates dar. Der vorliegende Band konzentriert sich auf die Finanzierung öffentlicher Ausgaben durch Steuern. Welche Möglichkeiten dem Staat durch Verschuldung entstehen, welche Ziele er damit verfolgen kann und welche Auswirkungen die Staatsverschuldung auf das Verhalten der Wirtschaftssubjekte und somit letztlich auf gesamtwirtschaftliche Größen wie Zinssätze, Löhne und Kapitalbildung im In- und Ausland hat, wird im Band „Finanzwissenschaft III: Staatsverschuldung" untersucht. Prinzipiell kann man aber bereits hier festhalten, daß Staatsverschuldung nichts anderes als eine **intertemporale Umverteilung** der steuerlichen Lasten darstellt. Die allokativen und verteilungspolitischen Effekte der öffentlichen Rentenversicherung als dem wichtigsten Sozialversicherungszweig sind Gegenstand des Kapitels 7 im Band „Finanzwissenschaft I: Rechtfertigung der Staatstätigkeit" und des Kapitels 5 im Band „Finanzwissenschaft III: Staatsverschuldung".

Die Steuereinnahmen machen also eindeutig den Hauptanteil der Ressourcenumleitung vom privaten in den öffentlichen Sektor aus. In der Bundesrepublik Deutschland gibt es ca. 40 verschiedene Steuern und dazu noch eine Reihe steuerähnlicher Sonderabgaben. Welche Steuern erhoben werden dürfen, wer darüber entscheidet, wem die Einnahmen zufließen und wer sie verwaltet, ist im Grundgesetz geregelt. Die **Ertragshoheit** ist zwischen dem Bund, den Ländern und den Gemeinden aufgeteilt. Tabelle 1.1 gibt einen umfassenden Überblick über die kassenmäßigen Steuereinnahmen der deutschen Einzelsteuern von 1997. Daraus ist ersichtlich, daß die Umsatzsteuer zwar den größten Anteil an den Verbrauch- und Verkehrsteuern ausmacht, ihr Aufkommen jedoch deutlich geringer ist als das der Einkommensteuer. Während der Anteil der **Lohnsteuer**, die eine besondere Erhebungsform der Einkommensteuer ist, knapp 35% an den gesamten Steuereinnahmen beträgt, ist der Anteil der Einnahmen aus der Umsatzsteuer inklusive der **Einfuhrumsatz-**

Tabelle 1.1: Kassenmäßige Steuereinnahmen 1997

Steuerart	Mio. DM	% der Gesamteinnahmen
Gemeinschaftsteuern	**610 597**	**71,58%**
Lohnsteuer	298 436	34,98%
veranl. Einkommensteuer	6 542	0,77%
nicht veranl. Steuern v. Ertrag	17 727	2,08%
Zinsabschlag	11 398	1,34%
Körperschaftsteuer	35 594	4,17%
Umsatzsteuer	199 934	23,44%
Einfuhrumsatzsteuer	40 966	4,80%
Bundessteuern	**135 264**	**15,86%**
Versicherungsteuer	14 127	1,66%
Tabaksteuer	21 155	2,48%
Kaffeesteuer	2 244	0,26%
Branntweinsteuer	4 662	0,55%
Schaumweinsteuer	1 095	0,13%
Zwischenerzeugnissteuer	56	0,01%
Mineralölsteuer	66 008	7,74%
Solidaritätszuschlag	25 891	3,04%
Pauschal. Eingangsabgaben	9	0,00%
Sonstige Bundessteuern	17	0,00%
Landessteuern	**34 682**	**4,07%**
Vermögensteuer	1 757	0,21%
Erbschaftsteuer	4 061	0,48%
Grunderwerbsteuer	9 127	1,07%
Kfz-Steuer	14 418	1,69%
Rennwett- u. Lotteriesteuer	2 912	0,34%
Feuerschutzsteuer	710	0,08%
Biersteuer	1 699	0,20%
Gemeindesteuern	**65 613**	**7,69%**
Grundsteuer A	643	0,08%
Grundsteuer B	14 860	1,74%
Gewerbesteuer (brutto)	48 601	5,70%
Grunderwerbsteuer	337	0,04%
Sonst. Steuern u. steuerähnl. Abgaben	1 172	0,14%
Zölle	**6 899**	**0,81%**
Insgesamt	**853 055**	

Quelle: Statistisches Bundesamt (1998).

steuer, die auf Importe aus einem nicht der EU angehörigen Drittland erhoben wird, nur ca. 28%. Beide Steuern zusammen machen jedoch mehr als 60% der gesamten Steuereinnahmen aus. Der wesentlich geringere Anteil der Körperschaftsteuer, der in Tabelle 1.1 im Vergleich zu Abbildung 1.2 ausgewiesen wird, ist darauf zurückzuführen, daß die Zahlen des

IMF nicht nur die Körperschaftsteuereinnahmen ausweisen, sondern auch noch einen Teil der Einnahmen aus der Gewerbesteuer, die immerhin 5,7% der gesamten Steuereinnahmen aufbringt, und der Kapitalertragsteuer als weitere spezielle Erhebungsform der Einkommen- bzw. Körperschaftsteuer. Bei den speziellen Verbrauchsteuern fällt das hohe Aufkommen aus der Mineralölsteuer ins Auge. Sie ist mit fast 8% die aufkommensstärkste spezielle Verbrauchsteuer. Die zweitstärkste Verbrauchsteuer im Aufkommen ist die Tabaksteuer mit „nur" noch 2,5%. Die speziellen Verbrauchsteuern auf Alkohol, die Branntwein-, Schaumwein- und Biersteuer, tragen zum Steueraufkommen insgesamt weniger als 1% bei.

Bevor wir nach dieser einleitenden Darstellung der staatlichen Einnahmen- und Ausgabensituation der letzten Jahre grundsätzliche Überlegungen zur Besteuerung anstellen, sei die Vorgehensweise der folgenden Kapitel kurz dargestellt.

Da wir bei der Erhebung von Steuern vor allem die davon ausgehenden Wirkungen auf die gesellschaftliche Wohlfahrt untersuchen wollen, ist es wichtig, ein korrektes Wohlfahrtsmaß zu verwenden. Üblicherweise werden hierzu die Konsumenten- und Produzentenrente herangezogen. Auf die Problematik, die diesen Konzepten zugrunde liegt, gehen wir in Kapitel 2 als erstes ein und stellen dazu alternative **Wohlfahrtsmaße** vor.

In Kapitel 3 beschreiben wir sodann die beiden **normativen Ziele**, Effizienz und Gerechtigkeit, denen ein Steuersystem genügen sollte. Wir werden sehen, daß Steuern zu **Zusatzlasten** führen können und so die Allokation der Ressourcen verzerren. Daher werden wir eine Regel herleiten, mit deren Hilfe es möglich ist, die entstehenden Verzerrungen weitgehend zu vermindern bzw. zu vermeiden. Diese Regel läßt jedoch völlig das Gerechtigkeitsziel aus den Augen, auf das wir als nächstes eingehen. Das Gerechtigkeitsziel erfordert die Wahl einer gerechten **Steuerbemessungsgrundlage**, durch die Personen in gleicher wirtschaftlicher Situation auch steuerlich gleich behandelt werden. Hierzu kommen als umfassende steuerliche Bemessungsgrundlagen das Einkommen, der Konsum und das Vermögen in Betracht, deren Vor- und Nachteile wir diskutieren werden.

Dieser Beschreibung der normativen Kriterien der Besteuerung folgt in den Kapiteln 4 und 5 eine Untersuchung der **Anreizwirkungen der Besteuerung**. Kapitel 4 beschäftigt sich zunächst mit den Auswirkungen verschiedener Steuern auf die Entscheidungen eines repräsentativen

Haushalts, zwischen Arbeit und Freizeit sowie Konsum und Ersparnis zu wählen. Des weiteren geht es um die Frage, inwiefern die **Risikobereitschaft** der Wirtschaftssubjekte durch die Einkommensteuer beeinflußt wird. Als letzten Schwerpunkt in Kapitel 4 betrachten wir die Beeinflussung der Finanzierungs- und Investitionsentscheidungen von Unternehmen durch deren Besteuerung. Dabei sollen verschiedene Systeme der Unternehmensbesteuerung vorgestellt und miteinander verglichen werden.

Kapitel 5 geht sodann auf die Besteuerung in offenen Volkswirtschaften über. Gerade bei zunehmender wirtschaftlicher Integration von Volkswirtschaften, die auf der ganzen Welt und insbesondere in Europa zu beobachten ist, wird die steuerliche Behandlung des **grenzüberschreitenden Warenverkehrs** und der international erwirtschafteten Einkommen zu einem höchst aktuellen Problem. Die verschiedenen Freihandelszonen wie die EU oder die NAFTA sowie die Freihandelszonen zwischen der EU und anderen Ländern verlangen eine Regelung zur Besteuerung des internationalen Handels. Wir beschränken uns bei den Besteuerungsmöglichkeiten und den durch die Besteuerung von grenzüberschreitenden Tatbeständen entstehenden Problemen vorrangig auf die EU. Jedoch sind die abgeleiteten Einsichten auf jede Föderation übertragbar. Während wir uns zunächst mit der Besteuerung international getätigter Umsätze und ihren Allokationswirkungen beschäftigen, gehen wir sodann auf die Besonderheit der Freizügigkeit der Produktionsfaktoren Kapital und Arbeit innerhalb der EU ein. Die zentrale Fragestellung ist hier, wie **grenzüberschreitend erzielte Faktoreinkommen** möglichst effizienzsichernd besteuert werden können. Abschließend vergleichen wir die steuerliche Behandlung von **Grenzpendlern** mit der von **Wohnsitzverlagerungen** und zeigen Unterschiede auf, die für eine effizienzsichernde Besteuerung beachtet werden müssen. Wir wollen dabei auch die Frage beantworten, ob aufgrund der freien Wohnsitzwahl der EU-Bürger innerhalb des Gemeinschaftsgebietes eine **Steuerharmonisierung** notwendig ist.

Kapitel 6 geht dann auf die Belastungswirkungen verschiedener Steuern ein, die auch als **Inzidenz** bezeichnet wird. Welche tatsächliche Belastung geht von einer Steuer aus, und wer trägt sie? Diese Frage ist von entscheidender Bedeutung für das Gerechtigkeitsziel der Besteuerung. Wir werden verdeutlichen, daß der Steuerzahler in den seltensten Fällen die gesamte Last einer Steuer selbst trägt. In den meisten Fällen kommt es zu einer Belastung mehrerer Wirtschaftssubjekte. Zunächst beschränken wir unsere Aufmerksamkeit auf nur einen Markt und leiten die Inzidenz einer Verbrauchsteuer bei verschiedenen Wettbewerbssituationen, d.h. bei vollkommenem Wettbewerb, im Monopol sowie bei einem Oligopol ab. Anschließend soll im Rahmen des sogenannten **Harberger–Modells** die Inzidenz verschiedener Steuern auf **alle** Faktor– und Güterpreise untersucht werden, indem die wechselseitigen Beziehungen der Märkte berücksichtigt werden.

Nachdem wir die beiden normativen Kriterien einer optimalen Besteuerung ausführlich beschrieben und die Anreiz– und Verteilungswirkungen von Steuern kennengelernt haben, steht im abschließenden Kapitel 7 zunächst die Ableitung eines optimalen Steuersystems im Vordergrund, das die Ziele Effizienz und gerechte Umverteilung bestmöglich verwirklicht. Sodann gehen wir auf die **Glaubwürdigkeits**– oder **Zeitkonsistenzprobleme** staatlichen Handelns ein. Hierbei wird untersucht, welche Steuerstruktur zu erwarten ist, wenn die Regierung zwar ein optimales Steuersystem anstrebt, sich aber nicht an einmal gemachte Steuerversprechungen hält und deshalb von der Bevölkerung nicht als glaubwürdig betrachtet wird. Wir zeigen auch eine Möglichkeit auf, wie diesem Problem begegnet werden kann. Abschließend untersuchen wir die Fragestellung, welche Steuerstruktur einer optimalen Besteuerung entspricht, wenn die Regierung zwar glaubwürdig ist, jedoch die Bürger z.B. durch **Kapitalflucht** oder **Schwarzarbeit** versuchen, der Besteuerung illegal zu entgehen. In Abbildung 1.1 haben wir festgestellt, daß die Steuerquote über die Jahre hinweg in Deutschland abgenommen hat. Diese Entwicklung kann verschiedene Gründe haben, wobei die Steuerhinterziehung einen nicht zu unterschätzenden Einfluß haben mag. Das Optimalsteuerproblem muß in einer solchen Situation zu einer Steuerstruktur führen, bei der die Steuerflucht eingeschränkt wird. Welche Kontrollmechanismen zur Verfügung stehen und wie diese optimal eingesetzt werden können, soll hier gezeigt werden.

Die nun folgenden Kapitel versuchen, die aus einer subjektiven Sicht wichtigsten Probleme der Besteuerung anzusprechen. Dennoch sollte sich die Beschäftigung mit dieser komplexen Materie nicht allein auf diesen Band beschränken, sondern durch die begleitende Lektüre eines der unten angegebenen Lehrbücher ergänzt werden. Zusätzlich sind am Ende eines jeden Kapitels weitere Aufsätze und Bücher angegeben, die sich mit den gleichen Fragestellungen beschäftigen.

Literaturempfehlungen zu Kapitel 1

Empfohlene Lehrbuchliteratur:

Boadway, Robin W. und David E. Wildasin (1984), *Public Sector Economics*, 2. Aufl., Little Brown and Company, Boston, Kapitel 1.

Homburg, Stefan (1997), *Allgemeine Steuerlehre*, Vahlen (WiSo-Kurzlehrbücher: Reihe Volkswirtschaft), München, Kapitel 1 und 2.

Rosen, Harvey S. (1995), *Public Finance*, 4. Aufl., Irwin, Chicago, Kapitel 1 und 2.

Stiglitz, Joseph E. und Bruno Schönfelder (1994), *Finanzwissenschaft*, 2. Aufl. (1. deutschsprachige Aufl.), 1. Nachdruck, Oldenbourg, München, Kapitel 1 und 2.

Zitierte Literatur:

EU-Kommission (1998), *Europäische Wirtschaft 65*, Generaldirektion Wirtschaft und Finanzen, Brüssel.

IMF (1997), *Government Finance Statistics*, Washington, D.C.

Statistisches Bundesamt (1998), *Statistisches Jahrbuch 1998*, Metzler-Poeschel, Stuttgart.

Kapitel 2

Verschiedene Wohlfahrtsmaße

In diesem kurzen vorbereitenden Kapitel werden einige grundlegende Begriffe und Methoden der empirischen Wohlfahrtsanalyse, die zur Untersuchung ökonomischer Wirkungen der Besteuerung notwendig sind, vorgestellt und erklärt. Denn in vielen Fällen ist es nicht nur interessant zu erfahren, ob die durch eine finanzpolitische Maßnahme ausgelöste Preisänderung von Vor- oder Nachteil für die Konsumenten bzw. Produzenten ist, sondern auch, wie groß die Änderung der Wohlfahrt ist. Als **Wohlfahrtsänderung** wird hier die Änderung der Nutzen aller Personen – Konsumenten und Produzenten – verstanden. Um den Einfluß steuerpolitischer Maßnahmen auf die Wohlfahrt zu beurteilen, stehen verschiedene Maße zur Verfügung, die wir im folgenden vergleichen wollen. Es sind dies die Kompensationsvariation, die Äquivalenzvariation, die Konsumentenrente und die Produzentenrente.

Bereits hier wollen wir auf eine wichtige Annahme bei der Benutzung von Wohlfahrtsmaßen aufmerksam machen. Da von finanzpolitischen Maßnahmen immer mehrere Personen betroffen sind, wird unterstellt, daß die aus Realeinkommenszuwächsen entstehenden **Nutzenänderungen** bei allen betrachteten Personen gleich bewertet werden, d.h. ein **Realeinkommenszuwachs** von 1 DM erhöht die gesellschaftliche Wohlfahrt in gleichem Umfang, unabhängig davon, ob ihn eine Person A oder B erfährt. Allerdings ist diese Annahme restriktiv, denn sie setzt im Grunde voraus, daß bereits vor der finanzpolitischen Maßnahme eine aus gesellschaftlicher Sicht optimale **Einkommensverteilung** erreicht ist.

2.1 Die Kompensationsvariation

Zur Kennzeichnung der verschiedenen Wohlfahrtmaße betrachten wir einen repräsentativen Haushalt, der ein Gut x sowie das aus vielen Konsumgütern bestehende Güterbündel y konsumiert. Der Preis des Güterbündels y sei auf Eins normiert. y ist somit ein **Numérairegut**, und wir können im folgenden die Mengeneinheiten des Güterbündels y auch als Einkommens- bzw. Ausgabengrößen interpretieren. Der Preis des Gutes x sei p mit den Ausprägungen p_1, p_2 usw. Der Haushalt bezieht ein in Einheiten des Gutes y gemessenes Einkommen I, das aus seiner Sicht ebenso wie die Güterpreise gegeben ist. Ziel des Haushalts ist es, seinen nur vom Konsum der beiden Güter x und y abhängigen Nutzen, $U(x, y)$, unter Einhaltung der Budgetrestriktion zu maximieren.

Betrachten wir nun Abbildung 2.1. Im oberen Teil der Abbildung sind verschiedene Indifferenzkurven des Haushalts und unterschiedliche Budgetrestriktionen eingezeichnet. Der Konsum des Gutes x ist auf der Abszisse, der des Gutes y auf der Ordinate abgetragen. Bei einem Einkommen von I schneidet die Budgetrestriktion die Ordinate in I. Der Haushalt maximiert seinen Nutzen bei einem Preis für x in Höhe von p_1, wenn er die Güterkombination A wählt. Dabei wird er einen Nutzen in Höhe von $\bar{U}^1$ realisieren. Wird der Preis für x nun z.B. durch Streichung einer bisher auf den Konsum des Gutes x erhobenen Steuer auf p_2 bei gleichbleibendem (Nominal-)Einkommen gesenkt, so dreht sich die Budgetgerade um I nach außen, und die Güterkombination B wird gewählt. Der Nutzen des Haushalts steigt auf $\bar{U}^2$. Der Übergang von A nach B kann in einen **Substitutionseffekt** ($A \rightarrow C$) und in einen **Einkommenseffekt** ($C \rightarrow B$) zerlegt werden. Der Substitutionseffekt bestimmt die Veränderung des gewählten Güterbündels unter Zugrundelegung des neuen Preisverhältnisses bei unverändertem Nutzen $\bar{U}^1$. Zur Verwirklichung dieser Situation würde dem Haushalt ein geringeres Einkommen als in der Situation A ausreichen. Der Einkommenseffekt ergibt sich aus der preisbedingten Realeinkommenserhöhung, die sich im Übergang auf die höhere Indifferenzkurve $\bar{U}^2$ äußert. Er bestimmt somit die Veränderung des gewählten Güterbündels infolge des Nutzenanstiegs durch die Streichung der Steuer, $\bar{U}^2 > \bar{U}^1$, unter Beachtung des neuen Preisverhältnisses. Während der Substitutionseffekt stets die Nachfrage nach dem billiger gewordenen Gut ausweitet, erhöht der Einkommenseffekt die Nachfrage nach beiden Gütern, sofern es sich um normale Güter handelt.

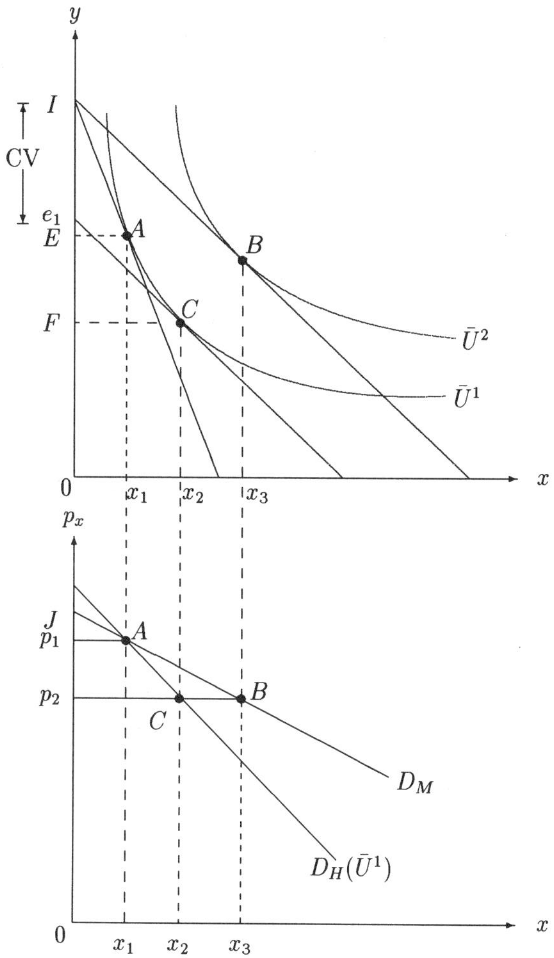

Abb. 2.1: Hicks'sche und Marshall'sche Nachfrage bei der CV

Der eigentliche Nutzenzuwachs von $\bar{U}^1$ auf $\bar{U}^2$ ist aber nicht meßbar, da der Nutzen nur ordinal bestimmt ist. Deshalb benötigt man zur Bestimmung der Wohlfahrtsänderung eine Ersatzgröße, das **„monetäre Äquivalent“**, das den Einfluß einer Preisänderung auf den Nutzen des Haushalts in Geldeinheiten mißt. Damit wird einer **ordinalen Nutzenrelation** ein kardinales Maß zugeordnet. Diese Rolle nimmt der an der Ordinate abgetragene Betrag Ie_1 als der Einkommenszuwachs ein, der erforderlich ist, um dem Haushalt den Übergang von $\bar{U}^1$ auf $\bar{U}^2$ zu ermöglichen. Genauer ausgedrückt ist Ie_1 der maximal mögliche Einkommensentzug, den der Haushalt hinnähme, um die Preissenkung sicherzustellen und sich genauso gut wie in der Ausgangssituation zu stellen. Daher wird dieser Betrag auch als notwendige Einkommenskompensation (**Compensating Variation**, CV) bezeichnet. e_1 enspricht dabei den minimalen Ausgaben des Haushalts bzw. dem Einkommen, das beim neuen Preis p_2 notwendig ist, um den ursprünglichen Nutzen $\bar{U}^1$ beizubehalten. Die CV ist positiv, wenn sich der Haushalt in der neuen Situation besser stellt.

Im unteren Teil der Abbildung 2.1 sind zwei Nachfragekurven eingezeichnet. Die **Marshall'sche**[1] **Nachfragekurve**, D_M, bezieht die **tatsächlich** beobachtbaren nachgefragten Mengen auf die Preise. Entlang der Nachfragekurve D_M bleibt das Nominaleinkommen unverändert. Da sich jedoch die Preise für das Gut x ändern, stellt sie Situationen mit unterschiedlichen Realeinkommen und Nutzen dar. Wie ein Vergleich von A und B im oberen Teil der Abbildung 2.1 verdeutlicht, mißt sie Nachfrageänderungen infolge von Einkommens- und Substitutionseffekt. Im Gegensatz hierzu bezieht die **Hicks'sche**[2] **Nachfragekurve**, $D_H(\bar{U}^1)$, **hypothetisch** nachgefragte Mengen auf Preise. Sie unterstellt, daß sich der Nutzen $\bar{U}^1$ bei einer Preisänderung nicht verändert, und gibt Nachfrageänderungen infolge des Substitutionseffekts an, wie durch einen Vergleich von A und C im oberen Teil der Abbildung zu erkennen ist. Da die Hicks'sche Nachfragekurve von preisbedingten Realeinkommens- bzw. Nutzenänderungen absieht, wird sie auch als (um Realeinkommenseffekte) **kompensierte Nachfrage** bezeichnet im Gegensatz zur Marshall'schen Nachfragefunktion, die dementsprechend als **unkompensierte Nachfrage** bekannt ist.

2.2 Die Äquivalenzvariation

Ein anderes Wohlfahrtsmaß, das ebenfalls den Umfang einer Nutzenänderung in monetären Einheiten mißt, nur eine andere Bezugsgröße als die CV hat, ist die Äquivalenzvariation (**Equivalent Variation**, EV).

---

[1] Benannt nach dem britischen Nationalökonom *Alfred Marshall* (1842–1924), der in seinen „Principles of Economics“ (1890) – der damaligen „Bibel“ der britischen Nationalökonomie – wichtige Beiträge zur Werttheorie sowie im weiteren auch zur Theorie des Geldes und des internationalen Handels lieferte und den Begriff der Konsumentenrente prägte.

[2] Der britische Nationalökonom *Sir John Richard Hicks* (1904–1989) erhielt 1972 zusammen mit *Kenneth Arrow* den Nobelpreis für bahnbrechende Beiträge zur allgemeinen Gleichgewichtstheorie und zur Wohlfahrtsökonomik.

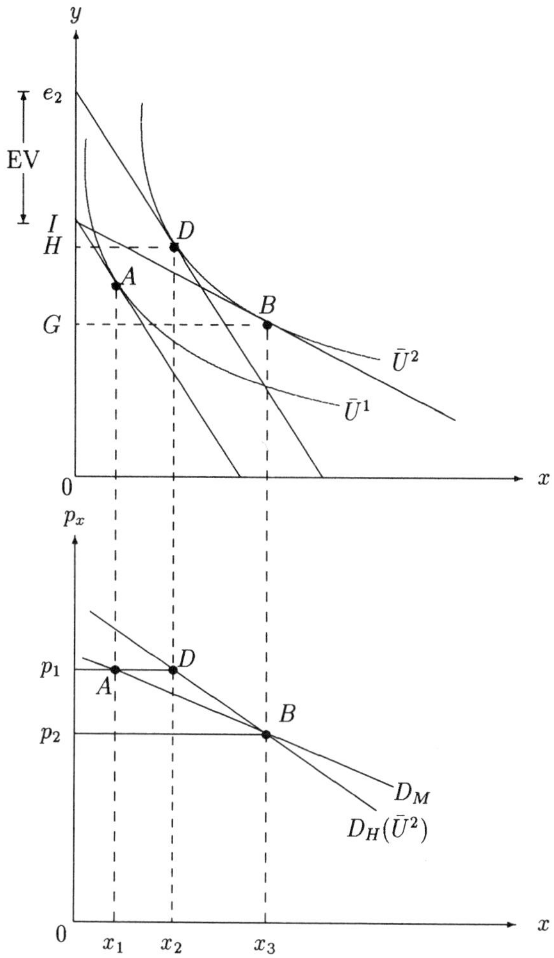

Abb. 2.2: Hicks'sche und Marshall'sche Nachfrage bei EV

Sie ist in Abbildung 2.2 dargestellt, die die gleiche Situation vor und nach einer Preissenkung für Gut x wie Abbildung 2.1 darstellt. Der Vergleich der Gleichgewichte A und B verläuft analog zum vorigen Abschnitt. Die EV gibt nun den Einkommensbetrag an, den man dem Konsumenten in der Ausgangssituation höchstens geben bzw. mindestens entziehen müßte, damit er bei Gültigkeit des dort herrschenden Preises, p_1, den Nutzen $\bar{U}^2$, realisieren kann. Daher wird die Hicks'sche Nachfragekurve im unteren Diagramm der Abbildung 2.2, $D_H(\bar{U}^2)$, auch in Abhängigkeit von $\bar{U}^2$ aufgezeichnet. Die EV ist in diesem Falle positiv und entspricht der Strecke $e_2 I$, die an der Ordinate im oberen Teil der Abbildung 2.2 abgetragen ist. Wäre $\bar{U}^2$ dagegen geringer als $\bar{U}^1$, hätte sie ein negatives Vorzeichen.

2.3 Die Konsumentenrente

Wie ist nun die für Wohlfahrtsmessungen häufig verwendete Marshall'sche Konsumentenrente (KR) zu beurteilen? Um diese Frage zu beantworten, wollen wir zunächst das Konzept der Konsumentenrente erklären. Als grundlegende Eigenschaft können wir festhalten, daß sich die Konsumentenrente immer auf die Marshall'sche Nachfragekurve bezieht und als die Fläche zwischen der Nachfragekurve D_M und der horizontalen Geraden durch den Marktpreis p definiert ist. Sie gibt den beobachtbaren Überschuß der Zahlungsbereitschaft des Konsumenten über die tatsächlich für das betrachtete Gut zu zahlenden Ausgaben an. In Abbildung 2.1 beispielsweise entspricht die Konsumentenrente beim Preis p_1 der Fläche $p_1 AJ$, während sie beim niedrigeren Preis p_2 höher ist und durch das Dreieck $p_2 BJ$ wiedergegeben wird.

Ändert sich nun der Preis, so läßt sich auch aus der Veränderung der Konsumentenrente ein **monetäres Äquivalent** der Nutzenänderung bestimmen. Die Veränderung der Konsumentenrente, ΔKR, ist in den unteren Teilen der Abbildung 2.1 bzw. Abbildung 2.2 als die Fläche $p_1 ABp_2$ abzulesen. Allerdings ist sie, wie wir im folgenden sehen werden, nur ein unvollständiges Maß für das monetäre Äquivalent einer Nutzenänderung, das wir in den beiden vorhergehenden Abschnitten bestimmt haben. Nur mit der Hicks'schen Nachfragekurve kann das korrekte monetäre Äquivalent der Nutzenänderung infolge des veränderten Preises ermittelt werden. Wir werden im weiteren graphisch nachweisen, daß das monetäre Äquivalent Ie_1 des Nutzenzuwachses in Abbildung 2.1 genau der Fläche $p_1 ACp_2$ und nicht $p_1 ABp_2$ entspricht. Aus dieser Abbildung wissen wir, daß der Teil des Einkommens, der zum Konsum von x_1 bei einem Preis von p_1 ausgegeben wird, IE beträgt. Er entspricht der Fläche $0p_1 Ax_1$ im unteren Diagramm. Genauso ist $e_1 F$ der Teil des Einkommens, der zum Konsum von x_2 bei einem Preis von p_2 benötigt wird, soll der ursprüngliche Nutzen $\bar{U}^1$ weiterhin erreicht werden. Dieser Betrag wird im unteren Diagramm durch die Fläche $0p_2 Cx_2$ wiedergegeben. Da das gesuchte monetäre Äquivalent der Nutzenänderung $Ie_1 = IE + EF - e_1 F$ ist, müssen wir noch den Betrag der Strecke EF im unteren Teil der Abbildung 2.1 ausweisen, um auf die Fläche der CV schließen zu können. EF ist der maximale Betrag, den eine Person zahlen würde, wenn sie x_2 anstelle von x_1 bekäme und nicht schlechter gestellt werden würde, d.h. wenn sie die Güterkombination C auf der Indifferenzkurve $\bar{U}^1$ erhielte. In der folgenden Abbildung 2.3, die die Indifferenzkurve $\bar{U}^1$ aus Abbildung 2.1 nochmals darstellt, wollen wir weiter argumentieren.

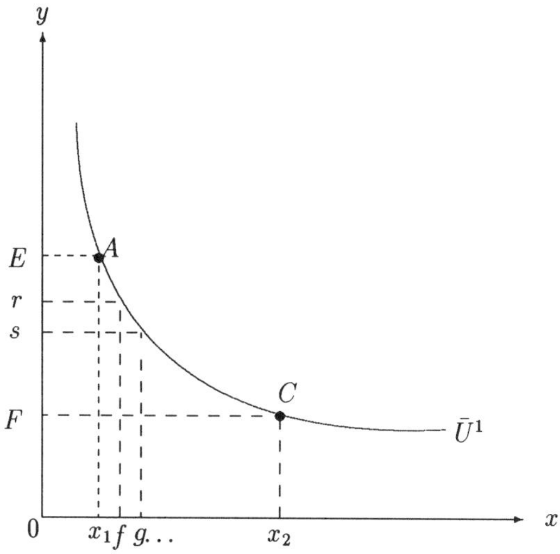

Abb. 2.3: Maximale Zahlungsbereitschaft

Der Übergang von A nach C läßt sich in viele kleine Schritte zerlegen. Um einen Zuwachs des x-Konsums in Höhe von x_1f zu verzeichnen, müssen gerade Er Einheiten des eigenen Einkommens aufgegeben werden. Der Einkommensverzicht für eine zusätzliche Einheit x entspricht somit Er/x_1f bzw. - wenn x_1f sehr klein ist - dy/dx = MRS, der **Grenzrate der Substitution**, da wir uns entlang der Indifferenzkurve bewegen. Um den x–Konsum um eine weitere Einheit zu erhöhen, müssen rs/fg Einheiten mehr Einkommen verwendet werden. Dies entspricht aber wiederum gerade der Grenzrate der Substitution bei einem x–Konsum von f. So könnten wir jetzt in kleinen Schritten bis x_2 fortfahren. Der Betrag für jede zusätzliche Einheit von x würde gerade der Grenzrate der Substitution an dieser Stelle entsprechen. Deshalb ergibt sich die maximale Zahlungsbereitschaft EF aus der Summe der MRS auf $\bar{U}^1$ bei einer Bewegung von A nach C. Da die Hicks'sche Nachfrage $D_H(\bar{U}^1)$ aber gerade die Steigung von $\bar{U}^1$ bei einer bestimmten Menge von x abbildet, entspricht die Fläche zwischen x_1 und x_2 unterhalb der Kurve $D_H(\bar{U}^1)$ dem Betrag des notwendigen Einkommensverzichts, $EF = x_1ACx_2$. Somit haben wir (für Abbildung 2.1)

$$Ie_1 = 0p_1Ax_1 + x_1ACx_2 - 0p_2Cx_2 = p_1ACp_2. \tag{2.1}$$

Das monetäre Äquivalent der Nutzenänderung in Höhe der Strecke Ie_1 entspricht der Fläche p_1ACp_2, womit unsere Behauptung bewiesen wäre. Dieses zentrale Resultat halten wir fest in

Ergebnis 2.3.1 *Zur genauen Messung des monetären Äquivalents einer Nutzenänderung muß die Hicks'sche (kompensierte) Nachfrage und nicht die Marshall'sche (unkompensierte) Nachfrage herangezogen werden.*

Die CV wird in Abbildung 2.1 also durch p_1ACp_2 beschrieben und ist somit geringer als die Veränderung der Konsumentenrente. Würden wir analog für die EV vorgehen, so ergäbe sich die entsprechende Fläche p_1DBp_2 in Abbildung 2.2. Sie ist größer als die durch die Konsumentenrente gemessene Wohlfahrtsänderung. Für den Fall, daß x ein normales Gut ist, also einen positiven Einkommenseffekt hat, verläuft D_M flacher als $D_H(\bar{U}^i)$, und es gilt $EV > \Delta KR > CV$ für eine wohlfahrtserhöhende Politikmaßnahme. Nur wenn ein Einkommenseffekt ausgeschlossen werden kann, sind alle drei Maße identisch, da es dann auch keinen Unterschied zwischen den Nachfragekurven gibt. Die anhand der Marshall'schen Nachfrage berechnete Änderung der Konsumentenrente ist also immer nur eine Annäherung an die tatsächliche Wohlfahrtsänderung. Die Marshall'sche Konsumentenrente hat jedoch den Vorteil, daß sie direkt aus der Schätzung der Nachfragefunktion ablesbar ist. Des weiteren treten bei jeder empirischen Schätzung aufgrund des ungenauen Datenmaterials Fehler auf. Durch diesen Umstand kann die Abweichung der Änderung der Marshall'schen Konsumentenrente von der CV oder der EV geringer sein als die theoretische Differenz. Da außerdem ΔKR genau zwischen den beiden Werten liegt, ist dies ein weiteres Argument für die Verwendung der Marshall'schen Konsumentenrente als Maßstab einer Wohlfahrtsänderung.

2.4 Die Produzentenrente

Die Veränderung der Wohlfahrt durch eine fiskalpolitische Maßnahme wird auf der Angebotsseite oft durch die Veränderung der Produzentenrente (PR) gemessen.

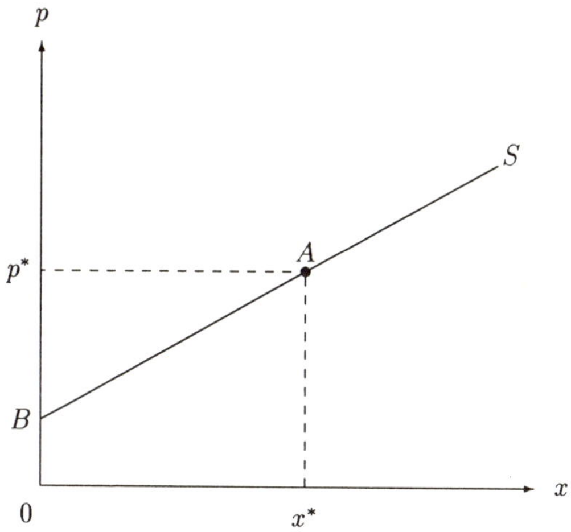

Abb. 2.4: Produzentenrente

Graphisch läßt sich die Produzentenrente in Abbildung 2.4 durch die Fläche zwischen der Horizontalen durch den Marktpreis p^* und der Angebotsfunktion S bestimmen und entspricht der Fläche p^*AB. Aus der vorangegangenen Diskussion ergibt sich jedoch, daß die Produzentenrente nur dann die Wohlfahrt korrekt mißt, wenn S die Angebotsfunktion eines Unternehmens bei vollkommener Konkurrenz ist. Denn in diesem Fall entspricht S der Grenzkostenfunktion und die Fläche p^*AB somit der Differenz aus Erlös, $0p^*Ax^*$, und Kosten, $0BAx^*$, also genau dem unternehmerischen Gewinn. Die Produzentenrente stellt dagegen nur ein unvollständiges Wohlfahrtsmaß dar, wenn S beispielsweise die beobachtbare Arbeitsangebotsfunktion eines Haushalts und p^* der Lohnsatz ist, da der Nutzen des Haushalts sich entlang der Angebotsfunktion ändert. Eine entsprechende Ungenauigkeit ergibt sich beim Angebot von Ersparnissen, unternehmerischen Fähigkeiten und der Risikobereitschaft von Wirtschaftssubjekten. Werden Veränderungen der Produzentenrente eines Haushalts als Wohlfahrtsmaß einer fiskalpolitischen Maßnahme herangezogen, sind sie daher ebenfalls kritisch zu bewerten.

Wenn wir in den folgenden Kapiteln das Ausmaß von Wohlfahrtsänderungen beurteilen wollen, werden wir immer beachten müssen, daß die Veränderungen von Konsumenten- und Produzentenrenten zwar relativ leicht zu messen sind, jedoch bei Auftreten eines Einkommenseffekts den Maßen der CV und EV an Genauigkeit unterlegen sind.

Literaturempfehlungen zu Kapitel 2

Empfohlene Lehrbuchliteratur:

Boadway, Robin W. und Neil Bruce (1984), *Welfare Economics*, Basil Blackwell, Oxford, Kapitel 7.

Boadway, Robin W. und David E. Wildasin (1984), *Public Sector Economics*, 2. Aufl., Little Brown and Company, Boston, Kapitel 2 und 9.

Homburg, Stefan (1997), *Allgemeine Steuerlehre*, Vahlen (WiSo-Kurzlehrbücher: Reihe Volkswirtschaft), München, Kapitel 5.

Rosen, Harvey S. (1995), *Public Finance*, 4. Aufl., Irwin, Chicago, Kapitel 14.

Varian, Hal R. (1994), *Mikroökonomie*, 3., völlig überarb. u. stark erw. Aufl., Oldenbourg, München, Kapitel 8 und 10.

Kapitel 3

Normative Kriterien der Besteuerung

Um die Qualität eines Steuersystems beurteilen zu können, muß man die Ziele, die eine Gesellschaft mit der Steuererhebung verfolgt – die normativen Kriterien der Besteuerung – kennen. Akzeptiert man die in der westlichen Staatengemeinschaft vorherrschenden Wertvorstellungen, so ist es die vornehmliche Aufgabe des Staates, sich an den individuellen Interessen seiner Bürger zu orientieren und die Gesamtheit dieser individuellen Interessen insbesondere in solchen Bereichen zu fördern, in denen einzelwirtschaftliche Entscheidungen zu suboptimalen Ergebnissen für die Gesellschaft führen. Vor dem Hintergrund dieser Staatsauffassung versteht man unter den normativen Kriterien der Besteuerung die Forderung nach einer effizienten und gerechten Steuererhebung. Mit beiden Zielen wollen wir uns in diesem Kapitel ausführlich beschäftigen.

Ein Steuersystem ist **effizient**, wenn allokative Verzerrungen privater Entscheidungen vermieden werden und somit die sogenannte **Zusatzlast** der Besteuerung (**Excess Burden** oder **Deadweight Loss**) entfällt. Die Zusatzlast einer Steuer ist die Differenz zwischen der gesamten Wohlfahrtseinbuße, die die Bürger erleiden müssen, und dem unvermeidbaren Nutzenrückgang durch die Steuererhebung, der auch dann entsteht, wenn Verzerrungen privater Entscheidungen vermieden werden können, und der darauf zurückzuführen ist, daß die Steuererhebung zwangsläufig eine Umverteilung der Ressourcen vom privaten an den öffentlichen Sektor auslöst. Um die allokativen Eigenschaften von Steuern zu verstehen, wollen wir uns in Abschnitt 3.1 in einem ersten Schritt mit den Verzerrungen, die durch Verbrauchsteuern entstehen können, sowie mit der Ableitung eines effizienten Verbrauchsteuersystems beschäftigen. Falls es aufgrund der Eigenart der in Frage kommenden Steuern nicht möglich ist,

Verzerrungen vollständig zu vermeiden, müssen wir nach einem Steuersystem suchen, das so nah wie möglich an die effiziente und damit erstbeste (**first–best**) Steuerstruktur heranreicht. Dies wird uns zu einem zweitbesten (**second–best**) Steuersystem führen. Während wir uns in diesem Kapitel auf die Effizienzeigenschaften eines Verbrauchsteuersystems beschränken wollen, müssen zur Ableitung eines umfassenden effizienzsichernden Steuersystems natürlich die Reaktionen der privaten Akteure einer Ökonomie auf die Erhebung aller verfügbaren Steuern bekannt sein. Deshalb untersuchen wir in Kapitel 4 die Anreizwirkungen, die durch die Erhebung von Lohn–, Zins– und Unternehmenssteuern auf das Verhalten der einzelnen Wirtschaftssubjekte ausgelöst werden. Diese Analyse wird in Kapitel 5 auf die internationale Ebene ausgedehnt, indem die allokativen Eigenschaften der Besteuerung in international verflochtenen Volkswirtschaften wie den Mitgliedsländern der EU diskutiert werden.

Der Anspruch an ein gerechtes Steuersystem ist eine gerechte Einkommens– und Vermögensverteilung. Hierbei unterscheidet man zwei Prinzipien, nach denen die Höhe der zu zahlenden Steuer bemessen werden kann: das Äquivalenz– und das **Leistungsfähigkeitsprinzip**. Da das **Äquivalenzprinzip** bei der Steuerzumessung selbst weniger Anwendung findet, befassen wir uns in Abschnitt 3.2 hauptsächlich mit dem Leistungsfähigkeitsprinzip. Die Forderung nach einer der individuellen Leistungsfähigkeit angepaßten Besteuerung wird in die Postulate der horizontalen und der vertikalen Gerechtigkeit unterteilt. **Horizontale Gerechtigkeit** fordert die steuerliche Gleichbehandlung von Personen in gleicher wirtschaftlicher Lage oder, präziser ausgedrückt, mit gleichem Nutzen. Es geht also hierbei um die Bestimmung einer umfassenden steuerlichen Bemessungsgrundlage, die die wirtschaftliche Situation von Personen möglichst genau angibt. Dieser Frage werden wir in Abschnitt 3.2 ausführlich nachgehen. Die **vertikale Gerechtigkeit** beschäftigt sich dagegen mit der Frage, wie Personen in unterschiedlicher wirtschaftlicher Lage besteuert werden sollen. Die Beantwortung dieser zweiten Gerechtigkeitsfrage erfordert **Werturteile** über die Behandlung von Personen in unterschiedlichen sozialen Verhältnissen. Diese Werturteile werden in der Finanzwissenschaft durch die Wahl einer **sozialen Wohlfahrtsfunktion** ausgedrückt. Hierzu sei auf Kapitel 8.2 des Bandes „Finanzwissenschaft I: Rechtfertigung der Staatstätigkeit“ verwiesen, in dem die in der Literatur am häufigsten verwendeten sozialen Wohlfahrtsfunktionen vorgestellt werden. Hat sich die Gesellschaft auf eine bestimmte soziale Wohlfahrtsfunktion geeinigt, kann diese mit Hilfe eines geeigneten Steuertarifs maximiert werden. Wird beispielsweise ärmeren

Haushalten in der sozialen Wohlfahrtsfunktion ein hohes Gewicht beigemessen, so ist ein progressiver **Steuertarif** als gerecht zu erachten, der höhere Einkommen relativ stark belastet.

Um jedoch zu beurteilen, ob ein bestehendes Steuersystem den vorherrschenden Gerechtigkeitsvorstellungen genügt, müssen die Verteilungswirkungen – die sogenannte **Inzidenz** – von Steuern bekannt sein. Deshalb werden wir in Kapitel 6 die durch die Besteuerung ausgelösten Güter– und Faktorpreisänderungen untersuchen. Diese lassen auf die Belastung verschiedener Haushalte oder Haushaltsgruppen rückschließen.

Das Verhältnis zwischen einer effizienten und gerechten Besteuerung kann durch Abbildung 3.1 aufgezeigt werden. Wir betrachten eine Ökonomie, in der zwei Haushalte, A und B, leben, deren Nutzen durch U^A und U^B dargestellt werden. Die eingezeichnete **soziale Indifferenzkurve** $\bar{W}$ läßt sich aus der von der Gesellschaft gewünschten und der Regierung zu verfolgenden sozialen Wohlfahrtsfunktion $W(U^A, U^B)$ ableiten.

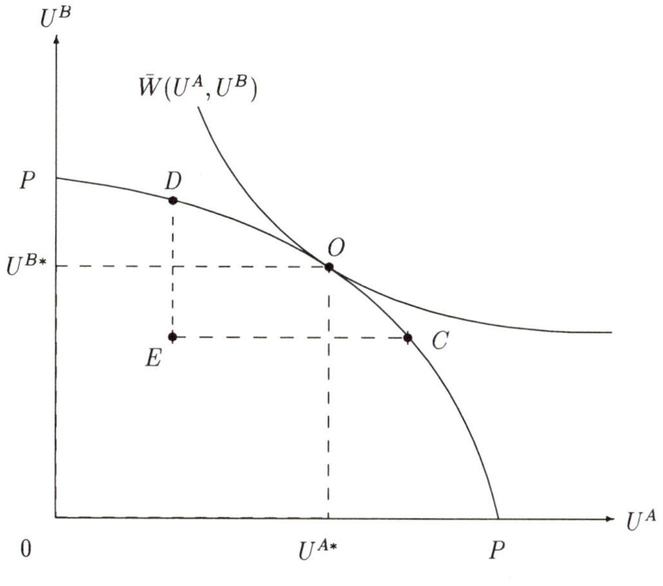

Abb. 3.1: Nutzenmöglichkeitengrenze, Effizienz und (vertikale) Gerechtigkeit

PP ist die **Nutzenmöglichkeitengrenze**[1], deren Punkte (beschränkt) **Pareto–effiziente Allokationen** für eine gegebene Staatsausgabenhöhe kennzeichnen. Im allgemeinen ist die Nutzenverteilung auf der Nutzenmöglichkeitengrenze PP nicht unbeschränkt effizient, da die meisten Steuern ökonomische Entscheidungen verzerren. Nur wenn **unverzerrende Steuern** verfügbar wären und auch von den Staatsausgaben keine allokativen Verzerrungen verursacht würden, könnte man PP als Menge der unbeschränkt Pareto–effizienten Allokationen begreifen. Eine (beschränkt) effiziente Besteuerung muß zu einer Nutzenverteilung auf PP führen, also z.B. zu O, C oder D. Nutzenkombinationen wie E verletzen dagegen die Forderung nach einer effizienten Besteuerung: bei allen Nutzenkombinationen oberhalb und rechts von E stellt sich zumindest einer der beiden Haushalte besser, ohne daß sich der jeweils andere Haushalt schlechter stellt. Die Verbindung CD auf PP gibt alle Pareto–besseren Nutzenkombinationen gegenüber E wieder, die zugleich (beschränkt) Pareto–effizient sind.

Um aber eine bestimmte Allokation und Nutzenkombination auf PP, die als gerecht empfunden wird, auszuwählen, ist ein **interpersoneller Nutzenvergleich** notwendig, der nicht mehr auf der Basis des Pareto–Prinzips durchgeführt werden kann. Die dazu notwendigen **Werturteile** über eine gerechte Ressourcen– und somit Nutzenverteilung werden in der Abbildung durch die soziale Indifferenzkurve $\bar{W}(U^A, U^B)$ verkörpert. Der Tangentialpunkt O gibt die Nutzenverteilung (U^{A*}, U^{B*}) an, die aus einer effizienten und gerechten Besteuerung resultiert.

3.1 Effiziente Besteuerung

In diesem Abschnitt wollen wir uns mit dem Problem der effizienten Besteuerung befassen. Dabei werden zur Vereinfachung Verteilungsüberlegungen ausgeklammert, indem eine Ökonomie mit einem einzigen Konsumenten – einem repräsentativen Haushalt – betrachtet wird. Am Beispiel von speziellen Verbrauchsteuern soll zuerst der Begriff der Verzerrungswirkungen von Steuern erklärt und sodann die Ableitung eines effizienzsichernden Steuersystems aufgezeigt werden.

---

[1] Die Ableitung der Nutzenmöglichkeitengrenze ist in Kapitel 2.2 des Bandes „Finanzwissenschaft I: Rechtfertigung der Staatstätigkeit“ ausführlich beschrieben.

3.1.1 Die Zusatzlast verzerrender Steuern

Ermittlung der Zusatzlast

Steuern verzerren ökonomische Entscheidungen genau dann, wenn sie zu einer Zusatzlast führen. Um aufzuzeigen, was man unter der Zusatzlast einer Steuer versteht, nehmen wir an, daß der repräsentative Haushalt ein exogen vorgegebenes Einkommen I bezieht, welches er nur zum Kauf zweier Güter, x und y, verwendet. Auf Gut x wird eine spezielle **ad valorem** Steuer, d.h. eine sich – im Gegensatz zu einer **Mengensteuer** – auf den **Wert** des Verbrauchs beziehende Steuer, t_x, erhoben. In Deutschland sind z.B. Mineralöl, Alkohol, Tabak und Kaffee Güter, deren Verbrauch einzeln besteuert wird. Wenn p_x dem Produzentenpreis entspricht, ergibt sich durch die Steuererhebung ein Konsumentenpreis von $p_x(1+t_x)$. Gut y ist durch keine Steuer belastet, und sein Preis beträgt p_y für Konsumenten und Produzenten. Die Budgetrestriktion des Haushalts lautet somit:

$$I = p_y y + p_x(1 + t_x)x. \tag{3.1}$$

Unter Beachtung dieser Restriktion wird der Haushalt seinen Nutzen $U(x, y)$ durch die Wahl von x und y maximieren. Mit Hilfe der Abbildung 3.2 können wir nun den Begriff der Zusatzlast einer Steuer erklären.

In dieser Abbildung bezeichnen $\bar{U}^1$, $\bar{U}^2$ und $\bar{U}^3$ Indifferenzkurven mit der **ordinalen Nutzenordnung** $\bar{U}^1 > \bar{U}^3 > \bar{U}^2$. In einer Situation ohne Steuern hat der Haushalt die Budgetrestriktion FG zu beachten. Ihre Steigung entspricht dem negativen Verhältnis der Preise, $-p_x/p_y$. Seine optimale Konsumstruktur verwirklicht der Haushalt in A, denn in diesem Punkt tangiert die Indifferenzkurve $\bar{U}^1$ gerade seine Budgetrestriktion.

Bei Erhebung der Verbrauchsteuer dreht sich die Budgetgerade in $F = I/p_y$ und verläuft nun nach $M = I/[p_x(1 + t_x)]$ mit einer Steigung von $-p_x(1 + t_x)/p_y$. B gibt als Tangentialpunkt das neue Haushaltsgleichgewicht bei einem Nutzen von $\bar{U}^2$ an, bei dem ein Steueraufkommen in Höhe von $BE = p_x t_x x_1 = T_1$ in Einheiten des Gutes y erwirtschaftet wird.

Wird dagegen eine **Pauschalsteuer**, d.h. eine Steuer, die relative Preise unverändert läßt und daher auch als neutral oder unverzerrend bezeichnet wird, mit dem gleichen Steueraufkommen T_1 erhoben, so hat der Haushalt die zu FG parallel verlaufende Budgetrestriktion HJ einzuhalten, die durch die Endpunkte $(I - T_1)/p_y$ bzw. $(I - T_1)/p_x$ gekennzeichnet ist. Die bei dieser Steuer optimale Konsumstruktur ist durch den Tangentialpunkt C gegeben, bei der ein Nutzen in Höhe von $\bar{U}^3$ realisiert werden kann. Die gleiche Wirkung wie eine unverzerrende Pauschalsteuer würde hier auch eine Einkommensteuer entfalten, da das Bruttoeinkommen des Haushalts exogen gegeben ist. Wir stellen fest, daß eine **unverzerrende Steuer** das gleiche Steueraufkommen bei einem geringeren Nutzenentgang, $\bar{U}^3 > \bar{U}^2$, sichert, und erhalten als

Ergebnis 3.1.1 *Eine Steuer, die relative Preise verändert, erzeugt eine Zusatzlast in dem Sinne, daß eine unverzerrende (neutrale) Steuer eine höhere Wohlfahrt bei gleichem Steueraufkommen zuläßt.*

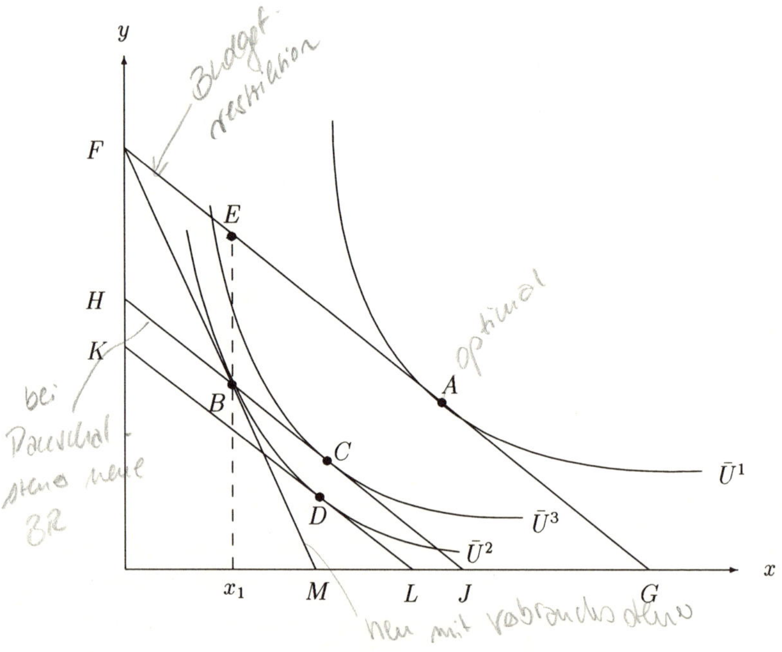

Abb. 3.2: Zusatzlast der Steuer

Eine zweite Möglichkeit, die Zusatzlast einer speziellen Verbrauchsteuer aufzuzeigen, besteht in dem Nachweis, daß eine unverzerrende Steuer bei gleichem Nutzenentgang des repräsentativen Haushalts ein höheres Steueraufkommen sichert als die spezielle Verbrauchsteuer. Nehmen wir an, daß der Haushalt bei einer Besteuerung immer einen Nutzen in Höhe von $\bar{U}^2$ realisieren kann, so wird sich im Falle verzerrender Steuern ein Gleichgewicht in B einstellen, bei unverzerrenden Steuern dagegen in D. Das Steueraufkommen kann an der y-Achse abgelesen werden. Bei verzerrender Besteuerung entspricht es der Strecke $BE = HF$, bei einer Pauschalsteuer dagegen der Strecke KF, welche eindeutig länger ist. Diese Erkenntnis fassen wir zusammen in

Ergebnis 3.1.2 *Eine Steuer, die relative Preise verzerrt, schafft bei einem gegebenen Nutzenentgang ein geringeres Steueraufkommen als eine unverzerrende Steuer.*

Die hier durchgeführte Analyse ist eine **partielle Gleichgewichtsanalyse**, die nur die Situation auf einem speziellen Gütermarkt betrachtet. Weitere Schlußfolgerungen ergeben sich aber, wenn wir die Budgetgerade FG als Produktionsmöglichkeitenkurve interpretieren. Dann kann man Abbildung 3.2 auch als Darstellung einer Ökonomie bestehend aus vielen identischen Haushalten ansehen, in der lediglich zwei Güter produziert werden. Da jeder Haushalt nur einer unter vielen ist, sieht er sich fixen Güterpreisen gegenüber. Die Produktionsmöglichkeiten der Ökonomie weichen von den Konsummöglichkeiten bei Besteuerung ab. HJ bzw. FM stellen die Konsummöglichkeiten dar, wenn der Staat eine unverzerrende Pauschalsteuer bzw. eine aufkommensgleiche Verbrauchsteuer auf Gut x erhebt. Anhand der Bedingungen für einen Pareto–effizienten Zustand sehen wir, daß spezielle Verbrauchsteuern im Vergleich zu unverzerrenden Pauschalsteuern die Allokation verzerren. Zwar kommt es zu einer effizienten Aufteilung der beiden Konsumgüter auf alle Konsumenten, da für sie das gleiche Konsumentenpreisverhältnis gilt. Auch die Produktionsfaktoren sind effizient eingesetzt, sofern die Produktion unter den Bedingungen des vollkommenen Wettbewerbs erfolgt. Allerdings ist eine **global effiziente Allokation** nur bei einer Übereinstimmung von Konsumenten– und Produzentenpreisverhältnis zu erwarten. Diese ist hier aber nicht gegeben, da für die Konsumenten die Preise nach Steuern und für die Produzenten die Preise vor Steuern maßgebend sind. Die in B eingezeichnete Gleichgewichtssituation ist also ineffizient, denn es gilt

$$\frac{p_x(1+t_x)}{p_y} = MRS_{xy} \neq MRT_{xy} = \frac{p_x}{p_y}, \tag{3.2}$$

wobei MRS_{xy} als Steigung der Indifferenzkurven die **Grenzrate der Substitution** und MRT_{xy} als Steigung der Produktionsmöglichkeitenkurve die **Grenzrate der Transformation** bezeichnet. Die unverzerrende Pauschalsteuer führt dagegen zu einer Pareto–effizienten Situation, da die Budgetgerade der Konsumenten die gleiche Steigung wie die Produktionsmöglichkeitenkurve hat und somit die Grenzrate der Substitution der Grenzrate der Transformation entspricht, $MRS_{xy} = MRT_{xy}$.

Im Hinblick auf die gesamtwirtschaftliche Allokation würde auch eine Einkommensteuer im betrachteten Fall des unveränderlichen Arbeitsangebots das gleiche Ergebnis erzielen. Wie wir im nächsten Kapitel sehen werden, verzerrt sie allerdings die Arbeitsangebotsentscheidung, wenn die Haushalte zwischen Arbeitszeit und Freizeit eine Wahlmöglichkeit besitzen.

Ermittlung der Zusatzlast mit Hilfe der Konsumenten– und Produzentenrente

Die Wohlfahrtseinbuße durch eine spezielle Verbrauchsteuer kann ebenfalls mit Hilfe der Konsumenten– und der Produzentenrente bestimmt werden. In Abbildung 3.3 sind die Hicks'sche, $D_H(\bar{U}^1)$, und die Marshall'sche, D_M, Nachfragekurve sowie die Angebotskurve S des Gutes x zu den jeweiligen Preisen, p_x, eingezeichnet.

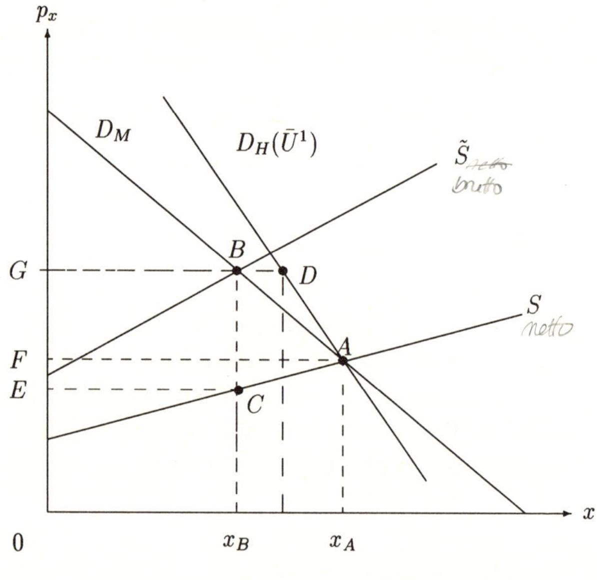

Abb. 3.3: Wohlfahrtseinbuße durch eine Verbrauchsteuer

Unter den Bedingungen des vollkommenen Wettbewerbs entspricht die Angebotskurve der Grenzkostenkurve der Unternehmen, die x anbieten. Bei Erhebung einer speziellen ad valorem Verbrauchsteuer auf x muß zwischen der Angebotskurve S zu **Nettopreisen** und der Angebotskurve zu **Bruttopreisen**, $\tilde{S} = S(1 + t_x)$, unterschieden werden, denn die

Produzenten, die diese Steuer abführen müssen, verlangen von den Konsumenten für die gleiche Menge nun einen höheren Preis. Das Gleichgewicht verlagert sich durch die Erhebung der Steuer von A nach B, und es entsteht ein Steueraufkommen, das der Fläche $ECBG$ entspricht. Die Konsumentenrente reduziert sich um die Fläche $FABG$, während die Produzentenrente um die Fläche $ECAF$ vermindert wird. Durch die Steuer entsteht somit eine Wohlfahrtseinbuße in Höhe des Dreiecks ABC. Der **gesellschaftliche Wohlfahrtsverlust** – die Zusatzlast – wird darin sichtbar, daß das erzielte Steueraufkommen nicht ausreicht, den Verlust an Konsumenten- und Produzentenrente auszugleichen. Allerdings wissen wir aus Kapitel 2, daß die Veränderung der Konsumentenrente nur ein ungenaues Maß für die Wohlfahrtsänderung der Konsumenten ist, da sie sich an der Marshall'schen Nachfragekurve orientiert.

Ebenso wie in Kapitel 2 können wir daher auch in Abbildung 3.3 die nutzenäquivalente Einkommensänderung aufzeigen und mit der Wohlfahrtsveränderung vergleichen, die sich aus der Veränderung der Marshall'schen Konsumentenrente ergibt. Dazu greifen wir auf die Hicks'sche Nachfragekurve $D_H(\bar{U}^1)$ zurück, die Preis-Mengen-Kombinationen bei einem Nutzen $\bar{U}^1$ vor Einführung der Steuer angibt. Wir sehen, daß das monetäre Äquivalent der Nutzenminderung, die CV, der Fläche $FADG$ entspricht, die größer ist als Δ KR. Wie wir bereits in Abschnitt 2.3 erläutert haben, unterschätzt die Veränderung der Marshall'schen Konsumentenrente bei einer Steuererhöhung die CV. Der tatsächliche Nutzenverlust auf der Nachfrageseite ist also größer, als es die Veränderung der Konsumentenrente vermuten läßt. Die Produzentenrente, die hier den Gewinn des Unternehmens bei Fixkosten von Null mißt, gibt dagegen die Veränderung der Wohlfahrt auf der Angebotsseite korrekt wieder.

3.1.2 Effizienzsicherndes Verbrauchsteuersystem

Wir haben gesehen, daß Steuern effizient sind, wenn sie relative Preise nicht verzerren. Somit stellt sich die Frage, ob es nicht auch möglich ist, ein Verbrauchsteuersystem zu finden, das keine Zusatzlast hervorruft. Um diese Frage beantworten zu können, müssen wir unser Modell um einen wichtigen Aspekt erweitern, denn die bisherige Analyse hat eine bestimmte Reaktion eines Haushalts auf die Besteuerung von Konsumgütern – die Rücknahme seines Arbeitsangebots, um der Besteuerung des Konsums zu entweichen – ausgeklammert. Stellen wir uns also vor, ein repräsentativer Haushalt ziehe nicht nur Nutzen aus dem Konsum der beiden Güter x und y, sondern ebenfalls aus der ihm zur Verfügung stehenden Freizeit F. Die Preise der beiden Konsumgüter sind p_x und p_y, und der Lohnsatz als Opportunitätskosten der Freizeit ist w. Beträgt die dem Haushalt insgesamt zur Verfügung stehende Zeit $\bar{F}$, so entspricht sein Einkommen dem Produkt aus Lohnsatz und Arbeitszeit, die sich aus der Differenz zwischen $\bar{F}$ und F ergibt, $w(\bar{F}-F)$. Die Budgetrestriktion des Haushalts lautet somit:

$$w(\bar{F} - F) = p_x x + p_y y. \tag{3.3}$$

Die Budgetrestriktion (3.3) kann auch folgendermaßen umgeschrieben werden:

$$w\bar{F} = p_x x + p_y y + wF. \tag{3.4}$$

(3.4) gibt auf der linken Seite das maximal zu erzielende Einkommen an, wenn der Haushalt die gesamte ihm zur Verfügung stehende Zeit arbeitet.

Wenn es nun möglich wäre, alle drei Güter, d.h. die beiden Konsumgüter x und y sowie die Freizeit F, mit dem gleichen ad valorem Verbrauchsteuersatz t zu belegen, ergäbe sich folgende Budgetrestriktion für den Haushalt:

$$w\bar{F} = (1+t)p_x x + (1+t)p_y y + (1+t)wF \tag{3.5}$$

$$\Leftrightarrow \quad \frac{1}{1+t}w\bar{F} = p_x x + p_y y + wF. \tag{3.6}$$

Der Vergleich von (3.5) mit (3.6) zeigt, daß eine **einheitliche Verbrauchsteuer** auf alle Güter inklusive Freizeit äquivalent ist zu einer Besteuerung des Werts der maximal zur Verfügung stehenden Zeit. Da aber w und $\bar{F}$ gegeben sind, also vom Haushalt nicht beeinflußt werden können, ist die Steuer auf den Wert von $\bar{F}$ eine Pauschalsteuer, die zu keiner Zusatzlast führt. Demnach ist auch die dazu äquivalente einheitliche Verbrauchsbesteuerung aller Konsumgüter inklusive Freizeit ein unverzerrendes Steuersystem, das keine Zusatzlast verursacht. Allerdings liefe diese Besteuerung darauf hinaus, daß jeder unabhängig von seinem tatsächlich erwirtschafteten Einkommen besteuert würde. Obwohl ein solches Steuersystem Zusatzlasten vermeidet, widerspricht es eklatant dem gesellschaftlichen Konsens über Steuergerechtigkeit und steht deshalb für die praktische Steuerpolitik nicht zur Verfügung.

Aber auch **investitionsneutrale Gewinnsteuern**, Grundsteuern sowie Pigousteuern[2] vermögen alternativ zu einer einheitlichen Verbrauchsbesteuerung aller Konsumgüter inklusive der Freizeit Pareto–effiziente Allokationen zu sichern. Allerdings wird es kaum möglich sein, den gewaltigen

[2] Der britische Nationalökonom *Arthur Cecil Pigou* (1877–1959) hat maßgebliche Beiträge zur Wohlfahrtsökonomik und Gleichgewichtsanalyse geleistet. Die nach ihm

Einnahmenbedarf der öffentlichen Hände durch diese wenig aufkommensstarken Steuern aufzubringen. Daher stehen für die Besteuerungspraxis im wesentlichen verzerrende Steuern zur Verfügung. Bezogen auf unser Modell können wir somit vorerst nur festhalten, daß aus Gerechtigkeitsgründen lediglich das tatsächlich erzielte Einkommmen und somit die Konsumgüter x und y mit einer Steuer belastet werden können. Eine Zusatzlast ist also nicht ganz zu vermeiden, weshalb man auch von einer **Second–Best–Lösung** spricht. Als Lektüre sei an dieser Stelle der Beitrag von *Sandmo* (1976) empfohlen.

Welche Überlegung müssen wir also anstellen, um ein effizienzsicherndes Verbrauchsteuersystem abzuleiten? Ziel ist es, ein bestimmtes Steueraufkommen mit einer minimalen Zusatzlast zu sichern. Zur Vereinfachung schließen wir wechselseitige Beziehungen in der Nachfrage zwischen den betrachteten Gütern x und y aus. Auch die Nachfragebeziehungen zwischen den Konsumgütern und der nutzenspendenden Freizeit sollen vorerst nicht problematisiert werden. Diese Annahmen sind zwar sehr restriktiv, aber sie haben den Vorteil, sehr einfach zu interpretierende Ergebnisse zu liefern, die sich qualitativ nur wenig ändern, wenn man die vereinfachenden Annahmen fallen läßt. Die Nachfragekurven der beiden Güter, D^x und D^y, sind in Abbildung 3.4 dargestellt. Sie verlaufen aufgrund verschiedener Preiselastizitäten der Nachfrage unterschiedlich steil. Die Nachfrage nach Gut x reagiert weniger auf Preisänderungen (ist weniger elastisch) als die Nachfrage nach Gut y. Das Angebot erfolgt zu identischen, konstanten marginalen Kosten, p. Diese Annahme vereinfacht die Analyse in der Hinsicht, daß sich bei einer Steueränderung nur die Konsumentenrente verändert, da eine Produzentenrente nicht anfällt.In A ist das Gleichgewicht vor Steuern für beide Güter erreicht, wobei x und y in gleicher Höhe, m_1, nachgefragt werden. Eine erste wichtige Einsicht erhalten wir, wenn wir zunächst unterstellen, daß eine proportionale Verbrauchsteuer mit identischem Steuersatz t auf beide Güter erhoben wird. Das neue Gleichgewicht verlagert sich nach B für Gut x bzw. D für Gut y. Aus Abbildung 3.4 läßt sich erkennen, daß bei einem Steueraufkommen von $pCBp(1+t)$ die **Zusatzlast** der Besteuerung von Gut x ABC beträgt, während die Zusatzlast von Gut y dem Dreieck EAD bei einem Steueraufkommen von $pEDp(1+t)$ entspricht.

benannte Pigousteuer wird zur Internalisierung von Umweltschäden erhoben, wobei jede Einheit der vom Verschmutzer erzeugten Menge mit der Steuer belastet wird. Ihre Höhe entspricht dabei genau dem Grenzschaden, der bei der Produktion auf effizientem Niveau entsteht.

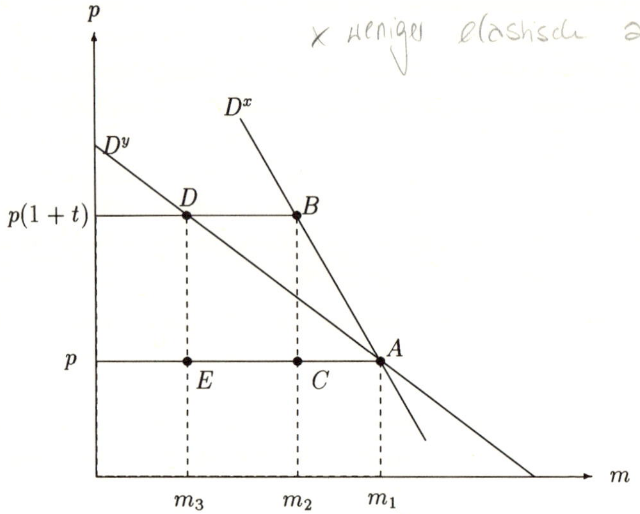

Abb. 3.4: Wohlfahrtseinbuße bei unterschiedlichen Elastizitäten

Wenn wir die jeweilige Zusatzlast durch das Steueraufkommen dividieren, können wir die Zusatzlast pro erzielter Einheit an Steueraufkommen – die durchschnittliche Zusatzlast – für die beiden Güter vergleichen. Es gilt

$$\frac{ABC}{pCBp(1+t)} < \frac{EAD}{pEDp(1+t)},$$

und wir erhalten

Ergebnis 3.1.3 *Die Zusatzlast für jede erzielte Einheit an Steueraufkommen ist bei unelastischer Nachfrage geringer als bei elastisch nachgefragten Gütern. Ein effizienzsicherndes Verbrauchsteuersystem sollte daher unelastisch nachgefragte Güter stärker belasten.*

Da die Nachfrage nach Gut x nur wenig von einer Erhöhung des Konsumentenpreises beeinflußt wird, sichert die Besteuerung unelastisch nachgefragter Güter ein hohes Steueraufkommen.

Die Inverse–Elastizitäten–Regel

Wie sollten also die Steuersätze für die einzelnen Güter gewählt werden? Nehmen wir an, die Steuersätze auf x und y seien t_x und t_y. Aus Abbildung 3.4 ergibt sich die durchschnittliche Zusatzlast der Steuer t_x als

$$\frac{ABC}{pCBp(1+t_x)} = \frac{\frac{1}{2}(m_1 - m_2)p\,t_x}{p\,t_x m_2}. \tag{3.7}$$

Da wir die optimale Steuerstruktur in Abhängigkeit von Elastizitäten ausdrücken wollen, definieren wir die Preiselastizität der Nachfrage nach Gut x approximativ als

$$\varepsilon^x \approx -\frac{\Delta m\, p}{m_2\, \Delta p} = \frac{(m_1 - m_2)\, p}{m_2\, p\, t_x}. \tag{3.8}$$

Es kommt zu einer Ungenauigkeit, da m_2 anstelle von m_1 im Nenner verwendet wird. Für Gut y haben wir eine durchschnittliche Zusatzlast der Steuer t_y von

$$\frac{EAD}{pEDp(1+t_y)} = \frac{\frac{1}{2}(m_1 - m_3)p\,t_y}{p\,t_y m_3} \tag{3.9}$$

und eine Preiselastizität der Nachfrage von

$$\varepsilon^y \approx -\frac{\Delta m\, p}{m_3\, \Delta p} = \frac{(m_1 - m_3)\, p}{m_3\, p\, t_y}. \tag{3.10}$$

An dieser Stelle können wir eine weitere wichtige Einsicht über die optimale Steuerstruktur ableiten, wenn wir die Zusatzlast, ZL, in Abhängigkeit von Elastizitäten und Steuersätzen ausdrücken. Setzen wir (3.8) bzw. (3.10) in (3.7) bzw. (3.9) ein, vernachlässigen die Indizes und multiplizieren das Ergebnis mit tpm, so folgt

$$\text{ZL} = \frac{1}{2} t^2 \varepsilon p m, \tag{3.11}$$

d.h. steigt der Steuersatz um Δt, so steigt die Zusatzlast mit dem quadratischen Steuersatz $(\Delta t)^2$ an. Die aus Gleichung (3.11) gewonnene Erkenntnis halten wir fest in

Ergebnis 3.1.4 *Ein effizienzsicherndes Verbrauchsteuersystem sollte nicht die Anzahl der Verzerrungen minimieren und nur ein Konsumgut sehr hoch besteuern, sofern nur verzerrende Steuern verfügbar sind. Vielmehr ist es optimal, mehrere Konsumgüter mit niedrigeren Steuern zu belasten, um die insgesamt entstehende Zusatzlast zu minimieren.*

Aus (3.11) wird ebenfalls deutlich, daß eine Steuer keine Zusatzlast besitzt, wenn das besteuerte Gut unelastisch nachgefragt oder angeboten wird, $\varepsilon = 0$.

Um nun eine effizienzsichernde Kombination der beiden Steuersätze t_x und t_y abzuleiten, muß die entstehende Zusatzlast minimal sein. Eine notwendige Bedingung dafür ist, daß die **marginalen Zusatzlasten** einander entsprechen. Dann kann eine Steueränderung keine geringere Zusatzlast mehr mit sich bringen. Da für sehr geringe Steuersatzänderungen die marginale Zusatzlast der durchschnittlichen Zusatzlast entspricht, erfordert dies nach (3.7) und (3.9) in unserem Beispiel:

$$\frac{\frac{1}{2}(m_1 - m_2)p\,t_x}{pt_x m_2} = \frac{\frac{1}{2}(m_1 - m_3)p\,t_y}{pt_y m_3}. \tag{3.12}$$

Setzt man die Preiselastizitäten der Nachfrage nach x, (3.8), bzw. y, (3.10), in (3.12) ein, so folgt

$$\boxed{\frac{t_x}{t_y} = \frac{\varepsilon^y}{\varepsilon^x} \qquad \text{Inverse–Elastizitäten–Regel}} \tag{3.13}$$

Die Inverse–Elastizitäten–Regel ist eine spezielle Form der **Ramsey–Regel**, die die effizienzsichernde Steuerstruktur in Abhängigkeit von Elastizitäten ausdrückt. Die allgemeinere Ramsey–Regel gilt auch für Fälle, die wechselseitige Beziehungen in der Nachfrage nach Gütern oder im Angebot an Faktoren nicht ausschließen. Aus (3.13) erhalten wir

Ergebnis 3.1.5 *Ein Verbrauchsteuersystem minimiert die Zusatzlast der Besteuerung, wenn das Verhältnis der Steuersätze dem umgekehrten Verhältnis der Preiselastizitäten der Nachfrage für die betrachteten Güter entspricht.*

Nach dieser Regel sollten also gerade Güter des lebensnotwendigen Bedarfs, die eine geringe Preiselastizität der Nachfrage besitzen, relativ stark besteuert werden. Doch wirft dies wieder ein bereits bekanntes Problem auf. Zwar hat man das Effizienzziel erreicht, verstößt nun aber erneut eklatant gegen das Ziel der Verteilungsgerechtigkeit, denn lebensnotwendige Güter spielen gerade im Warenkorb ärmerer Haushalte eine – bezogen auf ihr Einkommen – bedeutende Rolle.

In der Praxis findet man insbesondere eine relativ hohe Besteuerung von Alkohol- und Tabakwaren. Diese wird häufig mit gesundheitspolitischen Zielen gerechtfertigt. Zwar mögen diese beiden Steuern vielleicht einen kleinen Teil der Bevölkerung von einem gesundheitsgefährdend hohen Konsum abschrecken. Jedoch ist auch den Politikern bekannt, daß die meisten Leute ihre Nachfrage nach Alkohol- und Tabakerzeugnissen trotz einer Besteuerung kaum einschränken. Tatsächlich steht wohl das Ziel eines hohen Steueraufkommens im Vordergrund. Verteilungspolitische Ziele werden in diesem Fall zugunsten rein fiskalischer Ziele vernachlässigt. Den Einfluß der Besteuerung auf verteilunspolitische Ziele wollen wir im nächsten Abschnitt genauer untersuchen. Zunächst wenden wir uns aber einer Erweiterung der Inverse-Elastizitäten-Regel zu.

Die Corlett–Hague–Regel

Eine interessante Erweiterung der bisherigen Untersuchung ist der Beitrag von *Corlett* und *Hague* (1953), der nun explizit die Beziehungen der beiden Konsumgüter zum dritten nutzenspendenden Gut Freizeit in die Analyse aufnimmt. Nach der sogenannten Corlett–Hague–Regel ist dasjenige Konsumgut, das die höchste Kreuzpreiselastizität mit Freizeit aufweist, am stärksten zu besteuern. Somit wird Freizeit indirekt durch das Gut besteuert, das zu ihr stärker komplementär ist. Intuitiv ist dieses Vorgehen damit zu begründen, daß man allokative Verzerrungen vollständig vermeiden könnte, wenn alle nutzenspendenden Güter inklusive Freizeit mit dem gleichen Steuersatz belegt würden. Wenn auch eine solche direkte Besteuerung von Freizeit aus Gerechtigkeitsgründen ausscheidet, so vermag doch die Besteuerung von Gütern, die in der Freizeit genutzt werden, indirekt die Nachfrage nach Freizeit vermindern. Dadurch, daß nicht Freizeit direkt, sondern nur ihre Inanspruchnahme durch den Konsum von Freizeitaktivitäten besteuert wird, werden Haushalte auch nur in dem Umfang belastet, wie sie sich Freizeit in Abhängigkeit von ihrem Einkommen „leisten" können. Beispielsweise kann eine starke Besteuerung kultureller Angebote oder sportlicher Aktivitäten dazu führen, daß Wirtschaftssubjekte diese Güter weniger nachfragen und damit auch weniger Freizeit in Anspruch nehmen. Eine Besteuerung nach der Corlett–Hague–Regel stellt somit eine Möglichkeit dar, sich einem effizienten Verbrauchsteuersystem anzunähern, ohne den Gerechtigkeitsaspekt völlig zu vernachlässigen.

Mit Hilfe unserer einfachen Modelle konnten wir bislang bestimmte Aussagen über die Beschaffenheit eines optimalen Steuersystems ableiten. Jedoch können die gewonnenen Ergebnisse nicht unmittelbar angewendet werden, da die einfache Modellwelt wichtige Umsetzungsprobleme vernachlässigt. Nicht vergessen werden darf, daß die aufgeführten Regeln nur im Optimum gelten. Es müßten daher die Elastizitäten im Optimum bekannt sein, um die effizienzsichernden Steuersätze herleiten zu können. Daraus ergibt sich ein hoher Informationsbedarf, der kaum zu lösen ist, da man von einer hypothetischen Situation ausgeht. Realistischer ist daher die Theorie der Steuerreform, die Empfehlungen gibt, wie unser (suboptimales) Steuersystem sich dem Optimalzustand annähern könnte. Nähere Ausführungen finden sich hierzu z.B. in *Rose, Wenzel* und *Wiegard* (1981), die eine Übersicht über einschlägige Literaturbeiträge geben. Unser Ziel war es aber, weniger eventuell notwendige Änderungen eines Steuersystems aufzuzeigen als vielmehr zu beschreiben, wie es ausgestaltet sein sollte. Mit diesen Anmerkungen sollte nur auf die Schwierigkeiten einer praktischen Umsetzung der hier hergeleiteten Regeln hingewiesen werden.

Im nächsten Abschnitt wollen wir uns mit der bislang weitgehend vernachlässigten Frage der gerechten Besteuerung beschäftigen. Die Steuererhebung soll nicht nur eine effiziente Allokation der Ressourcen sichern, sondern auch zu einer gerechten Einkommens- und Vermögensverteilung beitragen. Bisher sind wir davon ausgegangen, daß 1 DM an Steuereinnahmen den gleichen sozialen Wert hat, egal, von wem oder auf was eine Steuer erhoben wird. Dieses Vorgehen konnten wir mit der Annahme rechtfertigen, daß die betrachtete Ökonomie bereits eine optimale Einkommens- und Vermögensverteilung vor der Steuererhebung aufwies. Diese Annahme ist jedoch restriktiv, da eine optimale Einkommensverteilung erst durch eine gerechte Gestaltung des Steuersystems möglich wird. Die gerade abgeleiteten effizienzsichernden Steuerregeln müssen also auch auf ihre Gerechtigkeit hin überprüft werden.

3.2 Gerechte Besteuerung

Die Forderung nach Steuergerechtigkeit beschäftigt sich mit der Frage, wie die gesamte Steuerlast gerecht auf die verschiedenen Gesellschaftsmitglieder verteilt werden soll. In der Literatur sind zwei Prinzipien bekannt, nach denen eine gerechte Besteuerung erfolgen kann: das **Äquivalenzprinzip** und das **Leistungsfähigkeitsprinzip**. Das Äquivalenzprinzip wird in der Praxis jedoch nur unwesentlich zur Rechtfertigung der Besteuerung herangezogen. Im allgemeinen liegt der Besteuerung das Leistungsfähigkeitsprinzip zugrunde. Deshalb werden wir im folgenden kurz das Äquivalenzprinzip, seine Probleme und Anwendungsbereiche, sowie die Grundzüge des Leistungsfähigkeitsprinzips vorstellen. Die Ausgestaltung eines gerechten Steuersystems nach dem Leistungsfähigkeitsprinzip soll dann in Unterabschnitt 3.2.2 ausführlich diskutiert werden.

3.2.1 Das Äquivalenz- und das Leistungsfähigkeitsprinzip

Das Äquivalenzprinzip (auch **Benefit Pricing** oder Nutzenprinzip genannt) geht im wesentlichen auf zwei Vertreter der Vertragstheorie des Staates, *Hobbes* und *Locke*[3], zurück und wurde später auch von den Utilitaristen wie *Bentham*[4] vertreten. Aber auch *Adam Smith*[5] war einer seiner Befürworter. Dieses Prinzip verlangt, daß die individuelle Steuerzahlung dem Wert der individuell in Anspruch genommenen Staatsleistungen entspricht, so daß individuelle Leistung und staatliche Gegenleistung miteinander übereinstimmen, also einander äquivalent sind. Das Äquivalenzprinzip basiert somit auf einer individualistischen Staatsauffassung, da nach diesem Prinzip die Höhe der Staatsausgaben und des Angebots öffentlicher Güter durch die Nachfrage der einzelnen Bürger bestimmt wird. Demnach sorgt das Äquivalenzprinzip nicht nur für eine unter diesem Gesichtspunkt gerechte Verteilung der Steuerlast auf die einzelnen Gesellschaftsmitglieder, sondern rechtfertigt auch die Steuererhebung an sich. Steuern werden nur in dem Umfang erhoben, der für die Bereitstellung öffentlicher Leistungen aufgrund der vorhandenen Nachfrage der Bürger notwendig ist.

Zur Ermittlung der Steuerlast nach dem Äquivalenzprinzip können entweder die Kosten, die eine von einem Steuerschuldner genutzte öffentliche Leistung verursacht hat (**Kostenäquivalenz**), oder der Nutzen, den der Steuerschuldner aus der Inanspruchnahme der öffentlichen Leistung zieht (**Nutzenäquivalenz**), herangezogen werden. Da aber der individuelle Nutzen aus den Staatsleistungen nicht meß- und vergleichbar ist, ist die Nutzenäquivalenz nur begrenzt anwendbar. Zwar gelingt es theoretisch, Äquivalenzgebühren in Höhe der marginalen Zahlungsbereitschaft der einzelnen Bürger für ein öffentliches Gut mit Hilfe des **Lindahl–Verfahrens**, das ausführlich in Kapitel 3.1 des Bandes „Fi-

---

[3] *Thomas Hobbes* (1588–1679) und *John Locke* (1632–1704) waren englische Philosophen, die sich insbesondere mit der Staatsphilosophie beschäftigten.

[4] *Jeremy Bentham* (1748–1832), englischer Moral- und Rechtsphilosoph, gilt als der Vater des **Utilitarismus**, auf dessen Idee die sogenannte Utilitaristische Wohlfahrtsfunktion beruht, die die Summe der Nutzen aller Gesellschaftsmitglieder berücksichtigt. Bentham legte jeder moralischen Beurteilung das „Prinzip des größten Glücks der größten Zahl“ zugrunde.

[5] *Adam Smith* (1723–1790), schottischer Nationalökonom und Philosoph, ist der Begründer der klassischen Nationalökonomie, der eine liberale Wirtschaftslehre basierend auf Aufklärung, Naturrecht und englischer Moralphilosophie vertrat.

nanzwissenschaft I: Rechtfertigung der Staatstätigkeit" vorgestellt wird, zu bestimmen. Jedoch setzt dieser Mechanismus die Offenbarung wahrer Präferenzen voraus. Diese wird aber kaum zu erwarten sein, da ein typisches **Free–Rider–Problem** vorliegt, denn keiner kann vom Konsum (reiner) öffentlicher Güter ausgeschlossen werden. Das führt dazu, daß jeder eine niedrigere als die tatsächliche Präferenz angibt, um auch weniger zahlen zu müssen. Da alle Befragten nach dieser Strategie handeln werden, kommt es zu einer suboptimalen Bereitstellung des öffentlichen Gutes und damit zu einer ineffizienten Ressourcenallokation. Darüber hinaus haben nach der Nutzenäquivalenz ermittelte Gebühren nur eine distributive und keine allokative Funktion, da zwar eine Kostenverteilung für öffentliche Güter in Höhe der marginalen Zahlungsbereitschaft der Bürger ermöglicht wird, aber durch die Zahlung dieser Gebühren – im Gegensatz zu den Preisen der privaten Güter – keine Koordination der Nachfragewünsche möglich ist, denn der Konsum der öffentlichen Güter ist für alle Bürger gleich.

In der Praxis dient das Äquivalenzprinzip vornehmlich der Rechtfertigung und Bemessung von Gebühren für Dienste der öffentlichen Verwaltung im Sinne der Kostenäquivalenz. Eintrittsgelder für öffentliche Museen, Preise für Leistungen des öffentlichen Nahverkehrs oder Gebühren für die Müllabfuhr können hierzu gezählt werden. Des weiteren werden in einigen Ländern Mautgebühren für die Straßenbenutzung erhoben. Aus allokativen Gesichtspunkten ist eine Besteuerung nach dem Kostenäquivalenzprinzip grundsätzlich zu empfehlen. Denn die spezielle Zurechnung der Kosten garantiert eine Anpassung des Angebots öffentlicher Leistungen an die private Nachfrage und spiegelt so den Marktmechanismus wider. Jedoch ist seine Anwendung in der Praxis nur äußerst beschränkt, da das Prinzip nicht unbedingt verteilungspolitischen Vorstellungen genügt. So wird diese Art der Abrechnung insbesondere bei Leistungen im Gesundheits- und Ausbildungswesen aus gesellschaftlicher Sicht als nicht wünschenswert betrachtet.

Formal–rechtlich werden Steuern in der Bundesrepublik Deutschland nicht nach dem Äquivalenzprinzip erhoben. Die Steuer ist in § 3 I Abgabenordnung (AO) als eine Geldleistung definiert, die keine Gegenleistung für eine besondere Leistung darstellt (im Gegensatz zu Gebühren) und auch nicht zweckgebunden verwaltet wird, sondern in den öffentlichen Haushalt zur Deckung des allgemeinen öffentlichen Finanzbedarfs fließt (Abgrenzung zu Sonderabgaben). Des weiteren sind Steuern nur dann zu zahlen, wenn ein Tatbestand gegeben ist, an den das Gesetz ausdrücklich eine Leistungspflicht knüpft. Diese Tatbestände beziehen sich nicht auf die Inanspruchnahme einer konkreten öffentlichen Leistung. Aus dem Begriff der Steuer des § 3 I AO wird die Besteuerung nach der persönlichen Leistungsfähigkeit eines Steuerschuldners für das deutsche Steuerrecht abgeleitet.

Der Ursprung des **Leistungsfähigkeitsprinzips** liegt zeitlich früher als der des Äquivalenzprinzips. Seine bekanntesten Vertreter hatte das Leistungsfähigkeitsprinzip jedoch erst viel später mit *J.-J. Rousseau*[6], *J.B. Say*[7] und *J.S. Mill*[8]. In der Gegenwart wird das Leistungsfähigkeitsprinzip insbesondere aus verteilungspolitischen Gründen befürwortet. Es geht von der sogenannten **organischen Staatsauffassung** aus, nach der der Staat ein dem Bürger übergeordnetes, historisch gewachsenes Subjekt ist, ohne das der Einzelne nicht existieren kann. Danach werden die Aufgaben des Staates als gegeben angesehen, sie ergeben sich also nicht wie beim Äquivalenzprinzip aus der zugrunde liegenden Nachfrage der Bürger. Die entstehenden Kosten werden den Bürgern ohne Rücksicht auf die in Anspruch genommenen öffentlichen Leistungen aufgebürdet, nur die individuelle Leistungsfähigkeit ist für die steuerliche Belastung ausschlaggebend. Somit läßt sich durch dieses Prinzip auch eine Finanzierung von Umverteilungsaufgaben rechtfertigen, die nach dem Äquivalenzprinzip nicht möglich ist. Das Leistungsfähigkeitsprinzip sollte dabei der horizontalen sowie der vertikalen Gerechtigkeit genügen.

Unter **horizontaler Gerechtigkeit** versteht man die steuerliche Gleichbehandlung von Personen in gleicher wirtschaftlicher Situation. Welches aber ist ein operationaler Maßstab für diese Gleichheit? Optimal wäre natürlich, Personen nach ihrem Nutzen zu vergleichen. Doch da der Nutzen weder beobachtbar noch meßbar ist, muß für die horizontale Gerechtigkeit ein Maßstab gefunden werden, der dem tatsächlichen Nutzen möglichst nahekommt und der darüber hinaus beobachtbar ist. Diese wichtige Forderung nach einer gerechten und praktikablen Steuerbemessungsgrundlage, die sich an der Leistungsfähigkeit der Wirtschaftssubjekte orientiert, werden wir deshalb ausführlich im folgenden Unterabschnitt diskutieren.

---

6 Der schweizerische Staats- und Moralphilosoph *Jean-Jacques Rousseau* (1712–1778) vertrat in seinem Werk „Der Gesellschaftsvertrag“ (1762) die Auffassung, daß der Staat das Recht zur Besteuerung seiner Bürger hat, um die bestehende Ungleichheit der Besitzverhältnisse in eine gerechtere gleichmäßige Verteilung des Vermögens umzuwandeln.

7 *Jean Baptiste Say* (1767–1799) ist der Hauptvertreter der klassischen Nationalökonomie in Frankreich.

8 Der britische Philosoph und Nationalökonom *John Stuart Mill* (1806–1873) war ein Theoretiker des Liberalismus, den er mit sozialistischen Anklängen vertrat.

Die Forderung nach einem **vertikal** gerechten Steuersystem verlangt die gerechte Behandlung von Personen in unterschiedlicher wirtschaftlicher Lage. Dabei wird vorausgesetzt, daß bereits ein Maßstab für eine horizontal gerechte Besteuerung existiert. Erfüllen Personen diesen Maßstab in unterschiedlichem Umfang, indem sie sich etwa in ihrem persönlichen Einkommen unterscheiden, befinden sie sich in unterschiedlicher wirtschaftlicher Lage. Es muß dann nach einer Gestaltung des Steuertarifs gesucht werden, die diese verschiedenen Wirtschaftssubjekte gerecht behandelt. Hierfür sind Werturteile erforderlich, die Ökonomen in **sozialen Wohlfahrtsfunktionen** ausdrücken. Diese Funktionen geben Auffassungen über das, was die Gesellschaft als gerecht erachtet, wieder. Verschiedene Auffassungen von Staatstätigkeit, Fragen der Gerechtigkeit und mögliche Wohlfahrtsfunktionen stehen im Mittelpunkt von Kapitel 8.2 des Bandes „Finanzwissenschaft I: Rechtfertigung der Staatstätigkeit“, auf das hier verwiesen wird.

3.2.2 Die Wahl der Steuerbemessungsgrundlage

Bei der Wahl einer gerechten Steuerbemessungsgrundlage kommen als **Ersatzgrößen für den Nutzen** das (periodische) Einkommen, die (periodischen) Konsumausgaben und das individuelle Vermögen in Frage. Die unterstellten Ersatzgrößen nehmen an, daß sich Personen nur dann in gleicher wirtschaftlicher Lage befinden, wenn ihr Einkommen, Konsum oder Vermögen als Kennzeichen ihrer Leistungsfähigkeit übereinstimmt. Ob sich diese Ersatzgrößen für eine Besteuerung nach der individuellen Leistungsfähigkeit eignen und wie eine Steuer ausgestaltet sein sollte, wird im folgenden untersucht. Neben grundsätzlichen Erwägungen werden auch Fragen der Verwaltbarkeit und der Umsetzung der Ideen in Steuergesetze angesprochen.

Einkommensteuer

Einkommen gilt nach weitverbreiteter Auffassung als der wichtigste Indikator der Leistungsfähigkeit, so daß die Einkommensteuer in der Besteuerungspraxis eine zentrale Rolle einnimmt. Dies ist schon an ihrem bereits in Kapitel 1 aufgezeigten Aufkommen zu erkennen. Hinter dieser Ersatzgröße als Indikator steht die Idee, daß Personen mit gleichem Einkommen auch die gleiche steuerliche Leistungsfähigkeit besitzen. Um die steuerliche Leistungsfähigkeit einer Person korrekt zu messen, ist eine **allumfassende Einkommensbemessungsgrundlage** notwendig. Deshalb wird nach *Schanz* (1896), *Haig* (1921) und *Simons* (1938) das periodische Einkommen als **Reinvermögenszugang** verstanden. Dazu werden alle Einkommensquellen, wie Arbeits- und Kapitaleinkommen, Kapitalgewinne sowie grundsätzlich auch erhaltene Geschenke und Erbschaften, gezählt.

Im folgenden Unterpunkt wollen wir zuerst auf allgemeine Probleme, die mit dem Einkommen als Steuerbemessungsgrundlage verbunden sind, eingehen. Sodann werden wir untersuchen, wie die Besteuerung des Einkommens nach dem Leistungsfähigkeitsprinzip erfolgen sollte und ob sich dies in den Steuergesetzen wiederfindet. Dazu betrachten wir zwei Problemkreise, die besonders geeignet erscheinen, eine Besteuerung nach der Leistungsfähigkeit aufzuzeigen: die Familienbesteuerung sowie die Besteuerung der Alterseinkünfte. In einem dritten Unterpunkt werden wir schließlich einige weitere spezielle Probleme der Einkommensbesteuerung ansprechen.

Prinzipielle Probleme des Einkommens als Ersatzgröße

Es gibt einige Gründe, warum die Besteuerung des Einkommens nicht ohne weiteres eine Nutzenbesteuerung ersetzen kann. So haben Personen mit gleichem Einkommen oft unterschiedlich viel Freizeit zur Verfügung, abhängig von ihrer erworbenen Ausbildung. Tendenziell ist der Stundenlohn bei qualifizierteren Berufen höher als bei Berufen, die eine geringere Qualifikation voraussetzen. Eine Person mit höherem Stundenlohn muß weniger arbeiten, hat also mehr Freizeit übrig als eine Person mit geringerem Stundenlohn, um das gleiche Einkommen zu erzielen. Solche Wirtschaftssubjekte unterscheiden sich dann trotz ihres gleichen Einkommens in ihrem Nutzen. Bei gleichem Einkommen wird derjenige mit dem höheren Ausbildungsniveau immer mehr Freizeit zur Verfügung haben und damit durch die Steuer relativ weniger belastet sein als jemand mit einem geringeren Stundenlohn. Personen mit gleichem Einkommen können Freizeit aber auch einfach unterschiedlich bewerten, so daß derjenige, der Freizeit weniger stark präferiert, durch die Einkommensteuer benachteiligt wird, da die stärkere **Freizeitpräferenz** dem anderen einen höheren Nutzen aus dem gleichen Einkommen spendet.

Des weiteren haben Personen mit gleichem Einkommen oft unterschiedliche Möglichkeiten, Nutzen aus ihrem Einkommen durch den Erwerb von Gütern zu ziehen. Dies ist dann der Fall, wenn sie sich in bestimmter Hinsicht von der überwiegenden Mehrzahl der Steuerpflichtigen gleicher Einkommensverhältnisse unterscheiden. Beispielsweise entstehen unterschiedliche Ausgaben für die medizinische Betreuung bei Behinderten und Nichtbehinderten. Das zu versteuernde Einkommen ist als Indikator um solche als **außergewöhnliche Belastungen** bezeichnete Ausgaben zu bereinigen. Dies geschieht im deutschen Steuerrecht in den §§ 33 – 33c EStG. Außergewöhnliche Belastungen liegen vor, wenn dem Steuerpflichtigen größere Aufwendungen als der überwiegenden Mehrzahl der Steuerpflichtigen gleicher Einkommens- und Vermögensverhältnisse und gleichen Familienstandes zwangsläufig in dem Sinne entstehen, daß er sich ihnen aus rechtlichen, tatsächlichen oder sittlichen Gründen nicht entziehen kann. Dazu gehören auch Aufwendungen für den Unterhalt und eine etwaige Berufsausbildung einer dem Steuerpflichtigen oder seinem Ehegatten gegenüber gesetzlich unterhaltsberechtigten Person, für die Beschäftigung einer Haushaltshilfe, für die Unterbringung in einem Heim oder zur dauernden Pflege sowie Kinderbetreuungskosten in besonderen Fällen, jedoch nur soweit sie die zumutbare Belastung nach § 33 III EStG übersteigen.

Auch **Einkunftserzielungskosten** sind bei der Berechnung des zu versteuernden Einkommens zu berücksichtigen, so z.B. die Kosten der Fahrt zum Arbeitsplatz, da sie die Leistungsfähigkeit mindern. Diese werden als Betriebsausgaben oder Werbungskosten bezeichnet und sind nach § 4 IV bzw. § 9 EStG von der Einkunftsart abzuziehen, bei der sie entstanden sind.

Der Nutzen aus einem bestimmten Einkommen hängt außerdem von der **Familienstruktur** ab, also davon, ob jemand alleine lebt, verheiratet ist oder Kinder hat. Kinderreiche Familien ziehen einen geringeren Nutzen aus einem bestimmten Einkommen, weil ihr verfügbares Pro-Kopf-Einkommen geringer ist. Durch ein geeignetes Verfahren sollte diesen Unterschieden in der Familienstruktur Rechnung getragen werden. Dieser Standpunkt wird allerdings von *Gary S. Becker*[9] (1960) in seiner Theorie der Familien bestritten. Er betont, daß Kinder nicht nur eine Last darstellen, sondern den Eltern auch einen Nutzen spenden. So erfreuen sich Eltern an ihren Kindern und erhoffen sich zudem, mit ihnen jemand zu haben, der für sie im Alter da ist. Somit liegt nach Beckers Meinung keine Rechtfertigung für einen steuerlichen Abzug von Kinderlasten vor. Die deutsche Steuergesetzgebung vertritt jedoch die Ansicht, daß Kinder den Nutzen der Familie aus einem bestimmten Einkommen schmälern und trägt dem in Form der Zahlung von Kindergeld, das durch den X. Abschnitt des EStG, §§ 62 ff., und das Bundeskindergeldgesetz geregelt ist, oder durch Abzug eines Kinderfreibetrags vom Einkommen gemäß § 32 EStG im Rahmen des Familienleistungsausgleichs des § 31 EStG

[9] *Gary S. Becker* ist Professor an der University of Chicago und erhielt 1992 den Nobelpreis der Wirtschaftswissenschaften für seine Erweiterungen der mikroökonomischen Analyse familienbezogener Fragen.

Rechnung. Hierauf gehen wir bei der Diskussion der Familienbesteuerung noch genauer ein.

Die Berücksichtigung dieser Einschränkungen der Leistungsfähigkeit bei der Ermittlung des zu versteuernden Einkommens ist erforderlich, um die Einkommensteuer horizontal gerecht zu gestalten. Prinzipiell sollte die Bemessungsgrundlage aber auch getrennt für die verschiedenen **Einkommensarten** berechnet werden, denn diese wirken sich unterschiedlich auf die Leistungsfähigkeit aus. So ist Einkommen aus Arbeit, anders als Kapitaleinkommen, mit einem Freizeitentzug verbunden. Damit spenden diese beiden Einkommensarten bei gleicher Einkommenshöhe unterschiedlichen Nutzen. Allerdings findet eine solche Differenzierung allenfalls durch den **Sparerfreibetrag** des § 20 IV EStG in Höhe von 6 000 DM für Alleinstehende bzw. 12 000 DM für Verheiratete (ab 1.1.2000 halbieren sich die Sparerfreibeträge) Eingang in das deutsche Steuerrecht, wodurch jedoch gerade die Einkommensart, die zu einem geringen Freizeitentzug führt, begünstigt wird.

Leistungsfähigkeitsprinzip

Da die Besteuerung nach der persönlichen Leistungsfähigkeit das tragende Prinzip der Einkommensteuer ist, soll es im folgenden näher erläutert werden. In der Praxis wird der vertikale Gerechtigkeitsmaßstab des Leistungsfähigkeitsprinzips häufig durch eine **progressive Steuer** verwirklicht, und wir wollen zunächst den Begriff der Progressivität klären. Anschließend erläutern wir das Leistungsfähigkeitsprinzip im Rahmen der Familienbesteuerung. Aufgrund der unterschiedlichen Zusammensetzung von Familien sind bestimmte Kriterien bei der Familienbesteuerung einzuhalten, um dem Leistungsfähigkeitsprinzip Geltung zu verschaffen. Einen weiteren essentiellen Grundsatz des Leistungsfähigkeitsprinzips wollen wir im Anschluß daran durch die Besteuerung von Alterseinkünften verdeutlichen. Einkommen sollte (im Laufe des Lebens) einmal, aber auch nur einmal besteuert werden. Diesen Grundsatz nennt man das **Korrespondenzprinzip** der Besteuerung.

Progressive Einkommensteuer

Um den Begriff einer progressiven Steuer zu definieren, bezeichne I das Einkommen und $T(I)$ die vom Einkommen abhängige Steuerzahlung.

Definition: Progressive Steuer

Eine progressive Steuer ist eine Steuer, bei der der durchschnittliche Steuersatz, d.h. die Steuerbelastung im Verhältnis zur Bemessungsgrundlage, $T(I)/I$, mit zunehmender Bemessungsgrundlage, I, steigt: $d\left(\frac{T(I)}{I}\right)\Big/ dI > 0$.

Aus einem steigenden **Durchschnittssteuersatz** folgt:

$$\frac{d\left(\frac{T(I)}{I}\right)}{dI} = \frac{T'(I)I - T(I)}{I^2} > 0$$

$$\Leftrightarrow \qquad T'(I) > \frac{T(I)}{I}. \tag{3.14}$$

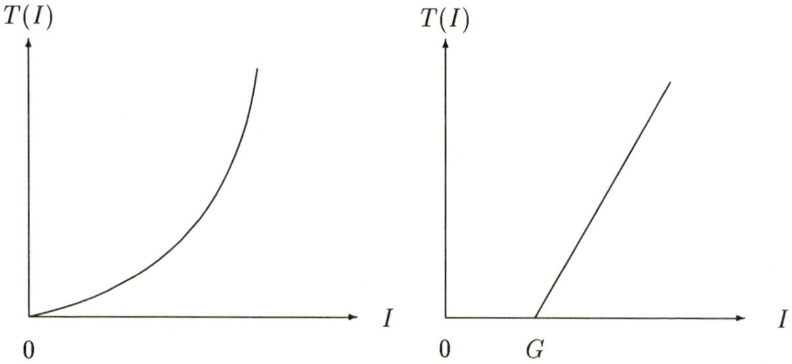

a) Direkt progressive Steuer b) Indirekt progressive Steuer

Abb. 3.5: Direkte und indirekte Progression

Bei einem progressiven Steuertarif ist der Grenzsteuersatz, $T'(I)$, also immer größer als der Durchschnittssteuersatz. Es lassen sich dabei zwei Formen der Progression unterscheiden. Bei der **direkten** Progression steigt der marginale Steuersatz mit zunehmender Bemessungsgrundlage, wie durch den Tarifverlauf in Abbildung 3.5 a) dargestellt wird, wobei auf der Abszisse das Einkommen als Bemessungsgrundlage und auf der Ordinate der zu zahlende Steuerbetrag abzulesen ist. Eine Steuer ist dagegen **indirekt** progressiv, wenn die durchschnittliche Steuerbelastung nicht durch einen steigenden Grenzsteuersatz, sondern z.B. durch die Existenz eines Grundfreibetrags, G, ansteigt. Eine indirekt progressive Steuer kann also auch durch einen linearen Tarifverlauf wie in Abbildung 3.5 b) gekennzeichnet sein.

Bei der deutschen Einkommensteuer wird gemäß § 32a EStG ein **Formeltarif** zugrunde gelegt, bei dem die Steuerschuld aus dem zu versteuernden Einkommen mit Hilfe von Polynomen bestimmt wird. Die Einführung des Formeltarifs im Jahre 1955 wurde vom Gesetzgeber damit begründet, daß ein streng mathematischer Aufbau die Willkür innerhalb des Tarifs ausschaltet. Tatsächlich zeigt dieser Tarif sowohl eine direkte als auch eine indirekte Progression, bei der der Grenzsteuersatz ohne Sprungstelle, aber mit Knickstellen bis zu einer Obergrenze anwächst. Jedoch hat solch ein Formeltarif im Gegensatz zu dem in den meisten westlichen Industrieländern angewandten Stufengrenzsatztarif den Nachteil der geringen Verständlichkeit für den Steuerzahler. Der Formeltarif ist im Rahmen der sich über die Veranlagungszeiträume 1999/2000/2002 hinziehenden Steuerreform für den Veranlagungszeitraum 1999 in fünf **Tarifzonen** mit unterschiedlichen Tariffunktionen unterteilt. Bis zum Grundfreibetrag von 13 067 DM gilt die **Nullzone**, in der keine Steuer gezahlt werden muß. Daran schließen sich drei direkt progressive (auch als linear–progressiv bezeichnete) Tarifzonen an: bei einem zu versteuernden Einkommen von 13 068 bis 17 063 DM steigt der Grenzsteuersatz linear von 23,9% bis 26,7% an. Bei einem zu versteuernden Einkommen von 17 064 bis 66 366 DM folgt eine zweite Zone direkter Progression, wobei der Grenzsteuersatz linear von 26,7% auf 36,7% erheblich flacher als in der ersten Progressionszone ansteigt. In der dritten Progressionszone zwischen 66 367 DM und 120 041 DM steigt er wiederum etwas steiler von 36,7% auf 53% an. Schließlich besteht die fünfte Tarifzone ab 120 042 DM zu versteuerndem Jahreseinkommen aus einer Proportionalzone, in der der Grenzsteuersatz konstant bei 53% liegt. Hier ist der Steuertarif wegen des Grundfreibetrags und der vorangehenden Zone direkter Progression nur indirekt progressiv, der Durchschnittssteuersatz nähert sich asymptotisch 53% an. Der deutsche Steuertarif enthält also aufgrund des Grundfreibetrags und der oberen Proportionalzone Elemente direkter und indirekter Progression. In den Veranlagungszeiträumen 2000 und 2001 erhöht sich der Grundfreibetrag auf 13 499 DM, und der Eingangssteuersatz sinkt um einen Prozentpunkt auf 22,9%. Der Steuertarif ist dann zweistufig linear–progressiv mit nur noch einer Knickstelle bei 17 496 DM. Der Spitzensteuersatz sinkt auf 51% und ist schon ab einem Einkommen von 114 696 DM zu entrichten. Ab dem Veranlagungszeitraum 2002 schließlich gilt ein auf 14 093 DM erhöhter Grundfreibetrag. Der Eingangssteuersatz beträgt dann 19,9%, der ab einem Einkommen von 107 568 DM relevante Spitzensteuersatz 48,5%. Erneut handelt es sich um einen zweistufig linear-progressiven Tarif mit einem Knick bei 18 090 DM.

Nach dieser kurzen Darstellung der Tariffunktion der deutschen Einkommensteuer und ihren Progressionseigenschaften wollen wir nun die wesentlichen Elemente des Leistungsfähigkeitsprinzips aufzeigen, wobei wir uns auf einen Beitrag von *Haller* (1981) beziehen.

Existenzminimum

Bei der Besteuerung des Einkommens wird in der Regel ein Existenzminimum steuerfrei gestellt, da es keine steuerliche Leistungsfähigkeit anzeigt. Vielmehr dient es der Befriedigung von Grundbedürfnissen, die allerdings vom erreichten Wohlstandsniveau einer Gesellschaft abhängen.

In der steuerlichen Praxis lassen sich zwei Methoden unterscheiden, um das Existenzminimum steuerlich zu berücksichtigen. Die eine Methode besteht darin, daß ein Grundfreibetrag, der im günstigsten Fall dem Existenzminimum entspricht, vom steuerbaren Einkommen abgezogen wird. Die Steuerersparnis durch den Grundfreibetrag ergibt sich dann als Produkt aus dem Freibetrag und dem persönlichen Grenzsteuersatz des Steuerpflichtigen. Bei steigendem Grenzsteuersatz steigt die Steuerersparnis mit höherem steuerbaren Einkommen. Nach der zweiten, auch in Deutschland angewandten Methode ergibt sich die Steuerersparnis aus dem Produkt des Freibetrags und des Eingangssteuersatzes. Damit kommt es bei der zweiten Methode nur zu einer gleichhohen Entlastung in allen Einkommensbereichen, bzw. anders ausgedrückt ergibt sich bei höheren Einkommen eine zu hohe Belastung im Vergleich zu niedrigeren Einkommen, wenn der existenzsichernde Grundfreibetrag als nicht belastbar betrachtet wird. Da aber das Existenzminimum für alle Einkommensempfänger unabhängig von ihrem Einkommen gilt, verletzt die zweite Methode die Freistellung des Existenzminimums und verursacht eine mit dem Leistungsfähigkeitsprinzip nicht zu begründende hohe steuerliche Belastung.

Ehegattenbesteuerung

Während das Existenzminimum die Leistungsfähigkeit aller Steuerpflichtigen mindert, kommt es bei Familien und kinderlosen Ehepaaren zu einer zusätzlichen Beeinträchtigung der Leistungsfähigkeit gegenüber einem Alleinstehenden. Denn ein bestimmtes Einkommen kann ihnen nicht den gleichen Nutzen spenden wie einem Alleinstehenden. Für eine gerechte Besteuerung von Familieneinkommen gilt es zu beachten, daß es häufig nur einen Verdiener in der Familie gibt, der den Ehepartner und eventuell auch Kinder versorgen muß. Es wird in der Regel nicht als gerecht angesehen, wenn eine Familie mit einem Verdiener steuerlich genauso behandelt wird wie ein alleinstehender Verdiener, da die Leistungsfähigkeit aus dem Einkommen der Familie deutlich geringer ist. Daher wird in vielen Ländern ein **Splittingverfahren** angewendet, mit dem das steuerpflichtige Einkommen auf die Familienmitglieder verteilt und dann das Pro–Kopf–Einkommen mit dem Einkommen eines Alleinstehenden verglichen wird, um gleiche Belastungsmaßstäbe anzulegen. Mit Hilfe des Splittingdivisors 2 ist es beispielsweise möglich, das gesamte Familieneinkommen hälftig auf die beiden Ehepartner zu verteilen, so daß der für die beiden Hälften und nicht der für das gesamte Einkommen geltende Steuersatz auf das Familieneinkommen angewandt wird. Damit wird die Belastung für Familien infolge der progressiven Einkommensteuer gemindert. In Deutschland existiert dieses Splittingverfahren für Ehegatten seit 1957. Bis dahin wurden Ehegatten steuerlich zusammen veranlagt, jedoch gab es keine Möglichkeit zu splitten. Das bedeutete, daß die Einkommen der Ehegatten addiert wurden und darauf die sich aus der Tariffunktion ergebende Steuer festgelegt wurde. Durch dieses Verfahren war der Steuersatz in der Regel erheblich höher als bei getrennter Veranlagung. Anlaß der Gesetzesänderung war der Beschluß des Bundesverfassungsgerichts (BVerfG) vom 17.1.1957, wonach diese Regelung nicht im Einklang mit Art. 6 GG, der Ehe und Familie unter den besonderen Schutz staatlicher Ordnung stellt, steht. In der Bundesrepublik besteht daher, verfassungsrechtlich bedingt und gesetzlich in § 26 EStG geregelt, für Eheleute eine Wahlfreiheit zwischen getrennter (§ 26a EStG), gemeinsamer (§ 26b EStG), sowie für den Veranlagungszeitraum der Eheschließung besonderer (§ 26c EStG) Veranlagung. Die gemeinsame Veranlagung ist in den meisten Fällen am günstigsten, da dann das Splittingverfahren gemäß § 32a V, VI EStG angewendet werden kann. Die **gemeinsame Veranlagung** unter Anwendung des Splittingverfahrens behandelt die Ehe dabei gesetzlich so, daß sie durch die gleichmäßige Verteilung des gesamten Einkommens auf die beiden Ehegatten sowohl eine Einkommenserzielungs– sowie eine Einkommensverwendungsgemeinschaft darstellt. Bei der **besonderen Veranlagung** werden Ehegatten im Veranlagungszeitraum der Eheschließung so behandelt, als ob sie noch unverheiratet wären. Sie kann vorteilhaft sein, um einen Haushaltsfreibetrag gemäß § 32 VII EStG, der grundsätzlich nur Alleinerziehenden gewährt wird, im Jahr der Eheschließung noch zu nutzen.

Die Entlastung bei der gemeinsamen Veranlagung durch das Splittingverfahren gegenüber der **getrennten Veranlagung** wird auch als **Splittingvorteil** bezeichnet. Beim **Ehegattensplitting** (Splittingdivisor 2) wird der für Alleinstehende und Verheiratete einheitliche Steuertarif auf die Hälfte der Summe der steuerpflichtigen Einkommen der Ehegatten angewendet. Der sich ergebende Steuerbetrag wird sodann mit 2 multipliziert, so daß der zu zahlende Betrag der beiden Eheleute

$$2T\left(\frac{I_A + I_B}{2}\right) \tag{3.15}$$

entspricht, wobei I_A und I_B die Einzeleinkommen der beiden Eheleute seien. Bei diesem Verfahren wird somit der Anwendungsbereich aller Tarifzonen einschließlich des Grundfreibetrags verdoppelt. Es kommt zu einem Splittingvorteil, SV, gegenüber der getrennten Veranlagung in Höhe von

$$SV(I_A, I_B) = T(I_A) + T(I_B) - 2T\left(\frac{I_A + I_B}{2}\right) \geq 0. \tag{3.16}$$

Abbildung 3.6 gibt diesen Sachverhalt für einen Ehepartner wieder, wobei auf der Abszisse das Einkommen, I, und auf der Ordinate die Steuerbelastung, $T(I)$, eingezeichnet sind.

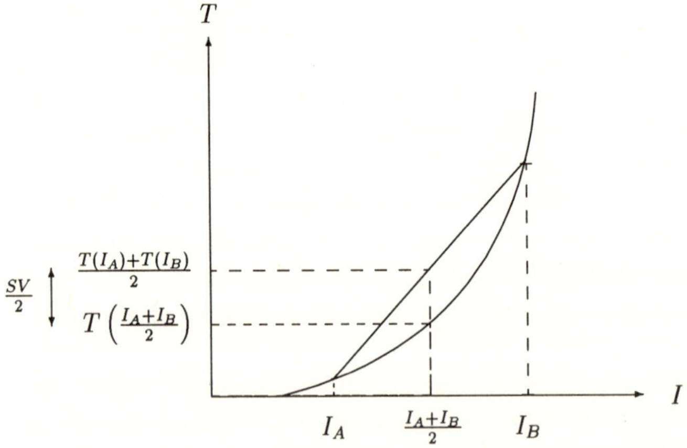

Abb. 3.6: Splittingvorteil der Ehegattenbesteuerung

$SV/2$ ist der Splittingvorteil pro Person. Der Splittingvorteil ist bei gegebenem Gesamteinkommen des Ehepaars um so größer, je unterschiedlicher die beiden Einkommen, I_A und I_B, sind. Am größten ist er demzufolge bei einer Einverdienerehe. Dagegen kommt es zu keinem Splittingvorteil, wenn die beiden Einkommen gleich hoch sind oder in derselben Proportionalzone liegen, d.h. wenn beide Ehegatten jeweils weniger als den Grundfreibetrag oder mehr als 120 041 DM (114 696 DM bzw. 107 568 DM ab dem Veranlagungszeitraum 2000 bzw. 2002) verdienen. Voraussetzung für die Realisierung eines Splittingvorteils ist also, daß mindestens ein Einkommen im konvexen Bereich der Steuertariffunktion liegt oder bestenfalls I_A geringer als der Grundfreibetrag ist und I_B in der oberen Proportionalzone liegt.

Haushaltsersparnis und häusliche Dienste

Allerdings gibt es neben den steuerlich zu beachtenden Nachteilen von Familien als Besteuerungseinheit auch Vorteile für Familien gegenüber Alleinstehenden, die steuerlich berücksichtigt werden sollten. Erstens entsteht Familien im Gegensatz zu Alleinstehenden aufgrund der gemeinsamen Haushaltsführung eine Ersparnis, da eine Vielzahl von Einrichtungsgegenständen nur einmal angeschafft werden muß. Aus einem bestimmten Einkommen mag eine zweiköpfige Familie durch die Haushaltsersparnis einen größeren Nutzen ziehen als ein Alleinstehender aus der Hälfte dieses Einkommens. Zweitens entstehen bei Familien mit nur einem Verdiener Realeinkommen durch häusliche Dienste, die vom nicht erwerbstätigen Ehepartner erbracht werden. Diese muß der alleinstehende Erwerbstätige entweder nach seiner Arbeitszeit leisten, so daß er einen Freizeitverzicht erleidet, oder er muß aus seinem versteuerten Einkommen eine Haushaltshilfe für das Erbringen dieser Dienste bezahlen, soweit diese Entlohnung nicht steuerlich abzugsfähig ist.

Wie sollte man nun die **Haushaltsersparnis** steuerlich berücksichtigen? Tendenziell könnte man vermuten, daß sie mit steigendem Einkommen abnimmt, da Familien sich Zweitgegenstände, wie z.B. ein Zweitauto oder einen weiteren Fernseher, mehr und mehr leisten können und damit jeder Ehepartner die gleichen Dinge besitzt wie ein Alleinstehender. Dem wäre entgegenzusetzen, daß die Anschaffung von Zweitgegenständen in einem Familienhaushalt mehr als Luxus denn als Notwendigkeit angesehen werden kann. Nimmt man daher vereinfachend an, die relative Haushaltsersparnis sei über alle Einkommen konstant, so kann mit Hilfe eines gegenüber dem „normalen" Splittingverfahren verminderten Splittingdivisors – z.B. 1,8 statt 2 – korrigierend eingegriffen werden. Dabei geht man davon aus, daß eine Haushaltsersparnis von 10% des Einkommens eines Alleinstehenden entsteht. Man könnte alternativ aber auch einen im Vergleich zum Tarif für Alleinstehende progressiveren Ehegattentarif anwenden, also einen Kompromiß zwischen dem für Alleinstehende gültigen Tarif und dem Tarif beim Splitting mit Divisor 2. Ein anderer Vorschlag, die Haushaltsersparnis steuerlich zu berücksichtigen, besteht darin, dem Alleinstehenden, der auch nicht in einer nichtehelichen Lebensgemeinschaft lebt, eine Steuerermäßigung beispielsweise in Form eines Steuerfreibetrags zu gewähren. Bei Realisierung dieses Vorschlags wären dann nur diejenigen Einkommensempfänger dem normalen Steuertarif unterworfen, die weder einen Einzelhaushalt führen – da für sie die Steuerermäßigung gilt – noch verheiratet sind – da für sie das Splittingverfahren gilt. Damit würden nichteheliche Lebensgemeinschaften und Familien hinsichtlich der Haushaltsersparnis gleichgestellt – beide erhielten aufgrund ihrer Haushaltsersparnis keine Steuerermäßigung.

Das zweite oben genannte Kriterium, das bei der Familienbesteuerung beachtet werden sollte – **selbst erbrachte häusliche Dienste** – birgt das große Problem der Einbeziehung realer Einkommensteile bei der Ermittlung der steuerbaren Einkünfte. Ihre Erfassung und Bewertung ist äußerst schwierig. In der Praxis werden in einem bestimmten Umfang reale Lohnelemente (Deputate) gemäß § 8 I, III EStG sowie Realentnahmen aus dem Betriebsvermögen zur Eigenversorgung gemäß § 4 I EStG zu den steuerpflichtigen Einkünften gerechnet. Dienstleistungen für den eigenen Bedarf sind jedoch ausgeklammert. Da es unmöglich ist, den genauen Umfang und den Wert der vom anderen Ehegatten erbrachten häuslichen Dienste dem Geldeinkommen des verdienenden Ehegatten hinzuzurechnen, müßte eine andere Möglichkeit gefunden werden. Man könnte denjenigen Steuerpflichtigen, denen wegen Erwerbstätigkeit eine Selbstversorgung mit häuslichen Diensten nur beschränkt oder im Rahmen der üblichen Arbeitszeit überhaupt nicht möglich ist, einen Abzug von den steuerlichen Einkünften gewähren. Das deutsche Einkommensteuerrecht ermöglicht gemäß § 10 I Nr. 8 EStG den Abzug von höchstens 18 000 DM für hauswirtschaftliche Beschäftigungsverhältnisse als **Sonderausgaben** vom steuerbaren Einkommen. Seit dem Veranlagungszeitraum 1997 ist als Voraussetzung nur die Abführung der Pflichtbeiträge zur gesetzlichen Rentenversicherung der Haushaltshilfe einzuhalten. Mit dem Steuerentlastungsgesetz 1999/2000/2002 kam als weitere Bedingung hinzu, daß es sich nicht um eine geringfügige Beschäftigung im Sinne des § 8 I Nr. 1 des Vierten Buches Sozialgesetzbuch handeln darf. Allerdings steht diese Abzugsmöglichkeit sowohl Alleinstehenden als auch Familien zu, so daß damit eine gleiche steuerliche Behandlung von Alleinstehenden und Familien hinsichtlich häuslicher Dienste gewährleistet wird. Auch zwei Alleinstehende, die einen gemeinsamen Haushalt führen, können diesen Höchstbetrag, insgesamt jedoch nur einmal, in Anspruch nehmen. Für Alleinerziehende gibt es außerdem einen **Haushaltsfreibetrag**, der vom steuerbaren Einkommen abgezogen werden kann. Gemäß § 32 VII EStG wird bei Steuerpflichtigen, auf die das Splittingverfahren nicht anzuwenden ist und die auch nicht als Ehegatten getrennt zur Einkommensteuer veranlagt werden, ein Haushaltsfreibetrag in Höhe von 5 616 DM vom Einkommen abgezogen, sofern sie einen Kinderfreibetrag oder Kindergeld für mindestens ein Kind erhalten, das in ihrer Wohnung im Inland gemeldet ist.

Allerdings ist es nach der Entscheidung des BVerfG vom 19.1.1999 nicht mit Art. 6 GG vereinbar, daß Alleinstehenden für die Erziehung der Kinder ein Haushaltsfreibetrag nach § 32 VII EStG und für die außergewöhnliche Belastung der Kinderbetreuung ein Freibetrag nach § 33 c EStG gewährt wird, während Familien von diesen Vergünstigungen ausgeschlossen sind. Familien stehen gemäß Art. 6 GG unter dem besonderen Schutz der staatlichen Ordnung. Danach ist es eine interne Entscheidung der Eheleute, ob beide Ehepartner berufstätig sind oder nicht. Entscheiden sich die Eheleute dafür, daß nur ein Partner arbeitet, darf die Familie steuerlich nicht schlechter gestellt werden, auch wenn häusliche Dienstleistungen selbst erbracht werden können. Deshalb hat das BVerfG den Gesetzgeber verpflichtet, spätestens bis zum 1.1.2000 die Abziehbarkeit von **Kinderbetreuungskosten** neu zu regeln. Anderenfalls ist ab diesem Zeitpunkt in allen Fällen, in denen Steuerpflichtige für ein Kind einen Kinderfreibetrag oder Kindergeld erhalten, bei der Feststellung des zu versteuernden Einkommens ein Betrag von 4 000 DM vom Einkommen abzuziehen, zuzüglich 2 000 DM für jedes weitere Kind. Des weiteren wird der Gesetzgeber verpflichtet, bis spätestens 1.1.2002 die Abziehbarkeit des Haushaltsfreibetrags neu zu regeln. Anderenfalls fehlt der Besteuerung der Eltern in Höhe des Haushaltsfreibetrags ab diesem Zeitpunkt die gesetzliche Grundlage, was einem Freibetrag in dieser Höhe entspricht. Das BVerfG hat zwar die genannten Regelungen rückwirkend ab 1984 als mit dem Grundgesetz nicht vereinbar erklärt, gleichzeitig aber bestimmt, daß diese Regelungen weiterhin bis zum 31.12.1999 hinsichtlich der Kinderbetreuungskosten bzw. bis zum 31.12.2001 hinsichtlich des Haushaltsfreibetrags anzuwenden sind.

Familienleistungsausgleich

Sieht man von der Haushaltsersparnis sowie den Realeinkommen durch häusliche Dienste ab, so besteht des weiteren die Frage, wie Familien mit Kindern steuerlich zu behandeln sind. Ist man der Auffassung, daß Kinder eine Belastung darstellen, so könnte man das Ehegattensplitting zu einem **Familiensplitting** erweitern. Neben dem Grundfreibetrag für Erwachsene zur Berücksichtigung des Existenzminimums sind zuerst den Bedürfnissen der Kinder entsprechende Freibeträge vom steuerbaren Einkommen abzuziehen. Sodann wäre der Splittingdivisor zu erhöhen, z.B. um 0,5 pro Kind, wenn man eine gegenüber Erwachsenen verminderte finanzielle Belastung durch Kinder unterstellt.

In der Bundesrepublik Deutschland wird nur das Ehegatten–, nicht jedoch das Familiensplitting praktiziert. Allerdings wird die Freistellung eines Existenzminimums für jedes einzelne Kind gewährleistet. Seit 1996 wird dies im Rahmen des Familienleistungsausgleichs des § 31 EStG durch den **Kinderfreibetrag** in Höhe von monatlich 576 DM bei zusammenveranlagten Ehegatten, also in der Regel 6 912 DM pro Jahr und Kind (§ 32 VI EStG) **oder** durch das **Kindergeld** (X. Abschnitt, §§ 62 ff. EStG) bewirkt. Das Kindergeld beträgt für das erste und zweite Kind jeweils 250 DM, für das dritte Kind 300 DM und für jedes weitere Kind 350 DM monatlich. Mit Wirkung zum 1.1.2002 erhöht sich das Kindergeld für das erste und zweite Kind auf 260 DM. Durch das Kindergeld wird im Interesse einer gleichen Berücksichtigung aller Kinder einkommensunabhängig jedem Kind gleicher Ordnungszahl ein gleicher Entlastungsbetrag gewährt. Der Familienleistungsausgleich wird so praktiziert, daß zunächst im laufenden Kalenderjahr Kindergeld gezahlt wird. Ergibt sich nach Ablauf des Kalenderjahres bei der Veranlagung durch den Abzug eines Kinderfreibetrags eine höhere steuerliche Entlastung als der als Kindergeld gezahlte Betrag, so ist der Kinderfreibetrag zu gewähren. Das Kindergeld ist in diesem Fall gemäß § 36 II EStG der Einkommensteuer hinzuzurechnen, um eine Doppelbegünstigung durch Kindergeld und Kinderfreibeträge zu vermeiden. Wegen der Progressivität des Einkommensteuertarifs werden einkommensschwächere Familien durch Kindergeld bessergestellt, während für einkommensstärkere Familien der Abzug des Kinderfreibetrags von ihrem steuerpflichtigen Einkommen vorteilhafter ist. Die Steuerersparnis wächst durch den Abzug des Kinderfreibetrags mit steigendem Einkommen, jedoch nur bis höchstens 3 663,36 DM = 0,53 · 6 912 DM (3 525,12 DM bzw. 3 352,32 DM ab 2000 bzw. 2002) pro Kind in einem Veranlagungszeitraum. Da der Kinderfreibetrag dann vorteilhaft ist, wenn der persönliche Grenzsteuersatz der Eltern den Quotient aus Kindergeld und Kinderfreibetrag übersteigt, wird ab 2002 ein Grenzsteuersatz von 260/576 = 45,14% erst bei einem zu versteuernden Einkommen zusammenveranlagter Ehegatten von ca. 191.000 DM (ohne Berücksichtigung der Kappung des Splittingvorteils) erreicht, während derzeit ein Grenzsteuersatz von 250/576 = 43,4% bei einem gemeinsamen zu versteuernden Einkommen von ca. 177 000 DM erreicht wird. Der Kinderfreibetrag verliert somit ab 2002 an Bedeutung.

Neben den zusätzlichen Ausgaben, die Kinder verursachen, entstehen Familien oft noch weitere Nachteile, deren steuerliche Berücksichtigung aber umstritten ist. So kommt es bei Familien mit Kindern häufig zu Einkommenseinbußen, da ein Ehepartner weniger oder gar nicht mehr arbeitet. Der **Verzicht auf Erwerbsarbeit** bringt zudem noch verminderte Ansprüche auf eine eigene Rente sowie auch eine Beeinträchtigung der beruflichen Qualifikation mit sich. Bei der **Altersversorgung** entsteht ein besonders paradoxer Zusammenhang: einerseits gewährleisten gerade Familien mit Kindern den Fortbestand des umlagefinanzierten Rentensystems, andererseits sind sie es aber, denen unter anderem durch die Kindererziehung Nachteile entstehen, während kinderlosen Ehepaaren zum einen durch eine intensivere Erwerbstätigkeit eine höhere und durch die Kinder anderer Familien gesicherte Rente zufließt. Grundsätzlich kann die Kinderbetreuung, die ein Ehepartner leistet, steuerlich nicht angesetzt werden. Allerdings gelten **Kinderbetreuungskosten** Alleinstehender, sofern sie erwerbstätig, behindert oder krank sind, gemäß § 33c EStG als außergewöhnliche Belastung und sind als solche steuerlich abzugsfähig. Bei Ehepaaren gilt dies auch, sofern ein Ehepartner behindert oder krank ist und beim anderen eines der drei Kriterien zutrifft. Der Abzug von Kinderbetreuungskosten ist jedoch aufgrund der Entscheidung des BVerfG vom 19.1.1999 ab dem Veranlagungszeitraum 2000 uneingeschränkt allen Familien zu gewähren. Schließlich sind Kinderbetreuungskosten, die der Arbeitgeber für nicht schulpflichtige Kinder seiner Arbeitnehmer in Form eines Betriebskindergartens oder vergleichbarer Einrichtungen übernimmt, gemäß § 3 Nr. 33 EStG dem Arbeitnehmer nicht als steuerbares Einkommen zuzurechnen.

Fraglich ist natürlich immer, ob und in welchem Maße Kindern steuerlich Rechnung getragen werden soll. Allerdings sind die Opfer zugunsten der Kinder gerade in den unteren und mittleren Einkommensschichten relativ groß. Im Rahmen der Altersversorgung wäre es angebracht, wenn beitragsfreie Erziehungszeiten in die Rentenansprüche einbezogen würden bzw. kinderlose Ehepaare einen höheren Beitrag zu leisten hätten. Diese

Art der Umverteilung ermöglichte eine Altersversorgung, die unabhängig davon wäre, ob Ehepaare Kinder hätten oder nicht. Außerdem kompensierten Kinderlose damit die Tatsache, daß sie keine Einkommenseinbußen hinnehmen müssen. Im Gesetz über die Gewährung von Erziehungsgeld und Erziehungsurlaub (BErzGG) sind Ausgleichszahlungen für die durch Einkommenseinbußen gekennzeichneten Erziehungszeiten geregelt. **Erziehungsgeld** gilt gemäß § 3 Nr. 67 EStG als eine steuerfreie Einnahme. Des weiteren wird die Zeit der Erziehung eines Kindes in den ersten drei Jahren nach dessen Geburt in der Rentenversicherung der oder des Erziehenden als Kindererziehungszeit anerkannt. Für ein vor dem 1.1.1992 geborenes Kind endet die Kindererziehungszeit allerdings bereits zwölf Kalendermonate nach Ablauf des Geburtsmonats.

Nach diesem Exkurs auf das Gebiet der Rentenversicherung wollen wir einen weiteren wichtigen Grundsatz einer horizontal gerechten Besteuerung aufzeigen und ihn am Beispiel der Rentenbesteuerung verdeutlichen.

Die Rentenbesteuerung und das Korrespondenzprinzip

Die Besteuerung von **Alterseinkünften** stellt eine besondere Form der Einkommensbesteuerung dar, die jedoch ebenfalls dem Leistungsfähigkeitsprinzip genügen sollte. Denn es gilt auch hier, daß Personen, die Alterseinkünfte beziehen, wie andere Steuerpflichtige in gleicher wirtschaftlicher Lage behandelt werden müssen. Grundsätzlich stellen auch bestimmte abgeleitete Einkünfte, wie Alters–, Erwerbsunfähigkeits– und Hinterbliebenenrenten, die nicht den Charakter von Faktorentgelten besitzen, steuerbares Einkommen dar. Bestandteile von Alterseinkünften können intertemporale sowie interpersonelle Einkommensübertragungen, versicherungsimmanente Vorteile und nicht zuletzt natürlich auch Faktorentgelte wie Löhne, Mieten und Zinsen sein. Aufgrund der Zahlungsstruktur der hälftig aus früheren Beiträgen an Rentenversicherungsträger resultierenden Alterseinkünfte erfordert ihre Besteuerung die besondere Beachtung des Korrespondenzprinzips. Das Korrespondenzprinzip besagt, daß das Lebenseinkommen einer Person einmal, aber auch nur einmal steuerlich zu erfassen ist. Die Schwierigkeit besteht darin, alle Einkünfte lückenlos zu ermitteln und nach dem Korrespondenzprinzip zu besteuern.

Wie sind die spezifischen Alterseinkunftsarten zu kennzeichnen und welche steuerlichen Probleme treten bei ihnen auf?

Muß der Empfänger einer Leistung keine Gegenleistung erbringen, so handelt es sich um eine Transferzahlung, die zu einer interpersonellen

Einkommensumverteilung führt. Komponenten **interpersoneller Umverteilung** innerhalb der gesetzlichen Altersrenten ergeben sich beispielsweise aus der Anerkennung beitragsfreier Versicherungszeiten, der Flexibilisierung der Altersgrenzen bei gleichbleibender Versicherungsleistung, den Hinterbliebenenrenten und durch die Gewährung von Renten nach Mindesteinkommen. Finanziert werden diese Zahlungen aus Zuschüssen des Bundeshaushalts, d.h. indirekt aus Steuerzahlungen sowie auch aus den Beiträgen der anderen Versicherten. Solche Transfers stellen für die Empfänger erstmalige Einkommen dar und müssen als solche besteuert werden. Vielfach wird aber die Auffassung vertreten, solche Zahlungen sollten steuerfrei sein, da sie am Nettoeinkommen der Empfänger bemessen würden und eine Bruttozahlung mit anschließender Steuerzahlung nur unnötigen Verwaltungsaufwand darstelle. Allerdings sollte beachtet werden, daß die Empfänger dieser Transfers häufig auch Bezieher anderer Bruttoeinkünfte sind, die sie versteuern müssen. Aufgrund der Progressivität des Einkommensteuertarifs müßte dann hier für jeden Bezieher von Transfers individuell in Abhängigkeit von seinem Grenzsteuersatz die Nettoauszahlung bestimmt werden, da sich die Steuerbelastung nach dem Leistungsfähigkeitsprinzip am Gesamteinkommen orientiert, das den Transfer enthält. Dies ist aber kaum praktikabel. Durch eine Bruttoauszahlung mit anschließender Besteuerung wird eine komplizierte und im Endeffekt unzulängliche Aufteilung des Einkommens in steuerpflichtige und steuerfreie Komponenten vermieden.

Versicherungsimmanente Vorteile entstehen durch die Umverteilung innerhalb der Versichertengemeinschaft, die daher rührt, daß einige Versicherte eine überdurchschnittliche und andere eine unterdurchschnittliche Lebens- und damit Leistungsbezugszeit haben. Grundsätzlich stellen versicherungsimmanente Vorteile erstmalige Einkommen dar und müßten besteuert werden. Jedoch sollte auf eine Besteuerung verzichtet werden, da ansonsten konsequenterweise auch versicherungsimmanente Nachteile berücksichtigt werden müßten, eine operationale Durchführung jedoch nicht ersichtlich ist.

Intertemporale Einkommensübertragungen ergeben sich daraus, daß in der Erwerbsphase aus dem Einkommen Beiträge, Prämien oder ähnliche Zahlungen an private oder gesetzliche Versicherungen sowie Pensionsfonds geleistet werden, die im Alter zu einer Auszahlung führen. Hierbei ist besonders das Korrespondenzprinzip zu beachten. Ob die Besteuerung dieser zeitlich verlagerten Einkünfte im Veranlagungszeitraum der Beitragszahlung, der Rentenzahlung oder zu verschiedenen Zeitpunkten in Raten geschieht, ist dabei prinzipiell unbedeutend, solange das gesamte Einkommen – und nicht mehr oder weniger als dieses – besteuert wird.

Mögliche Besteuerungsformen

Um nun eine Besteuerung der Alterseinkünfte zu gewährleisten, die den Anforderungen an eine horizontale Gerechtigkeitsvorstellung genügt, muß eine genaue Abgrenzung steuerpflichtiger Periodeneinkünfte von steuerfreien Einnahmen erfolgen, die ebenfalls die vorher erbrachten Versicherungseinzahlungen berücksichtigt. Insbesondere für den Zeitpunkt der Besteuerung von Renten und Pensionen bestehen theoretisch drei Möglichkeiten. Das vorgelagerte Verfahren besteuert alle Einkünfte, die für Beiträge, Prämien und ähnliches ausgegeben werden, zum Zeitpunkt ihrer Einzahlung, so daß der spätere Rückfluß steuerfrei bleibt. Umgekehrt bleibt beim nachgelagerten Verfahren der Teil der Einkünfte, der für Beiträge zur Altersvorsorge anfällt, zum Einzahlungszeitpunkt steuerfrei und wird erst bei der Rückzahlung besteuert. Beim gemischten Verfahren dagegen können die Einzahlungen nur bis zu einem Höchstbetrag vom steuerpflichtigen Einkommen abgezogen werden, so daß bei der späteren Rückzahlung nur der Teil steuerfrei bleibt, der den zum Einzahlungszeitpunkt nicht abzugsfähigen Einzahlungen entspricht. Jedes Verfahren bietet somit die Möglichkeit, das gesamte Einkommen einmal vollständig zu besteuern. Allerdings ergeben sich bei der praktischen Anwendung dieser Verfahren unterschiedliche Probleme. Die folgende Diskussion bezieht sich auf die Vor- und Nachteile, die die Anwendung der einzelnen Verfahren mit sich bringt, und der daraus resultierenden Einhaltung des Korrespondenzprinzips.

Vorgelagertes Verfahren

Das vorgelagerte Verfahren hat insbesondere den Vorteil, daß Abgrenzungsprobleme zwischen verschiedenen Verwendungen des Einkommens für Sparzwecke und zur **Altersvorsorge** vermieden werden. Denn vielfach sind Ersparnisse, die für die Altersvorsorge angelegt werden, nicht als solche speziell ausgewiesen. Auch kann sich der Zweck bestimmter Ersparnisse über die Zeit ändern, und ursprünglich für andere Zwecke angelegte Ersparnisse dienen im nachhinein der Altersvorsorge. Dieses Verfahren gewährleistet daher eine gleichmäßige Besteuerung, ohne daß bereits zum Zeitpunkt der Ersparnisbildung der genaue Zweck der Ersparnis feststehen muß. Allerdings steht diesem Vorteil der vorgelagerten Besteuerung eine Reihe von Nachteilen gegenüber. Zum einen müßten

Sonderregelungen bei der Beamtenversorgung und einigen Formen der betrieblichen Altersversorgung geschaffen werden, bei denen keine Beitragszahlungen während der Berufstätigkeit geleistet werden. Die Hauptprobleme in der Anwendung dieses Verfahrens liegen in der schwierigen bis unmöglichen Abgrenzung während der späteren Auszahlungsphase. Denn die geleisteten Rentenzahlungen bestehen nicht nur aus dem Rückfluß früherer Beitragszahlungen, sondern enthalten Bestandteile, die steuerbares Einkommen darstellen. Vor allem ist dabei an die Zinserträge der angelegten Beiträge sowie an versicherungsimmanente Vorteile und interpersonelle Einkommensübertragungen zu denken. Es stellt sich die Frage, wie der steuerfreie sowie der steuerpflichtige Beitragsrückfluß auf die Rentenbezugszeit aufgeteilt werden sollen. Die individuell verschiedene und sowieso nicht vorhersehbare Bezugszeit, die Existenz von Hinterbliebenenrenten sowie Alterseinkünfte aus mehreren Quellen erschweren die Besteuerung und führen zu großem bürokratischen Aufwand. Eine horizontal gerechte Besteuerung ist nach diesem Verfahren kaum zu erwarten.

Nachgelagertes Verfahren

Das nachgelagerte Verfahren läßt Beitragszahlungen für spätere Alterseinkünfte steuerfrei. Dies setzt eine Abgrenzung steuerfreier zweckgebundener Altersvorsorgeaufwendungen zu den zu versteuernden sonstigen Ersparnissen voraus und führt damit wieder zu den bereits oben erwähnten Abgrenzungsproblemen. Die Anwendung dieses Verfahrens hat jedoch den Vorteil, daß die Steuerbelastung zur Zeit der Erwerbstätigkeit verringert wird und damit weniger Anreize zur Einschränkung abgabenpflichtiger Tätigkeiten in Form eines geringeren Arbeitsangebots zugunsten von mehr Freizeit, legaler Selbstversorgung oder durch Abwanderung in die illegale Schattenwirtschaft geschaffen werden. Dieses Argument ist insbesondere bei einem Steuertarif mit steigenden Grenzsteuersätzen von Bedeutung, der dazu führen kann, daß steigende Bruttoeinkommen nicht mehr automatisch einen Anreiz zu einem höheren Arbeitsangebot im offiziellen Bereich der Wirtschaft schaffen. Als weiterer Vorteil des nachgelagerten Verfahrens im Vergleich zum vorgelagerten Verfahren kann die unproblematische Behandlung von Beamtenversorgungen gesehen werden. Da sie nicht aus früheren Einzahlungen resultieren, gewährleistet nur das nachgelagerte Verfahren eine von Sonderregelungen unabhängige gleiche Behandlung von Beamtenversorgungen und Renten aus der gesetzlichen Versicherung.

Gemischtes Verfahren

Das gemischte Verfahren versucht, durch eine Höchstgrenze für steuerfreie Beiträge zum Einzahlungszeitpunkt große fiskalische Einnahmeeinbußen und eine übermäßige Hinlenkung der Ersparnisse auf Verwendungen zu vermeiden, die in der Ansparphase steuerfrei sind. Dies gilt insbesondere für die privaten Vorsorgeaufwendungen. Zum Abgrenzungsproblem steuerfreier Altersvorsorgeaufwendungen von steuerpflichtigen allgemeinen Ersparnissen in der Einzahlungsphase kommt hier noch die Unterscheidung innerhalb der Altersvorsorgeaufwendungen in steuerfreie und steuerpflichtige Aufwendungen hinzu. Entsprechend sind die Auszahlungen später nur insoweit zu besteuern, als sie in der Einzahlungsphase steuerfrei waren. Eine korrekte Anwendung des Verfahrens ist somit mit einem hohen Informationsbedarf und umfangreichen Nachweispflichten für Steuerzahler verbunden. Während die beiden anderen Verfahren hauptsächlich zu einem Zeitpunkt zu einem Abgrenzungsproblem führen, tritt dieses beim gemischten Verfahren zum Ein- und Auszahlungszeitpunkt auf.

Beurteilung der derzeitigen Besteuerung von Alterseinkünften

Nachdem wir die Vor- und Nachteile der möglichen Verfahren einer Besteuerung der Alterseinkünfte herausgearbeitet haben, wollen wir nun die tatsächliche Besteuerung verschiedener Alterseinkünfte vergleichen und auf die Unzulänglichkeiten der durchgeführten Teilbesteuerung der Alterseinkünfte und die damit einhergehende Verletzung des Korrespondenzprinzips hinweisen. Die mangelnde Einhaltung des Korrespondenzprinzips macht eine Reform der jetzigen Regelungen notwendig. Verschiedene Reformvorschläge wurden bereits in einem Gutachten des wissenschaftlichen Beirats beim Bundesministerium der Finanzen (BMF) 1986 vorgetragen. Auch die Entwürfe einiger Ausschüsse, die im Rahmen der für 1997 geplanten großen Steuerreform gemacht wurden, beinhalteten Änderungsvorschläge für die Besteuerung der Alterseinkünfte. Sie wurden aber nicht realisiert, so daß weiterhin Bedarf für eine Reform besteht. Im geltenden Steuerrecht kommt es zu einer generellen steuerlichen Begünstigung von Renteneinkünften im Vergleich zu Aktivenbezügen, die sich höchstens sozialpolitisch, keinesfalls aber einkommensteuersystematisch rechtfertigen läßt. Ein großer Teil der Rückflüsse ist steuerfrei, obwohl auch die Einzahlungen größtenteils nicht versteuert werden. Dies widerspricht jedoch den Grundsätzen einer gerechten Besteuerung, da ein steuerlicher Anreiz zu verstärkter Altersvorsorge nicht mit den Tatbeständen verwechselt werden darf, die zu einer Minderung der Leistungsfähigkeit führen. Vielmehr kann eine Förderung der Altersvorsorge durch Prämien oder Abzüge von der Steuerschuld, also eine Steuerersparnis unabhängig vom Steuersatz, realisiert werden und damit gleichzeitig dem Korrespondenzprinzip Rechnung getragen werden. Die Probleme der derzeitigen Regelungen sollen im folgenden anhand der erheblichen Differenzen innerhalb der steuerlichen Behandlung der Alterseinkünfte verdeutlicht werden. Hierbei sind insbesondere die Unterschiede in der Besteuerung von Versorgungsbezügen sowie Einkünften aus unselbständiger Arbeit und aus der **gesetzlichen Rentenversicherung** auffällig.

Ein Teil der Beiträge des Arbeitnehmeranteils zur gesetzlichen Rentenversicherung kann zum Einzahlungszeitpunkt als **Sonderausgaben** (Vorsorgeaufwendungen) gemäß § 10 I Nr. 2 und III EStG vom steuerbaren Einkommen abgezogen werden. Dieser sowie der **Arbeitgeberanteil**, der als Betriebsausgabe den Gewinn des Unternehmens verringert, sind somit für den Versicherten steuerfrei, so daß weniger als 50% der Beiträge zur gesetzlichen Versicherung zum Einzahlungszeitpunkt besteuert werden. Zum Auszahlungszeitpunkt der Renten sieht § 22 Nr. 1 EStG vor, daß nur der sogenannte **Ertragsanteil** der privaten und gesetzlichen Leibrenten zu versteuern ist. Der Ertragsanteil ist der Unterschied zwischen dem Jahresbetrag der Rente und dem Betrag, der sich bei gleichmäßiger Verteilung des Kapitalwerts der Rente auf ihre voraussichtliche Laufzeit ergibt. Der Ertragsanteil liegt beim (für Männer regulären) Renteneintrittsalter von 65 Jahren bei 27% und verringert sich mit jedem späteren Renteneintrittsjahr bzw. ist um so höher, je früher die Rente beginnt. 13 067 DM (13 499 DM ab dem Veranlagungszeitraum 2000 bzw. 14 093 DM ab 2002) des zu versteuernden Einkommens sind als Grundfreibetrag steuerfrei, so daß die effektive Besteuerung der Renten sehr gering ist. Beamte sowie über den Betrieb im Rahmen von Unterstützungskassen bzw. durch Pensionsverpflichtungen der Arbeitgeber Versicherte müssen dagegen keine Beiträge für ihre Pensionen im Alter zahlen. Arbeitgeberbeiträge zu solchen Fonds sind gemäß § 4d EStG bzw. § 6a EStG steuerfreie Betriebsausgaben. Diese Pensionen werden als **Versorgungsbezüge** bezeichnet und sind gemäß § 19 II EStG als Bezüge und Vorteile aus früheren Dienstleistungen wie Einkünfte aus unselbständiger Arbeit zu versteuern, jedoch ist ein auf 40% der Bezüge, höchstens aber ein auf 6 000 DM begrenzter Versorgungsfreibetrag abziehbar. Beiträge für eine vom Arbeitgeber abgeschlossene private Altersversicherung an eine Direktversicherung oder an eine Pensionskasse sind gemäß §§ 4b und 4c EStG abzugsfähige Betriebsausgaben. Beim Arbeitnehmer sind sie allerdings gemäß § 19 I Nr. 1 EStG grundsätzlich steuerpflichtig. Bis zu einem Betrag von jährlich 3 408 DM können sie aber gemäß § 40b EStG einer 20%igen pauschalen Lohnsteuer unterworfen werden, die gemäß § 40 III EStG vom Arbeitgeber zu übernehmen ist. Darüber hinausgehende Beträge unterliegen der normalen Besteuerung der Arbeitnehmer. Wird keine Pauschalbesteuerung vorgenommen, so können die Beitragszahlungen von den Arbeitnehmern wie eigene Vorsorgeaufwendungen im Rahmen der Höchstbeträge als Sonderausgaben geltend gemacht werden. Zum Auszahlungszeitpunkt wird wie bei den gesetzlichen Renten gemäß § 22 Nr. 1 Satz 3 Buchstabe a) EStG nur der Ertragsanteil besteuert, sofern die Auszahlung als Leibrente erfolgt. Werden im Alter noch Einkünfte aus unselbständiger Arbeit erwirtschaftet, so sind diese unverändert nach § 19 I EStG zu versteuern. Jedoch wird gemäß § 24a EStG einem Steuerpflichtigen, der vor dem Beginn des Kalenderjahrs, in dem er sein Einkommen bezogen hat, das 64. Lebensjahr vollendet hatte, ein **Altersentlastungsbetrag** von 40% der Einkünfte, die weder Versorgungsbezüge noch gesetzliche Renten sind, höchstens jedoch 3 720 DM im Kalenderjahr gewährt. Dieser Entlastungsbetrag soll die Diskriminierung derjenigen Personen abschwächen, die zur Alterssicherung weder Versorgungsbezüge noch Leibrenten erhalten.

Eine weitere wichtige Kategorie von Alterseinkünften sind Erträge aus einer privaten Anlage am Kapitalmarkt. Die Kapitalmarktanlage muß aus versteuertem Einkommen gebildet werden. Ihre Erträge unterliegen der Einkommensteuer, nicht jedoch der Rückfluß der Ersparnisse. Allerdings wird gemäß § 20 IV EStG ein **Sparerfreibetrag** gewährt, der bei getrennter Veranlagung die Kapitalerträge bis zu einer Höhe von 6 000 DM (3 000 DM ab 1.1.2000) im Kalenderjahr von der Steuer freistellt. Bei zusammen Veranlagten erhöht sich der Sparerfreibetrag auf 12 000 DM (6 000 DM ab 1.1.2000).

Welche Schlußfolgerungen können wir nun aus der tatsächlichen Besteuerung der Alterseinkünfte über die Einhaltung des Korrespondenzprinzips ableiten? Faktorentgelte, also insbesondere Löhne, Gehälter und Zinsen, werden bis auf den Altersentlastungsbetrag des § 24a EStG und den Sparerfreibetrag des § 20 IV EStG im Einklang mit dem Korrespondenzprinzip besteuert. Dasselbe gilt weitgehend auch für Pensionen, da sie als Gehaltszahlungen bis auf den Versorgungsfreibetrag des § 19 II EStG besteuert werden. Die Besteuerung von Renten verletzt dagegen eklatant das Korrespondenzprinzip, da nur ihr Ertragsanteil bei überwiegend steuerfreien Beiträgen besteuert wird.

Neben diesen grundsätzlichen Überlegungen gibt es noch zahlreiche weitere Probleme bei der Besteuerung von Alterseinkünften. Da Rentner häufig verschiedene Einkommen beziehen, z.B. aus der gesetzlichen Rentenversicherung, Betriebsrenten sowie Kapitaleinkünfte, können demzufolge auch mehrere steuerliche Begünstigungen zusammentreffen, deren effektive Entlastung vom Grenzsteuersatz abhängt. Damit steigt die absolute Steuerersparnis bei gleichem Einkommen mit der Diversifizierung der Alterseinkünfte. Des weiteren ist die Besteuerung des Ertragsanteils in der Regel inkorrekt, da die unterstellten Sterblichkeitsverhältnisse und Kapitalverzinsungen nicht der Realität entsprechen. Bei privaten Leibrenten ergeben sich Verstöße gegen das **Korrespondenzprinzip**, wenn die Verzinsung während der Ansparphase steuerlich unberücksichtigt bleibt und die Beiträge steuerfrei sind. Gerade die Zinsen sind in den meisten Fällen steuerfrei, wenn sie angesammelt werden und die Versicherungsleistung dementsprechend erhöhen. Auszahlungen des Leistungsanspruchs als Kapitalsumme anstatt als Rente widersprechen dann eindeutig dem Korrespondenzprinzip. Denn nur, wenn der Versicherungsvertrag weniger als zwölf Jahre läuft, tritt gemäß § 20 I Nr. 6 EStG an die Stelle der Ertragsanteilsbesteuerung eine Steuerpflicht der Zinsen. Da dies aber nur sehr selten zutrifft, bleiben die in der ausgezahlten Kapitalsumme enthaltenen Zinsen in der Regel steuerfrei.

Die Berechnung des Ertragsanteils der **Hinterbliebenenrente** ist ebenfalls reformbedürftig. Derzeit wird bei Todesfall eines Ehegatten der neue Ertragsanteil nach dem Alter des Hinterbliebenen berechnet, so daß es in den meisten Fällen zu einer Veränderung des Ertragsanteils kommt. Besser wäre es, bereits bei Eintritt ins Rentenalter den Ertragsanteil auf der Basis der durchschnittlichen Lebenserwartung beider Ehepartner zu ermitteln und während der gesamten Bezugszeit von Versicherten- und Hinterbliebenenrente unverändert beizubehalten. Denn auch während ihrer Erwerbsphase werden Ehepaare in der Regel steuerlich gemeinsam veranlagt, d.h. ihr gesamtes Einkommen wird im Rahmen des Splittingverfahrens auf beide Partner gleichmäßig aufgeteilt. Selbst wenn die oder der Hinterbliebene nicht erwerbstätig war und die Hinterbliebenenrente für sie oder ihn ein erstmaliges Einkommen darstellt, für das keine Beiträge von der Person selbst erbracht wurden, sollte die Besteuerung von Versicherten- und Hinterbliebenenrenten den gleichen Anforderungen wie die Besteuerung von Familieneinkommen während der Erwerbsphase genügen.

Ferner können durch die Zwangsbeiträge zur gesetzlichen Rentenversicherung einerseits und die steuerliche Begünstigung der Alterseinkünfte andererseits unerwünschte ökonomische Wirkungen ausgelöst werden, wenn die Aufgabe der Berufstätigkeit aufgrund der steuerlichen Begünstigungen der Alterseinkünfte zu einem nur unwesentlich geringeren Nach-Steuer-Einkommen führt. Dies leistet einer frühzeitigen Beendigung der Erwerbstätigkeit Vorschub und belastet so die Rentenversicherungsträger und andere Sozialversicherungen.

Reform der Besteuerung von Alterseinkünften

Abschließend wollen wir noch einige Vorschläge nennen, wie die Besteuerung der Alterseinkünfte gerechter gestaltet werden könnte. Dazu sollten die Renten nach einem abgeschwächten nachgelagerten Korrespondenzprinzip besteuert werden, so daß alle Einkünfte, die als Beiträge zum Erwerb des Rentenrechts steuerlich als Sonderausgaben abziehbar oder als Arbeitgeberbeitrag steuerfrei waren, zum Auszahlungszeitpunkt besteuert werden. Neben der konsequenten Einmalbesteuerung von Einkommen besteht der Vorteil des Übergangs zu dieser Form des nachgelagerten Korrespondenzprinzips darin, daß keine Änderungen der steuerlichen Abzugsfähigkeit von Vorsorgeaufwendungen als Sonderausgaben notwendig sind und somit der Bruch mit der geltenden Steuergesetzgebung weniger groß ist. Um eine gleichmäßigere Besteuerung der Renten und der Versorgungsbezüge der Beamten und anderer Empfänger von Bezügen aus einem früheren Dienstverhältnis sowie der originären Einkünfte zu erreichen, sollten die Versorgungsfreibeträge gesenkt werden. Lebensversicherungen, die der gesetzlichen Rentenversicherung angenähert sind, sollten wie diese behandelt werden, während Erträge aus Versicherungen, die nur eine besondere Sparform darstellen, wie die Erträge aus anderen Sparanlagen zu erfassen sind. Damit würden Zinsen aus privaten Renten- und Lebensversicherungen ohne Kapitalwahlrecht in der Ansparphase weiterhin steuerfrei bleiben.

Mit diesen Änderungsvorschlägen wollen wir die Diskussion über die Besteuerung der Alterseinkünfte beenden. Zwar haben wir die Besteuerung dieser Einkünfte zum Anlaß genommen, das Korrespondenzprinzip zu erläutern, jedoch ist die Bedeutung dieses Prinzip natürlich nicht auf Alterseinkünfte beschränkt.

Das Korrespondenzprinzip beim Realsplitting

Unterhaltsleistungen an geschiedene oder dauerhaft getrennt lebende unbeschränkt einkommensteuerpflichtige Ehegatten sollten ebenso unter

Beachtung des Korrespondenzprinzips besteuert werden. Die Besteuerung muß also entweder beim Geber oder beim Empfänger der Unterhaltszahlungen erfolgen. Grundsätzlich sind Unterhaltsleistungen gemäß § 12 Nr. 2 EStG beim Geber nicht abzugsfähig. Hier gilt daher insofern das Korrespondenzprinzip, als sie dann beim Empfänger gemäß § 22 Nr. 1 EStG nicht als wiederkehrende Bezüge zu versteuern sind. Eine Ausnahme wurde aber durch § 10 I Nr. 1 EStG mit der Möglichkeit des sogenannten Realsplittings geschaffen, wonach die Unterhaltsleistungen des Gebers als Sonderausgaben bis zu einer Höhe von jährlich 27 000 DM anerkannt werden, sofern der Empfänger zustimmt. Eine Zustimmung ist notwendig, da der Empfänger dann diese Zahlungen im Sinne des Korrespondenzprinzips zu versteuern hat. Wenn diese Unterhaltszahlungen beim Geber als Sonderausgaben von der Steuerbemessungsgrundlage abgezogen werden können, da sie dessen persönliche Leistungsfähigkeit mindern, müssen sie beim Empfänger, dessen Leistungsfähigkeit sich gleichsam erhöht, versteuert werden. Gemäß § 22 Nr. 1a EStG gehören diese Zahlungen daher beim Empfänger als wiederkehrende Bezüge zu den sonstigen Einkünften. Davon kann er Werbungskosten in Höhe des Pauschalbetrags von 200 DM gemäß § 9a Nr. 1 Buchstabe c) EStG abziehen, sofern er keine höheren tatsächlichen Werbungskosten nachweist. Das Realsplitting ist in der Regel aus der Sicht der Steuerpflichtigen vorteilhaft, da der Empfänger meist einem geringeren Grenzsteuersatz unterliegt. Obwohl der Empfänger im allgemeinen nur dann dem Realsplitting zustimmen wird, wenn der Geber ihm die Steuerzahlung erstattet, stellt sich auch der Geber durch den geringeren Grenzsteuersatz des Empfängers besser.

Wir halten also fest, daß die gesetzliche Regelung beim Realsplitting im Gegensatz zur Rentenbesteuerung einer korrekten Anwendung des Korrespondenzprinzips entspricht.

Weitere Probleme der Einkommensteuer

Nachdem wir bislang konzeptionelle Probleme des Einkommens als Maßstab der Leistungsfähigkeit angesprochen haben, wollen wir im folgenden aufgrund der überragenden Bedeutung des Einkommens als umfassende steuerliche Bemessungsgrundlage einige weitere spezielle Probleme der Einkommensbesteuerung erörtern.

Eine Steuer sollte sich stets auf reale Einkommensgrößen beziehen, da nur diese einen zusätzlichen Nutzen spenden. Da der Tarif jedoch nach deutschem Recht auf das Nominaleinkommen bezogen wird, ist bei **Inflation** ohne eine Korrektur die Erfassung des realen Einkommens nicht mehr gewährleistet. Es entstehen zwei Probleme, die sich zum einen aus der **Progressivität** des Einkommensteuertarifs und zum anderen aus der Besteuerung von Nominalzinsen ergeben.

Kalte Progression

Wenden wir uns zunächst dem ersten, auch als „kalte Progression" bezeichneten Problem zu. Bei einer gleichmäßigen Inflation erhöhen sich die Nominallöhne in der Form, daß das Realeinkommen unverändert bleibt. So versuchen die Gewerkschaften in Lohntarifverhandlungen regelmäßig, zumindest einen Reallohnausgleich zu erreichen. Da der Steuertarif sich aber auf das Nominaleinkommen bezieht, steigt bei Inflation und unverändertem Realeinkommen vor Steuern die durchschnittliche **reale Steuerbelastung** aufgrund des progressiv verlaufenden Einkommensteuertarifs. Insgesamt ergibt sich ein Steuertarif, der – gemessen am Realeinkommen – progressiver verläuft: die kalte Progression. Sie führt zu einem geringeren verfügbaren Realeinkommen nach Steuern trotz unveränderter Leistungsfähigkeit.

Wir wollen uns dieses Problem anhand eines Beispiels verdeutlichen. Betrachtet werden dabei zwei Situationen, die sich durch eine rein inflationäre Aufblähung der Nominaleinkommen unterscheiden. I_i sei das persönliche Bruttoeinkommen in Situation i und $T(I_i)$ die vom Einkommen abhängige Steuerlast. Da wir einen (direkt) **progressiven Steuertarif** voraussetzen, steigt der Durchschnittssteuersatz, $t(I_i) \equiv T(I_i)/I_i$, bei steigendem Einkommen an, es gilt $t'(I_i) > 0$. In Situation 1 sei das Preisniveau auf Eins normiert. Das verfügbare nominale Einkommen, I_1^v, entspricht dem verfügbaren Realeinkommen, I_1^{vr}:

$$I_1^v = I_1^{vr} = I_1[1 - t(I_1)]. \tag{3.17}$$

In Situation 2 dagegen erhöht sich das Bruttoeinkommen im Vergleich zu Situation 1, I_1, um die Inflationsrate π, so daß das Realeinkommen vor Steuern unverändert bleibt:

$$I_2 = (1 + \pi)I_1. \tag{3.18}$$

Das verfügbare Nominaleinkommen steigt allerdings nur auf

$$I_2^v = I_2[1 - t(I_2)] = (1 + \pi)I_1[1 - t(I_2)], \tag{3.19}$$

so daß das neue verfügbare Realeinkommen niedriger als das bisherige ist:

$$\begin{aligned} I_2^{vr} &= \frac{I_2^v}{1+\pi} \\ &= I_1[1-t(I_2)] < I_1[1-t(I_1)], \end{aligned} \tag{3.20}$$

da $t(I_2) > t(I_1)$ wegen der Progressivität des Steuertarifs, der auf das Nominaleinkommen angewandt wird, gilt. Einen generellen Ausweg aus diesem Dilemma schafft nur die Inflationsindexierung des Steuertarifs, wie sie für natürliche Personen in den USA existiert. In Deutschland dagegen wird der Steuertarif diskretionär im Laufe der Zeit durch Tarifreformen angepaßt. Über einen gewissen Zeitraum erhält der Staat inflationsbedingte Zusatzeinnahmen aus der progressiven Einkommensteuer, bis eine erneute **Tarifreform** die kalte Progression wieder eindämmt. Ohne eine Indexierung des Steuertarifs kann die kalte Progression nur bei stabilitätsorientierter Geldpolitik dauerhaft vermieden werden.

Nominalzinsbesteuerung

Das zweite Problem bei Inflation entsteht durch die Besteuerung von Nominalzinsen. Da die Nominalzinsen bei **Inflation** auch eine Kompensation für **Realvermögensverluste** enthalten, greift eine Besteuerung der Nominalzinsen in die reale Vermögenssubstanz ein. Dieses Problem ist unabhängig von der Progressivität des Steuertarifs, d.h. es tritt auch bei einem proportionalen, nicht progressiven Tarif auf, den wir zur besseren Verdeutlichung im folgenden Beispiel unterstellen wollen. Bei einem Arbeitseinkommen von wl, das dem Produkt aus Lohnsatz, w, und individuellem Arbeitseinsatz, l, entspricht, und anderen Vermögenswerten in Höhe von insgesamt A ist das zu versteuernde Einkommen, I, des betrachteten Haushalts

$$I = wl + rA + dA, \tag{3.21}$$

wobei r der nominale Zins oder die Ertragsrate der Vermögenstitel ist und dA den Kapitalgewinn oder -verlust aus diesen Vermögenswerten bezeichnet. Bemessungsgrundlage der Steuer sollten die realen Vermögenszuwächse sein, da nur sie die Leistungsfähigkeit erhöhen. Um zu ermitteln, ob tatsächlich nur die realen Vermögenszuwächse besteuert werden, müssen wir alle Einkommensteile als reale Größen mit p als Preisniveau ausdrücken:

$$\frac{I}{p} = \frac{wl}{p} + r\frac{A}{p} + d\left(\frac{A}{p}\right)$$

$$= \frac{wl}{p} + r\frac{A}{p} + \frac{dA}{p} - \pi\frac{A}{p}, \qquad (3.22)$$

wobei die relative Änderung des Preisniveaus durch die Inflationsrate $\pi \equiv dp/p$ beschrieben wird. Vergleicht man das Realeinkommen in (3.22) mit dem Nominaleinkommen in (3.21), so erkennt man, daß die inflationsbedingte reale Vermögenseinbuße, $\pi A/p$, im zu versteuernden Nominaleinkommen nicht einkommensmindernd berücksichtigt wird. Nach der **Reinvermögenszugangsidee** müßte die Bemessungsgrundlage korrekterweise

$$wl + rA + dA - \pi A = wl + (r - \pi)A + dA \qquad (3.23)$$

lauten, d.h. die Steuer müßte sich auf den realen Zinssatz, $r - \pi$, nach Abzug eines Inflationsausgleichs und nicht auf den Nominalzinssatz, r, beziehen. Andernfalls wird mehr als der reale Vermögenszuwachs besteuert.

Besteuerung von Kapitalgewinnen

Da Wertsteigerungen von Aktiva den Eigentümern einen Wertzuwachs und damit ein Einkommen sichern, sollten sie in die Bemessungsgrundlage mit aufgenommen werden. Werden diese Wertsteigerungen jedoch nicht durch einen Verkauf realisiert, sind sie nur bedingt meßbar. Für Aktien und Rentenpapiere ist die Messung der Wertsteigerung unproblematisch, da ihre Preise an den jeweiligen Märkten ständig notiert werden. Jedoch existieren für andere, insbesondere physische Güter wie Immobilien aufgrund der Individualität der einzelnen Objekte nur dann Marktpreise, wenn es tatsächlich zu einem Kaufvertrag kommt. Deshalb werden Kapitalgewinne regelmäßig erst dann dem Einkommen hinzugerechnet, wenn sie realisiert werden. Das hat den Nachteil, daß ein Anreiz besteht, Verkäufe und somit auch Steuerzahlungen zeitlich aufzuschieben. Damit kommt es zu einem **Lock–in–Effekt**, d.h. Kapital bleibt tendenziell dort, wo es ist. Dies stört aber die effiziente Funktionsweise des Kapitalmarktes. Es wird nicht mehr gewährleistet, daß Kapital dorthin fließt, wo seine Erträge am höchsten sind. Beispielsweise wäre zu erwarten, daß ohne die Existenz einer **Körperschaftsteuer** Gewinne thesauriert werden, obwohl Fremd- oder Eigenfinanzierung aus nichtsteuerlichen Überlegungen vorgezogen würde. Daraus erklärt sich die Berechtigung einer neben der Einkommensteuer für natürliche Personen eigenständigen Körperschaftsteuer, die die Gewinne direkt bei der Körperschaft besteuert. In Deutschland werden einbehaltene Gewinne regelmäßig mit 40% besteuert. Ausgeschüttete Gewinne hat der Anteilseigner aufgrund des praktizierten Anrechnungsverfahrens mit seinem persönlichen Einkommensteuersatz zu versteuern. Anteilseigner mit einem Einkommensteuersatz von über 40% würden für eine Thesaurierung von Gewinnen plädieren. Allerdings gibt es bei Aktionären, die einem Grenzsteuersatz von weniger als 40% unterliegen, die entgegengesetzte Tendenz, welche die Anwendung des als „Schütt-aus-Hol-zurück" bezeichneten Verfahrens motiviert. Dabei werden Gewinne ausgeschüttet, mit dem geringeren Steuersatz der Anteilseigner besteuert und sodann wieder in das Unternehmen eingebracht, so daß die Kapitalgesellschaft und damit die Anteilseigner eine Minderung des Körperschaftsteuersatzes von 40% erreichen können.

Besteuerung von Veräußerungsgewinnen

Allerdings ist es prinzipiell fraglich, ob eine Besteuerung der oben erwähnten Kapitalgewinne dem Leistungsfähigkeitsprinzip entspricht. Die Besteuerung dieser Veräußerungsgewinne kann nämlich zu einer **Doppelbesteuerung** führen, da Vermögensgegenstände ertragbringend sind und diese Erträge selbst bereits der Steuer unterliegen. Denn der Vermögenswert ist nichts anderes als der Gegenwartswert zukünftiger Nach-Steuer-Einkünfte aus dem Vermögensgegenstand. Bei einem konstanten Zinssatz nach Steuern in Höhe von r, mit dem sich das Vermögen, A, verzinst, kann der Gegenwartswert des Vermögens folgendermaßen dargestellt werden[10]:

$$rA\sum_{t=1}^{\infty}\frac{1}{(1+r)^t}=A. \tag{3.24}$$

Nach (3.24) dürfen Veräußerungsgewinne aus Gerechtigkeitsgründen und vor dem Hintergrund des Korrespondenzprinzips gar nicht besteuert werden. Da die Besteuerung schon implizit im Gegenwartswert des Vermögens und damit im Kaufpreis berücksichtigt wird, würde ihre Besteuerung zu einer effektiven Doppelbelastung führen. Veräußerungsgewinne sollten daher grundsätzlich steuerfrei bleiben. Vor diesem Hintergrund ist ein Blick auf das deutsche Steuerrecht lehrreich, in dem Veräußerungsgewinne aus Privat- und Betriebsvermögen unterschiedlich behandelt werden.

Im Privatvermögen sind Veräußerungsgewinne grundsätzlich steuerfrei. Allerdings gibt es von dieser Regelung einige wichtige Ausnahmen. Zunächst sind Einkünfte aus sogenannten **Spekulationsgeschäften**, die

---

[10] Vergleiche zur genauen Berechnung den Abschnitt zur Vermögensteuer am Ende dieses Kapitels.

in § 23 EStG definiert sind, steuerpflichtig. Veräußerungsgewinne aus dem Verkauf von Immobilien sind gemäß § 23 I Nr. 1 EStG zu besteuern, sofern zwischen Anschaffung bzw. Herstellung und Verkauf nicht mehr als zehn Jahre liegen. Hiervon ausgenommen ist allerdings die Veräußerung selbstgenutzten Wohneigentums, sofern das Wohneigentum zwischen Anschaffung bzw. Herstellung und Veräußerung ausschließlich zu eigenen Wohnzwecken oder im Jahr der Veräußerung und den beiden vorangegangenen Jahren zu eigenen Wohnzwecken genutzt wurde. Damit soll die Besteuerung von Veräußerungsgewinnen bei einem z.B. arbeitsplatzbedingten **Wohnsitzwechsel** vermieden werden. Für die Veräußerung anderer Wirtschaftsgüter, insbesondere bei Wertpapieren, gilt als Spekulationsfrist gemäß § 23 I Nr. 2 EStG ein Zeitraum von einem Jahr. Der Spekulationsgewinn entspricht der Differenz zwischen dem Veräußerungspreis einerseits und den um Absetzungen für Abnutzung verminderten Anschaffungs- oder Herstellungskosten zuzüglich den Veräußerungskosten andererseits. Spekulationsgewinne bleiben nur dann steuerfrei, wenn der aus Spekulationsgeschäften erzielte Gesamtgewinn im Kalenderjahr weniger als 1.000 DM beträgt. Sind höhere Spekulationsgewinne zu erwarten, so kann es innerhalb des Spekulationszeitraums zu einer Aufschiebung des Verkaufs über die Spekulationsfrist hinaus kommen, um die ansonsten entstehende steuerliche Doppelbelastung zu vermeiden. Realisierte Veräußerungsverluste dürfen gemäß § 23 III S. 6, 7 EStG nur bis zur Höhe des Spekulationsgewinns, den der Steuerpflichtige im gleichen Kalenderjahr erzielt hat, ausgeglichen werden und nehmen nicht am allgemeinen Verlustabzug des § 10d EStG teil. Allerdings vermindern sie nach Maßgabe des § 10d EStG die Einkünfte, die der Steuerpflichtige in dem unmittelbar vorangegangenen Veranlagungszeitraum oder in späteren Veranlagungszeiträumen aus Spekulationsgeschäften im Sinne des § 23 I EStG erzielt hat oder erzielt.

Des weiteren gehören Veräußerungsgewinne von im Privatvermögen gehaltenen Anteilen an Kapitalgesellschaften zu den Einkünften aus Gewerbebetrieb, sofern eine **wesentliche Beteiligung** im Sinne des § 17 I EStG, d.h. eine innerhalb der letzten fünf Jahre unmittelbare oder mittelbare Beteiligung von mindestens 10% an der Gesellschaft, vorliegt. Der Veräußerungsgewinn entspricht der Differenz zwischen dem Veräußerungspreis – bzw. bei verdeckten Einlagen dem gemeinen Wert dieser Anteile – nach Abzug der Veräußerungskosten und den Anschaffungskosten. Ein Veräußerungsverlust ist nicht zu berücksichtigen, soweit er auf Anteile entfällt, die der Steuerpflichtige innerhalb der letzten fünf Jahre unentgeltlich erworben hatte oder die entgeltlich erworben worden sind und nicht innerhalb der gesamten letzten fünf Jahre zu einer wesentlichen Beteiligung des Steuerpflichtigen geführt haben. Kann also ein Veräußerungsgewinn von Anteilen an Kapitalgesellschaften bei wesentlicher Beteiligung nicht durch einen abzugsfähigen Veräußerungsverlust ausgeglichen werden, kommt es in diesen Fällen ebenfalls zu einer Doppelbesteuerung.

Schließlich ist auch die Veräußerung von einbringungsgeborenen Anteilen durch natürliche Personen steuerpflichtig. Als **einbringungsgeborene Anteile** bezeichnet man solche Gesellschaftsanteile, die ein Gesellschafter für die Einlage eines Betriebs, Teilbetriebs oder Mitunternehmeranteils in eine unbeschränkt körperschaftsteuerpflichtige Kapitalgesellschaft mit einem Ansatz unterhalb des Teilwerts erhält. Der Wert, mit dem die Kapitalgesellschaft das eingebrachte Betriebsvermögen ansetzt, gilt gemäß § 20 IV Umwandlungssteuergesetz (UmwStG) für den Einbringenden als Veräußerungspreis des eingebrachten Betriebsvermögens und als Anschaffungskosten der Gesellschaftsanteile. Der Gewinn aus einer Veräußerung dieser Anteile im Sinne des § 16 II EStG ist dann der Betrag, um den der Veräußerungspreis der Gesellschaftsanteile abzüglich der Veräußerungskosten die Anschaffungskosten gemäß § 20 IV UmwStG übersteigt. Seine Besteuerung führt auch hier zu einer effektiven steuerlichen Doppelbelastung, sofern nicht zukünftige Wertminderungen durch Ausschüttungen, die bei einer weiteren Veräußerung der Anteile zu Verlusten führen, berücksichtigt werden.

Im Gegensatz zu der lediglich ausnahmsweisen Besteuerung von Veräußerungsgewinnen im Privatvermögen ist die Veräußerung von Vermögensgegenständen aus einem Betriebsvermögen nach § 4 I EStG grundsätzlich steuerpflichtig. Eine Frist, wie sie § 23 EStG für Spekulationsgewinne vorsieht, gibt es hierbei nicht. Jedoch sind auch Veräußerungs- und Buchverluste steuerlich anrechnungsfähig, so daß die Besteuerung in der Regel über Veräußerungsverluste und Abschreibungsmöglichkeiten wieder rückgängig gemacht wird. Eine Doppelbesteuerung liegt in diesen Fällen nicht vor. Auch die Veräußerung eines ganzen Betriebs, Teilbetriebs oder Mitunternehmeranteils im Sinne des § 16 I EStG ist steuerpflichtig. Anders als die Veräußerung einzelner Vermögensgegenstände sind Betriebsveräußerungen des § 16 I EStG aufgrund A 40 I Nr. 1 GewStR jedoch nicht gewerbesteuerpflichtig.

Allerdings ist bei der Besteuerung von Veräußerungsgewinnen eine progressionsmindernde fingierte Verteilung der Gewinne auf fünf Jahre gemäß § 34 I EStG zu beachten, falls es sich um **außerordentliche Einkünfte** handelt. Zu diesen außerordentlichen Einkünften gehören gemäß § 34 II EStG neben der gerade erwähnten Veräußerung eines Betriebs, Teilbetriebs oder Mitunternehmeranteils auch die Veräußerung von im Privatvermögen gehaltenen wesentlichen Beteiligungen an Kapitalgesellschaften im Sinne des § 17 I EStG sowie der Verkauf von einbringungsgeborenen Anteilen nach § 21 UmwStG.

Umgehung der Progression durch Familienverträge

Oft wird durch Vermögens- oder Einkommensverschiebungen innerhalb der Familie versucht, ein möglichst gleichhohes Einkommen für alle Familienmitglieder zu schaffen und somit die Progression des Einkommensteuertarifs zu mindern. Solche Verschiebungen können durch Scheinarbeitsverhältnisse zwischen Eltern und Kindern, Darlehensverhältnisse, Schenkungen oder Gesellschaftsverträge zwischen Angehörigen vollzogen werden. Insbesondere für Familienunternehmen gibt es eine Vielzahl von Möglichkeiten. Die Finanzverwaltung erkennt infolge der Verwaltungsanweisungen des BMF in den R19, H19 EStR 1996 nur solche Vereinbarungen an, die auch unter Fremden denkbar wären. Eine vollständige Kontrolle seitens des zuständigen Finanzamtes ist allerdings nicht immer möglich. Anreize zu solchen Familienverträgen entstehen in Deutschland hauptsächlich aufgrund der Tatsache, daß Kinder nicht im Splittingverfahren berücksichtigt werden. Aber auch auf andere nahe Verwandte kann zu Zwecken der Steuerminderung Einkommen oder Vermögen verschoben werden. Diese Familienverträge können dazu führen, daß einzelne Familienmitglieder nicht mehr entsprechend ihrer tatsächlichen Leistungsfähigkeit besteuert werden. Einkommen aus Kapital, das Kindern zufließt, muß unter Ausnutzung von Grund- und Sparerfreibeträgen nicht mehr versteuert werden. Eltern können so ihre Steuerlast erheblich reduzieren, obwohl es fraglich ist, ob sich ihre Leistungsfähigkeit vermindert hat. Personen, die überwiegend Lohneinkommen nach § 19 EStG beziehen, werden benachteiligt, da im Gegensatz zu Kapitaleinkünften (§ 20 EStG), Gewinneinkünften (§§ 13, 15, 18 EStG) und Einkünften aus Vermietung und Verpachtung (§ 21 EStG) eine Abtretung von Lohneinkünften steuerlich nicht möglich ist.

Abschnittsbesteuerung

Das Lebenseinkommen der Bezieher von periodisch schwankenden Einkünften, wozu insbesondere Gewerbetreibende und Freiberufler, speziell selbständige Sportler, Entertainer und Künstler zählen, unterliegt bei einem Steuersystem, das kalenderjährlich das zu versteuernde Einkommen berechnet und einem progressiven Tarif unterwirft, einer höheren Steuerbelastung als das Lebenseinkommen von Arbeitnehmern, die gleichmäßige Einkünfte beziehen. Dies widerspricht der Forderung nach **horizontaler Gerechtigkeit**, wonach Personen mit gleichem **Lebens**einkommen der gleichen Besteuerung unterliegen sollten. Einen Ausweg aus diesem Problem würde eine Mittelung des Lebenseinkommens oder des Einkommens über einen gewissen Lebensabschnitt schaffen. Zwar wird oft das Argument angeführt, daß eine Mittelung des Einkommens eine korrekte Antizipation zukünftiger Einkünfte erfordert, mit hohem Informationsaufwand und Unsicherheit verbunden und deshalb unpraktikabel sei. Allerdings wäre es möglich, die Steuerbelastung für bereits beendete Veranlagungszeiträume zu ermitteln. Man könnte dann nach jedem Veranlagungszeitraum die Steuerbelastung an den Durchschnitt der vergangenen Jahreseinkommen neu anpassen. Die praktische Umsetzung könnte jedoch auch wieder horizontale Ungerechtigkeit hervorrufen, da Steuertarife über die Zeit wegen der sich ändernden öffentlichen Ausgaben verschieden sind.

Dem Problem der Abschnittsbesteuerung wird im deutschen Steuerrecht durch die §§ 14, 14a I, 16, 17, 18 III i.V.m. § 34 EStG Rechnung getragen, die die steuerliche Behandlung von Gewinnen aus der Veräußerung von land- und forstwirtschaftlichen sowie gewerblichen Betrieben, Anteilen an Kapitalgesellschaften bei wesentlicher Beteiligung und Betrieben von Freiberuflern regeln. Da es hierbei durch die im jeweiligen Veranlagungszeitraum auftretenden Veräußerungsgewinne zu außerordentlich hohen Einkünften kommen kann, wird unter bestimmten Voraussetzungen eine Verteilung über fünf Jahre fingiert. Somit wird nur ein Fünftel der **außerordentlichen Einkünfte** als progressionssteigernd behandelt. Dies ist auch gerechtfertigt, da Veräußerungsgewinne nur überhöhte Abschreibungen der Vergangenheit korrigieren und somit die Steuerbelastung der Gewinne nicht höher sein sollte als die Steuerentlastung durch überhöhte Abschreibungen in der Vergangenheit. Weiterhin ist es nach § 10d I EStG möglich, Verluste, die bei der Ermittlung des Gesamtbetrags der Einkünfte nicht ausgeglichen werden, von bis zu 2 Mio. DM – dieser Betrag reduziert sich im Rahmen des Steuerentlastungsgesetzes 1999/2000/2002 ab dem Veranlagungszeitraum 2001 auf 1 Mio. DM – vom Gesamtbetrag der Einkünfte des vorangegangenen Jahres vorrangig vor Sonderausgaben, außergewöhnlichen Belastungen und sonstigen Abzugsbeträgen abzuziehen. Nicht durch einen **Verlustrücktrag** ausgeglichene Verluste sind auf die folgenden Veranlagungszeiträume vorzutragen und in diesen vom Gesamtbetrag der Einkünfte vorrangig vor

Sonderausgaben, außergewöhnlichen Belastungen und sonstigen Abzugsbeträgen abzuziehen. Für zukünftige Veranlagungszeiträume besteht keine betragsmäßige Begrenzung des **Verlustvortrags**. Hinter dieser Regelung steht das Ziel, Verluste und nicht nur Gewinne steuerlich geltend zu machen. Ferner besteht nach § 7 I, II EStG die Wahlmöglichkeit, bewegliche Wirtschaftsgüter des Betriebsvermögens linear, degressiv oder leistungsbezogen abzuschreiben und damit ebenfalls eine Glättung des gewerblichen Einkommens durch dieses Bewertungswahlrecht zu bewirken. Auch die diversen Abschreibungsmöglichkeiten für Gebäude des § 7 IV, V EStG können zur Einkommensglättung beitragen.

Sachleistungen

Als Sachleistungen werden alle Einnahmen bezeichnet, die nicht aus Geld bestehen. Auch sie sind im Sinne eines umfassenden Einkommensbegriffs zu erfassen. Zu nennen sind insbesondere eine durch den Arbeitgeber gestellte Wohnung oder ein auch für private Zwecke überlassener Geschäftswagen, zusätzliche zum Arbeitslohn erhaltene Waren, Bezahlung einer Rechnung im Austausch für eine Dienstleistung und sonstige Sachbezüge. Dies sind nur einige Beispiele für Einnahmen, die zwar nicht den Kontostand des Empfängers erhöhen, aber trotzdem einen geldwerten Vorteil für ihn darstellen. Sie sind daher auch zu besteuern, denn andere Steuerzahler müssen entsprechende Güter aus ihrem versteuerten Einkommen finanzieren. Diese Vorschrift ist im deutschen Steuerrecht in § 8 EStG, der Einnahmen definiert, festgehalten. Gemäß § 8 II EStG sind Einnahmen, die nicht aus Geld bestehen, mit den um übliche Preisnachlässe geminderten regulären Endpreisen am Abgabeort anzusetzen. Erhält ein Arbeitnehmer Waren oder Dienstleistungen von seinem Arbeitgeber, die nicht hauptsächlich nur für den Bedarf der Arbeitnehmer hergestellt sind, so sind diese gemäß § 8 III EStG mit dem um 4% geminderten Endpreis anzusetzen. Die sich nach Abzug der vom Arbeitnehmer gezahlten Entgelte ergebenden Vorteile sind steuerfrei, soweit sie aus dem Dienstverhältnis insgesamt 2 400 DM im Kalenderjahr nicht übersteigen. Da diese Einkommensformen jedoch nicht aus einem Geldvorteil bestehen, sind sie nur schwer zu erfassen und finden deshalb zur Verwaltungsvereinfachung oft keine Beachtung.

Unentgeltliches Einkommen

Unentgeltliche Einkünfte gehören ebenso zum umfassenden Einkommensbegriff und sind danach in die steuerliche Bemessungsgrundlage einzubeziehen. Allerdings ist es schwierig, diese unentgeltlichen Einkünfte vollständig zu erfassen. Bereiche, in denen unentgeltliche Einkünfte auftreten, sind häusliche Dienstleistungen sowie das unentgeltliche Wohnen. Daß auch die von Hausfrauen bzw. -männern geleisteten Dienste in die Steuerbemessungsgrundlage mit einbezogen werden müßten, haben wir bereits im Rahmen der Familienbesteuerung betont. Da Mietausgaben nicht abzugsfähig sind und demnach aus versteuertem Einkommen geleistet werden müssen, müßte demzufolge der geldwerte Vorteil der selbstgenutzten Wohnung die steuerliche Leistungsfähigkeit erhöhen. Im bundesdeutschen Steuerrecht galt diese sogenannte Nutzungswertbesteuerung bis 1986. Jedoch kam es in der Praxis durch diese Regelung eher zu einer Subventionierung von selbstgenutztem Wohneigentum, da im allgemeinen mehr Werbungskosten in Form der großzügigen Abschreibungsmöglichkeiten des § 7b EStG zur Erzielung dieser impliziten Einnahmen abgezogen werden konnten, als tatsächlich Einnahmen als Nutzungswert zugerechnet wurden. Seit dem Veranlagungszeitraum 1987 wird deshalb die sogenannte **Konsumgutlösung** befolgt, bei der die Nutzung von Wohneigentum als privater Konsum gilt. Damit wird auf die steuerliche Erfassung des unentgeltlichen Einkommens aus Wohneigentum verzichtet, wie es viele andere Länder bereits seit langem tun. Gleichzeitig ist ein Abzug von Werbungskosten unter dieser Regelung nicht mehr möglich. Allerdings wurde das Wohneigentum auch danach durch Sonderausgaben und speziell die Eigenheimzulage gefördert.

Allgemeine Konsumausgabensteuer

Das umfassende Einkommen nach der Konzeption von *Schanz, Haig* und *Simons* ist wohl die am weitesten akzeptierte Steuerbemessungsgrundlage. Der Konsum bzw. die Konsumausgaben sowie das Vermögen sind weitere mögliche Ansatzpunkte für eine umfassende Bemessungsgrundlage, um ein gerechtes Steuersystem zu schaffen. In diesem Unterpunkt wollen wir die mögliche Ausgestaltung einer allgemeinen Konsumausgabensteuer beschreiben, die ausführlich auch von *Peffekoven* (1980) erläutert wird.

Prinzipielle Rechtfertigung

Einige Ökonomen, deren wohl bekanntester Vertreter *Kaldor*[11] war, sind

[11] *Nicholas Kaldor* (1908–1986) war Professor in Cambridge. Seine Forschungsschwerpunkte lagen in der Wachstumstheorie, aber auch in der Geld- und Fiskalpolitik. Als Mitglied der British Royal Commission erlangte er Anfang der 50er Jahre internationale Anerkennung durch seine Aussagen zur Steuerpolitik. Er befürwortete die Einführung der Konsumausgabensteuer und begleitete solche Projekte in Indien und

der Meinung, unter dem Aspekt der Besteuerung nach der persönlichen Leistungsfähigkeit sei der Übergang von der Einkommens- zu einer Ausgabenbesteuerung zu fordern. Der Steuerzugriff erfolgt bei einer persönlichen allgemeinen Ausgabensteuer unter Beachtung der persönlichen Leistungsfähigkeit - als Abgrenzung zu einer indirekten Verbrauchsbesteuerung wie der Mehrwertsteuer - sowie **sämtlicher** Konsumausgaben des Haushalts - als Abgrenzung zu speziellen Verbrauch- oder Verkehrsteuern wie z.B. der Grunderwerbsteuer. Hinter der Besteuerung von Konsum steht der Gedanke, daß erst der Konsum Nutzen spendet und somit besser als eine Einkommensteuer geeignet sei, Surrogat für eine Besteuerung des Nutzens zu sein. Außerdem bestimmt der individuelle Konsum, welchen Anteil der Einzelne an der gesamten zur Verfügung stehenden erwirtschafteten Produktion für sich beansprucht, während das Einkommen den Anteil mißt, den ein Einzelner dazu beigetragen hat. Deshalb sei eine Belastung des Konsums gerechter.

Mögliche Ausgestaltung

Welchen Verlauf muß die Tariffunktion einer solchen Steuer aufweisen, um den Gerechtigkeitsanforderungen zu genügen? Da man die persönliche Leistungsfähigkeit erfassen möchte, sollte der Ausgabensteuertarif ähnlich dem Einkommensteuertarif progressiv ausgestaltet sein. Des weiteren sollte wie bei der Einkommensteuer ein gewisses Existenzminimum durch die Einräumung eines Grundfreibetrags unbesteuert bleiben. Bei der Veranlagung empfiehlt sich jedoch aus Praktikabilitätsgründen eine **Familienbesteuerung**, bei der der gesamte Familienhaushalt und nicht jedes Familienmitglied einzeln veranlagt wird. Diese Art der Besteuerung sollte bei progressivem Tarif eine Splittingmöglichkeit aufweisen, die sämtliche Familienmitglieder berücksichtigt. Es entsteht dann keine unerwünscht stärkere Belastung von Familien im Vergleich zu Ein-Personen-Haushalten. Die Familienbesteuerung hat außerdem den weiteren Vorteil, daß Manipulationen zum Zwecke der Steuervermeidung zumindest innerhalb der Familie unterbleiben.

Die Bemessungsgrundlage kann mit Hilfe von zwei verschiedenen Methoden ermittelt werden. Einerseits könnten alle periodischen Konsumausgaben direkt aufgezeichnet und addiert werden. Andererseits kann der Konsum, d.h. die Bruttoausgaben, indirekt durch die Summe der persönlichen Periodeneinnahmen abzüglich der Nettoersparnisse berechnet werden. Das würde darauf hinauslaufen, von der Summe aller monetären Einkünfte, Kreditaufnahmen, eingehenden Rückzahlungen ver-

---

Sri Lanka.

gebener Kredite und Verkaufserlöse aus Vermögensanlagen die Summe aus den vergebenen Krediten und Rückzahlungen aufgenommener Kredite, dem Erwerb von Vermögenswerten und der Zunahme der Bank- und Barguthaben im Veranlagungszeitraum zu subtrahieren. Diese Bruttoausgaben müssen dann um solche steuerfreien Ausgaben, die auch unter der Einkommensteuer als Sonderausgaben oder als außergewöhnliche Belastungen ganz oder teilweise von der Bemessungsgrundlage abzugsfähig sind, sowie um nicht dieser Periode zuzurechnende Teile von in dieser Periode getätigten Ausgaben für langlebige Konsumgüter bereinigt werden und um dieser Periode zuzurechnende Teile früherer Ausgaben für langlebige Konsumgüter vervollständigt werden, um die zu versteuernden Konsumausgaben zu erhalten. Da die direkte Konsumermittlung technisch kaum durchführbar ist, die Aufzeichnungspflicht von Millionen von Bürgern nicht verwalt- und kontrollierbar ist und auch einen großen Anreiz zur Steuerhinterziehung bietet, werden wir uns auf die indirekte Methode beim Vergleich der Vor- und Nachteile der Konsumausgabensteuer gegenüber der **Einkommensteuer** beziehen.

Die Konsumausgabensteuer im Vergleich zur Einkommensteuer

Auch bei einer Konsumbesteuerung bleibt das Problem der **kalten Progression** erhalten. Bei Inflation steigen die nominalen Konsumausgaben mit der Inflationsrate, so daß sich bei progressiver Besteuerung auch der durchschnittliche Steuersatz bei gleichbleibendem realem Konsum erhöht. Zur Ermittlung der Bemessungsgrundlage der allgemeinen Konsumausgabenbesteuerung wird des weiteren im Gegensatz zur Einkommensteuer nicht nur das Periodeneinkommen, das aus der Buchführung von relativ wenigen Arbeitgebern ermittelt werden kann, benötigt. Es müssen auch die individuellen Ersparnisse in jedem Veranlagungszeitraum bekannt sein. Der administrative Aufwand ist daher bei der Konsumsteuer erheblich höher. Wie auch bei der Einkommensteuer stellt sich hier das Problem der **Abschnittsbesteuerung**. So haben junge Haushalte oft große Ausgaben durch den Aufbau von Humankapital in Form eines Studiums oder durch die Anschaffung von Haushaltsgegenständen, die sie zur Gründung ihres neuen Haushalts benötigen. Zumeist ist ihr Einkommen aber noch sehr gering. Eine Konsumsteuer führt für sie zu Liquiditätsengpässen, die sie nicht durch Kredite in beliebiger Höhe überwinden können, da sie eine nur beschränkte Kreditwürdigkeit haben. Die Einkommensteuer kennt dieses Problem nicht, da die Steuerzahlungen in den Jahren hohen Einkommens am höchsten sind. Um bei der Konsumausgabensteuer solche Liquiditätsengpässe zu vermeiden, müßte man Regelungen finden, den Gegenwartswert der Konsumsteuer mit einem angemessenen Zeitprofil zu erheben. Dieses Vorgehen würde zwar nicht der Auffassung entsprechen, die Leistungsfähigkeit an die Höhe des Periodenkonsums zu knüpfen. Allerdings wäre der Lebenskonsum hier der Anknüpfungspunkt, der aus Gerechtigkeitsgründen auch akzeptabler erscheint. Ein verwandtes Problem tritt beim Kauf dauerhafter Konsumgüter wie Automobile, Immobilien oder Möbel auf, der bei der Anschaffung hohe Ausgaben verursacht. Der Nutzen aus dem Gebrauch dieser Gegenstände erstreckt sich aber über viele Perioden. Um tatsächlich den Konsum zu besteuern, müßte man die Ausgaben gemäß der Nutzung auf die Perioden verteilen, also eine Abschreibung ähnlich wie bei Investitionen im Rahmen der Einkommensbesteuerung vornehmen. Allerdings verursacht dieses Vorgehen erhebliche Zurechnungsprobleme, da die tatsächliche Nutzungsdauer und -verteilung nicht exakt erfaßt werden kann. Würde man stattdessen die Periodenausgaben als Bemessungsgrundlage wählen, ergäbe sich eine sehr ungleichmäßige Steuerbelastung, die durch einen progressiven Ausgabensteuertarif zusätzlich noch einen Progressionsnachteil aufwiese. Ein Ausweg aus dem Problem wäre hier die Mittelung der Bemessungsgrundlage über mehrere Perioden, die wir bereits bei periodisch schwankenden Einkommen im Rahmen der Einkommensteuer vorgeschlagen haben.

Wie bei der Einkommensteuer ergeben sich auch bei der Konsumsteuer Probleme der **Steuervermeidung**. Der im Gegensatz zu den Periodeneinkommen bei der Einkommensteuer weiter gefaßte Begriff der Periodeneinnahmen ist nur schwer erfaßbar und kontrollierbar. Haushalte könnten versucht sein, die Periodeneinnahmen nicht vollständig anzugeben, um sie so für unbesteuerten Konsum zu verwenden.

Bewertungsprobleme ergeben sich insbesondere zum Zeitpunkt der Einführung der Ausgabensteuer, zu dem alle Vermögensbestände lückenlos erfaßt werden müssen, um einen späteren steuerfreien Konsum durch die Auflösung von nicht erfaßtem bzw. unterbewertetem Vermögen zu unterbinden. Die Ankündigung der Einführung einer Konsumausgabensteuer alleine kann schon zum Horten von Bargeld führen. Bargeldbestände sind nicht nur schwer zu erfassen, sondern im Vergleich zu anderen Vermögensarten viel unauffälliger in Konsum zu verwandeln. Damit ist eine Steuervermeidung dieser Art bei Einführung einer Ausgabensteuer zu befürchten. Ebenfalls kann es beim Übergang zu einer Ausgabensteuer zu einem erhöhten Konsum von langlebigen Gütern vor der Einführung kommen, um der Besteuerung später zu entgehen. Jedoch ist dies ein Problem, das sich bei jeder Umstellung eines Steuersystems stellen wird und das zudem wirtschaftspolitisch auch erwünscht sein kann, abhängig von der Ausgangslage und den mit der eventuell nur temporären Einführung einer Ausgabensteuer verfolgten Zielen. Beispielsweise kann das Vorziehen des Kaufs langlebiger Konsumgüter die konjunkturelle Lage stabilisieren.

Generell spielen Zuordnungsprobleme, d.h. die Frage, was alles zum Konsum gehört, eine nicht zu unterschätzende Rolle. Ist z.B. der Kauf von Kunstwerken steuerpflichtiger Konsum oder eine steuerfreie Vermögensanlage? Insgesamt sprechen der hohe administrative Aufwand und die vielen Möglichkeiten einer Steuervermeidung gegen den Übergang auf die persönliche allgemeine Ausgabensteuer als umfassendes Finanzierungsinstrument staatlicher Ausgaben, selbst wenn im Konsum der bessere Leistungsfähigkeitsmaßstab gesehen wird.

Die Lebensbemessungsgrundlage entspricht bei einer allgemeinen Konsumausgabensteuer nur dann derjenigen der Einkommensteuer, wenn keine Erbschaften erworben werden bzw. gebildet wurden. Demnach ist die allgemeine Konsumausgabensteuer äquivalent zu einer Kombination aus Einkommen- und Erbanfallsteuer. Erbschaften dürften also im Konsumausgabensteuersystem nicht mehr besteuert werden, um eine **Doppelbesteuerung** des Konsums zu vermeiden.

Verteilungsgerechtigkeit und Effizienz

Verfechter der Ausgabensteuer halten eine Einkommensteuer für unbefriedigend, da es ihrer Meinung nach unmöglich ist, die vielen unterschiedlichen Einkommensarten und alle daraus erzielten Einkünfte vollständig zu ermitteln, um die steuerliche Leistungsfähigkeit des Einzelnen zu bestimmen. Dieses Argument berücksichtigt allerdings nicht, daß bei der wohl einzig praktikablen, nämlich der indirekten Methode der allgemeinen Konsumbesteuerung auch das Einkommen bestimmt werden muß, um auf den Konsum als Bemessungsgrundlage zu schließen. Ein weiterer Punkt der Vertreter der Ausgabensteuer ist die Auffassung, daß nicht die potentielle, sondern die tatsächliche, durch Verbrauch dokumentierte Bedürfnisbefriedigung der korrekte Indikator der Leistungsfähigkeit sei, denn diese gebe an, was eine Person glaube, sich leisten zu können. Ersparnisse bleiben dagegen von der Besteuerung (vorerst) ausgeschlossen, da sie zumeist für spätere, dann zu besteuernde Konsumausgaben angelegt werden und somit nach dieser Auffassung noch nicht die Leistungsfähigkeit einer Person erhöhen. Allerdings könnte man dem entgegenhalten, daß eine regressive Verteilungswirkung bezogen auf das Einkommen im Vergleich zu einer Einkommensteuer entsteht, da die durchschnittliche Konsumquote mit steigendem Einkommen sinkt. Dies kann aus verteilungspolitischen Gesichtspunkten kein erwünschter Effekt sein. Steuergerechtigkeit im Sinne der Leistungsfähigkeit, die bei der Ausgabensteuer durch die Konsumtätigkeit angezeigt wird, widerspricht hier dem Verständnis einer Besteuerung, die eine gerechte Einkommensverteilung garantiert. Auf die Verteilungswirkungen von Steuern werden wir in Kapitel 6 näher eingehen.

Könnten im Gegensatz zu den nicht ganz eindeutigen Ergebnissen hinsichtlich einer gerechten Verteilung Effizienzüberlegungen zu einer Befürwortung der Ausgabensteuer führen? Hierbei sind die Auswirkungen auf die privaten Ersparnisse, die Risikobereitschaft sowie das Arbeitsangebot zu berücksichtigen. Die durch Steuern ausgelösten Anreizwirkungen werden in Kapitel 4 genauer untersucht. Angewandt auf die uns hier interessierende Konsumsteuer können einige Ergebnisse vorweggenommen werden.

Als erstes ist festzustellen, daß im Gegensatz zu einer Einkommensteuer generell keine Verzerrungen der **individuellen Sparentscheidung** entstehen. Da Zinseinkünfte nicht direkt der Ausgabensteuer unterliegen, bleibt der vom Zinssatz abhängige Preis zukünftigen Konsums, ausgedrückt in Einheiten heutigen Konsums, unverändert. Eine effiziente intertemporale Allokation wird somit nicht durch eine Verzerrung relativer Preise gefährdet, da nur der gesamtwirtschaftliche Konsum besteuert wird. Die Änderung der von privaten Haushalten gebildeten Ersparnis beim Übergang von einer allgemeinen Einkommensteuer auf eine allgemeine Konsumausgabensteuer ist jedoch nicht eindeutig. Die **private Ersparnis** kann sowohl sinken als auch ansteigen, so daß das Argument der Befürworter, die Ausgabensteuer habe eine sparfördernde Wirkung im privaten Bereich, pauschal so nicht gilt. Lediglich für die **gesamtwirtschaftliche Ersparnis** in einer geschlossenen Volkswirtschaft, die neben der privaten auch die staatliche Ersparnis beinhaltet, ist eine eindeutige Aussage möglich: sie steigt beim Übergang von einer allgemeinen Einkommen– auf eine allgemeine Konsumausgabensteuer an. Dieser Effekt ist allerdings nicht zu unterschätzen, da die Kapitalbildung und das Wachstum in einer Volkswirtschaft von der gesamtwirtschaftlichen Ersparnis abhängen.

Untersucht man die von den Verfechtern einer Ausgabensteuer vertretene These, die Risikobereitschaft sei bei dieser Steuer höher und stimuliere somit risikoreichere und damit wachstumspolitisch erwünschte Investitionen, muß man wiederum beachten, daß dieses Argument von einigen

Annahmen abhängt. Bei der Einkommensbesteuerung kann ein gewisser hemmender Effekt auf die Risikobereitschaft festgestellt werden, wenn nur die Erträge ohne jegliche Berücksichtigung der Verluste besteuert werden. Allerdings sollte bei einer umfassenden Einkommensteuer der Wertzuwachsbesteuerung die Möglichkeit des Abzugs von Wertverlusten von der Bemessungsgrundlage gegenüberstehen. Bei der Ausgabensteuer ist für die Wirkung auf die Risikobereitschaft entscheidend, inwieweit die erzielten Erträge konsumiert oder gespart werden. Je mehr die Investitionserträge zu Konsumzwecken genutzt werden, desto geringer sind die vermeintlichen Vorteile einer Ausgabensteuer für eine Ausweitung der Investitionstätigkeit. Generell kann man sagen, daß bei vollständiger einkommensteuerlicher Verlustverrechnung keine eindeutigen Unterschiede zwischen einer Einkommen- und einer Ausgabensteuer hinsichtlich der Risikobereitschaft festzustellen sind. Nur wenn die Verlustverrechnung bei der zu ersetzenden Einkommensteuer zeitlich oder sachlich begrenzt wird, hat die Ausgabensteuer einen günstigeren Einfluß auf die Risikobereitschaft.

Als ein weiterer Vorteil der Ausgabensteuer wird häufig genannt, daß sie die **Anreize zur Arbeit** weniger hemme als die Einkommensteuer. Während es bei hoher Einkommensbesteuerung zu einer Verminderung des Arbeitsangebots kommen kann, hängt die Steuerlast bei der Konsumausgabenbesteuerung nur vom Konsum, aber nicht vom Arbeitseinkommen und damit dem Arbeitsangebot ab. Allerdings führen Ersparnisse – sieht man einmal von Vererbungen ab – stets zu späterem Konsum. Ersparnisse, die unter einer Konsumsteuer vorerst steuerfrei bleiben, werden nur zu einem späteren Zeitpunkt besteuert. Somit wirkt sich auch ein verändertes Arbeitsangebot bei der Konsumsteuer zwar nicht auf die heutige, aber auf die gesamte Lebenssteuerlast aus. Ob schließlich der Übergang zur **Schwarzarbeit** durch die Konsumsteuer eingeschränkt wird, hängt von der Erfassung des Konsums ab. Nur bei der direkten Methode ist hier ein Vorteil zu verzeichnen, während bei der indirekten Methode, bei der zur Berechnung der Steuerbemessungsgrundlage die Ersparnisse von den Einnahmen subtrahiert werden, der Anreiz zur Schwarzarbeit weiterhin bestehen bleibt. Eindeutig positiv ist die Wirkung der Ausgabensteuer auf das Arbeitsangebot im Falle einer nur temporär erhobenen Ausgabensteuer, da dann während dieser Zeit das Arbeitsangebot erhöht werden kann und die Ersparnisse steuerfrei in die Zeit nach Beendigung der Steuerumstellung mitgenommen werden können.

Obwohl die Konsumsteuer die Entscheidung zwischen Konsum und Ersparnis nicht verzerrt, sind insgesamt betrachtet keine eindeutigen allokativen Aussagen im Vergleich zu einer Einkommensteuer möglich, da alle entstehenden Verzerrungen betrachtet werden müssen. Ein zentrales Ergebnis der Second–Best–Theorie besagt, daß es nicht genügt, alleine die **Anzahl der Verzerrungen** zu minimieren. Gesamtwirtschaftlich wird der Übergang von einer allgemeinen Einkommensteuer auf eine Konsumsteuer jedoch positive Wirkungen auf die Ersparnis und damit die Kapitalbildung haben. Durch den Übergang auf eine Ausgabensteuer läßt sich eine investitionsfördernde Wirkung erzielen.

Zusammenfassend können wir aber schließen, daß die Ausgabensteuer gerade wegen ihrer administrativen Schwierigkeiten weit weniger vorteilhaft ist, als von ihren Verfechtern behauptet wird.

Ist unsere Umsatzsteuer eine allgemeine Konsumausgabensteuer?

In ihrer theoretischen Idealform ist die Umsatzsteuer eine allgemeine Konsumausgabensteuer, da durch sie grundsätzlich der gesamte private und öffentliche Verbrauch, d.h. die vom Endverbraucher erworbenen Güter und in Anspruch genommenen Dienstleistungen, belastet werden. Sie ist darauf angelegt, daß letztlich der Konsument mit der Steuer belastet wird. Aus administrativen Gründen verzichtet man jedoch auf eine Erhebung beim Konsumenten, da es weniger Unternehmen als Konsumenten gibt und damit der Erhebungsaufwand geringer ist. Die Umsatzsteuer gehört zu den **indirekten Steuern**. Schuldner der Umsatzsteuer ist der Unternehmer, der einen Umsatz ausführt. Die Bemessungsgrundlage der Umsatzsteuer wird direkt als Wertsumme der Umsätze der Unternehmen ermittelt. Die Unternehmen sollen die Steuer nach der Intention des Gesetzgebers mittels Preiserhöhungen auf den Konsumenten überwälzen. Die dabei entstehenden Wirkungen und die Frage, inwieweit solche Überwälzungen möglich sind, werden wir in Kapitel 6 im Rahmen der Steuerinzidenzanalyse diskutieren. Durch den **Vorsteuerabzug**, der den Unternehmen den Abzug der über höhere Lieferpreise an die Lieferanten bezahlten Umsatzsteuer ermöglicht, wird gewährleistet, daß die Umsatzsteuer im Ergebnis nur den Verkauf an den Endverbraucher belastet.

In Deutschland sowie in fast allen anderen EU–Mitgliedsländern existiert neben dem normalen auch ein ermäßigter **Umsatzsteuersatz**[12]. In Deutschland betragen diese Sätze 16% bzw. 7%. Der ermäßigte Steu-

[12] Nur in Dänemark gibt es keinen ermäßigten Umsatzsteuersatz. Es existiert lediglich für Zeitungen ein Nullsteuersatz, also eine Steuerbefreiung mit Vorsteuerabzug.

ersatz wird insbesondere auf die Lieferung, den Eigenverbrauch, die Einfuhr und den innergemeinschaftlichen Erwerb von fast allen Lebensmitteln – ausgenommen Gaststättenumsätze – angewandt. Außerdem gilt er für den Personennahverkehr, für die Umsätze von Büchern, Zeitungen und bestimmten Kunstgegenständen. Neben den Gütern und Dienstleistungen, die einer ermäßigten Umsatzbesteuerung unterworfen werden, gibt es aber auch noch eine Reihe von Leistungen, die gemäß § 4 UStG gänzlich von der Umsatzsteuer befreit sind. Dazu gehören zum einen Umsätze, bei denen der Vorsteuerabzug erhalten bleibt wie Ausfuhrlieferungen, innergemeinschaftliche Lieferungen, bestimmte Umsätze für die Seeschiffahrt und die Luftfahrt sowie sonstige Umsätze, die mit Gegenständen der Ein–, Aus– und Durchfuhr zusammenhängen. Besteuert wird ein Umsatz dann erst im Bestimmungsland, wie wir in Kapitel 5 erläutern werden. Für die andere Gruppe von Befreiungen ist der Vorsteuerabzug ausgeschlossen. Dazu zählen insbesondere die Kreditgewährung, Versicherungen, die Vermietung von Grundstücken, die Leistungen der Ärzte und anderer Heilberufe, die Leistungen der gesetzlichen Sozialversicherungen, die Leistungen der meisten Krankenhäuser und Altenheime, die Umsätze blinder Unternehmer, die Leistungen der Verbände der freien Wohlfahrtspflege, die Leistungen der Privatschulen, Theater, Orchester, Museen, Tierparks sowie die Leistungen der jugendfördernden Einrichtungen. Auch Kleinunternehmer müssen gemäß § 19 UStG keine Umsatzsteuer zahlen, sofern ihr Umsatz im vorangegangenen Kalenderjahr 32 500 DM nicht überstiegen hat und im laufenden Kalenderjahr 100 000 DM nicht übersteigen wird. Allerdings sind sie dann auch nicht zum Vorsteuerabzug berechtigt. Daher haben Kleinunternehmer die Wahl zwischen Umsatzbesteuerung und -freistellung. Diese Wahlfreiheit gilt gemäß § 9 I UStG auch für einen Teil der obengenannten umsatzsteuerfreien Umsätze. Gemäß § 9 II UStG ist der Verzicht auf Steuerbefreiung im Sinne des § 9 I UStG, der dann einen vorteilhaften Vorsteuerabzug ermöglicht, jedoch nur zulässig, soweit es sich um Umsätze an andere Unternehmer für deren Unternehmen handelt, die Leistung also nur für Umsätze verwendet wird, die den Vorsteuerabzug nicht ausschließen. Hierzu gehören beispielsweise Vermietungsleistungen für gewerbliche Betriebe.

Die in der Bundesrepublik Deutschland praktizierte Umsatzbesteuerung ist nicht mit einer allgemeinen Konsumausgabensteuer gleichzusetzen. Sie berücksichtigt nicht die persönliche Leistungsfähigkeit der Konsumenten, die von den Vertretern eines allgemeinen Konsumausgabensteuersystems gefordert wird. Allerdings hat die Umsatzsteuer eine beträchtliche ökonomische Bedeutung. Mit einem Anteil am gesamten Steueraufkommen von fast 30% im Jahre 1997 liegt sie im Aufkommen direkt hinter der Einkommensteuer, wie Tabelle 1.1 der Einleitung zu entnehmen ist.

Vermögensteuer

Zusammenhang zwischen dem Wert von Vermögensgegenständen und Einkünften

Das Vermögen ist eine weitere Alternative zum Einkommen als Maßstab der persönlichen Leistungsfähigkeit. Die wesentliche Eigenschaft einer Vermögensteuer kann man erkennen, wenn man sich klarmacht, daß Vermögen nichts anderes ist als der Gegenwartswert aller zukünftigen Einkommen aus gehaltenen Vermögenstiteln einschließlich des Humankapitals. Bezeichne I_i das Bruttoeinkommen aus einem Vermögenstitel, A_i den Wert des Aktivums, jeweils in der Periode i, und r den konstanten Marktzinssatz, so ist der Vermögenswert zum Zeitpunkt s

$$A_s = \sum_{i=s}^{T_1} \frac{I_i}{(1+r)^{i-s}} + \frac{A_{T_1}}{(1+r)^{T_1-s}}. \tag{3.25}$$

Er setzt sich zusammen aus den auf den gegenwärtigen Zeitpunkt s diskontierten zukünftigen Periodeneinkommen I_i in der Zeit von s bis T_1 sowie dem Gegenwartswert des Vermögenstitels zum Zeitpunkt T_1, einem möglichen Veräußerungszeitpunkt. Dieser Veräußerungspreis A_{T_1} setzt sich wiederum aus dem Gegenwartswert der Periodeneinkommen im Zeitraum von T_1 bis T_2 sowie dem Gegenwartswert des Vermögens zu einem Veräußerungszeitpunkt T_2 zusammen,

$$\begin{aligned} A_{T_1} &= \sum_{i=T_1}^{T_2} \frac{I_i}{(1+r)^{i-T_1}} + \frac{A_{T_2}}{(1+r)^{T_2-T_1}}, \\ A_{T_2} &= \cdots \end{aligned}$$

usw., so daß sich durch rekursives Einsetzen der Gegenwartswert des zum Zeitpunkt s gehaltenen Aktivums folgendermaßen bestimmen läßt:

$$A_s = \sum_{i=s}^{\infty} \frac{I_i}{(1+r)^{i-s}}. \tag{3.26}$$

Der **Gegenwartswert des Vermögens** nach Vermögensteuer entspricht dann gerade dem Gegenwartswert aller mit dem Vermögensteuersatz t besteuerten Periodeneinkünfte:

$$A_s(1-t) = \sum_{i=s}^{\infty} \frac{I_i(1-t)}{(1+r)^{i-s}}. \tag{3.27}$$

Wir erkennen somit, daß die Vermögensteuer auf eine Einkommensteuer zurückgeführt werden kann. Allerdings gilt dies nur unter der Bedingung, daß die Vermögensteuer auf alle Vermögensarten erhoben wird, aus denen Einkommen erzielt werden kann, also auch auf **Humankapital**.

Mögliche Vorteile und besondere Ermittlungsprobleme

Die Vermögensteuer ist in mancher – zumindest konzeptioneller – Hinsicht der Einkommensteuer überlegen. So stellt sich bei der Vermögensteuer nicht das Problem der **Abschnittsbesteuerung**. Sie betrachtet sofort den Gegenwartswert des gesamten Lebenseinkommens und besteuert dieses. Da es sich beim Vermögen zudem um das reale, also auf den Zeitpunkt s diskontierte Vermögen zu Preisen von s handelt, entfällt auch das Problem der **kalten Progression**, da der Steuertarif auf den Gegenwartswert der Realeinkommen und nicht auf das Nominaleinkommen in verschiedenen Veranlagungszeiträumen angewandt wird.

Im Vergleich zu einer Einkommensteuer ist die Vermögensteuer jedoch administrativ sehr aufwendig. Der Wert der von den Wirtschaftssubjekten gehaltenen Vermögensgegenstände muß zur Steuererhebung jeweils ermittelt werden. Einige nicht „marktgängige" Vermögensgegenstände wie selbstgenutzte Eigentumshäuser und -wohnungen stellen schwer meßbare Bestandteile des Vermögens dar, da sie keinen Marktpreis besitzen. Für **Humankapital** stellt sich dasselbe Problem. Humankapital wird einerseits durch das persönliche Umfeld bestimmt, andererseits wird es durch Investitionen in Form von Ausgaben für Schul- und Berufsausbildung sowie Gesundheitsvorsorge erworben. Investitionen in Humankapital werden oft unter dem Gesichtspunkt der Maximierung des erwarteten Lebenseinkommens durchgeführt, da diese Investitionen höhere Erträge aus dem Arbeitseinkommen nach sich ziehen. Jedoch bereiten die heterogenen Qualitäten des Humankapitals bei der statistischen Messung Schwierigkeiten und sind kaum bewertbar. Für Vermögen in liquider Form ist ferner die Möglichkeit der Steuerflucht besonders offensichtlich. Deshalb wird auf eine massive Besteuerung des Vermögens in der Praxis verzichtet. Alle diese Probleme besitzt die periodische Einkommensteuer nicht und ist damit der Vermögensteuer aus administrativen Gründen weit überlegen.

Die Vermögensteuer in Deutschland

Seit dem 1.1.1997 darf die Vermögensteuer in der Bundesrepublik Deutschland nicht mehr erhoben werden, da sie nach einem Beschluß des Zweiten Senats des BVerfG vom 22.6.1995 verfassungswidrig ist. Die Verfassungswidrigkeit ergibt sich aus § 10 Nr. 1 Vermögensteuergesetz (VStG). Dieser ist mit dem Gleichheitsgrundsatz des Art. 3 I GG unvereinbar, da die Bewertung des Grundbesitzes mit Einheitswerten erfolgte, die letztmals zum 1.1.1964 festgestellt und erstmals zum 1.1.1974 der Vermögensteuer zugrunde gelegt wurden. Im Gegensatz dazu wurde das übrige Vermögen zu gegenwartsnahen **Verkehrswerten** erfaßt und mit demselben Steuersatz belastet. Die in § 21 I Nr. 1 Bewertungsgesetz (BewG) vorgesehene Anpassung der **Einheitswerte** des Grundbesitzes an die reale Wertentwicklung durch Neubewertung in Zeitabständen von je sechs Jahren wurde durch Art. 2 I Satz 3 BewÄndG 1965 auf unbestimmte Zeit ausgesetzt. Deshalb stützten sich sämtliche für Grundvermögen festgestellten Einheitswerte bis zur obengenannten Entscheidung des BVerfG noch auf die Wertverhältnisse des Jahres 1964.

Das BVerfG hob ebenfalls hervor, daß die Vermögensteuer, sofern bewertungsrechtliche Vorschriften eine gleichartige Bewertung der verschiedenen Vermögensarten garantieren, nur so bemessen werden darf, daß sie in ihrem Zusammenwirken mit den sonstigen Steuerbelastungen die Substanz des Vermögens, den Vermögensstamm, unberührt läßt und aus den üblicherweise zu erwartenden Erträgen des Vermögens bezahlt werden kann. Das bedeutet, daß die gesamte steuerliche Belastung des Vermögens nicht wesentlich mehr als 50% seiner Erträge betragen darf, um mit der Eigentumsgarantie des Art. 14 I GG vereinbar zu sein. Andernfalls führt eine Vermögensbesteuerung im Ergebnis zu einer schrittweisen Konfiskation, die den Steuerpflichtigen dadurch übermäßig belastet und seine Vermögensverhältnisse grundlegend beeinträchtigt. Dieser Bestandsschutz war bei der bisher erhobenen Vermögensteuer schon deshalb nicht gewährleistet, da sie aus versteuertem Einkommen zu bezahlen war. Die Vermögensteuer wurde weder auf die Einkommensteuer angerechnet noch von der einkommensteuerlichen Bemessungsgrundlage abgezogen. Diese Vorbelastung müßte aber bei einer korrekten Bemessung der Vermögensteuerlast beachtet werden.

Die verfassungsrechtlichen Schranken der Besteuerung des Vermögens durch Einkommen- und Vermögensteuer begrenzen den steuerlichen Zugriff auf die Erträge des Vermögens. An dieser Grenze der Gesamtbelastung des Vermögens hat sich eine Reform des VStG und der Bewertungsvorschriften auszurichten. Das BVerfG hatte den Gesetzgeber aufgefordert, bis zum 31.12.1996 eine Neuregelung zu treffen, die die bisherige **Verfassungswidrigkeit der Vermögensteuer** beseitigt. Allerdings ist dies nicht geschehen, so daß die Vermögensteuer seit dem Jahresende 1996 nicht mehr erhoben werden darf. Zwar hat das bisherige VStG noch Bestand, ist aber aufgrund der Entscheidung des BVerfG nicht mehr anwendbar.

Literaturempfehlungen zu Kapitel 3

Empfohlene Lehrbuchliteratur:

Atkinson, Anthony B. und Joseph E. Stiglitz (1980), *Lectures on Public Economics*, McGraw–Hill, New York, Kapitel 11.

Boadway, Robin W. und David E. Wildasin (1984), *Public Sector Economics*, 2. Aufl., Little Brown and Company, Boston, Kapitel 9 und 10.

Nowotny, Ewald (1991), *Der öffentliche Sektor*, 2. Aufl., Springer, Berlin, Kapitel 13.

Rosen, Harvey S. (1995), *Public Finance*, 4. Aufl., Irwin, Chicago, Kapitel 15.

Zitierte und vertiefende Literatur:

Becker, Gary S. (1960), „An Economic Analysis of Fertility", in: National Bureau of Economic Research (Hrsg.), *Demographic and Economic Change in Developed Countries*, Princeton University Press, Princeton.

Bentham, J. (1907), *An Introduction to the Principles of Morals and Legislation*, Clarendon Press, Oxford.

Bundesministerium der Finanzen (Hrsg.) (1986), *Gutachten zur einkommensteuerlichen Behandlung von Alterseinkünften*, erstattet vom Wissenschaftlichen Beirat beim Bundesministerium der Finanzen, Schriftenreihe Nr. 38 des Bundesministeriums der Finanzen, Stollfuß Verlag, Bonn.

Corlett, W.J. und Douglas C. Hague (1953), „Complementarity and the Excess Burden of Taxation", *Review of Economic Studies 21*, S. 21–30.

Haig, R.M. (1921), „The Concepts of Income – Economic and Legal Aspects“, in: R.M. Haig (Hrsg.), *The Federal Income Tax*, Columbia University Press, New York.

Haller, Heinz (1981), *Besteuerung der Familieneinkommen und Familienlastenausgleich*, J.C.B. Mohr, Tübingen.

Mill, John S. (1921), in: *Principles of Political Economy*, W.J. Ashely (Hrsg.), Longmans, Green & Co. Ltd., London.

Peffekoven, Rolf (1980), „Persönliche allgemeine Ausgabensteuer“, in: Fritz Neumark (Hrsg.) unter Mitwirkung von Norbert Andel und Heinz Haller, *Handbuch der Finanzwissenschaft II*, 3. Aufl., J.C.B. Mohr, Tübingen, S. 417 – 452.

Rose, Manfred, H.-Dieter Wenzel und Wolfgang Wiegard (1981), „Theoretische Überlegungen zur Reform des Steuersystems“, in: Rose, M., Wenzel, H.-D. und Wiegard, W. (Hrsg.), *Optimale Finanzpolitik*, Fischer, Stuttgart, S. 116–124.

Sandmo, Agnar (1976), „Optimal Taxation: An Introduction to the Literature“, *Journal of Public Economics 6*, S. 37–54.

Schanz, G. von (1896), „Der Einkommensbegriff und die Einkommensteuergesetze“, *Finanzarchiv 13*, S. 1–87.

Simons, H.C. (1938), *Personal Income Taxation: The Definition of Income as a Problem of Fiscal Policy*, University of Chicago Press, Chicago.

Kapitel 4

Anreizwirkungen der Besteuerung

Wie wir bereits in Abschnitt 3.1 festgehalten haben, ruft die Erhebung einer speziellen Verbrauchsteuer eine Zusatzlast hervor. Sie verändert die relativen Güterpreise, und dies veranlaßt die Wirtschaftssubjekte, das besteuerte Gut teilweise durch unbesteuerte Güter zu substituieren. Ebenso haben wir gesehen, daß die Last einer speziellen Verbrauchsteuer in der Regel nicht nur von den Konsumenten, sondern auch von den Produzenten getragen wird. Beide Ergebnisse hängen davon ab, wie die privaten Entscheidungsträger auf die Steuer reagieren können. Somit ist diese sogenannte positive Analyse der Anreizwirkungen der Besteuerung auf das Verhalten der privaten Wirtschaftssubjekte zum einen ein wichtiger Baustein, um ein **effizienzsicherndes Steuersystem** abzuleiten, das die Zusatzlast der Besteuerung minimiert. Zum anderen ist sie Voraussetzung, um die **Verteilungswirkungen einer Steuer** auf Haushalte und Unternehmen zu bestimmen und damit Grundlage für die Ableitung eines gerechten Steuersystems.

Die Anreizwirkungen einer Steuer auf das Verhalten der privaten Wirtschaftssubjekte, die Thema dieses Kapitels sein sollen, können sehr vielfältig sein. Wird beispielsweise – ausgehend von einer Situation ohne Steuern – eine allgemeine Einkommensteuer, die das Arbeits- und das Zinseinkommen belastet, erhoben, so hängen die Reaktionen eines bestimmten Haushalts von seinen Präferenzen ab. Finanziert der Haushalt seinen Konsum aus Arbeitseinkommen, so kann man sich unterschiedliche Auswirkungen auf sein Arbeitsangebot vorstellen, abhängig von der relativen Stellung des Konsums privater Güter und der Freizeit in seiner Nutzenfunktion. Gleichzeitig hat die Besteuerung aber auch Auswirkungen auf seine Ersparnis, da sie die Zinseinkünfte belastet. Allerdings wirkt die Besteuerung nicht nur auf die Höhe der Ersparnis. Es ist auch denkbar, daß bei Besteuerung der Zinseinkünfte die Risikobereitschaft des Haushalts beeinflußt wird, so daß sich die Portfoliozusammensetzung seiner Ersparnis ändert. Aus dieser Argumentationskette ist ersichtlich, daß Steuern das Verhalten von Haushalten in unterschiedlichen Bereichen grundlegend ändern können. Aber nicht nur individuelle, sondern auch gesamtwirtschaftliche Größen werden durch die Besteuerung beeinflußt und haben über Substitutionsbeziehungen in der Produktion und im Konsum Auswirkungen auf andere Güter- und Faktormärkte. Dieses Beispiel zeigt auf, daß eine simultane Betrachtung aller möglichen Verhaltensänderungen sehr kompliziert ist. Wir werden uns daher in diesem Kapitel im wesentlichen auf eine **Partialanalyse** beschränken und die Wirkungen einzelner Steuern auf verschiedene individuelle Entscheidungen eines Wirtschaftssubjekts oder mehrerer Wirtschaftssubjekte auf einem Markt untersuchen. Diese Analyse deckt oftmals bereits die wichtigsten Effekte einer Steuer auf. Allerdings ist sie nur eine erste Annäherung, denn tatsächlich sind alle Märkte und damit alle ökonomischen Größen miteinander verbunden. Will man die Wirkungen einer Steuer auf alle Märkte und Wirtschaftssubjekte betrachten, ist eine Globalanalyse innerhalb eines allgemeinen Gleichgewichtsmodells unerläßlich. Eine derartige Globalanalyse werden wir in Kapitel 6.2 durchführen, in dem wir die Belastungswirkungen verschiedener Steuern untersuchen.

Natürlich können wir in den folgenden Ausführungen keinen umfassenden Überblick über alle Anreizwirkungen der Besteuerung bieten. Daher wollen wir uns auf einige wichtige Bereiche beschränken, die sowohl in der Literatur als auch in der öffentlichen Diskussion große Aufmerksamkeit gefunden haben. So werden wir die Wirkungen einzelner Steuern auf das Arbeitsangebot und die Ersparnisbildung im Haushaltssektor sowie auf die Finanzierungs- und Investitionsentscheidungen im Unternehmenssektor untersuchen. Da oftmals sowohl die Sparentscheidungen der Haushalte als auch die Investitionsentscheidungen der Unternehmen unter Unsicherheit gefällt werden, ist gerade aus wachstumspolitischer Sicht die Frage wichtig, ob und – wenn ja – wie die Risikobereitschaft der Wirtschaftssubjekte durch Besteuerung beeinflußt wird. Ausgangspunkt der Analyse ist der Trade-off, der allen ökonomischen Entscheidungen zugrunde liegt. Denn nur in diesem Fall kann ein Substitutionseffekt auftreten.

Im ersten Abschnitt beschäftigen wir uns mit den Auswirkungen der Besteuerung auf die Entscheidung zwischen Arbeitsangebot und Freizeit. Dabei betrachten wir zuerst die Entscheidungen auf individueller Ebene, bei denen sich der Haushalt einem gegebenen Marktlohnsatz gegenübersieht, und vergleichen verschiedene Einkommensteuertarife untereinander. Da von einer Lohnsteuer jedoch alle Arbeitnehmer betroffen sind, wird diese Steuer das Gleichgewicht auf dem Arbeitsmarkt beeinflussen. Daher ist es notwendig, nicht nur die Verhaltensweise des einzelnen Arbeitnehmers, sondern auch die Auswirkungen auf den Marktlohn und die gesamtwirtschaftliche Beschäftigung zu analysieren.

Im zweiten Abschnitt gehen wir auf den Trade–off zwischen Gegenwarts– und Zukunftskonsum ein und untersuchen den Einfluß verschiedener Steuern auf die Ersparnisbildung. Dazu müssen wir unsere bisherige Modellanalyse, die sich lediglich mit zeitpunktbezogenen Entscheidungen beschäftigt hat, auf die Untersuchung intertemporaler Entscheidungen ausweiten. Denn die Ersparnisbildung beeinflußt neben dem heutigen Konsum auch zukünftige Konsummöglichkeiten. Hierbei unterscheiden wir die Auswirkungen der Besteuerung bei einem vollkommenen und einem unvollkommenen Kapitalmarkt. Ebenso untersuchen wir den Einfluß der Besteuerung auf die Sparentscheidung bei Existenz einer gesetzlichen Rentenversicherung. Schließlich wollen wir versuchen, Aussagen über den Zusammenhang von Arbeitsangebots– und Sparentscheidungen innerhalb eines Modells zu treffen. Auch diesen Abschnitt werden wir mit einer kurzen Diskussion der gesamtwirtschaftlichen Konsequenzen für die Ersparnisbildung bei Besteuerung abschließen.

Der dritte Abschnitt untersucht sodann die Auswirkungen der Besteuerung auf die Risikobereitschaft und die Portfolioauswahl eines privaten Anlegers. Dabei werden Vermögensanlagen, die sich durch ihr Risiko und ihren Ertrag sowie durch ihre Besteuerung unterscheiden, miteinander verglichen. Auch hier wird das Modell um die Sparentscheidung erweitert. Damit ergibt sich die Möglichkeit, neben der optimalen Portfoliowahl gleichzeitig die optimale intertemporale Konsumwahl bei Besteuerung zu betrachten. Die Untersuchung des dritten Abschnitts läßt sich ohne weiteres auf die Investitionsentscheidung eines Unternehmers bei Unsicherheit übertragen.

Vor der Überlegung, in welchem Ausmaß riskante Investitionen erfolgen sollen, steht jedoch die unternehmerische Entscheidung, ob überhaupt investiert werden soll und wie Investitionen bei einer Besteuerung von Unternehmensgewinnen finanziert werden sollen. Deshalb beschreiben wir im vierten Abschnitt zunächst verschiedene Steuersysteme, die einer Unternehmensbesteuerung zugrunde liegen können. Anschließend werden wir die Auswirkung dieser Steuersysteme auf die Wahl der Finanzierungsform diskutieren und untersuchen, ob Investitionen durch die Besteuerung gefördert oder gehemmt werden.

4.1 Besteuerung und Arbeitsangebot

In diesem Abschnitt wollen wir uns mit den Auswirkungen der Einkommen- oder Lohnsteuer auf das Arbeitsangebot beschäftigen. Hierbei sollte erwähnt werden, daß wir in der folgenden Analyse die Begriffe Einkommen- und **Lohnsteuer** auf Arbeitseinkünfte synonym verwenden. Dies entspricht allerdings nicht dem deutschen Steuerrecht. Dort ist der Lohnsteuerabzug nur eine Erhebungsmethode der Einkommensteuer, die sich auf die gesamten Einkünfte, also zusätzlich auch auf alle nicht durch Arbeit erwirtschafteten Einkünfte wie Gewinne, Mieteinnahmen und Zinseinkünfte bezieht. Liegt der Summe aller Einkünfte ein höherer durchschnittlicher Steuersatz als der Lohnsteuersatz zugrunde, so müssen die Arbeitseinkünfte noch mit der Differenz zwischen persönlichem Einkommen- und Lohnsteuersatz im Rahmen des Veranlagungsverfahrens nachversteuert werden.

4.1.1 Der Einfluß der Einkommensteuer auf das individuelle Arbeitsangebot

Wirkung einer proportionalen Steuer

Den Einfluß der Einkommensteuer auf das individuelle Arbeitsangebot wollen wir in einem einfachen Zwei-Güter-Modell verdeutlichen. Der Nutzen eines repräsentativen Haushalts, $U(x, F)$, hänge von seinem Konsum des Güterbündels x und seiner verfügbaren Freizeit F ab. Die maximal zur Verfügung stehende Zeit betrage $\bar{F}$, so daß die Differenz zur in Anspruch genommenen Freizeit das individuelle Arbeitsangebot, $\bar{F} - F$, bezeichne. Für $\bar{F} - F$ Einheiten Arbeit erhält der Haushalt zum Lohnsatz w das Arbeitseinkommen $(\bar{F} - F)w$, welches der Einkommensteuer mit dem proportionalen Steuersatz t unterliegt. Das verbleibende Nettoeinkommen, $(\bar{F} - F)\,w\,(1-t)$, wird zum Kauf des Güterbündels x, das den Preis p hat, vollständig ausgegeben, da wir hier die Sparentscheidung aus der Betrachtung ausklammern. Der Haushalt maximiert seinen Nutzen,

$$\max U(x, F), \tag{4.1}$$

durch die Wahl des Konsums des Güterbündels x und der Freizeit F unter Einhaltung der Budgetrestriktion

$$\begin{aligned} (\bar{F} - F)\,w\,(1-t) &= px \\ \Leftrightarrow \qquad \bar{F}\frac{w}{p}(1-t) &= x + F\frac{w}{p}(1-t). \end{aligned} \tag{4.2}$$

Die linke Seite der Budgetrestriktion (4.2) bezeichnet dabei das maximal mögliche reale Nettoeinkommen. Dieses kann entweder für Konsum des Güterbündels x oder für Freizeit F, bewertet zum realen Nettolohnsatz, ausgegeben werden. Hat sich der Haushalt für einen bestimmten Umfang an Freizeit entschieden, ist sein Arbeitsangebot und bei für ihn vorbestimmten Preisen auch sein Konsum determiniert. Die notwendige Bedingung für ein Nutzenmaximum ergibt sich durch Auflösen der Budgetrestriktion nach x bzw. F, Einsetzen in die Nutzenfunktion und Ableiten nach F bzw. x als

$$MRS_{F,x} \equiv \frac{\partial U/\partial F}{\partial U/\partial x} = \frac{w(1-t)}{p}. \tag{4.3}$$

Im Optimum muß die Grenzrate der Substitution zwischen Freizeit und Konsum, $MRS_{F,x}$, gerade dem Preisverhältnis aus Nettolohnsatz und Preis des Güterbündels x entsprechen. Der Nettolohnsatz stellt die **Opportunitätskosten** einer zusätzlichen Einheit Freizeit dar, denn Freizeit bedeutet einen Verzicht auf Arbeit und damit auf Lohn. Die optimale Wahl des Haushalts zwischen Freizeit und Arbeit und somit des Konsums von x können wir auch anhand von Abbildung 4.1 verdeutlichen. Die Präferenzen für beide Güter werden durch den Verlauf der Indifferenzkurven, $\bar{U}^i$, $i = 1,2$, dargestellt. Auf der Abszisse wird der Freizeitkonsum abgetragen. Damit läßt sich die Höhe des Arbeitsangebots ausgehend von $\bar{F}$ nach links ablesen, d.h. in $\bar{F}$ ist das Arbeitsangebot gleich Null, während im Ursprung 0 die gesamte zur Verfügung stehende Zeit zum Arbeiten genutzt wird.

Ohne Einkommensteuer verläuft die Budgetgerade, deren Steigung durch den realen Lohnsatz, w/p, gegeben ist, von $\bar{F}$ nach $\bar{F}w/p$. Maximal möglichen Nutzen erreicht der Haushalt in dieser Situation ohne Steuern in A, wo die Indifferenzkurve $\bar{U}^1$ die Budgetrestriktion tangiert. In diesem Punkt stimmt die Steigung der Indifferenzkurve, die die Grenzrate der Substitution zwischen Freizeit und Konsum wiedergibt, mit der Steigung der Budgetgeraden und damit mit den Opportunitätskosten der Freizeit überein. Das Arbeitsangebot des repräsentativen Haushalts beträgt dabei $(\bar{F} - F_1)$.

Wird nun eine nicht progressive, proportionale Einkommensteuer erhoben, bei der die prozentuale Steuerbelastung, t, bei jedem Einkommensniveau gleich ist, so dreht sich die Budgetrestriktion um $\bar{F}$ nach innen, da der Konsum des privaten Güterbündels teurer wird. In diesem Fall ist es für den Haushalt optimal, die Freizeit–Güter–Kombination B zu wählen. Im gewählten Beispiel kommt es zu einer Verringerung des individuellen

Arbeitsangebots von $(\bar{F} - F_1)$ auf $(\bar{F} - F_2)$. Für zulässige und durchaus plausible Präferenzstrukturen wäre es aber ebenfalls denkbar, daß das Arbeitsangebot steigt.

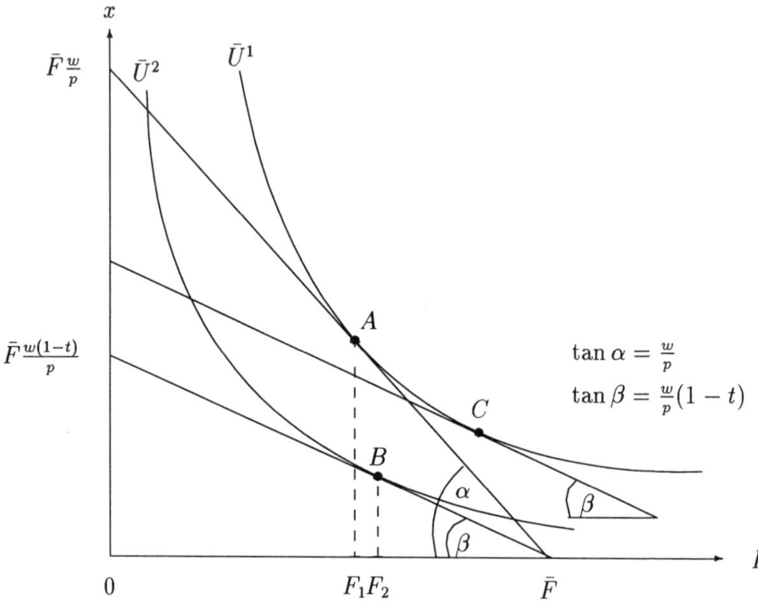

Abb. 4.1: Arbeitsangebot und Einkommensteuer

Genaueren Einblick in die Auswirkungen der Besteuerung auf das individuelle Verhalten erhalten wir durch die Zerlegung des Übergangs von A nach B in einen **Substitutionseffekt** ($A \to C$) und in einen **Einkommenseffekt** ($C \to B$). Die Einführung der proportionalen Einkommensteuer reduziert zunächst die Opportunitätskosten der Freizeit von w auf $w(1-t)$. Würde man dem Haushalt soviel Einkommen geben, daß er auch nach Einführung der Steuer den Nutzen $\bar{U}^1$ halten könnte, so würde seine Nachfrage nach der relativ billiger gewordenen Freizeit auf jeden Fall zunehmen. Dieser Substitutionseffekt führt folglich immer zu einer Verringerung des individuellen Arbeitsangebots. Eine erhöhte Freizeitnachfrage kann sich unterschiedlich äußern. Ein Wirtschaftssubjekt kann direkt seine Arbeitsweise anpassen, indem es sich weniger Mühe gibt, z.B. keine Überstunden mehr leistet oder gar während der Arbeitszeit selbst weniger produktiv ist. Es kann sich für eine frühzeitigere Pensionierung entscheiden oder seine tägliche oder monatliche Arbeitszeit verkürzen. Jedoch verringert die Einführung einer proportionalen Lohnsteuer auch das Realeinkommen. Dieser Einkommenseffekt, dargestellt in der Bewegung von C nach B, ist gleichbedeutend mit einer Änderung des Einkommens bei gleichbleibenden Preisen. Er wird dem Substitutionseffekt entgegenwirken, wenn Freizeit ein normales Gut ist. Dann sorgt das gesunkene Realeinkommen für eine verminderte Freizeitnachfrage und damit ein erhöhtes Arbeitsangebot. Dominiert der Substitutionseffekt den Einkommenseffekt, sinkt das Arbeitsangebot insgesamt. Dagegen steigt es bei Dominanz des Einkommenseffekts. Diese erste Einsicht fassen wir zusammen in

Ergebnis 4.1.1 *Die Erhebung einer proportionalen Lohnsteuer kann sowohl zu einem Rückgang als auch zu einer Ausdehnung des individuellen Arbeitsangebots führen. Dominiert der Substitutionseffekt (Einkommenseffekt), so sinkt (steigt) das Arbeitsangebot, wenn Freizeit ein normales Gut ist.*

Diese Partialanalyse vernachlässigt allerdings die Verwendung der Steuereinnahmen. Werden aus den Steuern öffentliche Güter finanziert, so werden sie sicherlich den Nutzen des Haushalts beeinflussen und damit einen zusätzlichen Einfluß auf das Arbeitsangebot ausüben. Das Nutzenmaximum in einer Situation ohne Steuern ist deshalb nicht mit optimalen Allokationen bei Besteuerung vergleichbar, ohne die Nutzenerhöhung durch die damit finanzierte Bereitstellung öffentlicher Güter zu berücksichtigen. Daher wollen wir im folgenden verschiedene Steuern, die aufkommensgleich sind und auch in gleicher Weise verwendet werden, miteinander vergleichen. Unter dieser Voraussetzung ist nur noch der Vergleich der Nutzenmaxima unter den verschiedenen Steuern relevant, denn die dazugehörigen Indifferenzkurven beziehen sich alle auf das gleiche Niveau und die gleiche Struktur öffentlicher Ausgaben und Güter.

Vergleich verschiedener Steuern

Als erstes wollen wir die **proportionale Einkommensteuer** mit einer aufkommensgleichen **Pauschalsteuer** vergleichen, die – wie wir wissen – ökonomische Entscheidungen nicht verzerrt, also keinen Substitutionseffekt hervorruft. Allerdings bedeutet dies keineswegs, daß die Pauschalsteuer das Arbeitsangebot nicht verändert. Ganz im Gegenteil erhöht die Pauschalsteuer aufgrund ihres negativen Einkommenseffekts das Arbeitsangebot, wenn F ein normales Gut ist. Dagegen bleibt das Arbeitsangebot bei einer proportionalen Einkommensbesteuerung im Vergleich zu einer Situation ohne Steuer unverändert, wenn sich Einkommens- und Substitutionseffekt der Einkommensteuer genau kompensieren. Trotzdem hat die Einkommensteuer eine verzerrende Wirkung im Gegensatz zur Pauschalsteuer, die das Arbeitsangebot verändert. In Abbildung 4.2, deren Aufbau dem der Abbildung 4.1 entspricht, sind die Wirkungen der beiden Steuern dargestellt.

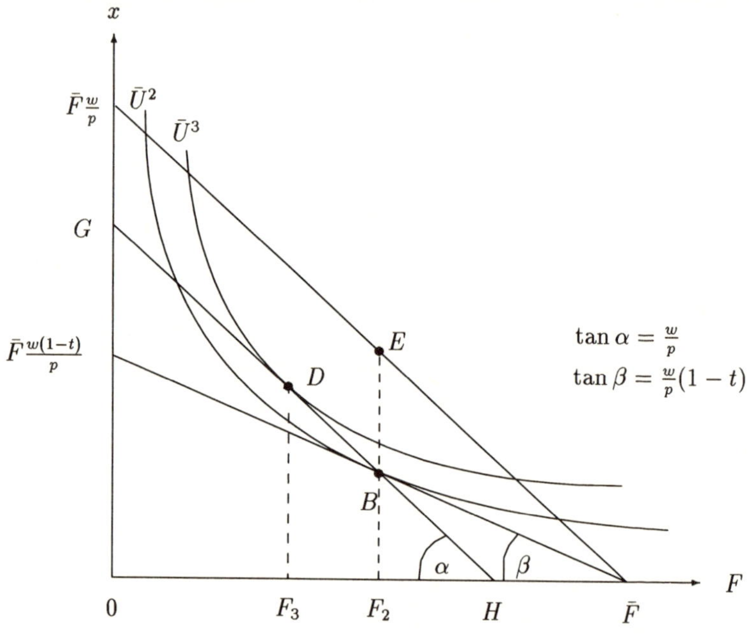

Abb. 4.2: Pauschalsteuer und proportionale Einkommensteuer im Vergleich

Die proportionale Einkommensteuer führt wiederum zu einem Arbeitsangebot von $(\bar{F} - F_2)$ und sichert Steuereinnahmen in Höhe von BE. Die gleichen Einnahmen erzielt auch eine Pauschalsteuer, deren Erhebung zur Budgetgerade GH führt. Bei Existenz dieser Steuer wird der Haushalt seinen Nutzen in D maximieren. Im Vergleich zur Freizeit–Einkommens-Kombination B, die bei einer proportionalen Einkommensteuer nutzenoptimal ist, erzielt der Haushalt einen höheren Nutzen, $\bar{U}^3 > \bar{U}^2$, obwohl er den gleichen Betrag an Steuern in beiden Situationen zahlt. Bei der Einkommensteuer entsteht eine **Zusatzlast**. Anders ausgedrückt wäre das Steueraufkommen aus einer Pauschalsteuer, die dem Haushalt den gleichen Nutzen $\bar{U}^2$ wie eine Einkommensteuer spenden würde, höher. Außerdem wird das Arbeitsangebot bei einer Pauschalsteuer immer höher als bei einer aufkommensgleichen Einkommensteuer sein, da hier nur der Einkommenseffekt, nicht aber der entgegenwirkende Substitutionseffekt auftritt. Die Indifferenzkurve $\bar{U}^3$ hat in der optimalen Freizeit–Konsum–Kombination D eine betragsmäßig größere Steigung als die niedrigere Indifferenzkurve $\bar{U}^2$ im für den Haushalt optimalen Punkt B bei einer Einkommensteuer. Somit erhalten wir das

Ergebnis 4.1.2 *Eine Lohnsteuer verzerrt das individuelle Arbeitsangebot und ruft eine Zusatzlast hervor. Eine Pauschalsteuer, die das gleiche Steueraufkommen sichert, ist dagegen mit einer geringeren Nutzeneinbuße verbunden.*

Dieses Ergebnis, bezogen auf die Verbrauchsbesteuerung eines Konsumgutes, haben wir bereits in Abschnitt 3.1 als Ergebnis 3.1.1 formuliert und graphisch auch übereinstimmend in Abbildung 3.2 erläutert.

Als nächstes wollen wir eine Proportionalsteuer mit einer **progressiven Einkommensteuer** vergleichen, um zu klären, ob eine progressive Abgabe das Arbeitsangebot stärker reduziert als eine proportionale Steuer und welche Abgabe eine geringere Nutzeneinbuße zur Folge hat. Da die Analyse bei einer direkt progressiven Abgabe sehr komplex und unübersichtlich ist, wollen wir die Auswirkungen der Progression auf das Arbeitsangebot anhand einer indirekt progressiven Steuer untersuchen, die durch einen Grundfreibetrag, G, oder gar eine **negative Einkommensteuer** bei konstantem Einkommensteuersatz t gekennzeichnet ist. Bei einer indirekt progressiven Einkommensteuer verändert sich die Budgetrestriktion des Haushalts zu

$$(\bar{F} - F)w - t[(\bar{F} - F)w - G] = px. \tag{4.4}$$

Ohne Einschränkung des Tarifverlaufs ist aus der Budgetrestriktion ersichtlich, daß die Steuerzahlung eines Haushalts bei einem Einkommen geringer als G negativ ist. Der Haushalt erhält dann einen Transfer – die negative Einkommensteuer. Wenn wir das Preisniveau, p, zur Vereinfachung auf Eins normieren und somit die Ordinate gleichzeitig die Menge des Güterbündels, x, und das Einkommen angibt, während auf der Abszisse wieder die Freizeit abzulesen ist, läßt sich der Verlauf der Budgetgeraden in Abbildung 4.3 darstellen.

Die Budgetrestriktion vor Steuer ist die Strecke $\bar{F}C$, wobei $0C = w\bar{F}$ das maximale Vor-Steuer-Einkommen ist. Nach Einführung einer indirekt progressiven Einkommensteuer in Form einer negativen Einkommensteuer verläuft die neue Budgetgerade über $\bar{F}AD$, mit $0D = w\bar{F} - t(w\bar{F} - G)$ als dem maximalen Nach-Steuer-Einkommen. Das bedeutet, daß wir einen proportionalen, aber progressiven Einkommensteuertarif haben, der bis zu einem Einkommen in Höhe von G eine negative Einkommensteuer, also Transfers, zur Folge hat. Nach unserer Definition einer progressiven Steuer steigt der durchschnittliche Steuersatz, $t[(\bar{F}-F)w-G)]/[(\bar{F}-F)w] = t-tG/[(\bar{F}-F)w]$, wenn das Einkommen, $(\bar{F} - F)w$, ansteigt.

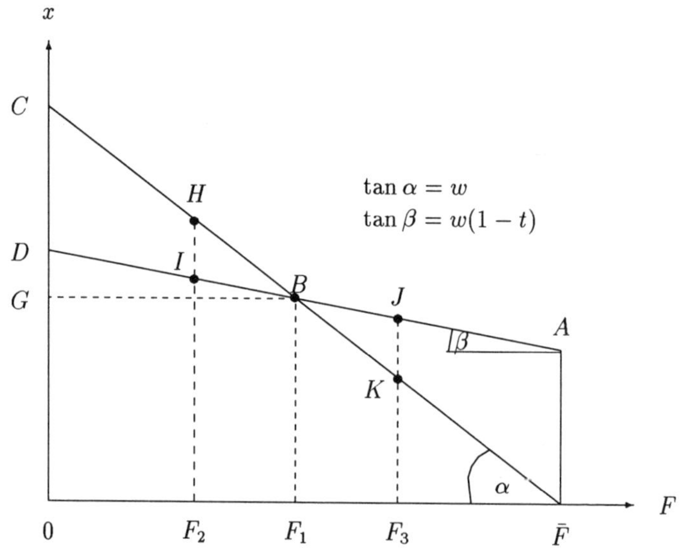

Abb. 4.3: Budgetrestriktion bei progressiver Einkommensteuer

Der vertikale Abstand zwischen der alten und der neuen Budgetrestriktion mißt den Betrag der Steuerzahlung. Daher ist in B gerade ein Einkommen in Höhe von $G = (\bar{F} - F_1)w$ erreicht, bei dem weder Steuern gezahlt werden müssen noch ein Transfer geleistet wird. Bei einem Arbeitsangebot, das höher als $(\bar{F} - F_1)$ ist, muß der Haushalt Steuern zahlen. So entspricht das Steueraufkommen bei einem Arbeitsangebot in Höhe von beispielsweise $(\bar{F} - F_2)$ der Strecke HI. Bei einem geringeren Arbeitsangebot wie $(\bar{F} - F_3)$ erhält der Haushalt dagegen einen Transfer, hier in

Höhe von JK. Die Strecke $\bar{F}A$ entspricht dem Höchstbetrag an Transferzahlungen, der bei Arbeitslosigkeit geleistet wird, im Idealfall also dem **Existenzminimum**.

Bei der Gestaltung eines Steuertarifs, der eine negative Einkommensteuer einschließen soll, ergibt sich allerdings ein Zielkonflikt. Einerseits will man ein finanzierbares Transfersystem schaffen. Dazu sollte t möglichst hoch sein, damit die Förderzone durch Transfers nicht zu groß wird und die Steuereinnahmen gemessen am Einkommen relativ hoch sind. Andererseits sollte t so niedrig wie möglich gewählt werden, um einen Arbeitsanreiz für Transferempfänger zu schaffen. Außerdem sollte das steuerfreie Mindesteinkommen G angemessen hoch sein. Die Finanzierungsproblematik kann zwar umgangen werden, wenn – wie im deutschen Einkommensteuerrecht durch die Nullzone – von einer Transferzahlung abgesehen wird, so daß die Budgetrestriktion durch die Punkte $\bar{F}BD$ verläuft und $G = BF_1$ den Grundfreibetrag darstellt. Das **Anreizproblem für Transferempfänger** erhöht sich jedoch, wenn – wie in Deutschland – eine vom Arbeitsangebot unabhängige **Sozialhilfe** bezahlt wird, die bis zu einer bestimmten Höhe des selbst erwirtschafteten Einkommens keine Nettoeinkommenszuwächse trotz eigener Arbeitsanstrengungen zuläßt. Dieses Problem ist ausführlich in Kapitel 9.2 des Bandes „Finanzwissenschaft I: Rechtfertigung der Staatstätigkeit" verdeutlicht.

Nachdem wir den Verlauf der Budgetrestriktion bei einer indirekt progressiven Einkommensteuer erklärt haben, werden wir diese Steuer nun in Abbildung 4.4 mit einer proportionalen Einkommensteuer vergleichen, die das gleiche Aufkommen für die gleiche Verwendung sichert. In dieser Abbildung ist erneut die Budgetrestriktion in einer Situation ohne Steuern durch $\bar{F}C$ gegeben. Der Haushalt wird die Freizeit–Einkommens–Kombination M wählen und dabei $(\bar{F} - F_1)$ Einheiten Arbeit anbieten, so daß er einen Nutzen in Höhe von $\bar{U}^1$ erlangt. Die Budgetrestriktion im Falle einer indirekt progressiven Besteuerung verläuft wiederum durch $\bar{F}AD$. Hier maximiert der Haushalt seinen Nutzen auf dem Niveau $\bar{U}^3$, wenn er sich für die Allokation H entscheidet, bei der sein Arbeitsangebot $(\bar{F} - F_3) < (\bar{F} - F_1)$ beträgt und er Steuern in Höhe von GH entrichten muß.

Die **Preis–Konsum–Kurve** $\bar{F}P$ gibt die nutzenmaximalen Freizeit–Einkommens–Kombinationen des Haushalts für alternative proportionale Steuern an, d.h. für alternative, um $\bar{F}$ gedrehte Budgetrestriktionen $(\bar{F} - F)w(1 - t) = x$, wobei t variabel ist. J und K sind solche Optimalpunkte, die zudem das gleiche Steueraufkommen wie bei einer indirekt progressiven Besteuerung sichern, da sie auf der Budgetgerade TT liegen, die zur anfänglichen Budgetgerade parallel und durch H verläuft. Die Preis–Konsum–Kurve kann auch als **Laffer–Kurve**[1] interpretiert werden, die wir in Kapitel 7.2 noch genauer vorstellen werden.

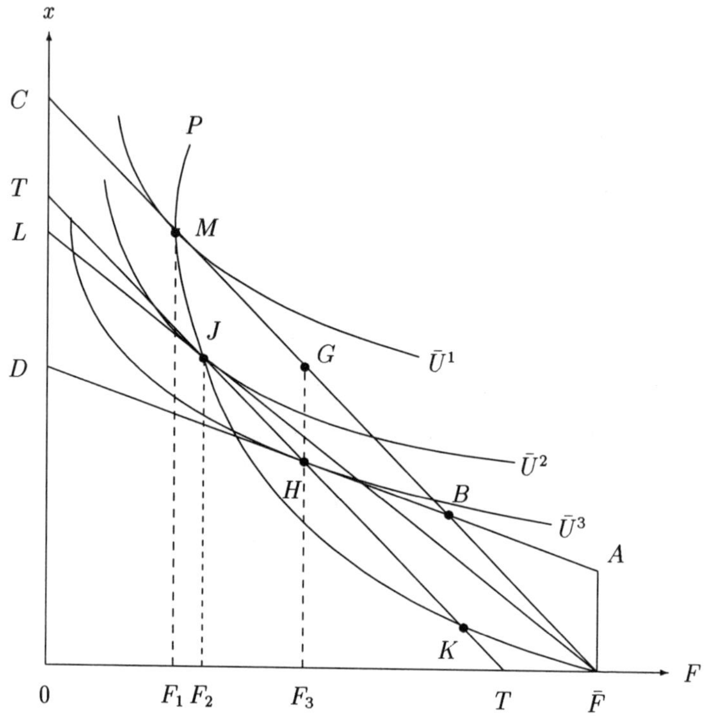

Abb. 4.4: Arbeitsangebot bei proportionaler und progressiver Einkommensteuer im Vergleich

Die Laffer–Kurve beschreibt den Zusammenhang zwischen dem Durchschnittssteuersatz und dem Steueraufkommen als eine konkave Funktion, wobei die Regierung bei einem Steuersatz von 0% und 100% keine Einnahmen erzielt. Für einen Steuersatz von 0% ist dies offensichtlich. Bei einem Steuersatz von 100% besteht dagegen für die Bevölkerung kein Anreiz mehr zu arbeiten, da das gesamte Einkommen vom Staat konfisziert wird, unabhängig vom Arbeitseinsatz. Ein von Null ansteigender Durchschnittssteuersatz erhöht das Steueraufkommen bis zu einem bestimmten

[1] Der amerikanische Ökonom *Arthur B. Laffer* versuchte 1974 mit dieser Kurve den damaligen US–Präsidenten *Gerald R. Ford* davon zu überzeugen, daß eine radikale Steuersenkung zu erhöhten Steuereinnahmen führen könne.

Steuersatz, ein weiteres Ansteigen des Durchschnittssteuersatzes über diesen kritischen Wert hat jedoch ein sinkendes Steueraufkommen zur Folge.

Angewandt auf die Preis–Konsum–Kurve in Abbildung 4.4 bedeutet dies, daß die Regierung sowohl in J als auch in K das gleiche Steueraufkommen bei unterschiedlich hohen Steuersätzen erzielen könnte. Allerdings wäre die Nutzeneinbuße eines repräsentativen Haushalts in K um einiges größer als bei einem geringeren Steuersatz, bei dem es für den Haushalt optimal wäre, die Freizeit–Einkommens–Kombination J zu wählen. Da die Regierung bei einer Besteuerung die entstehende Nutzeneinbuße so gering wie möglich halten will, wird sie sich also stets für solche Punkte auf der Laffer–Kurve entscheiden, die durch einen Durchschnittssteuersatz unterhalb des kritischen Steuersatzes gegeben sind. Somit kennzeichnet J als Tangentialpunkt der Indifferenzkurve $\bar{U}^2$ an der Budgetgeraden $\bar{F}L$ das vergleichbare Nutzenmaximum des Haushalts bei gleichem Steueraufkommen wie in H, aber proportionaler Steuer, die den Nutzen $\bar{U}^2$ sichert. Hier wird sein Arbeitsangebot $(\bar{F}-F_2) > (\bar{F}-F_3)$ betragen. Das im Vergleich zu einer indirekt progressiven Steuer höhere Arbeitsangebot kann folgendermaßen erklärt werden. Bei der proportionalen Steuer ist die Indifferenzkurve $\bar{U}^2$ in J steiler als die Indifferenzkurve $\bar{U}^3$ in H bei einer aufkommensgleichen indirekt progressiven Steuer. Da zudem der Nutzen in J größer als der in H ist und die Indifferenzkurven sich nicht schneiden dürfen, muß das Arbeitsangebot bei proportionaler Besteuerung größer sein. Dieses Resultat halten wir fest in

Ergebnis 4.1.3 *Bei Erhebung einer proportionalen Einkommensteuer bietet ein repräsentativer Haushalt mehr Arbeit an als bei einer progressiven Abgabe, die das gleiche Steueraufkommen sichert. Da der Nutzen bei einer progressiven Steuer geringer als bei einer proportionalen Abgabe ist, ruft die progressive Steuer eine höhere Zusatzlast hervor und ist deshalb weniger effizient als eine proportionale Steuer.*

Die bisherige Analyse beschränkte sich auf die Beobachtung eines einzelnen repräsentativen Haushalts. In der Realität sind die Haushalte aber nicht identisch, und daher werden Steuern auch unterschiedliche Reaktionen bei unterschiedlichen Wirtschaftssubjekten hervorrufen. Verteilungspolitisch wird der Vorzug einer progressiven Einkommensteuer gegenüber einer proportionalen Steuer mit der stärkeren Besteuerung von Reicheren und der geringeren steuerlichen Belastung ärmerer Haushalte begründet. Da bei gleichem Steueraufkommen der marginale Steuersatz bei einer progressiven Steuer wegen der Existenz eines Grundfreibetrags oder einer negativen Einkommensteuer höher sein muß als bei einer proportionalen Abgabe, kommt es beim Übergang von einer proportionalen zu einer progressiven Steuer zu einem Substitutions- und einem Einkommenseffekt. Der Substitutionseffekt führt zu einer erhöhten Freizeitnachfrage, da der relative Preis für Freizeit sinkt bzw. sich der Nettolohn bei zusätzlichem Arbeitsangebot nicht mehr so stark erhöht. Werden gering verdienende Haushalte bei einem Übergang zu einer negativen Einkommensteuer zugleich zu Nettotransferempfängern, so erhöht sich ihr Realeinkommen. Aufgrund dieses positiven Einkommenseffekts werden solche Haushalte ihr Arbeitsangebot noch weiter reduzieren, falls Freizeit ein normales Gut ist. Der höhere Grenzsteuersatz wird damit bei diesen Wirtschaftssubjekten eindeutig zu einer Verringerung ihres Arbeitsangebots führen. Für Verdiener höherer Einkommen, also Nettosteuerzahler, kann dagegen keine eindeutige Aussage gemacht werden, da Substitutions- und Einkommenseffekt in verschiedene Richtungen gehen, wenn Freizeit ein normales Gut ist. Der Einkommenseffekt, der bei Reicheren aufgrund der höheren Steuerzahlungen eine Realeinkommensminderung bewirkt, erhöht das Arbeitsangebot, während der Substitutionseffekt es über die höheren Grenzsteuersätze verringert. Insgesamt dürfte es jedoch bei progressiver Besteuerung zu einem geringeren gesamtwirtschaftlichen Arbeitsangebot als bei einer proportionalen Steuer kommen. Der Grenzsteuersatz muß dann relativ stark steigen, damit das gleiche Steueraufkommen bei einer geringeren Steuerbemessungsgrundlage erzielt werden kann.

Da bei der Lohn- bzw. Gehaltszahlung an Arbeitnehmer nicht nur die Lohnsteuer einbehalten wird, sondern auch Sozialversicherungsbeiträge abgezogen werden, stellt sich die Frage, ob auch diese Beitragszahlungen eine Wirkung auf das Arbeitsangebot haben, obwohl es sich hier – zumindest formalrechtlich – um Versicherungsbeiträge und nicht um Steuern handelt.

Wir wollen uns auf die Auswirkungen der **gesetzlichen Rentenversicherung** beschränken, der man einschneidende Effekte auf das Arbeitsangebot zuspricht. Zum einen ist im Laufe der Jahre das relative Arbeitsangebot bezogen auf die Lebenszeit aufgrund der erhöhten Lebenserwartung zurückgegangen. Aber auch die absolute **Lebensarbeitszeit** ist in den letzten Jahrzehnten beträchtlich gesunken, da Erwerbstätige immer früher in den Ruhestand treten. Das gesetzliche Rentenalter wurde von 70 auf 65, für Frauen sogar auf 63 Jahre gesenkt, und seit den 70er Jahren gibt es zahlreiche Vorruhestandsregelungen, die das tatsächliche Renteneintrittsalter noch weiter reduziert haben. Allerdings waren diese Vergünstigungen immer nur als eine vorübergehende Regelung gedacht. Sie müssen in Zukunft weitgehend wieder abgebaut werden, um die Finanzierung des Rentensystems weiterhin zu sichern, die durch die Veränderung der Altersstruktur der Bevölkerung und ein verlangsamtes Wirtschaftswachstum gefährdet ist.

Die Wirkungen veränderter **Rentenversicherungsbeiträge** und Rentenzahlungen auf das Arbeitsangebot können ebenfalls mit Hilfe von Einkommens- und Substitutionseffekten beschrieben werden. Besonders interessant ist ihr Wirken in der Phase, in der ein Arbeitnehmer überlegt, ob er in den Ruhestand gehen oder lieber noch eine Weile weiterarbeiten sollte. Die Erhöhung der Rentenzahlungen führt zu einem positiven Einkommenseffekt, der den privaten Konsum und die Freizeit – vorausgesetzt beide Güter sind normal – erhöht und damit das Arbeitsangebot reduziert. Der Freizeitzuwachs kann durch einen früher als ursprünglich geplanten Eintritt in den Ruhestand realisiert werden. Durch die Auszahlung höherer Renten sinkt zudem der relative Preis der Freizeit, was für einen weiteren Rückgang des Arbeitsangebots spricht. Damit würde auch der Substitutionseffekt in die gleiche Richtung wie der Einkommenseffekt wirken und auf ein Vorziehen der Ruhestandsentscheidung hinauslaufen. Aufgrund der Unsicherheit über die Höhe der späteren Renten wird die heutige Belastung durch die Rentenversicherungsbeiträge zudem in der Regel als weitaus höher eingestuft als der zu erwartende Vorteil aus den späteren Renten. Der höhere Anspruch auf Rente, der mit einer über den frühestmöglichen Renteneintritt hinausgehenden Erwerbsphase einhergeht, wird dann nicht ausreichend durch eine Erhöhung der aus individueller Sicht unsicheren Rentenzahlungen im Alter kompensiert. Die kürzere Rentenbezugszeit, der sich die Haushalte bei einem späteren Eintritt in den Ruhestand gegenübersehen, spricht ebenfalls gegen eine Ausweitung des Lebensarbeitsangebots. Somit erscheint für viele Arbeitnehmer das Weiterarbeiten nach dem frühestmöglichen Renteneintrittstermin als nicht vorteilhaft.

4.1.2 Der Einfluß der Einkommensteuer auf das gesamte Arbeitsangebot und den Marktlohn

Bisher haben wir nur das Verhalten eines repräsentativen Haushalts betrachtet, für den der Bruttolohnsatz gegeben war. Da die Einkommensteuer aber alle Arbeitnehmer trifft, ist davon auszugehen, daß sie das aggregierte Arbeitsangebot und damit auch den **Marktlohnsatz** beeinflußt. Diese Wirkungen wollen wir uns in einem erweiterten Partialmodell mit einem wettbewerblich organisierten Arbeitsmarkt verdeutlichen. Alle anderen Preise und Einkommen seien weiterhin fix. Betrachten wir nun also das Zusammenspiel zwischen Arbeitsangebot und Arbeitsnachfrage in Abbildung 4.5, in dem auf der Abszisse die **gesamtwirtschaftliche Beschäftigung** Nl, die sich aus dem Produkt der Anzahl der in der Ökonomie lebenden identischen Haushalte, N, und ihrem Arbeitsangebot, l, ergibt, und auf der Ordinate der Marktlohnsatz w abgetragen ist.

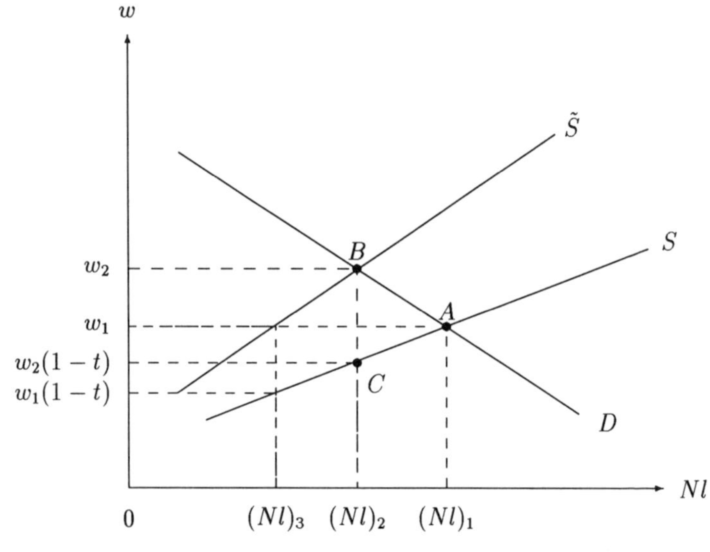

Abb. 4.5: Einkommensteuer und gesamtwirtschafliche Beschäftigung

Die gesamtwirtschaftliche Arbeitsangebotskurve, S, entspricht der horizontalen Aggregation der individuellen Arbeitsangebote, die sich aus den Haushaltsdiagrammen mittels der Preis–Konsum–Kurven wie in Abbildung 4.4 ableiten lassen. Das gesamtwirtschaftliche Arbeitsangebot sei ein homogener Produktionsfaktor, der in positiver Abhängigkeit vom Lohnsatz, w, angeboten wird. Damit wird unterstellt, daß der Substitutionseffekt den Einkommenseffekt bei einer Lohnerhöhung dominiert. Die gesamtwirtschaftliche Arbeitsnachfragekurve, D, entspricht der horizontalen Aggregation der einzelwirtschaftlichen Grenzproduktivitätskurven der Arbeit. Da die Grenzproduktivität der Arbeit mit zunehmendem Arbeitseinsatz sinkt, verläuft die Nachfragekurve fallend.

Ohne Steuer ist in A bei einer gesamtwirtschaftlichen Beschäftigung in Höhe von $(Nl)_1$ und einem Marktlohn von w_1 das Gleichgewicht auf dem Arbeitsmarkt erreicht. Nun soll eine **proportionale Einkommensteuer** mit dem Steuersatz t eingeführt werden. Da sich die Arbeitnehmer bei ihren Arbeitsangebotsentscheidungen am Nettolohn $w(1-t)$ orientieren, die Unternehmen ihre Nachfrage aber an den gesamten Arbeitskosten, dem Bruttolohn w, ausrichten, muß für jede Nettolohn–Arbeitsangebots–Kombination die entsprechende Bruttolohn–Arbeitsangebots–Kombination ermittelt werden, um die Vergleichbarkeit von Angebots- und Nachfragekurven zu gewährleisten. $\tilde{S} = S/(1-t)$ ist die Arbeitsangebotskurve zu Bruttolöhnen bei einer proportionalen Einkommensteuer. Sie ergibt sich durch eine Drehung der Angebotskurve S im Ursprung, sofern kein Grundfreibetrag existiert. Das neue Gleichgewicht auf dem Arbeitsmarkt befindet sich in B. Der Bruttolohn erhöht sich auf w_2, der Nettolohn sinkt dagegen auf $w_2(1-t) < w_1$, so daß die Beschäftigung auf $(Nl)_2$ zurückgeht.

Wir sehen jetzt auch, daß die Schlußfolgerungen unserer partialanalytischen Betrachtung mit fixen Löhnen – in diesem Fall w_1 – übertrieben waren. Die gesamtwirtschaftliche Beschäftigung wäre unter diesen Prämissen sogar auf $(Nl)_3$ gesunken. Denn bei fixen Löhnen wäre der ursprüngliche Lohnsatz, w_1, weiterhin auch der Bruttolohnsatz nach Steuererhebung gewesen. Bei gleichem Steuersatz hätte sich dann aber ein niedrigerer Nettolohnsatz und damit auch ein geringeres Arbeitsangebot ergeben. Tatsächlich wird der Faktor Arbeit allerdings aufgrund des geringeren Arbeitsangebots insgesamt teurer, so daß auch die Steuerlast teilweise auf die Unternehmer überwälzt wird.

Analog könnten ebenfalls die Wirkungen von **Sozialversicherungsbeiträgen** auf das gesamtwirtschaftliche Arbeitsangebot und den Marktlohn abgeleitet werden, wie wir bereits im vorangegangenen Unterabschnitt bei der Betrachtung der individuellen Entscheidung betont haben.

Schließlich wollen wir noch untersuchen, wie die Wohlfahrt durch die Steuererhebung beeinflußt wird. Dies läßt sich ebenfalls aus Abbildung 4.5 ersehen. Die Unternehmen erleiden durch die Bruttolohnerhöhung eine Verminderung des Überschußes ihrer Lohnzahlungsbereitschaft über den Lohnsatz in Höhe von w_1ABw_2 und die Haushalte durch die Nettolohnminderung eine Nutzeneinbuße in Höhe von $w_2(1-t)CAw_1$ im Vergleich zur Situation ohne Steuern. Die vom Staat erzielten Steuereinnahmen, die positiv in die Wohlfahrtsrechnung eingehen, betragen aber nur $w_2(1-t)CBw_2$. Damit kommt es zu einem gesellschaftlichen Wohlfahrtsverlust in Höhe von ABC. Wie wir bereits im zweiten Kapitel erläutert haben, gibt dieses Dreieck aber nur dann den korrekten Wohlfahrtsverlust an, wenn die kompensierte Arbeitsangebotsfunktion zugrunde gelegt wird. Während die unkompensierte Arbeitsangebotskurve das beobachtbare Arbeitsangebot zu unterschiedlichen Lohnsätzen und Nutzen darstellt und damit neben dem Substitutionseffekt auch den Einkommenseffekt enthält, gibt die kompensierte Arbeitsangebotskurve das Arbeitsangebot der Haushalte wieder, wenn sie mit anderem Einkommen so kompensiert werden, daß sie ihren ursprünglichen Nutzen beibehalten. Die kompensierte Arbeitsangebotskurve enthält damit nur den Substitutionseffekt. Heben sich die durch eine Besteuerung ausgelösten Einkommens- und Substitutionseffekte fast auf, so scheint der Einfluß der Besteuerung auf das gesamtwirtschaftliche Arbeitsangebot bei der unkompensierten Arbeitsangebotsfunktion auf den ersten Blick relativ gering. Die Unterscheidung ist hier also besonders wichtig, da diese beiden Effekte einzeln oft sehr groß sind, nur eben einander entgegen wirken.

Die in diesem Unterabschnitt hergeleiteten Einsichten fassen wir zusammen in

Ergebnis 4.1.4 *Die Erhebung einer Einkommensteuer verringert die gesamtwirtschaftliche Beschäftigung. Es entsteht ein gesellschaftlicher Wohlfahrtsverlust, der um so höher ist, je elastischer Arbeitsnachfrage und –angebot auf Lohnänderungen reagieren.*

4.1.3 Vernachlässigung problematischer Aspekte

In diesem Unterabschnitt wollen wir auf einige Aspekte aufmerksam machen, die in der vorangegangenen Untersuchung vernachlässigt wurden, deren Beachtung aber für finanzpolitische Schlußfolgerungen wichtig erscheint.

Für den **Arbeitsmarkt** wurde ein wettbewerblich organisierter Markt unterstellt. Tatsächlich haben zumindest kurzfristig Gewerkschaften und Arbeitgeberverbände einen nicht zu unterschätzenden Einfluß. Zugespitzt könnte man den Arbeitsmarkt deshalb auch als **bilaterales Monopol** ansehen. Wirkungen der Einkommensteuer hängen damit von der Stärke der Verbände ab und insbesondere inwiefern Gewerkschaften die Steuerlast durch Lohnverhandlungen auf die Arbeitgeber überwälzen können. Somit müßte die Analyse eines einzelnen Arbeitnehmers auf eine Untersuchung gewerkschaftlich organisierter Arbeitnehmer, die das Gleichgewicht der Ökonomie beeinflussen können, erweitert werden. Langfristig ist es jedoch nicht unrealistisch, die Funktionsweise auf einzelnen

Arbeitsmärkten mit einem wettbewerblich organisierten Arbeitsmarkt zu vergleichen. Besonders bei drohender Arbeitslosigkeit kann man dies beispielsweise in der Montanindustrie beobachten, wo häufig Lohnzugeständnisse seitens der Gewerkschaften gemacht werden, um einen weiteren Arbeitsplatzabbau zu verhindern oder zumindest zu begrenzen.

Unsere Annahme, daß eine sofortige und stetige Änderung der Arbeitszeit eines Arbeitnehmers möglich ist, ist in der Realität ebenfalls nur langfristig aufrecht zu erhalten. Kurzfristig haben Arbeitnehmer meist nur die Wahl zwischen der Ausübung eines Berufs mit relativ fest vorgeschriebenen Arbeitszeiten und der Arbeitslosigkeit. Allerdings gibt es auch Ausnahmen wie Über-/Minusstunden, Gleitzeiten oder die Anpassung der eigenen Arbeitsanstrengung.

Weiterhin ist die Annahme, daß eine Ausdehnung des Arbeitsangebots den individuellen Nutzen immer vermindert, in der Realität nicht unbedingt vorzufinden. Insbesondere hoch qualifizierte Menschen finden in ihrer Arbeit Selbstverwirklichung und reagieren mit ihrer Leistungsbereitschaft wenig auf Nettogehaltsänderungen.

Ein Substitutionseffekt wird vor allem dort aufteten, wo eine „Flucht“ vor der Steuer möglich ist. Eine Substitution besteuerter Güter durch ähnlich verwendbare Güter geschieht zwangsläufig, sobald ein Gut mehr besteuert wird als das andere. In einigen Fällen ist es überhaupt nicht möglich, substituierbare Güter zu besteuern. Wir haben bereits gesehen, daß die unbesteuerte Freizeit in höherem Maße nachgefragt wird, wenn die Einkommensteuer steigt. Aber auch die Produktion innerhalb des Haushaltssektors, wie der Anbau von Obst und Gemüse im eigenen Garten oder eigene handwerkliche Tätigkeiten im Haus, sowie der Konsum innerhalb des Produktionssektors, wie der selbst hergestellter Produkte, gehören zu den Ausweichmöglichkeiten. Neben diesen legalen Ausweichmöglichkeiten existieren aber auch eine Reihe illegaler **Steuerschlupflöcher**, sei es durch die unerklärte Sparanlage in Niedrigsteuerländern wie Liechtenstein und der Schweiz, worauf wir näher in Kapitel 5 eingehen werden, oder das vermehrte Arbeitsangebot auf dem Schwarzmarkt, dessen Problematik wir im Rahmen eines optimalen Steuersystems in Kapitel 7 behandeln wollen.

Des weiteren ist bei der Arbeitsangebotsentscheidung der Familienstand einer Person sowie die Struktur der Familie, in der sie lebt, maßgeblich. Besonders davon betroffen ist immer noch die Arbeitsangebotsentscheidung der Frau innerhalb einer Familie. Diese hängt oft von der Zahl der Kinder oder dem Verdienst des Mannes ab; Gründe, die wir hier völlig außer Acht gelassen haben. Daher ist es fraglich, welche Untersuchungseinheit bei einer solchen Betrachtung zu wählen ist: die Person selbst oder eher der gesamte Haushalt. Allerdings geht bei einer Analyse des Haushalts nicht die relative Stellung des Mannes bzw. der Frau hervor. Entscheidungen innerhalb des Haushalts sind aber auch teilweise vom herrschenden Steuersystem beeinflußt. Hierzu gehört die Möglichkeit verheirateter Paare, ihr Einkommen gemeinsam zu veranlagen und unter Anwendung des Splittingverfahrens zu versteuern. Gerade bei sehr unterschiedlichen Einkünften der beiden Partner ist der Splittingvorteil, wie wir in Abschnitt 3.2 gesehen haben, besonders groß. In der insbesondere für ältere Generationen typischen Rollenverteilung, in der der Mann oft ein weit höheres Einkommen erwirtschaftet als die Frau, macht sich das Arbeitsangebot der Frau nur wenig „bezahlt", da dem zusätzlichen Einkommen der Frau eine sehr hohe zusätzliche steuerliche Belastung des Ehepaares gegenübersteht.

4.2 Besteuerung und Sparangebot

Neben der Arbeitsangebotsentscheidung hat die Besteuerung auch einen Einfluß auf das Sparangebot, dessen Ausmaß bei der Bestimmung einer optimalen Steuerstruktur ebenfalls bekannt sein muß. Denn eine veränderte Ersparnis hat wiederum Auswirkungen auf die Kapitalbildung und damit das Wirtschaftswachstum, die Lohnsätze und die Beschäftigung in einer Volkswirtschaft. Deshalb wollen wir hier die Auswirkungen verschiedener Steuern auf das individuelle Sparangebot und den Einfluß auf die intertemporale Ressourcenallokation untersuchen. Zur Ableitung eines optimalen Steuersystems müßten aber auch die Auswirkungen auf die Einkommensverteilung bestimmt werden. Verteilungspolitische Überlegungen befassen sich in diesem Zusammenhang insbesondere mit der Frage, wie Einkommen zwischen verschiedenen Generationen verteilt wird. Diese Fragen wollen wir hier jedoch vernachlässigen, indem wir einen repräsentativen Haushalt in einer aus identischen Wirtschaftssubjekten bestehenden Volkswirtschaft betrachten.

In diesem Abschnitt soll die Wirkung der Besteuerung auf die private Ersparnisbildung des Haushaltssektors im Vordergrund stehen. Die ökonomischen Verflechtungen von Ersparnisbildung und Arbeitsangebot werden wir zunächst vernachlässigen. Zuerst wollen wir untersuchen, welche Wirkungen die Besteuerung bei vollkommenem sowie bei unvollkommenem Kapitalmarkt auf das individuelle Sparangebot hat. Des weiteren soll wie im letzten Abschnitt der Einfluß der Rentenversicherung ermittelt werden. Erst dann wird in Unterabschnitt 4.2.4 das Modell um die Freizeit–Arbeits–Entscheidung erweitert. Neben der individuellen Ersparnisbildung sind aber auch die unternehmerischen und die staatlichen Ersparnisse für die gesamtwirtschaftliche Kapitalbildung entscheidend. Während die unternehmerischen Ersparnisse auf die privaten Haushalte zurückgeführt werden können, da diese letztendlich als Anteilseigner der Unternehmen darüber bestimmen, hat der Staat in der Regel eher negative Ersparnisse in Form von Staatsverschuldung. Wie Steuern die gesamtwirtschaftliche Ersparnis beeinflussen und ob Haushalte auch die staatliche Ersparnis aufgrund der dadurch verminderten zukünftigen Steuerbelastungen in ihren Entscheidungen berücksichtigen, wollen wir in Unterabschnitt 4.2.5 untersuchen.

4.2.1 Besteuerung und individuelles Sparangebot bei vollkommenem Kapitalmarkt

Während wir in Unterabschnitt 3.2.2 die Rechtfertigung sowie die Vor- und Nachteile von Einkommen und Konsum als Steuerbemessungsgrundlage herausgearbeitet haben, wollen wir hier die Anreizwirkungen von Einkommen- und Konsumausgabensteuern analysieren.

Zur Untersuchung des individuellen Sparangebots betrachten wir eine Ökonomie, die zwei Perioden existiere. Da die **intertemporale Konsumallokation** in diesem Modellrahmen im Mittelpunkt steht, soll ein repräsentativer Haushalt in jeder Periode, $i = 1, 2$, unelastisch eine Einheit Arbeit zum exogen gegebenen Lohnsatz, w_i, anbieten. Bei der Maximierung seines Nutzens $U(c_1, c_2)$, den er aus den normalen Gütern Gegenwarts- und Zukunftskonsum, c_1 bzw. c_2, ableitet, muß der repräsentative Haushalt den Gegenwartswert des ihm in den beiden Perioden zur Verfügung stehenden Budgets einhalten. Wir nehmen dabei an, daß der Preis für Konsum in beiden Perioden auf Eins normiert ist. Da wir zunächst einen **vollkommenen Kapitalmarkt** voraussetzen, kann der Haushalt zum gleichen Zinssatz r in der ersten Periode entweder Geld anlegen oder auch einen Kredit aufnehmen. Seine Budgetrestriktion in dieser Periode lautet somit

$$c_1 + s = w_1, \tag{4.5}$$

wobei s die Ersparnis ist, die bei einer Kreditaufnahme negativ und ansonsten positiv ist. In der zweiten Periode, die gleichzeitig auch die letzte

Lebensperiode des Haushalts darstellt, muß das Lebensbudget ausgeglichen werden. Das bedeutet, daß der Konsum des Haushalts in dieser Periode durch das Einkommen in der zweiten Periode zuzüglich (abzüglich) der (negativen) verzinsten Ersparnis gegeben ist:

$$c_2 = w_2 + s(1+r). \tag{4.6}$$

Die beiden Budgetrestriktionen (4.5) und (4.6) können durch Substitution von s zu der folgenden intertemporalen Budgetrestriktion zusammengefaßt werden:

$$c_1 + \frac{c_2}{1+r} = w_1 + \frac{w_2}{1+r}. \tag{4.7}$$

Daraus wird ersichtlich, daß nicht in jeder Periode, sondern nur über das gesamte Leben ein Budgetausgleich erforderlich ist. Löst man die intertemporale Budgetrestriktion (4.7) nach dem Gegenwartskonsum, c_1, auf, setzt den Ausdruck in die Nutzenfunktion ein und leitet diese nach c_2 ab, so erhält man als Bedingung erster Ordnung:

$$MRS_{1,2} \equiv \frac{U_{c_1}}{U_{c_2}} = 1 + r \qquad \Leftrightarrow \qquad MRS_{1,2} - 1 = r, \tag{4.8}$$

wobei der Grenznutzen des Konsums mit $U_{c_i} \equiv \partial U/\partial c_i$, $i = 1,2$, bezeichnet wird. Der erste Ausdruck besagt, daß im Nutzenmaximum die Grenzrate der Substitution zwischen heutigem und zukünftigem Konsum, $MRS_{1,2}$, gerade dem intertemporalen Preisverhältnis, $1 + r$, also dem Zinsfaktor, entsprechen muß (vgl. Kapitel 2.2 des Bandes „Finanzwissenschaft I: Rechtfertigung der Staatstätigkeit"). Durch den zweiten Ausdruck von (4.8) wird deutlich, daß das Optimum immer auch durch die Gleichheit der **Grenzrate der Zeitpräferenz**, $MRS_{1,2}-1$, und dem Zinssatz, r, gekennzeichnet ist.

Von Verzerrungen durch Steuern im Produktionsbereich soll abgesehen werden. Bei unterstellter vollkommener Konkurrenz entspricht der Zinsfaktor $1 + r$ in diesem Modell daher immer der Grenzproduktivität des Kapitals, wenn sich Kapital innerhalb einer Periode vollständig abnutzt. Somit folgt aus (4.8), daß die intertemporale Ressourcenallokation ohne Besteuerung effizient ist, da die Grenzrate der Transformation von heutigen in zukünftigen Konsum, $MRT_{1,2}$, also die Grenzproduktivität des Kapitals, gerade der Grenzrate der Substitution im Konsum, $MRS_{1,2}$, entspricht.

Wir wollen nun untersuchen, welche Auswirkungen die Besteuerung auf die individuelle Sparentscheidung hat. Dazu werden wir drei verschiedene

Formen der Besteuerung vergleichen: eine unverzerrende Pauschalsteuer, eine allgemeine Einkommensteuer auf Löhne und Zinsen sowie eine allgemeine Konsumausgabensteuer.

Bei der Erhebung einer **Pauschalsteuer** τ, deren Höhe auch bei Annahme unterschiedlicher Wirtschaftssubjekte für jede Person gleich wäre, verändert sich die intertemporale Budgetrestriktion zu

$$c_1 + \frac{c_2}{1+r} = w_1 + \frac{w_2}{1+r} - \tau. \tag{4.9}$$

Der Gegenwartswert des Lebenseinkommens und damit auch der Gegenwartswert des Lebenskonsums reduziert sich um τ. Ob die Pauschalsteuer nur in der ersten, nur in der zweiten Periode oder in beiden Perioden erhoben wird, ist dabei unerheblich, denn τ läßt sich beliebig auf $\tau_1 + \tau_2/(1+r) = \tau$ aufteilen, ohne einen Einfluß auf den relativen Preis zwischen heutigem und zukünftigem Konsum auszuüben. Somit kommt es hier nur zu einem Einkommenseffekt, die intertemporale Allokation der Ressourcen bleibt weiterhin effizient.

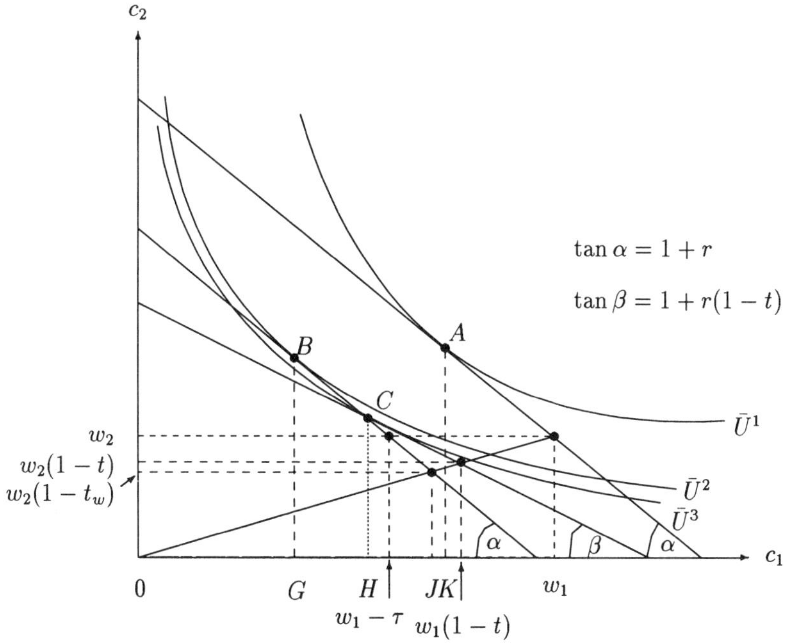

Abb. 4.6: Sparentscheidung bei alternativen Steuern

Betrachten wir zur Verdeutlichung Abbildung 4.6, in der der Gegenwartskonsum auf der Abszisse und der Zukunftskonsum auf der Ordinate abgetragen ist. In einer Situation ohne Steuern beträgt das Einkommen des Haushalts in der Periode 1 w_1, in der zweiten Periode ist es dagegen mit w_2 erheblich geringer. Die Steigung der Budgetgeraden, die durch den Einkommenspunkt (w_1, w_2) verläuft, beträgt $1 + r$. Um in dieser Situation den maximal möglichen Nutzen $\bar{U}^1$ in A zu erreichen, bildet der Haushalt Ersparnisse in Höhe von Kw_1. Ausgehend von dieser Situation ohne Steuern wird nun eine Pauschalbesteuerung eingeführt. In der Abbildung wird angenommen, daß die Pauschalsteuer vollständig in der Gegenwart erhoben wird. Damit reduziert sich das Nettoeinkommen der ersten Periode auf $w_1 - \tau$, wogegen das Einkommen in der zweiten Periode unverändert bei w_2 bleibt. Die Budgetgerade verschiebt sich parallel zum Ursprung hin, da das intertemporale Preisverhältnis, $1 + r$, von der Steuer nicht beeinflußt wird. Für den Haushalt ist es jetzt optimal, die Konsumkombination B zu wählen, bei der er einen Nutzen in Höhe von $\bar{U}^2$ realisieren kann. Da wir annehmen, daß der Konsum beider Perioden ein normales Gut ist, gehen c_1 und c_2 zurück. Auch die Ersparnis sinkt aufgrund dieser Annahme von Kw_1 auf $G(w_1 - \tau)$, denn die Steuer wird nur in der Gegenwart erhoben.

Wird nun eine aufkommensgleiche **proportionale Einkommensteuer** auf Löhne und Zinsen erhoben, deren Grenzsteuersatz $t = t_w = t_r$ über die Zeit konstant sein soll – gekennzeichnet durch eine Nettolohnkombination auf dem durch den Ursprung und die ursprüngliche Nettolohnkombination (w_1, w_2) gehenden Fahrstrahl –, so läßt sich die intertemporale Budgetrestriktion folgendermaßen darstellen:

$$c_1 + \frac{c_2}{1 + r(1-t)} = w_1(1-t) + \frac{w_2(1-t)}{1 + r(1-t)}. \tag{4.10}$$

Maximiert der Haushalt seinen Nutzen unter Beachtung dieser intertemporalen Budgetrestriktion, so lautet die Bedingung erster Ordnung für ein Optimum

$$MRS_{1,2} = 1 + r(1-t). \tag{4.11}$$

Aus (4.11) ist ersichtlich, daß die **Zinsbesteuerung** einen Keil zwischen die Grenzrate der Substitution, $MRS_{1,2}$, und die Grenzrate der Transformation, $MRT_{1,2}$, treibt. Während sich nämlich die intertemporale Konsumentscheidung am Nettozinsfaktor, $1 + r(1 - t)$, ausrichtet, ist für den Produktionssektor weiterhin der Bruttozinsfaktor, $1 + r$, relevant. Folglich gilt $MRS_{1,2} < MRT_{1,2}$. Zukünftiger Konsum ist relativ teurer geworden. Die Besteuerung des Einkommens löst daher neben dem Einkommenseffekt auch einen Substitutionseffekt aus. Durch die Besteuerung der Zinsen steigt der Gegenwartswert zukünftigen Einkommens und Konsums und damit auch der Gegenwartswert des Lebenseinkommens sowie des Lebenskonsums im Vergleich zu einer Pauschalsteuer. Der Substitutionseffekt bewirkt einen Rückgang der Ersparnis zugunsten heutigen Konsums. Damit wirkt der Substitutionseffekt dem Einkommenseffekt entgegen.

Die Situation einer umfassenden Einkommensteuer können wir ebenfalls in Abbildung 4.6 mit der einer Pauschalsteuer vergleichen, die das gleiche Steueraufkommen sichert. Das Nettoarbeitseinkommen verringert sich nun in beiden Perioden auf $w_i(1-t)$. Die Budgetgerade verschiebt sich auch hier zum Ursprung hin, jedoch nicht parallel zur Budgetgeraden vor Steuer, sondern an der Ordinate relativ stärker als an der Abszisse, da der relative Preis heutigen Konsums auf $1 + r(1-t)$ gefallen ist. Wir wissen aus Abschnitt 3.1, daß diese Budgetgerade im neuen Optimum C die Budgetgerade, die sich bei einer Pauschalsteuer ergibt, schneiden muß. Nur dann ist der **Gegenwartswert des Steueraufkommens** – gemessen an der horizontalen Distanz der Nach- und Vorsteuer-Budgetgeraden – identisch. Die Zusatzlast der verzerrenden Einkommensteuer äußert sich in einem geringeren Nutzen, $\bar{U}^3 < \bar{U}^2$. Durch den Substitutionseffekt kommt es im Vergleich zur Pauschalsteuer zu einem höheren Gegenwarts- und einem geringeren Zukunftskonsum. Über das Vorzeichen der Veränderung der privaten Ersparnis beim Übergang von B nach C kann allerdings keine Aussage gemacht werden, $G(w_1 - \tau) - Hw_1(1-t) \gtreqless 0$, da neben dem Zukunftskonsum auch der Nettozins sinkt.

Zusammenfassend erhalten wir das

Ergebnis 4.2.1 *Die Besteuerung der Zinsen im Rahmen einer allgemeinen Einkommensteuer treibt einen Keil zwischen die intertemporale Grenzrate der Substitution im Konsum und in der Produktion und verhindert somit die effiziente intertemporale Allokation der Ressourcen. Der Nutzenentzug ist höher als bei einer unverzerrenden Steuer, die das gleiche Steueraufkommen sichert.*

Als letzten Fall wollen wir die Auswirkungen einer Konsumausgabensteuer auf das Sparverhalten der Haushalte untersuchen. Dadurch verteuert sich der Konsum in beiden Perioden auf $1 + t_c$ bei Annahme eines über die Zeit konstanten Steuersatzes. Die intertemporale Budgetrestriktion verändert sich zu

$$
\begin{aligned}
(1+t_c)c_1 + \frac{(1+t_c)c_2}{1+r} &= w_1 + \frac{w_2}{1+r} \\
\Leftrightarrow \qquad c_1 + \frac{c_2}{1+r} &= \frac{w_1}{1+t_c} + \frac{w_2}{(1+t_c)(1+r)}.
\end{aligned} \tag{4.12}
$$

Aus dieser Budgetrestriktion ist die Äquivalenz einer **allgemeinen Konsumausgabensteuer** – bei unveränderten Steuersätzen über die Zeit – und einer **proportionalen Lohnsteuer** ersichtlich: die Konsumsteuer wirkt wie eine Verringerung beider Einkommen. Eine Konsumsteuer erzielt den gleichen Gegenwartswert an Steueraufkommen wie eine Lohnsteuer, wenn folgendes Verhältnis der Steuersätze gilt:

$$1 - t_w = \frac{1}{1+t_c} \qquad \Leftrightarrow \qquad t_c = \frac{t_w}{1-t_w}. \tag{4.13}$$

Bei beiden Steuersystemen bleibt der Trade–off zwischen heutigem und zukünftigem Konsum unberührt. Lediglich die privaten Ersparnisse können sich bei den beiden Steuern unterscheiden. Ihre Höhe hängt vom **Zeitprofil der Steuereinnahmen** ab, da nur der Gegenwartswert des Steueraufkommens für beide Abgaben identisch ist.

Auch die Auswirkungen einer Lohnsteuer, die das gleiche Aufkommen wie die Pauschalsteuer τ sichert, können wir in Abbildung 4.6 aufzeigen. Die Nettolöhne $J = w_1(1-t_w)$ und $w_2(1-t_w)$ befinden sich wiederum auf dem Fahrstrahl durch den Ursprung und die ursprüngliche Nettolohnkombination (w_1, w_2). Die Budgetgerade verschiebt sich parallel zur Budgetgeraden ohne Besteuerung, da die Lohnsteuer bei unelastischem Arbeitsangebot in beiden Perioden äquivalent zu einer Pauschalsteuer ist. Alternativ könnten wir eine Konsumsteuer mit intertemporal konstanten Steuersätzen betrachten, bei der der Gegenwartswert der Steuereinnahmen durch die horizontale Differenz dieser Budgetgeraden und der Budgetgeraden vor Steuern gekennzeichnet ist. Keine dieser Steuern verzerrt den relativen Preis heutigen Konsums. Wiederum ist es optimal für den betrachteten Haushalt, die Konsumkombination B zu wählen, aus der er den Nutzen $\bar{U}^2$ zieht. Der aufkommensneutrale Übergang von einer allgemeinen Einkommen– auf eine proportionale Lohn– oder eine Konsumsteuer ist in unserem graphischen Beispiel durch eine Zunahme der Ersparnis, $GJ - Hw_1(1-t) > 0$, gekennzeichnet. Ebenso hätte die private Ersparnis aber auch abnehmen können, da zwar der Gegenwartskonsum sinkt, jedoch das Nettoeinkommen in der Gegenwart ebenfalls abnimmt. Wir halten daher fest:

Ergebnis 4.2.2 *Eine allgemeine Konsumsteuer und eine proportionale Lohnsteuer haben die gleiche Wirkung auf die intertemporale Konsumentscheidung eines repräsentativen Haushalts. Beide Steuern verzerren die intertemporale Konsumwahl nicht. Somit wird eine intertemporal effiziente Allokation der Ressourcen gewährleistet,* $MRS_{1,2} = MRT_{1,2}$.

Die Konsumsteuer verzerrt jedoch die intertemporale Konsumentscheidung, wenn die Steuersätze in den beiden Perioden unterschiedlich sind, wie bereits aus der intertemporalen Budgetrestriktion,

$$c_1 + \frac{c_2}{(1+r)\frac{1+t_{c_1}}{1+t_{c_2}}} = \frac{w_1}{1+t_{c_1}} + \frac{w_2}{(1+t_{c_1})(1+r)}, \tag{4.14}$$

ersichtlich ist. In diesem Fall lautet die notwendige Bedingung für ein Nutzenmaximum

$$MRS_{1,2} = \frac{1+t_{c_1}}{1+t_{c_2}}(1+r). \tag{4.15}$$

Liegt der Steuersatz in der Zukunft über dem in der Gegenwart, $t_{c_2} > t_{c_1}$, so wirkt dies wie eine Verringerung des Zinssatzes. Es wird ein Substitutionseffekt und damit eine ähnliche Verzerrung wie bei einer allgemeinen Einkommensteuer hervorgerufen. Zukünftiger Konsum wird relativ teurer, so daß vermehrt heute konsumiert wird. Dieses Problem wird insbesondere beim Übergang von einem Einkommen– auf ein Konsumsteuersystem oder bei einer Erhöhung des Konsumsteuersatzes über die Zeit auftreten. Ein stetiger Anstieg der Mehrwertsteuersätze ist ein durchaus beobachtbares Beispiel für eine solche Entwicklung.

Dagegen hätten unterschiedliche Lohnsteuersätze in beiden Perioden, die zum gleichen Steueraufkommen führen, keine Veränderungen des optimalen Konsumpfads zur Folge. Denn aufgrund des exogen gegebenen Arbeitsangebots wirkt die Lohnsteuer wie eine Pauschalsteuer.

4.2.2 Besteuerung und individuelles Sparangebot bei unvollkommenem Kapitalmarkt

Bisher sind wir davon ausgegangen, daß der Kapitalmarkt vollkommen ist. Das bedeutet zum einen, daß Soll– und Habenzins einander entsprechen und für jedes Wirtschaftssubjekt identisch sind, so daß positive Ersparnisse und Kredite für jedes Wirtschaftssubjekt der gleichen Verzinsung unterliegen. Zum anderen gibt es keine Kreditrationierung, d.h.

Haushalte können Kredite in unbeschränkter Höhe aufnehmen. Diese beiden Annahmen sind aber nicht realistisch. So beobachten wir zum einen, daß der Soll- den Habenzins übersteigt. Diese unterschiedlichen Zinssätze lassen sich aus den Transaktionskosten erklären, die den Banken als Vermittlern von Geldgeschäften entstehen. Kreditrationierung kann eine Folge **asymmetrischer Information** sein. Der Kreditgeber, der die Kreditwürdigkeit von Schuldnern nicht so gut kennt wie der Schuldner selbst, schützt sich durch eine in ihrer Höhe beschränkte Kreditvergabe vor schwerwiegenden Rückzahlungsausfällen. Weitere Gründe für die Existenz von Kreditrationierung und die positive Differenz zwischen Soll- und Habenzins haben *Stigler* (1967) sowie *Stiglitz* und *Weiss* (1981) herausgearbeitet.

Bei unterschiedlichen Zinssätzen läßt sich die Budgetrestriktion der zweiten Periode in zwei Fälle unterteilen, abhängig davon, ob die Ersparnisse der ersten Periode positiv oder negativ sind und deshalb in der Zukunft der Habenzins, r_H, oder der höhere Kreditzins, r_K, relevant ist:

$$c_2 = \begin{cases} w_2 + s(1 + r_H), & \text{falls} \quad s \geq 0, \\ w_2 + s(1 + r_K), & \text{falls} \quad s < 0. \end{cases} \tag{4.16}$$

In Abbildung 4.7 verläuft die Budgetkurve daher mit einem Knick in A. Bei Wahl dieser Konsumkombination werden keine Ersparnisse gebildet, so daß das Budget des Haushalts in jeder Periode ausgeglichen ist, der Konsum also gerade dem Arbeitseinkommen der jeweiligen Periode entspricht, $c_i = w_i$, $i = 1, 2$. Links von A verläuft die Budgetkurve mit der Steigung $-(1 + r_H)$. Konsumkombinationen, die auf der Budgetkurve zwischen der Ordinate und A liegen, sind durch eine positive Ersparnisbildung in der Gegenwart gekennzeichnet. Zur Verwirklichung von Konsumkombinationen auf der Budgetkurve rechts von A muß der Haushalt in Periode 1 einen Kredit aufnehmen. Da Kredite mit dem höheren Kreditzins verzinst werden müssen, ist dieser Teil der Budgetkurve mit einer Steigung von $-(1 + r_K)$ steiler als der linke Teil. Falls zusätzlich noch eine Kreditbeschränkung in der Form $s \geq \underline{s}$, mit $\underline{s} < 0$ als dem Maximalbetrag einer Kreditaufnahme besteht, gibt es einen weiteren Knick im Punkt A'. In diesem Fall knickt die Budgetkurve vertikal nach unten ab. Ein höherer Gegenwartskonsum als $\tilde{c}_1$ ist bei einer solchen Budgetrestriktion nicht möglich. Diese Knickpunkte in der Budgetkurve werden aufgrund ihrer exponierten Lage und der konvexen Struktur der Indifferenzkurven häufig auch Konsumkombinationen maximalen Nutzens darstellen, wie wir bereits durch die beiden Indifferenzkurvensysteme, $\bar{U}^A$ und $\bar{U}^{A'}$, in der Abbildung angenommen haben. Das bedeutet, daß bei unterschiedlichen Soll- und Habenzinssätzen die Präferenz für eine Ersparnis von Null besonders hoch sein kann, während bei einer Kreditrationierung auch die maximal mögliche Kreditaufnahme ein sehr wahrscheinliches Nutzenmaximum darstellt.

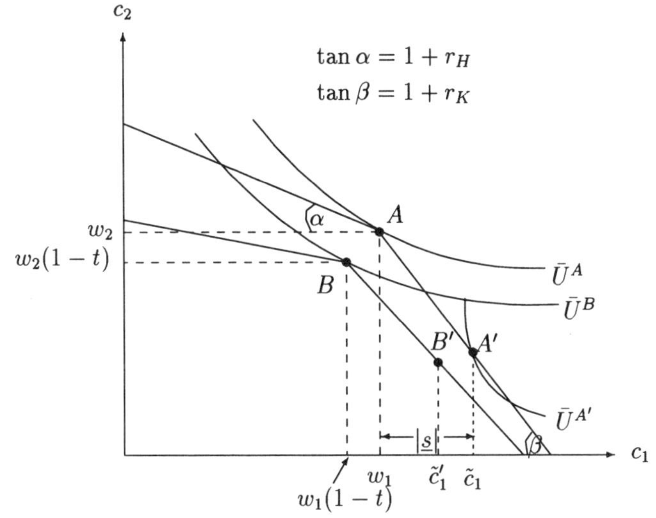

Abb. 4.7: Sparentscheidung bei unvollkommenem Kapitalmarkt

Ausgehend von einer Situation ohne Besteuerung wird nun eine proportionale Einkommensteuer auf Arbeits- und Zinseinkünfte eingeführt, die einen Schuldzinsabzug – anders als für Privatpersonen im deutschen Steuerrecht – zuläßt. Das bedeutet, daß Zinseinkünfte aus positiven Ersparnissen mit dem Steuersatz t belastet werden, während Zinszahlungen auf Kredite mit dem Steuersatz t entlastet werden. Die **Lohnbesteuerung** führt dazu, daß die Budgetrestriktion auf jeden Fall nach innen verschoben wird, da sich die Periodeneinkommen auf $w_i(1-t)$ reduzieren. Die neuen Nettolöhne liegen wiederum auf dem (gedachten) Fahrstrahl durch den Ursprung und A. Die **Besteuerung der Zinsen** erhöht den Preis zukünftigen Konsums, so daß sich die Budgetrestriktion zusätzlich dreht. Diese Drehung findet um den neuen Knickpunkt B statt, der die Nettolohnkombination bei einer proportionalen Einkommensteuer darstellt. Der linke Teil der Budgetkurve dreht sich von der ursprünglichen Budgetrestriktion weg, während der rechte Teil sich wegen der Abzugsfähigkeit von Schuldzinsen von der Bemessungsgrundlage auf sie zu bewegt. Knickpunkt B ist wiederum durch eine Ersparnisbildung von Null gekennzeichnet. Bei Kreditbeschränkung in Höhe von $\underline{s}$ kommt es ferner zu einem zweiten Knick der Budgetrestriktion in B', in dem die Budgetrestriktion vertikal nach unten abfällt.

Befindet sich der Optimalpunkt in einer Situation ohne Besteuerung in A und bei einer proportionalen Einkommensteuer in B, dann wird der Haushalt auch bei einer aufkommensgleichen unverzerrenden Pauschalsteuer die intertemporale Konsumallokation B wählen. Denn die Budgetkurve bei einer Pauschalsteuer, die das gleiche Steueraufkommen wie die proportionale Einkommensteuer in B sichert, würde ebenfalls durch B verlaufen, nach links bzw. rechts aber eine Parallelverschiebung der ursprünglichen Budgetkurve darstellen. Aufgrund der Indifferenzkurvenstruktur würde auch bei der Pauschalsteuer die intertemporale Konsumallokation B den Nutzen des Haushalts maximieren. Beide Steuern wirken in diesem Fall unverzerrend. Intuitiv ist dies auch einleuchtend, da in A sowie in B keine Ersparnis gebildet wird und damit das verzerrende Element der Einkommensbesteuerung bei unelastischem Arbeitsangebot, die Besteuerung der Zinsen, nicht zum Zuge kommt.

Analog ließe sich die neutrale Wirkung einer allgemeinen Einkommensteuer für das Indifferenzkurvensystem $\bar{U}^{A'}$ jedoch nur dann begründen, wenn die Budgetkurve bei einer Einkommensteuer und einer aufkommensgleichen Pauschalsteuer im gleichen Punkt nach unten abknicken würde. Unter welchen Bedingungen dies der Fall ist, wollen wir uns anhand von Abbildung 4.8 verdeutlichen. In dieser Abbildung sind wiederum die Budgetrestriktionen in einer Situation ohne Steuern sowie bei einer proportionalen Einkommensteuer mit Schuldzinsabzug, $FBB'G$, wie in Abbildung 4.7 dargestellt. Die Budgetrestriktion $DCC'H$, die zur Budgetrestriktion der Situation ohne Steuern parallel verläuft, gilt für eine Pauschalsteuer, die das gleiche Aufkommen wie eine allgemeine Einkommensteuer in B' sichert. Zieht ein Haushalt Gegenwartskonsum stark dem Zukunftskonsum vor, so wird er bei Erhebung einer Pauschalsteuer sein maximal mögliches Kreditvolumen ausnutzen und demnach in C' seinen Nutzen maximieren. Hier realisiert er aber einen höheren Nutzen als bei einer allgemeinen Einkommensteuer bei gleichem maximal möglichen Kreditvolumen wie in B', $\bar{U}^{C'} > \bar{U}^{B'}$. Sind Schuldzinsen bei einer proportionalen Einkommensteuer abzugsfähig, wie durch die Budgetkurve $FBB'G$ gekennzeichnet, so wird die intertemporale Konsumentscheidung bei maximaler Kreditausschöpfung verzerrt. Besteht dagegen keine Möglichkeit, Schuldzinsen von der Steuerbemessungsgrundlage abzuziehen, verläuft die Budgetkurve bei gleichem Steueraufkommen wie in B'

durch $ECC'H$. In diesem Fall stimmt der Teil der Budgetkurve, der intertemporale Konsumkombinationen mit Kreditaufnahme in Periode 1 darstellt, $CC'H$, mit der Budgetkurve bei einer Pauschalsteuer überein, und die intertemporale Konsumentscheidung wird durch die Einkommensteuer nicht verzerrt.

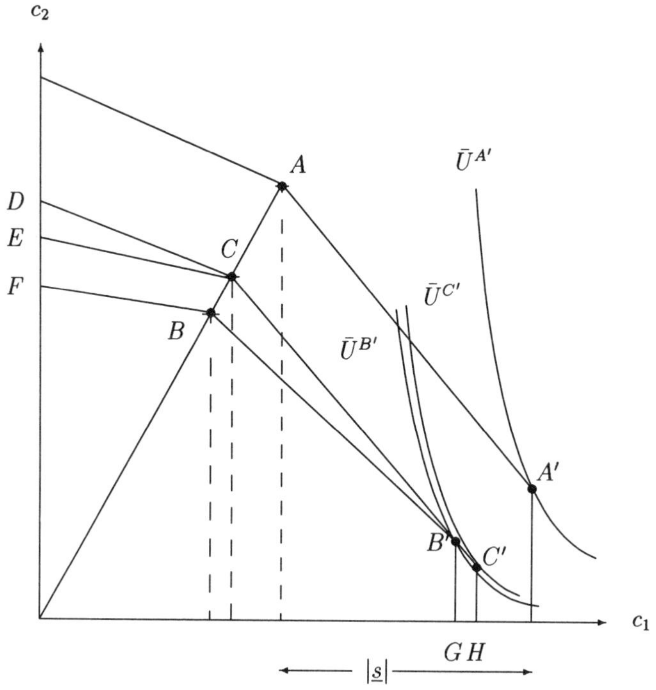

Abb. 4.8: Kreditrationierung mit und ohne Schuldzinsabzugsfähigkeit

Dieses Ergebnis gilt für jede intertemporale Konsumentscheidung mit $s \leq 0$. Sind Schuldzinsen nicht abzugsfähig, verändert die Einkommensteuer das intertemporale Preisverhältnis nur bei positiven Ersparnissen. Wir halten diese Schlußfolgerungen fest als

Ergebnis 4.2.3 *Bei unvollkommenem Kapitalmarkt verlaufen Budgetrestriktionen nicht stetig. Dies kann dazu führen, daß Steuern, die bei vollkommenem Kapitalmarkt verzerrend wirken, in vielen Fällen keinen Substitutionseffekt und damit keine Verzerrungen der optimalen Konsumwahl zur Folge haben.*

4.2.3 Rentenversicherung und individuelle Sparentscheidung

Da es sich bei der gesetzlichen Rentenversicherung ebenfalls um ein intertemporales Phänomen handelt – heutige Einzahlungen haben zukünftige Auszahlungen zur Folge –, wollen wir in diesem Unterabschnitt ihre Auswirkungen auf die private Ersparnis untersuchen. Um diese Effekte so klar wie möglich abzubilden, gehen wir wiederum davon aus, daß das Arbeitsangebot unelastisch ist. Insbesondere soll auch das **Renteneintrittsalter** zunächst unbeeinflußt bleiben. Weiterhin arbeitet der repräsentative Haushalt in beiden Perioden und erhält somit auch in beiden Perioden Arbeitseinkommen, während er in der zweiten Periode zusätzlich eine Rentenzahlung p erhält, für die er in der ersten Periode den Beitrag b geleistet hat. In diesem Fall sieht sich der Haushalt folgender intertemporaler Budgetrestriktion gegenüber:

$$c_1 + \frac{c_2}{1+r} = w_1 + \frac{w_2}{1+r} - b + \frac{p}{1+r}. \tag{4.17}$$

Soll- und Habenzinssatz stimmen für den Haushalt hier wieder überein. Jedoch existiert ein weiterer Zinssatz, die interne **Nettorendite der Rentenversicherung**, n, der nun auch die Entscheidungen des Haushalts beeinflußt. Wird die Rente p als der mit n verzinste Wert eines Referenzbeitrags $\bar{b} \gtrless b$ berechnet, $p = (1+n)\bar{b}$, dann läßt sich (4.17) umformulieren zu

$$c_1 + \frac{c_2}{1+r} = w_1 + \frac{w_2}{1+r} - b\left[1 - \frac{(1+n)\bar{b}}{(1+r)b}\right]. \tag{4.18}$$

Aus dieser Budgetrestriktion lassen sich verschiedene Schlußfolgerungen ableiten. Betrachten wir zuerst ein Rentenversicherungssystem, das keine Einkommensumverteilung zum Ziel hat und nach dem versicherungsmathematischen Äquivalenzprinzip angelegt ist. Der eigene Beitrag entspricht somit dem Referenzbeitrag, $b = \bar{b}$. Zugleich legt die staatliche Rentenversicherung die Einzahlungen für die Versicherten am Kapitalmarkt an und erhält dafür den gleichen Zinssatz wie ein privater Anleger, $n = r$. Diese Form der Rentenversicherung entspricht einem **Kapitaldeckungsverfahren**. Bei vollkommenen Kapitalmärkten bleibt die optimale Konsumwahl bei Einführung eines solchen Systems unbeeinflußt, da die Rente p gerade dem aufgezinsten Wert der Beitragszahlung b entspricht. Das bedeutet, daß die privaten Ersparnisse genau in Höhe des Beitrags, den man als Zwangsersparnis betrachten kann, zurückgehen.

Im Gegensatz dazu kommt es bei $n \neq r$ zu einem Einkommenseffekt, der abhängig von der Relation dieser beiden Zinssätze zueinander positiv oder negativ sein kann. In dem in der Bundesrepublik Deutschland durchgeführten **Umlageverfahren** ist die Rendite dieses Systems, die zu einem großen Teil durch die Bevölkerungswachstumsrate bestimmt wird, aufgrund der extrem ungünstigen demographischen Entwicklung eindeutig unterhalb des Kapitalmarktzinses, $n < r$. Somit verzinsen sich Rentenversicherungsbeiträge geringer als die private Anlage am Kapitalmarkt. Sind Gegenwarts- und Zukunftskonsum normale Güter, führt der Einkommenseffekt, der wie eine Realeinkommensminderung wirkt, zu einer Verringerung des Konsums in beiden Perioden sowie auch zu einer geringeren privaten Ersparnis. Ein gesetzliches Rentenversicherungssystem kann aber auch Auswirkungen auf die **gesamtwirtschaftliche Ersparnis** haben, abhängig davon, wie der Staat die eingenommenen Beiträge verwendet. Gehen wir davon aus, daß die privaten Ersparnisse um den Betrag der Beiträge zurückgehen, so reduziert sich die gesamtwirtschaftliche Ersparnis beim Umlageverfahren, denn der Staat nutzt diese Beiträge zur Zahlung der Renten an heute im Ruhestand lebende Generationen, die sie zu Konsumzwecken verwenden.

Unterscheidet sich dagegen bei identischer Verzinsung von Kapitalmarktanlagen und Rentenbeiträgen aufgrund einer beabsichtigten Umverteilung innerhalb der Rentenversichertengemeinschaft der Referenzbeitrag von den individuellen Beiträgen, entsteht wiederum ein Einkommenseffekt, dessen Richtung vom Verhältnis zwischen b und $\bar{b}$ abhängt. In vielen Ländern ist zwar ein positiver, jedoch regressiver Zusammenhang zwischen steigenden Beiträgen und Renten zu beobachten. Dies führt bei einkommensabhängigen Beiträgen zu positiven Einkommenseffekten bei Geringverdienern, deren Beitrag unterhalb von $\bar{b}$ liegt, und negativen Einkommenseffekten bei Beziehern höherer Einkommen. Über die Veränderung der aggregierten privaten Ersparnis kann ohne weitere Annahmen in diesem Fall keine Aussage gemacht werden.

Zwar beschreiben die gerade abgeleiteten Wirkungen die wesentlichen Eigenschaften von Rentenversicherungssystemen. Die dazu getroffenen Annahmen, insbesondere eine fix vorgegebene Rentenbezugsphase, vollkommene Sicherheit sowie die Abwesenheit von Erbschaften und verzerrenden Rentenversicherungsbeiträgen, sind jedoch sehr restriktiv. Wir wollen im folgenden untersuchen, welche Konsequenzen sich ergeben, wenn diese Annahmen gelockert werden.

In Abschnitt 4.1 haben wir betont, daß die Einführung einer gesetzlichen Rentenversicherung Haushalte veranlassen kann, ihr Arbeitsangebot durch eine kürzere Lebenserwerbsphase zu reduzieren, um früher in Rente zu gehen. In der Regel werden sie dann aber auch während ihrer Erwerbstätigkeit mehr sparen, um für die längere Ruhestandsphase vorzusorgen. Dieser Anstieg der privaten Ersparnis wirkt dem oben genannten Effekt des Rückgangs der Ersparnis aufgrund der Beitragszahlung entgegen, und die Gesamtwirkung auf die Ersparnisse ist somit bei veränderter Rentenbezugszeit unbestimmt.

Des weiteren ist die Nettorendite des Rentenversicherungssystems aufgrund von Finanzierungsschwierigkeiten durch die Überalterung der Bevölkerung bei gleichzeitig geringer Geburtenrate, aber auch durch die hohe Arbeitslosigkeit äußerst gering. Zudem ist die Höhe der Rendite unsicher, da diese von der Konjunkturentwicklung und der zukünftigen Rentenpolitik abhängt. Beide Argumente sprechen für eine Erhöhung der Ersparnis, so daß auch in diesem Fall die aggregierte Veränderung der Ersparnis ungewiß ist.

Nehmen wir weiterhin an, daß sich Eltern nicht nur um ihr eigenes Wohlergehen, sondern auch um das ihrer Kinder sorgen und ihnen positive Erbschaften hinterlassen, so spricht man von einem **wirksamen Vererbungsmotiv**. Eltern verhalten sich altruistisch gegenüber ihren Kindern. Im Falle der Einführung einer umlagefinanzierten Rentenversicherung bzw. der Erhöhung ihrer Beiträge und damit auch der Rentenzahlungen profitiert die ältere Generation: ihr Lebenseinkommen erhöht sich aufgrund der Rentenerhöhung, ohne daß sie einen entsprechend höheren Beitrag geleistet haben. Alle folgenden Generationen können aber in einer Welt mit $r > n$ verlieren. Langfristig sowie in einer kleinen offenen Volkswirtschaft werden sie zwangsläufig verlieren. Die ältere Generation realisiert, daß ohne eine Anpassung ihrer Erbschaft ihre Kinder durch höhere Beiträge belastet werden. Da ihr das Wohlergehen ihrer Kinder wichtig ist, versucht sie, der so entstehenden Belastung zukünftiger Generationen entgegenzuwirken, indem sie ihre Erbschaften, d.h. ihre Ersparnis für die Kinder, um genau den Betrag erhöht, um den sich die Beiträge ihrer Kinder bei einem umlagefinanzierten Rentenversicherungssystem erhöhen. Ist ihr **Altruismus** stark genug ausgeprägt, bleibt die gesamte Ersparnis, bestehend aus Lebenszykluserspamissen und Erbschaften, unverändert (siehe auch Kapitel 5 des Bandes „Finanzwissenschaft III: Staatsverschuldung").

Solange wir das Arbeitsangebot als exogen annehmen, wirkt auch ein vom Arbeitseinkommen abhängiger Beitrag wie eine Lohnsteuer und verzerrt damit die optimale intertemporale Konsumallokation nicht, wie wir bereits in Unterabschnitt 4.2.1 gesehen haben. In der Realität führt die Finanzierung von Renten allerdings zu Verzerrungen. Wird z.B. das Alterssicherungssystem im obigen Modellrahmen durch eine allgemeine Einkommensteuer finanziert, die also auch die Zinseinkommen belastet, ändert sich der Nettozinssatz. Selbst wenn das Arbeitsangebot weiterhin als exogen betrachtet wird, löst diese Finanzierungsform einen Substitutionseffekt zwischen heutigem und zukünftigem Konsum aus. Gehen wir zudem davon aus, daß das Arbeitsangebot für einen Haushalt frei wählbar ist, so verzerren **einkommensabhängige Rentenversicherungsbeiträge** zusätzlich die Entscheidung zwischen Arbeit und Freizeit. Diesen Problemen, die infolge eines elastischen Arbeitsangebots entstehen, wenden wir uns nun zu.

4.2.4 Ein intertemporales Konsummodell mit elastischem Arbeitsangebot

Bislang haben wir in diesem Abschnitt nur den Einfluß verschiedener Steuern auf die Sparentscheidung diskutiert, ohne auf mögliche Änderungen im Arbeitsangebot Rücksicht zu nehmen. Das ist jedoch nicht besonders befriedigend, da wir bereits in Abschnitt 4.1 gesehen haben, daß das Arbeitsangebot durch die Besteuerung beeinflußt wird und somit auch Rückwirkungen auf die Sparentscheidung zu erwarten sind. Andererseits war aber auch die Analyse in Abschnitt 4.1 unvollständig, da sie nur Arbeit und Freizeit, aber keine Ersparnisse berücksichtigte. Arbeitsangebots– und Sparentscheidungen werden jedoch nicht voneinander unabhängig gefällt. Deshalb wollen wir unsere bisherige Nutzenfunktion um den Parameter Freizeit, F, erweitern, der nur in der ersten Periode eine Rolle spiele, da wir annehmen, daß das Wirtschaftssubjekt in der zweiten Periode im Ruhestand ist und deshalb keine Entscheidung mehr zwischen Arbeit und Freizeit treffen muß:

$$U = U(c_1, c_2, F). \tag{4.19}$$

Der Nutzen ist somit positiv vom Gegenwarts– und Zukunftskonsum sowie von der in Anspruch genommenen Freizeit bei fallendem Grenznutzen in allen drei Argumenten abhängig. Vorerst wollen wir uns auf eine Situation ohne Steuern konzentrieren. Ein repräsentativer Haushalt maximiert unter Beachtung der intertemporalen Budgetrestriktion,

$$c_1 + \frac{c_2}{1+r} = w_1(\bar{F} - F), \tag{4.20}$$

seinen Nutzen durch Wahl von c_1, c_2 und F. Der Preis für Gegenwarts- und Zukunftskonsum sei dabei auf Eins normiert, während die Freizeit mit ihren Opportunitätskosten, dem Lohnsatz w_1, bewertet werde. Das Nutzenmaximum ist genau dann erreicht, wenn die folgenden Bedingungen erster Ordnung erfüllt sind:

$$MRS_{1,2} \equiv \frac{U_{c_1}}{U_{c_2}} = 1 + r \qquad \text{und} \tag{4.21}$$

$$MRS_{3,1} \equiv \frac{U_F}{U_{c_1}} = w_1, \tag{4.22}$$

wobei U_i, $i = c_1, c_2, F$, den Grenznutzen aus dem Gegenwartskonsum, dem Zukunftskonsum und der Freizeit bezeichnen. Auch in diesem erweiterten Modell ist der Konsum optimal über die Zeit verteilt, wenn die Grenzrate der Substitution im Konsum, $MRS_{1,2}$, dem relativen Preis zwischen heutigem und zukünftigem Konsum entspricht. Hinzu kommt hier als weitere notwendige Bedingung für ein Nutzenmaximum, daß für eine optimale Aufteilung zwischen Arbeit und Freizeit in der ersten Periode die Grenzrate der Substitution zwischen Freizeit und Gegenwartskonsum, $MRS_{3,1}$, gerade den Opportunitätskosten der Freizeit auf der rechten Seite von (4.22) entsprechen muß.

Wir gehen davon aus, daß Freizeit, Gegenwarts- und Zukunftskonsum normale Güter sind, so daß der Einkommenseffekt einer Zins- bzw. Lohnsatzänderung positiv ist. Der durch eine Preisänderung ausgelöste Substitutionseffekt ist dagegen negativ, so daß für die direkten Preiseffekte

$$\left.\frac{\partial c_2}{\partial r}\right|_{\bar{U}} > 0 \qquad \text{und} \qquad \left.\frac{\partial F}{\partial w_1}\right|_{\bar{U}} < 0 \tag{4.23}$$

gelten. Um uns den Unterschied zu den bisherigen Modellen, in denen es entweder nur eine Entscheidung zwischen Konsum und Freizeit innerhalb einer Periode oder über die intertemporale Konsumaufteilung gab, zu verdeutlichen, betrachten wir die Effekte einer Zinssatzänderung bei konstant bleibendem Nutzen. Wir konzentrieren uns also auf die auftretenden Substitutionseffekte:

$$U_{c_1}\left.\frac{\partial c_1}{\partial r}\right|_{\bar{U}} + U_{c_2}\left.\frac{\partial c_2}{\partial r}\right|_{\bar{U}} + U_F\left.\frac{\partial F}{\partial r}\right|_{\bar{U}} = 0. \tag{4.24}$$

Ein eindeutiges (positives) Vorzeichen in (4.24) haben wir gemäß (4.23) nur für den zweiten Summanden. Die Vorzeichen der beiden anderen Summanden sind dagegen unbestimmt. Im reinen Konsummodell, in dem das Arbeitsangebot exogen gegeben ist, sind Gegenwartskonsum und Zinssatz negativ miteinander korreliert, da Gegenwarts- und Zukunftskonsum aufgrund des fixen Arbeitsangebots Substitute sind. In diesem erweiterten Modell können jedoch auch Freizeit und Zukunftskonsum Substitute sein. Damit können wir aber nicht mehr ausschließen, daß sich Gegenwarts- und Zukunftskonsum komplementär zueinander verhalten. Die Erweiterung des reinen Konsummodells um die **Arbeitsangebotsentscheidung** zeigt uns, daß Modelle mit nur zwei Gütern, also entweder mit einem privaten Konsumgüterbündel und Freizeit oder mit Gegenwarts- und Zukunftskonsum, sehr speziell sind, da die beiden Güter in diesen Modellen Substitute sein müssen. Werden diese Modelle jedoch um eine oder mehrere Entscheidungen erweitert, müssen diese Substitutionsbeziehungen nicht mehr gültig sein, und oftmals können keine eindeutigen Aussagen mehr gemacht werden.

Nachdem wir die Eigenschaften dieses erweiterten Modells in einer Situation ohne Steuern untersucht haben, wollen wir nun die Auswirkungen der Besteuerung auf die Konsum- und Arbeitsentscheidungen betrachten. Wird eine **allgemeine Einkommensteuer** auf Zins- und Arbeitseinkommen, $t_r = t_w = t$, erhoben, verändert sich die intertemporale Budgetrestriktion (4.20) zu

$$c_1 + \frac{c_2}{1 + r(1 - t)} = w_1(\bar{F} - F)(1 - t). \tag{4.25}$$

Die durch die Besteuerung ausgelöste Verringerung des Lebenseinkommens führt zu einem Einkommenseffekt. Die Veränderungen der relativen Preise, des Nettozins- und Nettolohnsatzes, lösen Substitutionseffekte aus, deren Wirkungen auf die intertemporale Konsumentscheidung jedoch unklar sind. Ohne weitere Kenntnis über den Umfang der verschiedenen Effekte können keine eindeutigen Aussagen abgeleitet werden. Insbesondere wird hier im Gegensatz zur Erhebung einer allgemeinen Einkommensteuer im Rahmen des reinen Konsummodells nicht mehr notwendigerweise zukünftiger Konsum durch Gegenwartskonsum ersetzt. Wie wir aus (4.24) in Verbindung mit (4.23) gesehen haben, kommt es zusätzlich auf die – ebenfalls unbestimmte – Reaktion des Arbeitsangebots an, wie sich heutiger Konsum bei veränderter Steuerpolitik und damit verändertem Nettozinssatz verhält. Das Auftreten dieser Substitutionseffekte führt zu allokativen Verzerrungen. Der Nettozins- und der Nettolohnsatz entsprechen nicht mehr den Grenzproduktivitäten des Kapitals und der Arbeit. Somit sind sowohl die intertemporale Konsumallokation als auch die Arbeits-Freizeit-Allokation ineffizient.

Bei einer **allgemeinen Konsumausgabensteuer** mit einem über die Zeit konstanten Steuersatz, t_c, verändert sich die intertemporale Budgetrestriktion zu

$$(1+t_c)c_1 + \frac{(1+t_c)c_2}{1+r} = w_1(\bar{F} - F)$$

$$\Leftrightarrow \quad c_1 + \frac{c_2}{1+r} = \frac{w_1}{1+t_c}(\bar{F} - F). \tag{4.26}$$

Eine Konsumausgabensteuer ist auch in diesem erweiterten Modell äquivalent zu einer **proportionalen Lohnsteuer**. Allerdings hat die Konsum- bzw. Lohnsteuer hier nicht mehr die Wirkung einer Pauschalsteuer. Zwar ist der Zinsfaktor als Preisverhältnis zwischen Gegenwarts- und Zukunftskonsum unverändert, aber die Steuer reduziert den Preis für Freizeit in Konsumeinheiten. Während der Konsum effizient zwischen den beiden Perioden aufgeteilt wird, ist die Allokation zwischen Arbeit und Freizeit verzerrt. Der einzige Unterschied zwischen der allgemeinen Konsumausgaben- und der proportionalen Lohnsteuer äußert sich darin, daß sich die Ersparnisse auf jeden Fall unterscheiden. Dies läßt sich dadurch begründen, daß in dem erweiterten Modell nur noch in der ersten Periode Arbeit angeboten wird. Damit unterscheiden sich die Zeitprofile der Steuereinnahmen und somit auch die Erparnisse bei den beiden Steuern immer.

Wir haben also gesehen, daß eine Erweiterung des Modells um die Endogenisierung des Arbeitsangebots die Eindeutigkeit der Aussagen über die intertemporale Konsumentscheidung weiter schmälert. Dies bedeutet, daß eindeutige Aussagen aus den beiden vorherigen Modellen nicht verallgemeinert werden können. In diesem Fall helfen nur empirische Untersuchungen, um die Richtung der Effekte zu bestimmen.

Nachdem wir die Wirkungen der Besteuerung auf das individuelle Sparverhalten nun ausführlich diskutiert haben, wollen wir auf die Betrachtung der gesamtwirtschaftlichen Ersparnis übergehen.

4.2.5 Gesamtwirtschaftliche Ersparnis bei alternativen zeitlichen Steuerprofilen

Die gesamtwirtschaftliche Ersparnis setzt sich in einer geschlossenen Volkswirtschaft aus privaten und staatlichen Ersparnissen zusammen. Sie bestimmt die Höhe der gesamten Nettoinvestitionen, d.h. der Kapitalakkumulation, und hat somit entscheidenden Einfluß auf das wirtschaftliche Wachstum. Daher ist es wichtig zu untersuchen, wie einzelne Steuern die gesamtwirtschaftliche Ersparnisbildung beeinflussen. Dazu gehen wir von einem Staatsausgabenverlauf aus, der für die beiden betrachteten Perioden gegeben sein soll, und untersuchen die Veränderung der gesamtwirtschaftlichen Ersparnis beim Wechsel zwischen verschiedenen Steuersystemen im einfachen Modellrahmen des Unterabschnitts 4.2.1.

Da wir annehmen, daß alle Wirtschaftssubjekte identisch sind, können in Abbildung 4.6 jetzt auch Aussagen über die gesamtwirtschaftliche Ersparnis getroffen werden. Über die Reaktion der individuellen Ersparnis konnten wir bei einem Wechsel von einer allgemeinen Einkommensteuer auf eine reine Lohnsteuer mit dem gleichen Steueraufkommen, der durch den Übergang der intertemporalen Konsumallokation von C auf B gekennzeichnet ist, kein eindeutiges Ergebnis feststellen, $GJ - Hw_1(1-t) \gtreqless 0$. Dagegen erhöht sich die staatliche Ersparnis eindeutig um $Jw_1(1-t)$, da bei der reinen **Lohnsteuer** der Nettolohn in Periode 1 im Punkt J liegen muß. Dieser Punkt ergibt sich durch Projektion des Schnittpunkts vom Fahrstrahl aus dem Ursprung mit der Budgetgeraden bei unverzerrenden Steuern auf die Abszisse. Aufgrund der fehlenden Zinsbesteuerung sind mehr Steuereinnahmen in der Gegenwart erforderlich, um den gleichen Gegenwartswert des Steueraufkommens zu erzielen. Diese zusätzlichen Steuereinnahmen werden vom Staat für öffentliche Ausgaben der nächsten Periode gespart. Somit verändert sich die gesamtwirtschaftliche Ersparnis um $Jw_1(1-t) + [GJ - Hw_1(1-t)] = GH > 0$, sie steigt also eindeutig an. Bei einem gegebenen Staatsausgabenverlauf in einer geschlossenen Volkswirtschaft entspricht der Anstieg der gesamtwirtschaftlichen Ersparnis natürlich dem Rückgang des privaten Konsums, c_1, durch den Wechsel im Steuersystem. Der Anstieg der gesamtwirtschaftlichen Ersparnis ist damit zu erklären, daß bei einer unverzerrenden Steuer keine Zusatzlast entsteht. Haushalte können einen höheren Nutzen als bei einer verzerrenden Steuer realisieren, $\bar{U}^2 > \bar{U}^3$, indem sie ihren Gegenwartskonsum zugunsten zukünftigen Konsums reduzieren. Dagegen verzerrt die allgemeine Einkommensteuer durch die **Zinsbesteuerung** die Sparentscheidung und hemmt aufgrund der geringeren Nettorendite der Ersparnis die Bildung des Kapitalstocks und damit das wirtschaftliche Wachstum der Volkswirtschaft. Hierbei wird deutlich, daß die Veränderung der gesamtwirtschaftlichen Ersparnis beim Übergang von der allgemeinen Einkommensteuer unabhängig davon ist, ob auf eine Pauschal-, proportionale Lohn- oder allgemeine Konsumausgabensteuer umgestellt wird, solange diese Steuern aufkommensgleich sind. Diese Resultate können wir zusammenfassen als

Ergebnis 4.2.4 *Wird eine Einkommensteuer auf Lohn- und Zinseinkommen durch eine unverzerrende Lohnsteuer oder durch eine allgemeine Konsumausgabensteuer ersetzt, so steigen die gesamtwirtschaftliche Ersparnis und die Kapitalakkumulation an, und zwar unabhängig vom Zeitprofil der unverzerrenden Steuer.*

Die Unabhängigkeit der gesamtwirtschaftlichen Ersparnis vom Zeitprofil unverzerrender Steuern deutet auf die als **Ricardianische Äquivalenz** bezeichnete Neutralität eines Finanzierungswechsels öffentlicher Ausgaben hin. Die Ricardianische Äquivalenz besagt, daß die zeitliche Verlagerung einer unverzerrenden Steuer keinen Einfluß auf die gesamtwirtschaftliche Allokation hat, wenn der Staatsausgabenverlauf unverändert bleibt. Zusätzliche **Staatsverschuldung** in der Gegenwart wird dann vollständig durch zusätzliche private Ersparnis ausgeglichen. Die gesamtwirtschaftliche Ersparnis und somit die Kapitalakkumulation werden durch die Staatsverschuldung nicht verändert, es gibt keine realen Effekte. Allerdings gilt die Ricardianische Äquivalenz nur unter sehr restriktiven Annahmen. Wäre der Kapitalmarkt beispielsweise unvollkommen wie in Unterabschnitt 4.2.2 unterstellt, dann hätte Staatsverschuldung durchaus reale Wirkungen. Die Ricardianische Äquivalenz bildet einen Schwerpunkt im Band „Finanzwissenschaft III: Staatsverschuldung“. Für die weitere Diskussion verweisen wir hierauf.

4.3 Besteuerung und Risikobereitschaft

Nachdem wir den Einfluß der Besteuerung auf die Ersparnis untersucht haben, erscheint es naheliegend, die verschiedenen Anlageformen der Ersparnis genauer zu betrachten. Auch wenn die Besteuerung nur einen geringen Effekt auf die Höhe der individuellen Ersparnis haben sollte, so kann die Wirkung auf ihre Zusammensetzung weitaus größer sein. Hierbei sind nicht nur private Haushalte als Untersuchungseinheit heranzuziehen, die überlegen, in welcher Form sie ihre Ersparnisse anlegen wollen. Auch Unternehmer entscheiden über die Struktur riskanter und weniger riskanter Investitionen in Abhängigkeit von der herrschenden Besteuerung. Unterstellen wir, daß die betrachteten Wirtschaftssubjekte, also private Haushalte als Sparer sowie Unternehmer, risikoavers sind, so wird nur dann in eine riskante Anlage investiert, wenn dieses Risiko extra und ausreichend prämiert wird. Das bedeutet, daß die erwartete Verzinsung der riskanten Anlage immer über dem sicheren Zinssatz liegen muß. Da Steuern diese Risikoprämie verändern, wollen wir in diesem Abschnitt untersuchen, welche Auswirkungen die Besteuerung des Einkommens auf die **Risikobereitschaft** eines Anlegers oder Investors hat.

Man könnte vermuten, daß der Anreiz zur Investition in riskante Anlagen durch die Einkommensbesteuerung aufgrund des reduzierten Nettoertrags vermindert wird. Allerdings haben bereits 1944 *Domar* und *Musgrave* in einem Beitrag darauf hingewiesen, daß sich der Staat in den meisten Ländern nicht nur durch die Besteuerung an den Erträgen, sondern auch zu gleichem oder zumindest einem bestimmten Anteil am Risiko beteiligt. Erlaubt das Steuerrecht eine vollständige bzw. partielle **Verrechnung von Verlusten** mit steuerbaren Erträgen, so erhöhen Investoren möglicherweise ihre Risikobereitschaft, wenn sie der Risikobeteiligung des Staates durch das Steuersystem einen ausreichend großen Wert beimessen.

Um die Wirkungen der Besteuerung herzuleiten, bedienen wir uns des **von Neumann–Morgenstern'schen Erwartungsnutzenkonzepts.** Wir gehen von einem privaten Anleger aus, der seinen vom Endvermögen einer Periode, A_1, abhängigen Nutzen maximiert. Die mit Hilfe der folgenden Analyse erzielten Ergebnisse sind aber ebenso auf unternehmerische Entscheidungen über Investitionen in Realkapital mit unsicheren Erträgen übertragbar. Da der Anleger risikoavers ist, verläuft seine Nutzenfunktion, $U(A_1)$, konkav. Sein Vermögen am Periodenanfang, A_0, teilt er nutzenmaximierend auf die beiden Anlagealternativen Geld, A_s, das einen sicheren Ertrag von – zunächst – Null erwirtschaftet, und eine riskante Anlage, A_r, auf, die einen zufälligen Ertrag pro investierter Einheit in Höhe von r_r, $-1 \leq r_r < \infty$, bringt. Der Erwartungswert dieser Rendite beträgt

$$\mu \equiv E(r_r) = \int_{-1}^{\infty} r_r f(r_r) dr_r, \tag{4.27}$$

wobei $f(r_r) \geq 0$ die Dichtefunktion der Zufallsvariablen r_r bezeichnet. Annahmegemäß ist der Erwartungswert der Rendite positiv, $\mu > 0$, um eine positive Investition in die riskante Anlage zu garantieren. Für die Abbildung des Risikos gibt es mehrere Möglichkeiten. Die beiden geläufigsten sind dabei die Messung des Risikos durch die Varianz der Rendite,

$$\sigma^2 = \int_{-1}^{\infty} (r_r - \mu)^2 f(r_r) dr_r, \tag{4.28}$$

oder durch den positiv definierten Erwartungswert einer negativen Rendite, $-1 \leq r_r \leq 0$, d.h. eines Verlusts,

$$E(V) = -\int_{-1}^{0} r_r f(r_r) dr_r \tag{4.29}$$

pro investierter Einheit in die rikante Anlage. In diesem Abschnitt werden wir uns bei der graphischen Analyse in Anlehnung an die Ausführungen von *Domar* und *Musgrave* (1944) und *Boadway* und *Wildasin* (1984) auf das zweite Konzept stützen.

4.3.1 Proportionale Besteuerung bei vollständiger Verlustverrechnung

Eine vollständige Verlustverrechnung bei Besteuerung liegt vor, wenn die Regierung sich gleichmäßig an Erträgen und Verlusten beteiligt. Das bedeutet, daß Verluste von Gewinnen aus anderen Tätigkeiten abgezogen werden können oder daß im Falle des Überwiegens der Verluste in einem Veranlagungszeitraum ein Transfer gezahlt wird bzw. ein Verlustvor- oder -rücktrag in andere Veranlagungszeiträume möglich ist. Im deutschen Steuerrecht ist der Verlustvor- bzw. -rücktrag in § 10d EStG geregelt. Danach können natürliche Personen solche Verluste, die bei der Ermittlung des Gesamtbetrags der Einkünfte nicht ausgeglichen werden, bis zu einem Betrag von 2 Mio. DM bzw. ab dem Veranlagungszeitraum 2001 bis zu 1 Mio. DM wie Sonderausgaben vom Gesamtbetrag der Einkünfte des letzten dem Veranlagungszeitraum vorangegangenen Veranlagungszeitraums abziehen. Sofern die Verluste nicht abgezogen worden sind oder in den vorangegangenen Veranlagungszeiträumen nicht abgezogen werden konnten, ist der verbleibende Verlustabzug in den folgenden Veranlagungszeiträumen der Höhe nach unbeschränkt zu gewähren. Für Körperschaften ist über § 8 I KStG, der auf die einkommensteuerliche Regelung verweist, eine entsprechende Verlustverrechnung möglich. Gewerbetreibende können verbleibende gewerbliche Verluste gemäß § 10a GewStG vom maßgebenden Gewerbeertrag in zukünftigen Ermittlungszeiträumen abziehen. Jedoch wird sich der Staat nicht an Verlusten beteiligen, falls denen mittelfristig keine Gewinne gegenüberstehen.

Als erstes wollen wir die Entscheidungsfindung eines repräsentativen Anlegers bei proportionaler Besteuerung und vollständiger Verlustverrechnung erläutern. Dazu wird die Präferenzordnung des Anlegers durch die Menge der Indifferenzkurven mit $\bar{U}^1 > \bar{U}^2 > \bar{U}^3$ im Raum der Ertrags-Risiko-Kombinationen in Abbildung 4.9 dargestellt. Die Indifferenzkurven verlaufen aufgrund der **Risikoaversion** konkav. Die Grenzrate der Substitution zwischen erwartetem Verlust und erwartetem Ertrag steigt mit zunehmendem Risiko, d.h. immer höhere zusätzliche erwartete Erträge müssen eine Einheit zusätzlichen Risikos kompensieren.

Nehmen wir nun an, daß die Diversifikationsmöglichkeiten des Anlegers zwischen der sicheren und der riskanten Anlage durch die Möglichkeitenkurve $0P$ gegeben sind. Je weiter wir uns in Richtung P bewegen, um so mehr nimmt der Anteil der riskanten Anlage am Portfolio zu und beträgt in P schließlich 100%. Gleichzeitig verdeutlicht der Ursprung 0, daß die sichere Anlage Geld keinen Ertrag erwirtschaftet, aber auch kein Risiko birgt.

In einer Situation ohne Besteuerung wählt der Anleger die in diesem Falle seinen Nutzen maximierende Ertrags–Risiko–Kombination B, wobei der Anteil seines Portfolios an der riskanten Anlage $A_r/A_0 = 0B/0P$ beträgt.

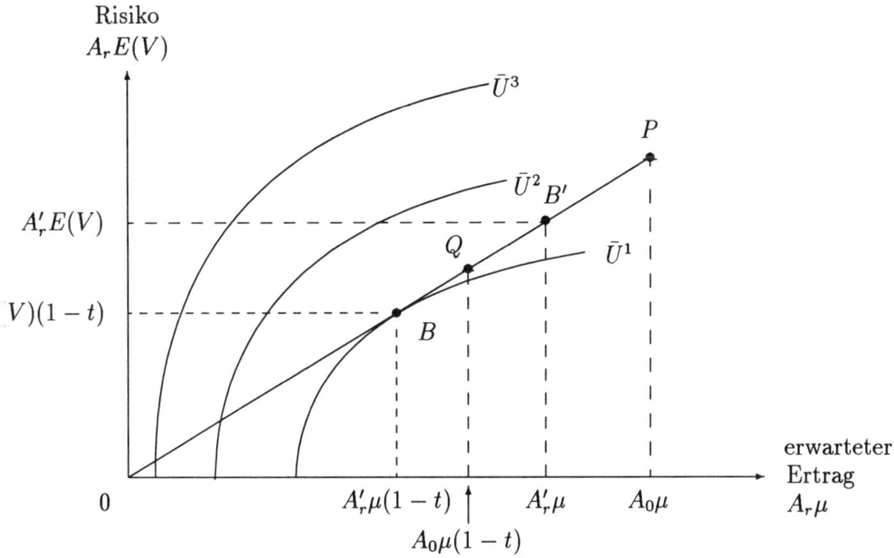

Abb. 4.9: Optimale Portfolioentscheidung bei Besteuerung

Wird nun eine proportionale Steuer auf die Erträge der riskanten Anlage erhoben, die eine vollkommene Verlustverrechnung gewährt, vermindern sich die möglichen Ertrags–Risiko–Kombinationen proportional um $(1-t)$ beispielsweise auf die Strecke $0Q$. Für den Anleger ändert die Besteuerung nichts an der Höhe des erwarteten Nettoertrags, den er mit gleichem Risiko erzielen kann, da für ihn weiterhin die Kombination B nutzenmaximierend ist. Jedoch macht die riskante Anlage nun einen viel größeren Anteil an seinem Portfolio aus, $A'_r/A_0 = 0B/0Q$. Abgetragen auf der Vor–Steuer–Möglichkeitenkurve, $0P$, entspräche die Risikostruktur B der

Kombination B', die oberhalb von B liegt, mit $0B'/0P = 0B/0Q$. Der Erwartungswert der Steuereinnahmen entspricht der Differenz zwischen dem erwarteten Brutto– und Nettoertrag, $A_r'\mu t$. Zugleich geht die Regierung ein Risiko in Höhe von $A_r'E(V)t$ ein und beteiligt sich so mithin an den Verlusten.

Diese graphisch aufgezeigte relative Ausweitung der Investition in die riskante Anlage als Reaktion auf eine Steuererhebung oder Erhöhung des Ertragsteuersatzes wollen wir nun auch algebraisch bestimmen, wobei wir uns auf die Analyse von *Sandmo* (1985) beziehen.

Wird der Ertrag mit dem Steuersatz t besteuert, so ergibt sich das Vermögen des repräsentativen Anlegers am Periodenende als

$$A_1 = A_r[1 + r_r(1 - t)] + A_s \tag{4.30}$$

bzw. aufgrund der Budgetrestriktion $A_s + A_r = A_0$ als

$$A_1 = A_0 + A_r r_r(1 - t). \tag{4.31}$$

Aus dem Maximierungsproblem

$$\max E[U(A_1)] = E\{U[A_0 + A_r r_r(1 - t)]\} \tag{4.32}$$

durch die Wahl von A_r folgt als notwendige Bedingung für die optimale Investition in die riskante Anlage, A_r^*:

$$\frac{\partial E[U(A_1)]}{\partial A_r} = E[U'(A_1)r_r(1 - t)] = 0, \tag{4.33}$$

mit $U'(A_1) \equiv \partial U/\partial A_1$ als dem Grenznutzen aus dem Vermögen am Periodenende. Betrachten wir nun die Auswirkungen einer Steuersatzänderung auf die optimale Investition in die riskante Anlage, so müssen wir Gleichung (4.33), die A_r^* implizit bestimmt, nach t differenzieren, wobei die zweite partielle Ableitung des Nutzens nach dem Vermögen am Periodenende durch $U''(A_1)$ gekennzeichnet sei:

$$E\left[U''(A_1)\frac{\partial A_1}{\partial t}r_r(1 - t)\right] - E[U'(A_1)r_r] = 0. \tag{4.34}$$

Da wir annehmen, daß die Besteuerung nicht konfiskatorisch ist, $t < 1$, ist der zweite Summand wegen (4.33) gleich Null. Da der erste Summand nur dann verschwindet, wenn das Periodenendvermögen nicht auf eine Steuersatzänderung reagiert, $\partial A_1/\partial t = 0$, kann die Reaktion der optimalen

Investition in die riskante Anlage alleine aus der Budgetrestriktion (4.31) abgeleitet werden:

$$\frac{\partial A_1}{\partial t} = r_r(1-t)\frac{\partial A_r^*}{\partial t} - A_r^* r_r = 0 \tag{4.35}$$

$$\Leftrightarrow \qquad \frac{\partial A_r^*}{\partial t} = \frac{A_r^*}{1-t} > 0 \qquad \Leftrightarrow \qquad \frac{\partial A_r^*}{\partial t}\frac{t}{A_r^*} = \frac{t}{1-t}. \tag{4.36}$$

Dieses Resultat halten wir fest als

Ergebnis 4.3.1 *Hat die sichere Anlage eine Verzinsung von Null, dann erhöht ein Anstieg des Steuersatzes die Investition in die riskante Anlage, unabhängig vom Grad der Risikoaversion des betrachteten Investors. Anders ausgedrückt ist die Nachfrageelastizität nach riskanten Investitionen bezüglich des Steuersatzes positiv und nur vom Steuersatz abhängig.*

Dieses Ergebnis überrascht durch seine Einfachheit: die Reaktion des Anlegers kann völlig unabhängig vom Grad seiner Risikoaversion vorhergesagt werden. Zwar hatten wir in der Einleitung zu diesem Abschnitt sowie auch in der Abbildung 4.9 durch konkav verlaufende Indifferenzkurven angenommen, daß der Anleger risikoavers sei. Jedoch ersehen wir aus (4.36), daß die Reaktion des Anlegers keine die Risikobereitschaft bestimmenden Variablen enthält. Die einzig notwendige Information ist seine bisher optimale Höhe der riskanten Anlage sowie sein persönlicher Grenzsteuersatz. Eine Anpassung der riskanten Investition gemäß (4.36) an eine Steueränderung sorgt dafür, daß die Wahrscheinlichkeitsverteilung des Nachsteuervermögens am Periodenende unverändert bleibt. Dies folgt aus der Tatsache, daß sowohl der Mittelwert als auch die Varianz von A_1 konstant bleiben[2].

4.3.2 Sichere Anlage mit positivem Ertrag

Zur Vereinfachung haben wir bisher vorausgesetzt, daß die sichere Anlage keinen Ertrag abwirft. In der Regel erhält man aber auch auf risikolose Anlagen wie Einlagen auf Sparbüchern einen positiven, sicheren Ertrag, $r_s > 0$. In diesem Fall können zwei verschiedene Arten der Besteuerung

[2] Der Mittelwert $E(A_1)$ und die Varianz $var(A_1)$ des Vermögens am Periodenende ergeben sich aus (4.31): $E(A_1) = A_0 + A_r\mu(1-t)$ sowie $var(A_1) = A_r^2(1-t)^2\sigma^2$. Ihre Ableitungen nach t sind unter Berücksichtigung der Reaktionen (4.36) beide Null, d.h. eine Veränderung des Steuersatzes hat keinen Einfluß auf den Erwartungswert oder die Varianz des Vermögens am Periodenende.

unterschieden werden. Bei der sogenannten Netto–Besteuerung wird nur der Teil der Erträge aus A_r besteuert, der über den Ertrag hinausgeht, den eine sichere Anlage in dieser Höhe erwirtschaftet hätte. Dies kommt einem **Sparerfreibetrag** in Höhe von $A_0 r_s$ bzw. einem möglichen Abzug von **Werbungskosten** in dieser Höhe gleich. Dann ändert sich die Budgetrestriktion des Anlegers zu

$$\begin{aligned} A_1 &= A_s(1+r_s) + A_r(1+r_r) - A_r(r_r - r_s)t \\ &= A_0(1+r_s) + A_r(r_r - r_s)(1-t). \end{aligned} \tag{4.37}$$

Die Bedingung erster Ordnung für eine optimale Investition in die riskante Anlage verändert sich nun unwesentlich zu

$$E[U'(A_1)(r_r - r_s)(1-t)] = 0. \tag{4.38}$$

Da wir wiederum eine konfiskatorische Besteuerung ausschließen, $t < 1$, und riskante Anlagen per Annahme nur dann gehalten werden, wenn sie im Erwartungswert eine höhere Rendite als sichere Anlagen erwirtschaften, $E(r_r) > r_s$, folgt für die Reaktion der riskanten Anlage auf eine Änderung des Grenzsteuersatzes nach einer analogen Herleitung wie im vorangegangenen Unterabschnitt wieder (4.36) und das Ergebnis 4.3.1.

Werden dagegen die Erträge beider Anlagen ohne Gewährung eines Freibetrags besteuert, kommt es zu einem anderen Ergebnis. Auch hier soll der algebraischen Herleitung eine kurze graphische Analyse in Abbildung 4.10 vorangehen. Die **Diversifikationsmöglichkeitenkurven** ohne bzw. mit Besteuerung beginnen in diesem Fall rechts des Ursprungs in $O = A_0 r_s$ bzw. $O' = A_0 r_s(1-t)$, da immer ein positiver Ertrag alleine aus der sicheren Anlage erzielt werden kann, selbst wenn nicht in die riskante Anlage investiert wird. Ohne Besteuerung wählt der Anleger die Ertrags–Risiko–Kombination B mit einem Anteil der riskanten Anlage an seinem Portfolio von OB/OP, wobei er einen Nutzen in Höhe von $\bar{U}^1$ realisiert.

Wird nun eine Steuer mit dem Satz $t = P'P''/O'P''$ erhoben, verlagert sich bei vollständiger Verlustverrechnung die Möglichkeitenkurve von OP nach $O'P'$. Die Anlageentscheidung wird jetzt von zwei Effekten beeinflußt, die einander entgegengesetzt wirken können. Zum einen erhöht die Besteuerung auch hier wiederum die Risikobereitschaft durch den bereits in Unterabschnitt 4.3.1 beschriebenenen **Substitutionseffekt**. Zum anderen vermindert die Besteuerung der sicheren Anlage nun das Vermögen am Periodenende, A_1, ohne das Risiko zu schmälern, was sich in der Parallelverschiebung der Möglichkeitenkurve nach links äußert. Wir werden im weiteren sehen, daß dieser **Einkommenseffekt** den Anteil der riskanten Anlage am Portfolio schmälern wird, sofern die Einkommenselastizität der Risikonachfrage positiv ist. Der Endpunkt der Möglichkeitenkurve muß auf dem Fahrstrahl durch den Ursprung und P liegen, da sich durch die vollkommene Verlustverrechnung die Ertrags–Risiko–Kombinationen proportional verringern. Die optimale Ertrags–Risiko–Kombination nach Steuern kann durch einen - wie hier in der Abbildung durch Punkt C eingezeichneten - höheren oder geringeren Anteil der riskanten Anlage am Portfolio gekennzeichnet sein, denn es ist nicht eindeutig, welcher der beiden Effekte überwiegt. Allerdings wird der Anleger jetzt einen eindeutig geringeren Nutzen aus seiner Anlage ziehen, $\bar{U}^2 < \bar{U}^1$.

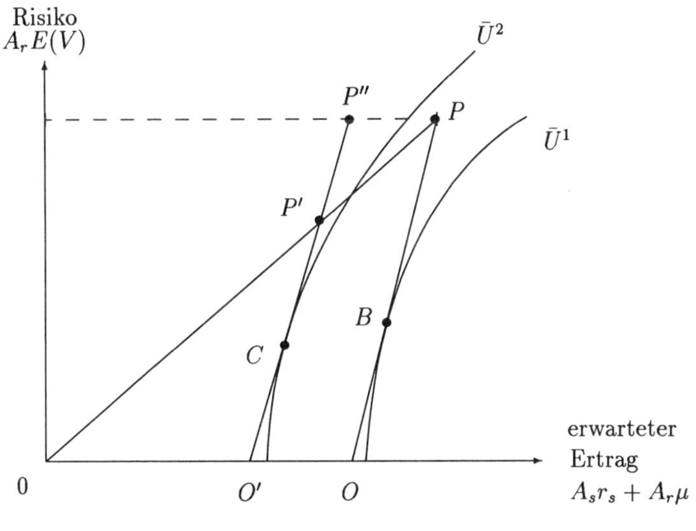

Abb. 4.10: Portfoliowahl bei Besteuerung der beiden ertragbringenden Anlagen

Kehren wir nun wieder zu unserer algebraischen Modellanalyse zurück. Werden die Erträge aus beiden Anlagen mit dem gleichen Satz besteuert und können die Verluste vollständig verrechnet werden, so unterliegt der repräsentative Anleger folgender Budgetrestriktion:

$$\begin{aligned} A_1 &= A_s[1 + r_s(1-t)] + A_r[1 + r_r(1-t)] \\ &= A_0[1 + r_s(1-t)] + A_r(r_r - r_s)(1-t). \end{aligned} \tag{4.39}$$

Als notwendige Bedingung für eine optimale Investition in A_r ergibt sich wiederum (4.38). Aus dieser Bedingung kann erneut die Reaktion des Anlegers auf eine Steuersatzänderung, $\partial A_r^*/\partial t$, durch Differentiation nach t bestimmt werden:

$$E\left[U''(A_1)\frac{\partial A_1}{\partial t}(r_r - r_s)(1-t)\right] - E[U'(A_1)(r_r - r_s)] = 0, \tag{4.40}$$

wobei der zweite Summand von (4.40) wegen (4.38) verschwindet. Ersetzen wir $\partial A_1/\partial t$ durch die Ableitung der Budgetrestriktion (4.39) nach t,

$$\frac{\partial A_1}{\partial t} = -A_0 r_s + \frac{\partial A_r^*}{\partial t}(r_r - r_s)(1-t) - A_r^*(r_r - r_s), \tag{4.41}$$

so erhalten wir

$$\frac{\partial A_r^*}{\partial t} = \frac{E[U''(A_1)(r_r - r_s)]}{E[U''(A_1)(r_r - r_s)^2]}\frac{A_0 r_s}{1-t} + \frac{A_r^*}{1-t}. \tag{4.42}$$

Dieser Ausdruck kann weiter vereinfacht werden. Dazu leiten wir die notwendige Bedingung für eine optimale riskante Investition (4.38) unter Beachtung der Definition von A_1, (4.39), nach A_0 ab, um die Reaktion der optimalen Investition in die riskante Anlage auf eine Änderung des Anfangsvermögens zu erhalten:

$$E\left\{U''(A_1)(r_r - r_s)(1-t)\left[1 + r_s(1-t) + \frac{\partial A_r^*}{\partial A_0}(r_r - r_s)(1-t)\right]\right\} = 0$$

$$\Leftrightarrow \quad -\frac{1}{1+r_s(1-t)}\frac{\partial A_r^*}{\partial A_0} = \frac{1}{1-t}\frac{E[U''(A_1)(r_r - r_s)]}{E[U''(A_1)(r_r - r_s)^2]}. \tag{4.43}$$

Substituiert man die linke für die rechte Seite von (4.43) in (4.42) und multipliziert anschließend das Ergebnis mit t/A_r^*, so ergibt sich als Nachfrageelastizität riskanter Investitionen bezüglich des Steuersatzes bei vollständiger Besteuerung beider Anlagen:

$$\frac{\partial A_r^*}{\partial t}\frac{t}{A_r^*} = -\frac{t r_s}{1+r_s(1-t)}\frac{\partial A_r^*}{\partial A_0}\frac{A_0}{A_r^*} + \frac{t}{1-t}. \tag{4.44}$$

Wie in (4.36) gibt der zweite Term den Substitutionseffekt einer Steueränderung an, der für sich genommen den Anteil der riskanten Anlage erhöht. Der erste Ausdruck entspricht dem Einkommenseffekt, der proportional zur Vermögenselastizität der riskanten Anlage ist. Er verlagert das Optimum auf eine andere Indifferenzkurve, die durch einen geringeren Nutzen gekennzeichnet ist. Bei einer positiven Vermögenselastizität ist der Einkommenseffekt negativ und verringert den gewünschten Anteil der riskanten Anlage. Werden die Erträge beider Anlagen besteuert, wobei die Möglichkeit der Verlustverrechnung besteht, haben wir demnach zwei gegenläufige Effekte. Ohne weitere Informationen können wir keine eindeutige Aussage über die Wirkung der Besteuerung auf die Risikobereitschaft machen.

Setzt man einigermaßen plausible Parameterwerte wie $t = 0,3$ und $r_s = 0,04$ ein, so müßte die Vermögenselastizität größer als 37 sein, damit der ganze Ausdruck (4.44) negativ wird. Ein derart hoher Wert ist jedoch sehr unrealistisch, und so scheint es auf den ersten Blick naheliegend zu sein, daß der Substitutionseffekt den Einkommenseffekt überwiegt und auch in diesem Fall die Risikobereitschaft infolge einer Steuererhöhung steigt. Allerdings beachtet diese Argumentation nicht, daß die Höhe von r_s vom Zeitraum abhängt, in der die Anlage gehalten wird. Beträgt dieser einen Monat (20 Jahre), so ist der Zinssatz, der einem jährlichen Zins von 4% entspricht, 0,33% (ca. 120%), und die Vermögenselastizität muß größer als 434 (2,2) sein, damit der Einkommenseffekt dominiert. Für relativ kurze Haltefristen der riskanten Anlage kann man also davon ausgehen, daß der Substitutionseffekt in diesem Modell überwiegt. Diese Resultate wollen wir zusammenfassen als

Ergebnis 4.3.2 *Werden die Erträge der riskanten und der sicheren Anlage vollständig besteuert und können Verluste verrechnet werden, ist der Einfluß der Besteuerung auf den gewünschten Anteil der riskanten Anlage unbestimmt. Dominiert der Substitutionseffekt den Einkommenseffekt, fördert die Besteuerung eine verstärkte Investition in die riskante Anlage.*

Bisher haben wir bei der Portfoliowahl nur zwischen zwei Anlagealternativen unterschieden. Werden mehrere voneinander unabhängige riskante Anlagemöglichkeiten betrachtet, wird die **Diversifikationsmöglichkeitenkurve** keine Gerade mehr, sondern konvex gekrümmt sein, da aufgrund der größeren Risikodiversifikationsmöglichkeiten der Ertrag anfänglich schneller als das damit verbundene Risiko ansteigt. Erst wenn das Portfolio verstärkt in immer riskantere Anlagen umgeschichtet wird, steigt das Risiko schneller. Unterliegen die Erträge dieser verschiedenen riskanten Investitionen jedoch alle dem gleichen Steuersatz, so lassen sich bei vollständiger Besteuerung der Erträge aus allen Anlagen die oben abgeleiteten Ergebnisse übertragen, und ein Anstieg der Risikobereitschaft bei steigenden Steuersätzen ist durchaus wahrscheinlich.

Des weiteren haben wir unsere Analyse auf die Betrachtung proportionaler Steuern beschränkt. Bei der Besteuerung privater Einkünfte überwiegen im deutschen Steuerrecht jedoch progressive Steuern. In diesem Fall ist die Steuerentlastung durch eine Verlustverrechnung nicht vollständig, so daß die Risikobereitschaft im Vergleich zu einer proportionalen Besteuerung geringer sein wird. Ähnliche Schlußfolgerungen lassen sich infolge der Liquidations- und Zinsnachteile, die durch Verlustvorträge bzw. unvollkommene Verlustrückträge entstehen, ableiten.

4.3.3 Zusammenhang zwischen Portfolio- und Sparentscheidungen

Bisher haben wir in diesem Abschnitt untersucht, wie sich die Besteuerung auf die Wahl des Portfolios auswirkt, wenn der repräsentative Anleger lediglich sein Vermögen am Periodenende maximiert. Um die Analyse aber etwas mehr in das bisherige Kapitel einzubinden, wäre es angebracht, auch die Auswirkungen auf das Arbeitsangebot und die Ersparnisse zu untersuchen.

Nur wenige Arbeiten haben sich bisher mit den interdependenten Auswirkungen der Besteuerung auf Arbeitsangebot und Risikobereitschaft beschäftigt. Besonders interessant wäre hierbei eine Betrachtung, in der der Lohnsatz ebenfalls unsicher ist. Dann würde die optimale Höhe einer riskanten Investition auch vom Beschäftigungsrisiko abhängen, und ein Haushalt müßte beide Entscheidungen unter Unsicherheit treffen. Dazu sei auf die Beiträge von *Drèze* und *Modigliani* (1972) sowie *Drèze* (1989) verwiesen.

Wie aber muß das in den vorangegangenen Unterabschnitten eingeführte Modell erweitert werden, wenn neben der Portfolio- auch die Sparentscheidung betrachtet wird, und welche Schlußfolgerungen ergeben sich daraus? Zu vermuten wäre, daß die Besteuerung der Zinserträge in diesem erweiterten Modell sowohl die relative Attraktivität der unterschiedlichen Anlagearten als auch die Wahl zwischen Gegenwarts- und Zukunftskonsum beeinflußt. Um zu untersuchen, welche Wirkungen in diesem allgemeineren Modellrahmen auftreten, erweitern wir das Portfoliomodell in der Version mit sicherer, aber zinsloser Anlagealternative, $r_s = 0$, um die **Sparentscheidung**. Der Anleger wird seinen Erwartungsnutzen aus dem Gegenwarts- und Zukunftskonsum, $E[U(c_1, c_2)]$, durch die Wahl von c_1 und A_r maximieren. In der ersten Periode teilt er sein Anfangsvermögen auf Gegenwartskonsum sowie Ersparnisse in Form riskanter und sicherer

Anlagen auf:

$$c_1 + A_r + A_s = A_0.$$

In der zweiten Periode verwendet der Haushalt seine Anlagen und die Erträge der riskanten Anlage vollständig für Konsum in dieser Periode:

$$c_2 = A_r[1 + r_r(1-t)] + A_s.$$

Die beiden Budgetrestriktionen lassen sich durch Substitution für A_s in eine intertemporale Budgetrestriktion zusammenfassen:

$$c_2 = A_0 - c_1 + A_r r_r(1-t). \tag{4.45}$$

Die Bedingungen erster Ordnung für eine optimale **intertemporale Konsumallokation** und eine optimale Investition in die riskante Anlage lassen sich durch Ableitung des Erwartungsnutzens herleiten, wobei c_2 durch (4.45) ersetzt wird:

$$\frac{\partial E[U(c_1,c_2)]}{\partial c_1} = E(U_{c_1} - U_{c_2}) = 0, \tag{4.46}$$

$$\frac{\partial E[U(c_1,c_2)]}{\partial A_r} = E[U_{c_2} r_r(1-t)] = 0, \tag{4.47}$$

mit $U_i \equiv \partial U(c_1,c_2)/\partial c_i$, $i = c_1, c_2$. Welche Auswirkungen hat nun eine Steuersatzänderung auf die optimale Wahl von c_1 und A_r? Da das Optimum des repräsentativen Anlegers in einer Situation ohne Steuern eindeutig ist, muß es auch nach einer Steueränderung eindeutig sein. Wenn

$$\frac{\partial A_r^*}{\partial t} = \frac{A_r^*}{1-t} \qquad \text{und} \qquad \frac{\partial c_1}{\partial t} = 0, \tag{4.48}$$

sind die notwendigen Bedingungen (4.45) – (4.47) weiterhin erfüllt, und somit ist das Haushaltsoptimum erreicht. Die Steueränderung läßt die Konsumentscheidung des Anlegers unverändert, da er die gleiche Wahrscheinlichkeitsverteilung zukünftigen Konsums durch eine Anpassung seines Portfolios gemäß $\partial A_r^*/\partial t = A_r^*/(1-t)$ erreichen kann. Somit besteht für ihn kein Anlaß, seinen optimalen Konsumpfad und damit seine Ersparnis zu verändern.

Während dieses Ergebnis auch für den „Netto–Besteuerungsfall" gilt, können die bisherigen Ergebnisse nicht auf die simultane Betrachtung von Portfolio– und Sparentscheidungen ausgedehnt werden, wenn die Erträge aller Anlagen der Besteuerung unterliegen. Dies folgt aus dem intertemporalen Substitutionseffekt sowie dem Einkommenseffekt, der bei gleichem Risiko die erwarteten Erträge vermindert. Dadurch verändert sich das Ausmaß der Ersparnis und damit auch die Portfoliozusammenstellung. In diesem Fall können ohne weitere Annahmen keine allgemeinen Aussagen über die Auswirkungen von Einkommen- oder Konsumsteuern auf die Risikobereitschaft abgeleitet werden.

4.4 Investitions- und Finanzierungsentscheidungen von Firmen bei Unternehmensbesteuerung

In diesem Abschnitt wollen wir verschiedene Systeme der Unternehmensbesteuerung vorstellen und ihren Einfluß auf die Finanzierungs- und Investitionsentscheidungen von Unternehmen untersuchen. Erwägen Unternehmen, eine Investition durchzuführen, so müssen sie vor der eigentlichen Investitionsentscheidung erst eine Finanzierungsentscheidung treffen. Denn nur auf Grundlage der Finanzierungskosten kann die Rentabilität einer Investition berechnet werden. Bei der Finanzierungsentscheidung vergleichen die Unternehmen die verschiedenen zur Wahl stehenden Finanzierungsalternativen miteinander. Sie entscheiden sich für die Finanzierungsart mit den geringsten Finanzierungskosten. Bei der Investitionsentscheidung werden dann Erlöse und Kosten einander gegenübergestellt. Die Kosten entsprechen dem Verschleiß und den Finanzierungskosten. Als Entscheidungskriterium maximieren die Unternehmen den diskontierten (Netto–)Cash–Flow an die Anteilseigner, den sogenannten **Shareholder Value**. Die optimale Investitionshöhe aus der Sicht des Unternehmens ist somit erreicht, wenn die Ausschüttungsmöglichkeiten an einen repräsentativen Anteilseigner maximiert sind und der Erlös der letzten Investitionseinheit den Grenzkosten entspricht. Durch die Unternehmensbesteuerung werden sowohl die Kosten als auch die Erlöse von Investitionen beeinflußt. Damit kann es zu einer Beeinflussung der Finanzierungs- und Investitionsentscheidungen kommen. Die Verzerrungen, die durch alternative Steuersysteme hervorgerufen werden können, stehen daher im Mittelpunkt dieses Abschnitts. Wir wollen dabei der Frage nachgehen, wie ein Steuersystem auszugestalten ist, das Finanzierungs- und Investitionsentscheidungen nicht verzerrt und so zu einer effizienten Allokation führt. Man spricht hier auch von einem finanzierungs- und investitionsneutralen Steuersystem. Bevor wir die allokativen Wirkungen von Steuersystemen untersuchen, wollen wir in den folgenden beiden Unterabschnitten zunächst die unterschiedlichen Finanzierungsalternativen, die einem Unternehmen zur Verfügung stehen, und verschiedene Systeme der Unternehmensbesteuerung vorstellen. Diesem Abschnitt liegen insbesondere die Beiträge von *Sinn* (1984) und *Buchholz* und *Wiegard* (1991) zugrunde.

4.4.1 Finanzierungsalternativen

Für die folgende Betrachtung soll ein repräsentatives Unternehmen über drei Finanzierungsalternativen verfügen. Bei der **Fremdfinanzierung** (FF) verschuldet sich das Unternehmen am Kapitalmarkt, indem es einen Kredit aufnimmt, den es später verzinst zurückzahlen muß. Die **Selbstfinanzierung** (SF) zeichnet sich durch Thesaurierung von Gewinnen aus. Investitionen werden mit dem durch die einbehaltenen und versteuerten Gewinne angestiegenen Eigenkapital finanziert. Eine dritte Möglichkeit bietet die **Beteiligungsfinanzierung** (BF), bei der das Unternehmen zur Finanzierung der beabsichtigten Investition neue Beteiligungsscheine in Form von Aktien an die Eigentümer ausgibt. Sowohl bei der Selbst– als auch bei der Beteiligungsfinanzierung erhalten die Aktionäre in Zukunft Erträge in Form von Dividenden und Kapitalgewinnen. Für unseren Vergleich der Finanzierungsformen wird stets ein konstanter Marktzinssatz r unterstellt.

4.4.2 Steuersysteme

Die in der Literatur und Besteuerungspraxis bekannten Steuersysteme können grob in die beiden Klassen des Schanz–Haig–Simons–Typs oder auch **Einkommensteuersysteme** und der Cash–Flow–Steuersysteme unterteilt werden. Zur Kennzeichnung der Steuersysteme wollen wir drei Steuersätze unterscheiden. Die Steuer auf Zinseinkünfte aus im privaten Bereich vorgenommenen Kapitalmarktanlagen wird mit t_r bezeichnet, die auf einbehaltene Unternehmensgewinne mit t_e sowie die auf ausgeschüttete Unternehmensgewinne mit t_a.

Einkommensteuersysteme

Steuersysteme des **Schanz–Haig–Simons–Typs** bauen in ihrer theoretischen Idealform auf der Reinvermögenszuwachsdefinition des Einkommens auf. Das bedeutet, daß Abschreibungen pro rata temporis nach dem Ertragswertverfahren erfolgen, Zinseinkünfte besteuert werden und Schuldzinsen vom zu versteuernden Einkommen abgezogen werden können. Im folgenden sollen zwei Systeme dieses Typs, das **klassische System** sowie das Vollanrechnungssystem, vorgestellt werden. Das klassische System ist in der Steuerpraxis nur in abgeschwächter Form als Teilanrechnungssystem realisiert. Dagegen wird das Vollanrechnungssystem in vielen Ländern zur Besteuerung von Anteilseignern der Körperschaften herangezogen.

Klassisches System

Im klassischen System werden alle drei Steuern erhoben, t_a, t_e, $t_r > 0$. Hierbei unterliegen die als Dividenden ausgeschütteten Unternehmensgewinne der vollen Doppelbelastung durch die Körperschaftsteuer, t_e, und die veranlagte Einkommensteuer, t_r. Der nach Steuer verbleibende Ertrag aus einer Ausschüttung des Gewinns in Höhe einer Geldeinheit ist $1 - t_a = (1 - t_e)(1 - t_r)$. Somit ergibt sich als effektiver Steuersatz

$$\begin{aligned} & t_a = 1-(1-t_e)(1-t_r) = t_e + t_r - t_e t_r \\ \Rightarrow \quad & t_a > t_e \quad \text{bzw.} \quad t_a > t_r. \end{aligned} \tag{4.49}$$

Der Steuersatz auf Dividenden übersteigt in diesem System immer die Steuersätze auf thesaurierte Gewinne und Zinseinkünfte.

In der Grundform des klassischen Systems muß ein Einkommensbezieher jedes Einkommen versteuern, egal wie oft es vorher schon besteuert wurde. Das bedeutet, daß das gleiche Einkommen so oft besteuert wird, wie es von Steuerpflichtigen erzielt wird. Hat ein Unternehmen A beispielsweise Anteile an einem anderen Unternehmen B, das wiederum Anteile an einem anderen Unternehmen C hält, so ist die von Unternehmen A erhaltene Dividende bereits um die von den Unternehmen B und C gezahlten Steuern gekürzt. Der private Anteilseigner von Unternehmen A muß den Betrag, der dann noch verbleibt, auch versteuern, obwohl dieses Einkommen bereits bei den Unternehmen A, B und C versteuert wurde. Es kommt damit zu einer Vierfachbesteuerung. In der Praxis gibt es keine Besteuerung nach dem reinen klassischen System. Häufig wird die Belastung auf eine Doppelbesteuerung reduziert, indem Unternehmen, die Anteile an anderen Unternehmen halten, die auf ausgeschüttete Gewinne bereits bezahlten Steuern anrechnen können, um mehr als eine Doppelbesteuerung beim privaten Anleger zu vermeiden. Auch wir wollen im folgenden von einem System der Doppelbesteuerung ausgehen.

In vielen Ländern, so z.B. in den USA, in Großbritannien und Belgien, wird die Doppelbelastung des klassischen Systems durch eine Teilanrechnung abgeschwächt, indem unterschiedliche Körperschaftsteuersätze für einbehaltene und ausgeschüttete Gewinne zur Anwendung kommen. In den Niederlanden wird die Verminderung der Doppelbelastung durch einen Freibetrag realisiert. Im **Teilanrechnungssystem** ist der Ausschüttungssteuersatz t_a zwar weiterhin höher als der Zinssteuersatz t_r, jedoch ist die Differenz zwischen ihnen geringer als im reinen klassischen System.

Da alle Einkommen, also auch Unternehmensgewinne, letztlich privaten Haushalten zufließen und eine Einkommensteuer existiert, stellt sich die Frage nach der **Existenzberechtigung einer Körperschaftsteuer**. Diese kann aber aus verschiedenen Gründen gerechtfertigt werden. Zum einen ist die Körperschaftsteuer sehr aufkommensstark und leicht verwaltbar. Bei idealer Ausgestaltung ist sie zudem – wie wir noch sehen werden – eine unverzerrende staatliche Einnahmequelle, da sie „reine" Gewinne abschöpft und damit ökonomische Entscheidungen nicht beeinflußt. Allerdings mag dieses Argument nur theoretisch überzeugen, denn die Körperschaftsteuer wirkt in der Praxis verzerrend, da insbesondere der tatsächliche Verschleiß einer Investition über die Zeit nicht genau vorhersehbar ist und somit auch keine investitionsneutrale Abschreibung in Höhe der tatsächlichen Ertragswertminderung möglich ist. Drittens könnten Gewinne ohne eine Körperschaftsteuer der Einkommensteuer entkommen, wenn sie thesauriert würden, obwohl sie einen Reinvermögenszuwachs und somit Einkommen für Aktionäre nach sich ziehen. Diese steueraufschiebende Wirkung würde solange aufrecht erhalten, bis die Gewinne einmal ausgezahlt werden, und hätte erhebliche Zinsvorteile zur Folge.

Das Vollanrechnungssystem

Das Vollanrechnungssystem, das beispielsweise in Deutschland, Finnland, Frankreich, Italien und Norwegen praktiziert wird, zeichnet sich ebenfalls durch die Erhebung der drei Steuern, t_a, t_e, $t_r > 0$, aus. Im Unterschied zum klassischen System unterliegen Dividenden jedoch keiner Doppelbelastung, da die Dividendensteuer im Rahmen der persönlichen Einkommensteuer vollständig anrechenbar ist, so daß hier $t_a = t_r$ gilt. Selbst wenn die Ausschüttungssteuer die Zinssteuer übersteigen sollte, $t_a > t_r$, wird letztlich nur die Zinssteuer effektiv, da eine Steuererstattung erfolgt. Bei Personengesellschaften kann die Ausschüttungssteuer in Deutschland allerdings auch niedriger als die perönliche Einkommensteuer des Unternehmers sein, da der Steuersatz für gewerbliche Einkünfte gemäß § 32c EStG maximal 45% bzw. ab dem Jahr 2000 maximal 43% beträgt. Ist das gesamte Einkommen eines Unternehmers einer Personengesellschaft sehr hoch, kann der Steuersatz auf das übrige Einkommen, der sich aus dem gesamten zu versteuernden Einkommen berechnet, den auf die gewerblichen Einkünfte übersteigen. Wir wollen in unserer weiteren Analyse aber immer davon ausgehen, daß $t_a = t_r$ gilt.

Die Cash–Flow–Steuer

Im Gegensatz zu den Systemen vom Schanz–Haig–Simons–Typ wird das Cash–Flow–Steuersystem in keinem Land praktiziert. Die Cash–Flow–Steuer wurde zwar bereits 1948 als alternatives System der Unternehmensbesteuerung von *Brown* vorgeschlagen. *Kay* und *King* (1978) empfahlen sie dem **Meade–Committee**, einer Ende der 70er Jahre in Großbritannien einberufenen Steuerreformkommission, zur Einführung. Allerdings kam es nie zu einer Realisierung, obwohl die Einführung dieser Steuer in einigen Ländern immer wieder diskutiert wird. Zuletzt wurde sie in Kroatien als Ergänzung einer konsumorientierten Haushaltsteuer empfohlen.

Das Cash–Flow–System ist durch eine Steuer auf die realwirtschaftlichen Zahlungsüberschüsse – den **Cash–Flow** – des Unternehmens gekennzeichnet. Beim Cash–Flow–System dürfen die Investitionsausgaben inklusive der Ersatzinvestitionen sofort steuerlich abgesetzt werden. Die Gewinne werden, unabhängig davon, ob thesauriert oder ausgeschüttet, einheitlich besteuert, $t_e = t_a = t$. Finanzwirtschaftliche Überschüsse jedweder Art sind dagegen steuerlich unerheblich. Das bedeutet, daß Schuldzinsen nicht absetzbar sind, sie also die Steuerbemessungsgrundlage nicht verkürzen, und daß die Zinseinkünfte der Haushalte unbesteuert bleiben, $t_r = 0$. Da die Cash–Flow–Steuer auf Unternehmensebene letztendlich zu einer Besteuerung der Konsummöglichkeiten führt, sollte sie von einer **allgemeinen Konsumausgabensteuer** im Haushaltsbereich begleitet werden, um eine umfassende Besteuerung der Bemessungsgrundlage Konsum zu gewährleisten.

4.4.3 Allokationsoptimum ohne Steuern

Um die Wirkungen der Besteuerung auf die Finanzierungs– und Investitionsentscheidungen beurteilen zu können, wollen wir zuerst die Unternehmensentscheidungen betrachten, die ohne Besteuerung zu erwarten sind. Hierzu gehen wir davon aus, daß ein repräsentatives Unternehmen seine Entscheidungen unter den Bedingungen vollkommenen Wettbewerbs fällt, also insbesondere den Absatzpreis p seines hergestellten Gutes und den Kapitalmarktzins r als gegeben betrachtet. Wir werden sehen, daß die Entscheidungen in diesem Fall gesellschaftlich effizient sind.

Finanzierungsentscheidung

Nehmen wir an, das Unternehmen beabsichtigt die Finanzierung von Investitionsausgaben in Höhe einer Geldeinheit. Um die optimale Finanzierungsalternative zu finden, stellt es einen paarweisen Vergleich der Finanzierungsarten an, indem es die mit einem Finanzierungstausch verbundenen Erträge und Kosten einander gegenüberstellt. Das Unternehmen wird sich für diejenige Finanzierungsart entscheiden, die bei dieser Arbitrageüberlegung am kostengünstigsten abschneidet.

Tausch von Selbst- gegen Fremdfinanzierung

Finanziert das Unternehmen eine Investition in Höhe einer Geldeinheit mit Fremdkapital anstatt durch Gewinnthesaurierung, so erhält der repräsentative Aktionär eine Geldeinheit an zusätzlichen Ausschüttungen, da sich der Finanzierungsspielraum des Unternehmens bei diesem Tausch nicht ändern darf. Der Aktionär legt diese nun ausgeschüttete Geldeinheit am Kapitalmarkt an, wo sie r Geldeinheiten erwirtschaftet. Diesen Betrag hat er durch den Finanzierungstausch zusätzlich zur Verfügung. Allerdings vermindern sich gleichzeitig die zukünftigen Ausschüttungen durch den Schuldendienst an der investierten Geldeinheit um den Betrag r. Da die zusätzlichen Erträge bei diesem Finanzierungstausch gerade den zusätzlichen Kosten entsprechen, macht es keinen Unterschied, ob die Investition mit einem Kredit oder einbehaltenen Gewinnen finanziert wird. Die Fremdfinanzierung ist der Selbstfinanzierung gleichwertig, FF $\sim$ SF.

Tausch von Beteiligungs- gegen Fremdfinanzierung

Verzichtet das Unternehmen auf die Emission von Aktien und finanziert sich stattdessen über einen Kredit am Kapitalmarkt, so steht dem Aktionär zusätzlich diese Geldeinheit aus dem Verzicht auf Zeichnung der Aktien zur Verfügung. Sie bringt bei Anlage am Kapitalmarkt Erträge in Höhe von r. Allerdings stehen bei diesem Finanzierungswechsel den zusätzlichen Erträgen wiederum verminderte Ausschüttungen in gleicher Höhe aufgrund der Zinszahlungen gegenüber, so daß FF $\sim$ BF gilt.

Tausch von Selbst- gegen Beteiligungsfinanzierung

Schließlich kann auch die Selbstfinanzierung durch Emission neuer Aktien ersetzt werden. Durch Verzicht auf Selbstfinanzierung erhöhen sich die Ausschüttungen um diese eine Geldeinheit, die am Kapitalmarkt wieder den Betrag r erwirtschaftet. Zur Aufrechterhaltung des Finanzierungsspielraums fließt an das Unternehmen eine Geldeinheit gegen die Ausgabe einer neuen Aktie zurück. Das kostet den Aktionär aber wiederum genau r Einheiten an entgangenen Zinseinkünften, da er diese Geldeinheit nicht am Kapitalmarkt anlegen kann. Damit folgt BF $\sim$ SF.

Aus der Sicht des Aktionärs sind in einer Situation ohne Steuern alle Finanzierungsalternativen gleichwertig, da sie die gleichen Kosten verursachen. Entscheidungen werden nicht verzerrt. Daher reicht es aus, für die Investitionsentscheidung ohne Steuern eine beliebige Finanzierungsart zu betrachten. Wir wollen uns für die Fremdfinanzierung entscheiden.

Investitionsentscheidung

Das Investitionskalkül des Unternehmens soll im Rahmen eines neoklassischen Modells betrachtet werden, wobei das Unternehmen den Gegenwartswert seiner zukünftigen Einnahmenüberschüsse und somit den Wert der Unternehmensanteile maximiert. Die Produktion erfolgt mit Hilfe der konkaven Technologie $F(K, N)$ und den Einsatzfaktoren Kapital, K, und Arbeit, N. Um uns auf die Unternehmensbesteuerung zu konzentrieren und zu untersuchen, ob Steuern über eine Änderung der Kapitalnutzungskosten die Investitionshöhe beeinflussen, wird der Arbeitseinsatz in diesem Modell als gegeben angenommen. Die **Kapitalnutzungskosten** umfassen in einer Situation ohne Steuern die direkten Kosten der Abnutzung – ausgedrückt durch die zeitliche Abschreibungsrate δ – und die Opportunitätskosten, die durch den Verzicht auf andere Investitionen entstehen und mit den Finanzierungskosten des Kapitals, r, bewertet werden. Die Höhe der Kapitalnutzungskosten gibt an, wie hoch die Ertragsrate eines Investitionsprojektes sein muß, damit es sich rentiert. Zusammenfassend ergibt sich der Gewinn des Unternehmens bzw. die Ausschüttungen, R, an den repräsentativen Aktionär unter Vernachlässigung der Lohnzahlungen als

$$R = pF(K, N) - (\delta + r)K. \tag{4.50}$$

Die optimale Investitionshöhe ist dann erreicht, wenn eine kreditfinanzierte marginale Veränderung der Investition, ΔK, die Ausschüttungen an einen repräsentativen Anteilseigner bei gegebenem Verschleiß, Zinssatz, Preis und Arbeitseinsatz nicht mehr erhöhen kann:

$$\Delta R = 0 \quad = \quad [pF_K(K, N) - \delta - r]\Delta K$$

$$\Leftrightarrow \qquad pF_K \;=\; \delta + r. \tag{4.51}$$

Bei optimaler Investitionshöhe entspricht also nach (4.51) die Wertgrenzproduktivität der Investitionen, $pF_K \equiv p\partial F/\partial K$, gerade den gesellschaftlichen Investitions– oder Kapitalnutzungskosten, bestehend aus den Abschreibungen und den Zinszahlungen an die Kreditgeber bzw. den Opportunitätskosten einer alternativen Finanzinvestition, $\delta + r$. Wie unter den Bedingungen des vollkommenen Wettbewerbs nicht anders zu erwarten ist, gibt diese Bedingung zugleich die effiziente Höhe des Kapitalstocks an (vgl. Kapitel 2.2 des Bandes „Finanzwissenschaft I: Rechtfertigung der Staatstätigkeit").

4.4.4 Der Einfluß der Steuersysteme auf die Unternehmensentscheidungen

Der Einfluß der Besteuerung auf die Investitionsplanung kann erst dann ermittelt werden, wenn die Wirkungen der Besteuerung auf die Finanzierungsentscheidung berücksichtigt worden sind. Denn davon hängt die Art der Finanzierung der Investition und damit die Höhe der Finanzierungskosten ab. Daher wird zunächst die Finanzierungsentscheidung und daran anschließend die Investitionsentscheidung bei Besteuerung untersucht.

Einfluß der Steuersysteme auf die Finanzierungsentscheidung
Um den Einfluß der drei Steuersysteme auf die Finanzierungsentscheidung abzuleiten, werden wieder – wie beim Vergleich der Finanzierungsalternativen in einer Situation ohne Steuern – die dem Aktionär entstehenden Erträge und Kosten miteinander verglichen. Um die Analyse so allgemein wie möglich zu halten, sollen vorerst alle denkbaren Steuern, t_a, t_e und t_r, berücksichtigt und danach eine Fallunterscheidung für die einzelnen Steuersysteme vorgenommen werden.

Fremd– versus Selbstfinanzierung
Ersetzt das Unternehmen eine Geldeinheit Selbstfinanzierung durch Kreditaufnahme am Kapitalmarkt, so erhält der Aktionär nun einen Betrag in Höhe von $1/(1-t_e)$ an zusätzlichen Ausschüttungen, da die Steuer auf einbehaltene Gewinne entfällt. Nach Abzug der Steuer auf ausgeschüttete Gewinne verbleibt dem Aktionär ein Betrag in Höhe von $(1-t_a)/(1-t_e)$. Legt er diesen Betrag am Kapitalmarkt an, so belaufen sich seine Netto-

zinserträge auf

$$\frac{1-t_a}{1-t_e}(1-t_r)r. \tag{4.52}$$

Diesem Betrag stehen die zusätzlichen Kosten durch die Fremdfinanzierung gegenüber. Das Unternehmen muß Zinszahlungen in Höhe von r leisten, die es jedoch beim klassischen sowie beim Vollanrechnungssystem steuerlich geltend machen kann. Daher wird sein Gewinn nur um $(1-t_e)r$ geschmälert, und die Ausschüttung für den Aktionär vermindert sich um

$$\frac{1-t_a}{1-t_e}(1-t_e)r = (1-t_a)r. \tag{4.53}$$

Aus dem Vergleich der zusätzlichen Erträge und Kosten folgt für das klassische und das Vollanrechnungssystem:

$$\begin{aligned} \text{FF} \succeq\!\!\!\!\sim\!\prec \text{SF} \quad &\Leftrightarrow \quad \frac{1-t_a}{1-t_e}(1-t_r) \gtreqless 1-t_a \\ &\Leftrightarrow \quad t_e \gtreqless t_r, \end{aligned} \tag{4.54}$$

d.h. ist der Steuersatz auf thesaurierte Gewinne höher als der persönliche Einkommensteuersatz des Anteilseigners, ist die Fremdfinanzierung der Selbstfinanzierung überlegen.

Bei der Cash–Flow–Steuer ergibt sich als Ertrag des Finanzierungswechsels erneut (4.52). Da aber Schuldzinsen nicht absetzbar sind, entstehen hier zusätzliche Kosten in Höhe von

$$\frac{1-t_a}{1-t_e}r. \tag{4.55}$$

Somit gilt für die Cash–Flow–Steuer

$$\begin{aligned} \text{FF} \succeq\!\!\!\!\sim\!\prec \text{SF} \quad &\Leftrightarrow \quad \frac{1-t_a}{1-t_e}(1-t_r) \gtreqless \frac{1-t_a}{1-t_e} \\ &\Leftrightarrow \quad t_r \lesseqgtr 0. \end{aligned} \tag{4.56}$$

Da bei der Cash–Flow–Steuer Zinsverbindlichkeiten nicht abzugsfähig und Zinseinkünfte steuerfrei sind, $t_r = 0$, wirkt sie entscheidungsneutral, FF $\sim$ SF.

Fremd– versus Beteiligungsfinanzierung

Werden Aktien im Wert einer Geldeinheit vom Unternehmen zurückgekauft und durch einen Kredit gleicher Höhe ersetzt, steht dem Aktionär genau diese eine Geldeinheit zusätzlich zur Verfügung. Seine zukünftigen Nettozinserträge entsprechen somit

$$(1 - t_r)r \tag{4.57}$$

bei Anlage am Kapitalmarkt. Diesen Erträgen steht der Nachteil des Schuldendienstes gegenüber, d.h. bei absetzbaren Schuldzinsen im klassischen sowie im Vollanrechnungssystem sinken die Ausschüttungen nach Steuern gemäß (4.53) im Umfang von

$$(1 - t_a)r. \tag{4.58}$$

Für die relative Vorteilhaftigkeit der Fremd- gegenüber der Beteiligungsfinanzierung folgt somit

$$\text{FF} \succeq \text{BF} \qquad \Leftrightarrow \qquad t_r \lesseqgtr t_a. \tag{4.59}$$

Beim klassischen System erfolgt gemäß (4.49) eine Doppelbelastung, $t_a > t_r$. Demzufolge ist die Fremdfinanzierung vorzuziehen, FF $\succ$ BF. Dagegen sind beide Finanzierungsformen für den repräsentativen Anteilseigner beim Vollanrechnungssystem gleichwertig, FF $\sim$ BF, da der Ausschüttungssteuersatz dem persönlichen Steuersatz entspricht, $t_a = t_r$.

Da bei der Cash-Flow-Steuer Schuldzinsen nicht absetzbar sind, sinken die Nettoausschüttungen infolge des Schuldendienstes um

$$\frac{1 - t_a}{1 - t_e} r. \tag{4.60}$$

Das relative Vorteilhaftigkeitskriterium entspricht hier

$$\text{FF} \succeq \text{BF} \qquad \Leftrightarrow \qquad 1 - t_r \gtreqless \frac{1 - t_a}{1 - t_e}. \tag{4.61}$$

Bei der Cash-Flow-Steuer gibt es einen einheitlichen Thesaurierungs- und Ausschüttungssteuersatz, $t_e = t_a = t$. Zudem werden Zinszahlungen steuerlich nicht erfaßt, $t_r = 0$. Berücksichtigt man dies in (4.61), folgt auch für diesen Finanzierungsvergleich die **Entscheidungsneutralität** der Cash-Flow-Steuer, FF $\sim$ BF.

Beteiligungs- versus Selbstfinanzierung

Bei Substitution einbehaltener Gewinne durch die Ausgabe neuer Aktien zur Finanzierung einer Investition erhält der Aktionär den Betrag

$1/(1-t_e)$ an zusätzlichen Ausschüttungen, da die Steuer auf einbehaltene Gewinne entfällt. Nach Abzug der Steuer auf ausgeschüttete Gewinne verbleiben dem Aktionär noch $(1-t_a)/(1-t_e)$ Geldeinheiten zur Anlage am Kapitalmarkt. Die dort erwirtschafteten Erträge belaufen sich dann nach Abzug der persönlichen Einkommensteuer auf

$$\frac{1-t_a}{1-t_e}(1-t_r)r. \tag{4.62}$$

Zur Aufrechterhaltung des Finanzierungsspielraums muß eine Geldeinheit als neue Beteiligung an das Unternehmen zurückfließen, die dann nicht mehr am Kapitalmarkt angelegt werden kann. Die entgangenen Kapitalerträge – die Opportunitätskosten – sind bei allen Systemen

$$(1-t_r)r. \tag{4.63}$$

Daher gilt als relatives Vorteilhaftigkeitskriterium

$$\begin{aligned} \text{BF} \succeq\sim\preceq \text{SF} \quad &\Leftrightarrow \quad \frac{1-t_a}{1-t_e}(1-t_r) \gtreqless 1-t_r \\ &\Leftrightarrow \quad t_a \lesseqgtr t_e. \end{aligned} \tag{4.64}$$

Im klassischen System übersteigt der Ausschüttungssteuersatz den Steuersatz auf einbehaltene Gewinne gemäß (4.49), $t_a > t_e$, und die Selbstbeteiligung ist überlegen, SF $\succ$ BF. Beim Vollanrechnungssystem ergibt sich keine eindeutige Antwort, da die Relation von t_a zu t_e nicht eindeutig ist. Dagegen wirkt die Cash–Flow–Steuer auch hier entscheidungsneutral, BF $\sim$ SF, da ein einheitlicher Steuersatz für einbehaltene und ausgeschüttete Gewinne gilt, $t_a = t_e$.

Die Resultate für alle Finanzierungsarten wollen wir zusammenfassen in

Ergebnis 4.4.1 *Die Cash–Flow–Steuer wirkt finanzierungsneutral. Das Vollanrechnungssystem behandelt Beteiligungs– und Fremdfinanzierung gleichwertig. Die Selbstfinanzierung wird diesen beiden Finanzierungsalternativen vorgezogen, wenn $t_e < t_r$. Das klassische System diskriminiert aufgrund der Doppelbesteuerung, $t_a > t_r, t_e$, die Beteiligungsfinanzierung gegenüber den beiden anderen Finanzierungsalternativen. Auch hier wird die Selbstfinanzierung der Fremdfinanzierung vorgezogen, wenn $t_e < t_r$.*

Unterliegt beim klassischen bzw. beim Vollanrechnungssystem der repräsentative Anteilseigner einem relativ geringen persönlichen Steuersatz, $t_e \geq t_r$, so wird die Fremdfinanzierung von keiner der anderen Finanzierungsarten dominiert, sofern das Unternehmen das Vermögen der Anteilseigner maximiert.

In der deutschen Steuerpraxis werden alle Einkünfte eines Aktionärs mit dem persönlichen Einkommensteuersatz, t_r, der sich aus dem Tarifverlauf des § 32a EStG ergibt, besteuert. Aufgrund des angewendeten Vollanrechnungssystems werden hierbei bereits gezahlte Dividendensteuern, die sich aus der Körperschaftsteuer auf ausgezahlte Gewinne sowie der Kapitalertragsteuer zusammensetzen, auf die Steuerschuld angerechnet. Da in Deutschland gemäß § 23 I KStG der Körperschaftsteuersatz, t_e, 40% beträgt und die Grenzsteuersätze gemäß § 32a EStG ansteigen, ist die Finanzierungsentscheidung von der Höhe des Einkommens der Aktionäre abhängig. Das bedeutet, daß Anteilseigner mit einem geringeren zu versteuernden Einkommen, deren effektiver Grenzsteuersatz unterhalb von 40% liegt, eine Fremdfinanzierung oder eine Beteiligungsfinanzierung („**Schütt–aus–Hol–zurück**") befürworten, während alle anderen Aktionäre, deren Einkommen mit mehr als 40% besteuert wird, eine Selbstfinanzierung bevorzugen.

Einfluß der Steuersysteme auf die Investitionsentscheidung

Nachdem wir die Auswirkungen der Besteuerung auf die Wahl der Finanzierungsalternative überprüft haben, werden wir nun den Einfluß der Steuersysteme auf die Investitionsentscheidung untersuchen. Wie in einer Situation ohne Steuern ist die aus unternehmerischer Sicht optimale Höhe der Investitionen dann erreicht, wenn sich die Ausschüttungsmöglichkeiten nicht mehr steigern lassen, $\Delta R = 0$. Erneut werden wir zwischen den Steuersystemen nach Schanz–Haig–Simons und der Cash–Flow–Steuer unterscheiden.

Klassisches und Vollanrechnungssystem

Wird in der betrachteten Periode zusätzlich eine Geldeinheit investiert, steigen die Ausschüttungsmöglichkeiten bei einem tatsächlichen Verschleiß von δ, welcher annahmegemäß steuerlich vollständig geltend gemacht werden kann, um $(1 - t_a)(pF_K - \delta)$ nach Steuern.

Hat der entscheidende Aktionär ein hohes Einkommen, $t_r > t_e$, ist Selbstfinanzierung die vorteilhafteste Finanzierungsart, und die Finanzierungskosten in Form geringerer Zinseinkünfte für die Aktionäre betragen gemäß (4.52) und (4.62) $\frac{1-t_a}{1-t_e}(1 - t_r)r$. Im unternehmerischen Investitionsoptimum muß dann

$$\begin{aligned} & (1 - t_a)\left(pF_K - \delta - \frac{1 - t_r}{1 - t_e}r\right) &= 0 \\ \Leftrightarrow \quad & (1 - t_e)(pF_K - \delta) - (1 - t_r)r &= 0 \qquad (4.65) \end{aligned}$$

gelten. Da $t_e < t_r$ ist, wird die Investitionstätigkeit im Vergleich zu (4.51) zwar gefördert, jedoch ist dies auch mit einem Abweichen von unserer Effizienzbedingung verbunden. In diesem Fall ist nämlich das Wertgrenzprodukt des Kapitals geringer als in einer Situation ohne Steuern. Ein geringeres Wertgrenzprodukt ergibt sich aber bei gegebenem Absatzpreis und Arbeitseinsatz nur dann, wenn der Kapitaleinsatz bei Besteuerung höher ist als ohne Steuern, da $F_{KK} \equiv \partial^2 F/\partial K^2 < 0$. Daraus folgt eine investitionsfördernde Wirkung durch diese Systeme, falls der entscheidungserhebliche Aktionär ein relativ hohes Einkommen bezieht.

Aktionäre mit geringerem Einkommen unterliegen einem niedrigeren Grenzsteuersatz, $t_r < t_e$. Sie werden die Fremdfinanzierung wählen. Die Finanzierungskosten betragen hier nach (4.53) und (4.58) $(1 - t_a)r$. Im unternehmerischen Investitionsoptimum gilt dann

$$\begin{aligned} (1 - t_a)(pF_K - \delta - r) &= 0 \\ \Leftrightarrow \qquad pF_K &= \delta + r. \end{aligned} \tag{4.66}$$

Nach Bedingung (4.66) wird die Investitionsentscheidung nicht verzerrt. Unter der Annahme, daß der persönliche Einkommensteuersatz des entscheidenden Aktionärs geringer als der Körperschaftsteuersatz ist, sind das klassische sowie das Vollanrechnungssystem investitionsneutral.

Cash–Flow–Steuer

Da im Cash–Flow–Steuersystem Investitionsausgaben direkt von der Bemessungsgrundlage abgezogen werden dürfen, steht bei der Kreditaufnahme einer Geldeinheit ein Finanzierungsspielraum von $1/(1-t)$ Geldeinheiten bereit. Die Ausgaben für Ersatzinvestitionen, die aufgrund des Verschleißes getätigt werden, dürfen ebenfalls sofort steuerlich geltend gemacht werden. Damit fallen für den Verschleiß, $\delta \Delta K = \delta/(1-t)$, des in der betrachteten Periode investierten Kapitals Kosten in Höhe von $(1-t)\delta/(1-t) = \delta$ an. Als Nettoausschüttung der durch eine Kreditaufnahme von einer Geldeinheit finanzierten Investitionen folgt:

$$\begin{aligned} (1-t)\left(\frac{pF_K}{1-t} - \frac{\delta}{1-t}\right) - r &= 0 \\ \Leftrightarrow \qquad pF_K &= \delta + r. \end{aligned} \tag{4.67}$$

Nach Gleichung (4.67) wird durch eine Cash–Flow–Steuer die Investitionsentscheidung nicht verzerrt.

Den Einfluß der verschiedenen Steuersysteme auf die Investitionsentscheidungen fassen wir zusammen als

Ergebnis 4.4.2 *Die Cash–Flow–Steuer wirkt immer investitionsneutral. Gilt beim klassischen sowie beim Vollanrechnungssystem* $t_e < t_r$, *so wird die Investitionstätigkeit über das effiziente Ausmaß gefördert. Ist* $t_e \geq t_r$, *wirken auch diese beiden Steuersysteme investitionsneutral.*

4.4.5 Praktische Überlegungen zu den Steuersystemen

Nachdem wir in den vorangegangenen Unterabschnitten die allokativen Wirkungen der unterschiedlichen Steuersysteme miteinander verglichen haben, wollen wir in diesem Unterabschnitt auf einige praktische Überlegungen eingehen. Ein in der Steuerpraxis wichtiges Kriterium beim Vergleich der verschiedenen Steuersysteme ist die Höhe des jeweils erwirtschafteten Steueraufkommens. Hier haben Berechnungen des *Meade Committees* (1978) oder von *Bach* (1993) gezeigt, daß alle Systeme in etwa gleich gut abschneiden. Sie sorgen alle für ein dauerhaftes und mit den volkswirtschaftlichen Kenngrößen ansteigendes Aufkommen.

Die Praktikabilität der Abschreibungsregeln hingegen benachteiligt die Systeme vom Schanz–Haig–Simons–Typ gegenüber der Cash–Flow–Steuer. Die beim klassischen und Vollanrechnungssystem anzuwendende **Ertragswertabschreibung** erfordert die Kenntnis des Zeitpfads der Restbarwerte einer Investition. Dessen Berechnung ist jedoch sehr schwierig, so daß es in der Praxis selten zu einer Abschreibung in Höhe der Ertragswertminderung kommt. Demgegenüber ist die **Sofortabschreibung** der Cash–Flow–Steuer völlig problemlos. Allerdings ist sie nicht mit dem **Leistungsfähigkeitsprinzip** zu vereinbaren, da die Minderung der Leistungsfähigkeit nur im Umfang der Ertragswertminderung einer Investition einsetzt.

Wollte man die Cash–Flow–Steuer tatsächlich einführen, stieße man auf das Problem eines radikalen Bruchs mit der geltenden Steuergesetzgebung. Nicht alleine, daß dann die steuerliche Belastung einbehaltener und ausgeschütteter Gewinne gleichgesetzt werden müßte, sondern insbesondere das Verbot des Abzugs von Schuldzinsen würde vermutlich auf wenig Akzeptanz stoßen. Ein weiteres Problem des Übergangs ergäbe sich daraus, daß mit der Diskussion um die Einführung einer Cash–Flow–Steuer alle Unternehmen ihre Investitionen aufschieben würden. Im Cash–Flow–Steuersystem könnten sie die sofortige Abschreibung ihrer Investitionsausgaben realisieren. Es dürfte sich als sehr schwierig erweisen, eine Lösung für einen glatten Übergang zu finden. Damit sind die Realisierungschancen für die Cash–Flow–Steuer äußerst gering.

Stellt man in Rechnung, daß eine Verwirklichung der effizienzsichernden Cash–Flow–Besteuerung kaum möglich ist, erscheint die Frage angebracht, welches der beiden vorgestellten traditionellen Steuersysteme vorteilhafter ist. Zwar lösen beide Systeme unmittelbare Allokationsverzerrungen aus. Unter allokativen Gesichtspunkten schneidet jedoch das klassische System gerade wegen seiner Doppelbelastung der Dividenden am besten ab, da dem Staat bei idealer Ausgestaltung eine ergiebige und zumindest für $t_r \leq t_e$ eine investitionsneutrale Einnahmequelle zur Verfügung steht, die es ermöglicht, die Verzerrungen durch Steuern mit einer hohen Zusatzlast zu reduzieren. Wird das klassische System von einer Besteuerung der Zinsen im Haushaltsbereich begleitet, gibt es allerdings Verzerrungen zwischen der Kapitalbildung im Haushaltssektor und der Kapitalverwendung im Unternehmenssektor, wie im nächsten Unterabschnitt erklärt wird. Des weiteren entsteht im klassischen System bei internationaler Unternehmensmobilität ein Standortnachteil für Länder, die hohe Unternehmenssteuern erheben (vgl. *Richter*, 1994, und *Wellisch*, 2000).

4.4.6 Besteuerung und effiziente intertemporale Allokation

In unserer bisherigen Betrachtung haben wir eine Partialanalyse angestellt, die nur die Entscheidungen der einzelnen Unternehmen berücksichtigte. Eine vollständige Analyse der Allokationswirkungen der Besteuerung kann allerdings nur im gesamtwirtschaftlichen Zusammenhang erfolgen. In diesem Unterabschnitt wollen wir daher neben den Investitionsentscheidungen auch das Sparverhalten der privaten Haushalte betrachten. Werden Zinsen nicht besteuert, so wählen Haushalte ihr intertemporales Konsumprofil derart, daß ihre Grenzrate der Substitution zwischen heutigem und zukünftigem Konsum, $MRS_{1,2}$, gerade dem Zinsfaktor, $1 + r$, entspricht, wie in Abschnitt 4.2 betont wurde. Dort haben wir aber auch gezeigt, daß bei Besteuerung der Zinseinkommen ein Keil zwischen die Grenzrate der Substitution und den Zinsfaktor getrieben wird, und das Haushaltsoptimum dann durch die Bedingung

$$MRS_{1,2} = 1 + (1 - t_r)r \qquad \Leftrightarrow \qquad MRS_{1,2} - 1 = (1 - t_r)r \tag{4.68}$$

gekennzeichnet ist. Während im Pareto–Optimum die Grenzrate der Substitution der Grenzrate der Transformation, $MRT_{1,2} = 1 + (pF_K - \delta)$, entsprechen muß, wird diese Bedingung im klassischen und Vollanrechnungssystem verletzt, und zwar selbst dann, wenn für sich betrachtet bei relativ geringem persönlichen Steuersatz des repräsentativen Anteilseigners, $t_r \leq t_e$, die Investitionsentscheidungen nicht verzerrt werden. In diesem Falle folgt

$$pF_K - \delta = r = \frac{MRS_{1,2} - 1}{1 - t_r} > MRS_{1,2} - 1. \tag{4.69}$$

Da die Besteuerung der Zinsen den heutigen Konsum begünstigt, wird tendenziell die Ersparnis gehemmt. Aus dem Rückgang der Ersparnisse ergibt sich eine rückläufige Kapitalbildung, und die intertemporale Allokationsverzerrung führt somit zu Wachstumseinbußen, obwohl das Steuersystem die Investitionsentscheidungen nicht verzerrt. Eine durch die Zinsbesteuerung gehemmte Kapitalbildung führt des weiteren zu geringeren Marktlöhnen, wenn die Grenzproduktivität des Faktors Arbeit bei sinkendem Kapitalstock fällt, $F_{NK} > 0$, und zu einem rückläufigen Arbeitseinsatz, wenn das Arbeitsangebot mit steigendem Lohn zunimmt.

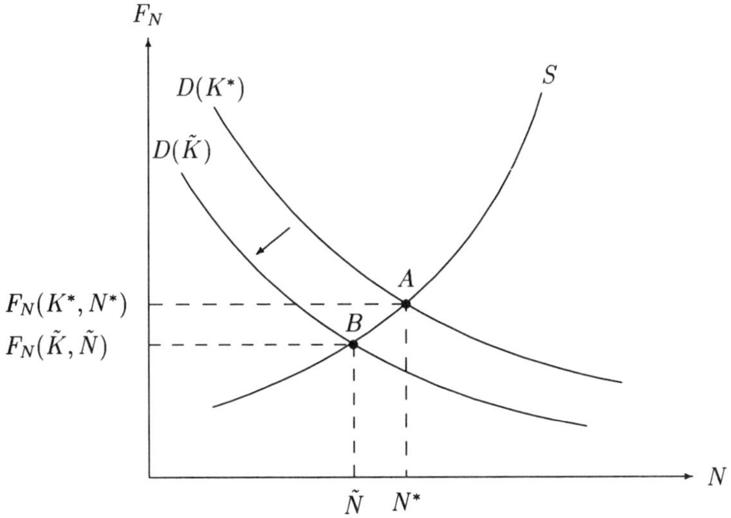

Abb. 4.11: Einfluß der Steuersysteme auf Beschäftigung und Marktlöhne

Die Auswirkungen der verschiedenen Steuersysteme auf den Arbeitsmarkt sind in Abbildung 4.11 dargestellt, wobei S die Arbeitsangebotskurve und D die Arbeitsnachfragekurve kennzeichnet, die der Grenzproduktivität der Arbeit bei einem bestimmten Kapitalstock entspricht. Werden die Zinsen wie bei einem Cash–Flow–Steuersystem nicht besteuert, kommt es zu keiner wachstumshemmenden Allokationsverzerrung. Der Kapitalstock bleibt unverändert auf dem effizienten Niveau K^*. Das Gleichgewicht auf dem Arbeitsmarkt wird weiterhin durch A beschrieben. Die Höhe der **gesamtwirtschaftlichen Beschäftigung** ist mit N^* auf effizientem Niveau. Auch die Marktlöhne, $F_N(K^*, N^*)$, bleiben unbeeinflußt. Bei einem Schanz–Haig–Simons–System wird die Kapitalbildung durch die Zinsbesteuerung auf $\tilde{K}$ zurückgedrängt, so daß sich die Nachfrage nach Arbeit zu jedem beliebigen Marktlohn reduziert, dargestellt durch eine Verschiebung der Arbeitsnachfragekurve von $D(K^*)$ auf $D(\tilde{K})$ nach unten. Es kommt zu einem neuen Gleichgewicht B bei einer geringeren gesamtwirtschaftlichen Beschäftigung $\tilde{N}$ und gesunkenen Löhnen $F_N(\tilde{K}, \tilde{N})$.

Die Resultate dieses Unterabschnitts fassen wir abschließend zusammen in

Ergebnis 4.4.3 *Ein Cash–Flow–Steuersystem verzerrt die intertemporale Allokation der Ressourcen nicht. Dagegen erfassen Steuersysteme vom Schanz–Haig–Simons Typ Zinseinkünfte und verzerren so die intertemporale Allokation. Sie sind wachstumshemmend.*

Durch die zunehmende wirtschaftliche Integration von Ländern, z.B. in der EU, sind die Wirkungen nationaler Steuersysteme jedoch nicht nur auf ein Land beschränkt. Daher geht es im nächsten Kapitel um die Vorstellung internationaler Besteuerungsverfahren und die Frage, wie die Besteuerung von Waren und Faktoreinkünften die internationale Allokation der Ressourcen beeinflußt.

Literaturempfehlungen zu Kapitel 4

Empfohlene Lehrbuchliteratur:

Atkinson, Anthony B. und Joseph E. Stiglitz (1980), *Lectures on Public Economics*, McGraw–Hill, New York, Kapitel 2, 3, 4 und 5.

Boadway, Robin W. und David E. Wildasin (1984), *Public Sector Economics*, 2. Aufl., Little Brown and Company, Boston, Kapitel 11.

Rosen, Harvey S. (1995), *Public Finance*, 4. Aufl., Irwin, Chicago, Kapitel 14 und 15.

Zitierte und vertiefende Literatur:

Bach, Stefan (1993), *Die Idee der Cash-flow-Steuer vor dem Hintergrund des gegenwärtigen Steuersystems*, Duncker & Humblot, Berlin.

Barro, Robert J. (1974), „Are Government Bonds Net Wealth?", *Journal of Political Economy 82*, S. 1095–1117.

Brown, E.C. (1948), „Business-Income Taxation and Investment Incentives", in: L.A. Metzler, E.D. Domar et al. (Hrsg.), *Income, Employment and Public Policy*, Essays in Honor of A.H. Hansen, W.W. Norton & Company, New York.

Buchholz, Wolfgang und Wolfgang Wiegard (1991), „Einfache Wahrheiten über intertemporal neutrale Besteuerung", in: J. Wahl (Hrsg.), *Steuerpolitik vor neuen Aufgaben*, Transferverlag, Regensburg, S. 11 – 47.

Domar, Evsey D. und Richard A. Musgrave (1944), „Proportional Income Taxation and Risk Taking", *Quarterly Journal of Economics 58*, S. 387–422.

Drèze, Jacques H. und Franco Modigliani (1972), „Consumption Decisions under Uncertainty", *Journal of Economic Theory 5*, S. 308–335.

Drèze, Jacques H. (1989), „The Role of Securities and Labour Contracts in the Optimal Allocation of Risk-Bearing", *CORE Discussion Paper 8908*, Louvain-La-Neuve.

Kay, John A. und Mervyn A. King (1978), *The British Tax System*, Oxford University Press, London.

Konrad, Kai A. (1992), *Risikoproduktivität*, Springer, Berlin.

Meade Committee (1978), *The Structure and Reform of Direct Taxation*, Report of a Committee Chaired by Professor J.E. Meade, The Institute for Fiscal Studies, London.

Richter, Wolfram F. (1994), „The Efficient Allocation of Local Public Factors in Tiebout's tradition", *Regional Science and Urban Economics 24*, S. 323–340.

Sandmo, Agnar (1985), „The Effects of Taxation on Savings and Risk Taking", in: A.J. Auerbach und M. Feldstein (Hrsg.), *Handbook of Public Economics I*, Elsevier–North Holland, Amsterdam, S. 265–311.

Sinn, Hans Werner (1984), „Systeme der Kapitaleinkommensbesteuerung: ein allokationstheoretischer Vergleich", in: D. Bös, M. Rose und Ch. Seidl (Hrsg.), *Beiträge zur neueren Steuertheorie*, Berlin, S. 209–238.

Stigler, George J. (1961), „Imperfections in the Capital Market", *Journal of Political Economy 85*, S. 287–292.

Stiglitz, Joseph E. und Andrew Weiss (1981), „Credit Rationing in Markets with Imperfet Information", *American Economic Review 71*, S. 393–410.

Wellisch, Dietmar (2000), *Theory of Public Finance in a Federal State*, Cambridge University Press, Cambridge, Mass.

Kapitel 5

Besteuerung und internationale Allokation

Im Zuge der zunehmenden wirtschaftlichen Integration der Mitgliedsländer der EU hat sich ein europäischer Binnenmarkt gebildet, der sich seit dem 1.1.1993 durch die **vier ökonomischen Grundfreiheiten**, der Freizügigkeit des Personen-, Waren-, Dienstleistungs- und Kapitalverkehrs, auszeichnet. Daher ist die Frage der steuerlichen Behandlung der im Binnenmarkt erzielten Umsätze und Einkünfte von zentraler Bedeutung. Die Freizügigkeit soll zu effizienten Produktionsstrukturen innerhalb Europas führen und nicht durch unabgestimmte steuerliche Vorschriften behindert werden. Vor diesem Hintergrund werden in den folgenden drei Abschnitten die Besteuerung des internationalen Handels, ausländischer Faktoreinkommen sowie der Personen, die eine Wohnsitzverlagerung planen, untersucht. Nach einer Beschreibung der Besteuerungsmöglichkeiten sollen die resultierenden Allokationswirkungen aufgezeigt werden. Im Anschluß daran findet sich eine Bestandsaufnahme der heute praktizierten Besteuerung in der EU.

5.1 Besteuerung des internationalen Handels

In diesem Abschnitt wollen wir die Besteuerung des internationalen Handels in einem integrierten Markt untersuchen, in dem Konsum- und Investitionsgüter frei handelbar sind, deren Besteuerung allerdings nach nationalem Recht erfolgt. Da die auf den Warenverkehr erhobene Umsatzsteuer in Deutschland und anderen EU-Ländern die nach der Einkommensteuer wichtigste Einnahmequelle unter den Abgaben darstellt –

1997 trug die Umsatzsteuer inklusive der Einfuhrumsatzsteuer gut 28% und die Einkommensteuer ca. 40% zu den gesamten Steuereinnahmen in Deutschland bei (vgl. Tabelle 1.1) –, kann ihr Einfluß auf den internationalen Handel von großer Bedeutung sein. Zunächst wollen wir die zwei grundlegenden Besteuerungsmöglichkeiten für den internationalen Warenaustausch, das **Bestimmungslandprinzip** (BLP) und das **Ursprungslandprinzip** (ULP), beschreiben, bevor wir ihre allokativen Eigenschaften untersuchen.

5.1.1 Besteuerungsmöglichkeiten

Da mit der Verwirklichung des EU–Binnenmarktes alle Zollformalitäten im grenzüberschreitenden Warenverkehr entfielen, soll auch eine neue Form der Besteuerung des internationalen Warenverkehrs gefunden werden. Das bislang geltende BLP, bei dem der Verbrauch von Waren letztlich mit der Umsatzsteuer des Landes, in dem der Endverbraucher wohnt, belastet wird, soll durch das ULP ersetzt werden. Dieses Besteuerungsprinzip belastet den Verbrauch mit der Steuer des Landes, in dem der letzte Unternehmer in der Produktionskette seinen Sitz hat.

Das BLP wurde bis zum 1.1.1993 mittels des sogenannten **Grenzausgleichs** durchgeführt, bei dem der Warenverkehr innerhalb der EU an den Zolldienststellen bescheinigt wurde. Aufgrund dieser Bescheinigung erfolgte eine Umsatzsteuerentlastung im Exportland und eine Umsatzsteuerbelastung im Importland zu den dort geltenden Sätzen. Da das BLP bis heute weiter angewendet wird, ist es seit dem Wegfall der Grenzkontrollen notwendig geworden, ein anderes innergemeinschaftliches EDV–gestütztes Kontrollsystem zu schaffen, um durch einen Nachweis der grenzüberschreitenden Warenbewegung eine Entlastung im Exportland und eine Belastung im Importland sicherzustellen. Allerdings soll das BLP mit alternativem Kontrollsystem nur vorübergehend gelten. Mittelfristig will die EU die Umstellung auf das ULP durchsetzen, da im Gegensatz zum BLP keine Grenzkontrollen notwendig sind und es somit besser der Idee eines einheitlichen Marktes ohne Grenzen entspricht. Der gesamte grenzüberschreitende Warenverkehr innerhalb der EU wird beim ULP wie inländischer Umsatz behandelt. Um einen in einem anderen Mitgliedsland ansässigen Unternehmer als Leistungsempfänger nicht doppelt mit der Umsatzsteuer zu belasten, bestehen zwei Alternativen. Die erste ist der Vorumsatzabzug, bei dem der Wert der aus einem anderen Mitgliedstaat bezogenen Waren und Dienstleistungen von den im Empfängerland steuerpflichtigen Umsätzen abzusetzen ist. Damit wird effektiv die Wertschöpfung im Land des Leistungsempfängers besteuert. Die zweite Möglichkeit ist das „Gemeinsamer–Markt–Prinzip". Hier ist die im anderen Mitgliedsland entrichtete Umsatzsteuer als Vorsteuer im eigenen Land abzuziehen. Die weitere Besteuerung richtet sich bei beiden Alternativen nach den Regeln des Leistungsempfängerlands.

5.1.2 Allokationswirkungen

Nach dieser groben Beschreibung der Besteuerungsmöglichkeiten des grenzüberschreitenden Warenverkehrs wollen wir nun untersuchen, welche allokativen Eigenschaften das BLP und das ULP aufweisen (vgl. auch *Sinn*, 1990). Für diesen Zweck bestimmen wir als erstes die **effiziente internationale Allokation** als Vergleichsmaßstab. Anschließend sollen zwei Fälle unterschieden werden. Im ersten Fall werden nur Konsumgüter gehandelt, die der Umsatzsteuer unterliegen. Im zweiten Fall wird zusätzlich auch der Handel mit Investitionsgütern betrachtet, auf die effektiv keine Umsatzsteuer erhoben wird. In beiden Fällen wollen wir untersuchen, ob das BLP oder das ULP zu Verzerrungen führen.

Effiziente Allokation ohne Besteuerung

Im folgenden betrachten wir eine Föderation, die aus zwei Ländern, D (Deutschland) und F (Frankreich), besteht, wobei diese beiden Länder vereinfachend die EU darstellen sollen. Jedes Land produziert zwei homogene Güter, X und Y, und betreibt mit diesen Handel. In beiden Ländern lebt jeweils ein repräsentativer Haushalt, dessen Nutzen $U^i = U^i(x_i, y_i)$, $i = D, F$, von den von ihm konsumierten Gütern, $x_i \in \{X_D \cup X_F\}$ und $y_i \in \{Y_D \cup Y_F\}$, abhänge, wobei X_i und Y_i die produzierten Mengen der beiden Güter in den jeweiligen Ländern bezeichnen. Die **gesamtwirtschaftliche Transformationskurve** des Landes i sei durch

$$H^i(X_i, Y_i) = 0, \quad i = D, F, \tag{5.1}$$

gegeben. Eine effiziente internationale Allokation ist dann erreicht, wenn der Nutzen des Haushalts des einen Landes sich nicht mehr erhöhen läßt, ohne den Nutzen des Haushalts im anderen Land zu vermindern. Als weitere Nebenbedingungen sind die maximale Ausschöpfung der Produktionsmöglichkeiten und die Räumung der Gütermärkte einzuhalten. Zur Ableitung einer effizienten Allokation versetzen wir uns in die Lage eines sozialen Planers, der die Geschicke der beiden Länder wohlwollend regelt.

Er maximiert die Zielfunktion des Landes F

$$\max U^F(x_F, y_F), \tag{5.2}$$

durch die Wahl von x_i, y_i, X_i, Y_i für $i = D, F$ unter den Nebenbedingungen

$$U^D(x_D, y_D) = \bar{U}^D, \tag{5.3}$$

$$H^i(X_i, Y_i) = 0, \quad i = D, F, \tag{5.4}$$

$$X_D + X_F = x_D + x_F, \tag{5.5}$$

$$Y_D + Y_F = y_D + y_F, \tag{5.6}$$

wobei $\bar{U}^D$ ein beliebiger positiver Nutzen des deutschen Haushalts ist, den der Planer anstrebt. Als notwendige Bedingungen für einen effizienten Zustand ergeben sich aus der Optimierung, die mit Hilfe des Lagrange–Ansatzes durchgeführt werden kann:

$$\frac{U_x^D}{U_y^D} = \frac{U_x^F}{U_y^F}, \tag{5.7}$$

$$\frac{H_X^D}{H_Y^D} = -\frac{dY_D}{dX_D} = -\frac{dY_F}{dX_F} = \frac{H_X^F}{H_Y^F} \qquad \text{und} \tag{5.8}$$

$$\frac{U_x^i}{U_y^i} = -\frac{dY}{dX} = \frac{H_X^i}{H_Y^i}, \quad i = D, F, \tag{5.9}$$

wobei partielle Ableitungen durch tiefgestellte Indizes gekennzeichnet sind. Das internationale Tauschoptimum (5.7) erfordert, daß die Grenzraten der Substitution im Konsum für die Haushalte der beiden Länder übereinstimmen. Das internationale Produktionsmaximum ist nach (5.8) erreicht und somit die Produktion der Güter X und Y effizient auf die beiden Länder verteilt, wenn die Grenzraten der Transformation, H_X^i/H_Y^i, der beiden Länder einander entsprechen. Die sich ergebende Allokation ist nach (5.9) auch global effizient, wenn die für die beiden Haushalte identische Grenzrate der Substitution im Konsum der Grenzrate der Transformation der beiden Güter in beiden Ländern entspricht.

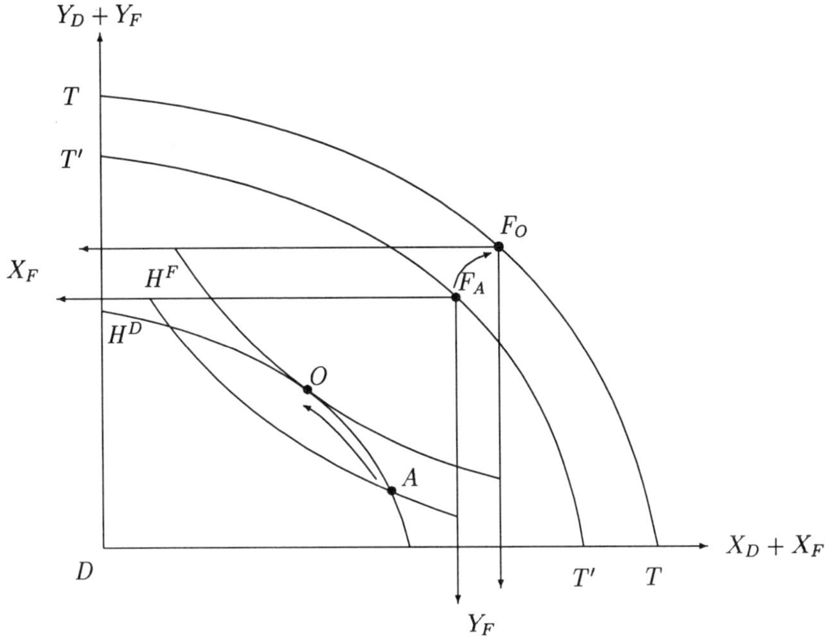

Abb. 5.1: Internationales Produktionsmaximum

In Abbildung 5.1 ist das internationale Produktionsmaximum dargestellt. Im Innern der Abbildung befinden sich die länderspezifischen Transformationskurven, H^F – das sind alternativ die beiden konvexen Kurven – und H^D, deren Steigungen die Transformationsraten zwischen den beiden produzierten Gütern angeben. Ihr Ursprung liegt in D bzw. in einem der F–Punkte, F_A oder F_O. Die Achsen dieser inneren Koordinatensysteme messen die Menge der im jeweiligen Land erzeugten Güter X_i und Y_i. Von Punkt D aus gesehen wird die deutsche Produktion von X auf der Abszisse und von Y auf der Ordinate abgetragen. Ausgehend von Punkt F_A bzw. F_O wird die in Frankreich produzierte Menge von X auf dem horizontalen Vektor und Y auf dem vertikalen Vektor des jeweiligen Koordinatensystems gemessen. Die Bedingung für ein **internationales Produktionsmaximum** (5.8) verlangt nun, daß die Steigungen der beiden Transformationskurven, H^D und H^F, identisch sind. In Punkt A ist diese Bedingung nicht erfüllt, da sich die **Transformationskurven** schneiden. Die aggregierte Produktion in beiden Ländern wird im großen Koordinatensystem eingezeichnet, dessen Achsen die Mengen der gesamten X– bzw. Y–Produktion wiedergeben. Die durch F_A angegebene aggregierte Produktion einer durch die Produktionsaufteilung A

gekennzeichneten Situation liegt somit nicht auf der maximal möglichen aggregierten Transformationskurve, TT, sondern nur auf einer inferioren **Produktionsmöglichkeitenkurve**, $T'T'$. Obwohl sich die einzelwirtschaftliche Produktion in beiden Ländern in A auf den technisch möglichen Transformationskurven H^D und H^F befindet, ist die Aufteilung der Güterproduktion zwischen den beiden Ländern in F_A nicht effizient. Es ist möglich, die aggregierte Produktion bei gleichem Faktoreinsatz auf F_O auszudehnen. Diese Produktionsstruktur liegt auf der technisch möglichen aggregierten Transformationskurve TT, da sich die Transformationskurven der beiden Länder in O tangieren.

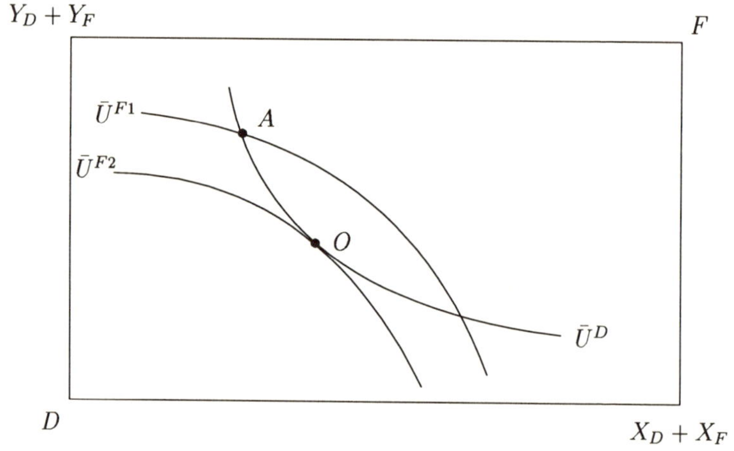

Abb. 5.2: Internationales Tauschoptimum

Das **internationale Tauschoptimum** wird mit Hilfe der **Edgeworth–Box** in Abbildung 5.2 verdeutlicht. In diesem Güterraum befinden sich alle möglichen Kombinationen, wie die aggregierte Produktion von X und Y auf die beiden Länder D und F aufgeteilt werden kann. Ausgehend vom Ursprung D erhöht sich der Nutzen des repräsentativen Haushalts in Land D, wenn man ihm mehr Güter zuführt, während der Nutzen des Haushalts aus Land F von dessen Ursprung F ausgehend zunimmt. Ein bestimmter Nutzen wird durch die Indifferenzkurven $\bar{U}^i$, $i = D, F$, gekennzeichnet. Ein effizienter Gütertausch ist bei einer Güteraufteilung in A noch nicht erreicht. Denn ohne den Haushalt in Land D schlechter zu stellen, d.h. bei einer Bewegung entlang dessen Indifferenzkurve $\bar{U}^D$, kann der Nutzen des Einwohners des Landes F durch eine Umverteilung der Güter von $\bar{U}^{F1}$ auf $\bar{U}^{F2}$ erhöht werden. Dieser Pareto-verbessernde Gütertausch zwischen den Ländern ist erst in O nicht mehr möglich, da sich die Indifferenzkurven der beiden Haushalte tangieren. Wie die notwendige Bedingung (5.7) verlangt, sind dort die Grenzraten der Substitution in beiden Ländern identisch.

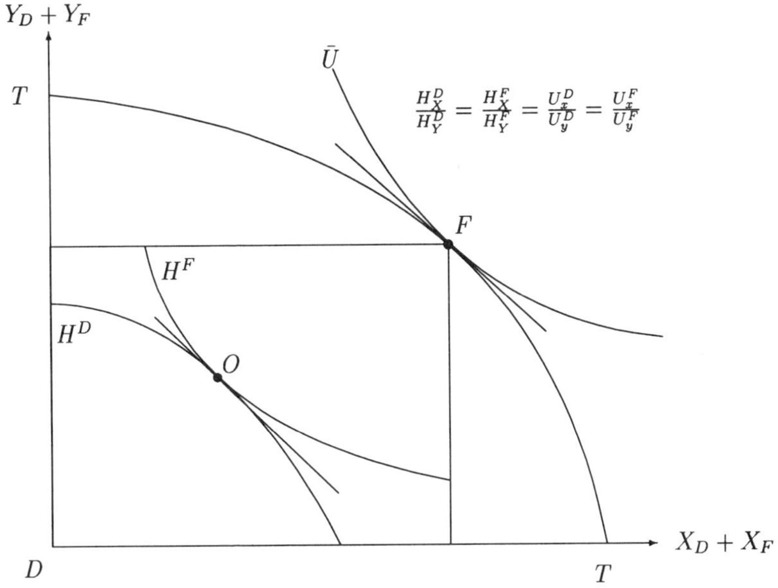

Abb. 5.3: Globales Allokationsoptimum bei internationalem Handel

Die **globale internationale Allokationseffizienz** ist erreicht, wenn die internationale Produktion den Wünschen der Konsumenten in beiden Ländern bestmöglich entspricht. Sie setzt natürlich die effiziente Produktionsstruktur und den effizienten Tausch voraus. Ein internationales Allokationsoptimum wird durch Abbildung 5.3 wiedergegeben. Die Kurve TT gibt darin wiederum die technisch mögliche Transformationskurve der aggregierten Produktion in beiden Ländern an. In Punkt F ist ein internationales Produktionsoptimum erreicht. Hier werden die Produktionsfaktoren der beiden Länder gerade so zur Produktion beider Güter eingesetzt, daß sich die länderspezifischen Transformationskurven in O tangieren. Die Grenzrate der Transformation von Land F stimmt also mit der von Land D überein. Außerdem muß die durch Punkt F gekennzeichnete aggregierte Produktion derart auf die Haushalte der beiden

Länder aufgeteilt werden, daß deren Indifferenzkurven die gleiche Steigung haben. Um ein globales Allokationsoptimum zu sichern, müssen nun nach Bedingung (5.9) zusätzlich die Steigungen der Indifferenzkurven der Steigung der Transformationskurve in F entsprechen. Nur dann kommt es zu der geforderten Angleichung der Grenzraten der Transformation und der Substitution in beiden Ländern.

Nachdem wir die Bedingungen der effizienten Allokation hergeleitet haben, wollen wir untersuchen, ob die Besteuerung des internationalen Handels diese Bedingungen verletzt oder insoweit neutral ist.

Einheitliche Besteuerung aller Güter

Als erstes betrachten wir den Fall, bei dem die beiden Güter, X und Y, als Konsumgüter angesehen werden können. Sie werden mit einem einheitlichen, jedoch national unterschiedlichen Umsatzsteuersatz in Höhe von t^D bzw. t^F belegt. Zusätzlich nehmen wir an, daß die Produktion unter den Bedingungen vollkommener Konkurrenz in beiden Sektoren erfolgt. Wir bezeichnen mit p_X^i und p_Y^i, $i = D, F$, die Produzentenpreise beider Güter in Euro. Wie wir aus Kapitel 2 des Bandes „Finanzwissenschaft I: Rechtfertigung der Staatstätigkeit“ wissen, folgt aus der Gewinnmaximierung der Produzenten bei vollkommenem Wettbewerb, daß die Produzentenpreisverhältnisse gerade den jeweiligen Grenzraten der Transformation entsprechen:

$$\frac{H_X^D}{H_Y^D} = \frac{p_X^D}{p_Y^D}, \qquad \frac{H_X^F}{H_Y^F} = \frac{p_X^F}{p_Y^F}. \tag{5.10}$$

Da nur die Produzenten– oder Vor–Steuer–Preise den Gewinn beeinflussen, sind sie für die Unternehmen maßgebend. Allerdings ist das Verhalten der Haushalte entscheidend von der Besteuerung des Verbrauchs abhängig.

Haushaltsverhalten und Bestimmungslandprinzip

Bei Anwendung des BLP fällt auf alle Konsumgüter die Umsatzsteuer mit dem Steuersatz des Verbraucherlandes an und zwar unabhängig davon, wo sie hergestellt werden. Grundsätzlich müssen sich bei internationalem Handel die Konsumentenpreise innerhalb eines jeden Sektors angleichen, da sonst das Konsumgut eines Landes billiger wäre als das des anderen und folglich auch nur dieses gekauft würde. Aus Sicht eines deutschen Konsumenten dürfen sich die Bruttopreise französischer und deutscher

Waren also nicht unterscheiden:

$$p_X^D(1+t^D) = p_X^F(1+t^D) \quad \Leftrightarrow \quad p_X^D = p_X^F \tag{5.11}$$

$$p_Y^D(1+t^D) = p_Y^F(1+t^D) \quad \Leftrightarrow \quad p_Y^D = p_Y^F. \tag{5.12}$$

Bei Anwendung des BLP kommt es somit nicht nur zu gleichen Konsumentenpreisen, sondern auch zum Ausgleich der Produzentenpreise. Die Nutzenmaximierung der Konsumenten führt dazu, daß ihre Grenzrate der Substitution gerade dem Konsumentenpreisverhältnis entspricht. Daher folgt unter Verwendung von (5.10) – (5.12):

$$\frac{U_x^D}{U_y^D} = \frac{p_X^D(1+t^D)}{p_Y^D(1+t^D)} = \frac{p_X^F(1+t^F)}{p_Y^F(1+t^F)} = \frac{U_x^F}{U_y^F} = \frac{H_X^D}{H_Y^D} = \frac{H_X^F}{H_Y^F}. \tag{5.13}$$

Unterliegen alle Güter in den einzelnen Ländern der Umsatzsteuer mit einheitlichem Steuersatz, der sich allerdings zwischen den Ländern unterscheiden kann, sichert die Anwendung des BLP das globale Allokationsoptimum.

Haushaltsverhalten und Ursprungslandprinzip

Betrachten wir im Gegensatz dazu das Haushaltsverhalten beim ULP. Hier werden die Verbraucher mit der Steuer des Exportlandes belastet. Zwangsläufig müssen auch hier aufgrund der **Arbitrage** die Konsumentenpreise in den jeweiligen Sektoren einander entsprechen. Aus Sicht eines deutschen oder französischen Verbrauchers folgt:

$$\left.\begin{array}{rcl} p_X^D(1+t^D) &=& p_X^F(1+t^F) \\ p_Y^D(1+t^D) &=& p_Y^F(1+t^F) \end{array}\right\} \Rightarrow \frac{p_X^D}{p_Y^D} = \frac{p_X^F}{p_Y^F}. \tag{5.14}$$

Auch beim ULP kommt es zu einer Angleichung der relativen Produzentenpreise. Aus der Nutzenmaximierung der Haushalte folgt wiederum die Angleichung der Grenzrate der Substitution im Konsum an das Konsumentenpreisverhältnis. Analog zum BLP ergibt sich unter Verwendung von (5.10) und (5.14):

$$\frac{U_x^D}{U_y^D} = \frac{p_X^D(1+t^D)}{p_Y^D(1+t^D)} = \frac{p_X^F(1+t^F)}{p_Y^F(1+t^F)} = \frac{U_x^F}{U_y^F} = \frac{H_X^D}{H_Y^D} = \frac{H_X^F}{H_Y^F}. \tag{5.15}$$

Unterliegen alle Güter in einem Land der nationalen Umsatzsteuer mit einheitlichen Steuersätzen, wird auch unter Anwendung des ULP das globale Allokationsoptimum erreicht.

Wir wollen die Resultate dieses Abschnitts festhalten in

Ergebnis 5.1.1 *Unterliegen alle Güter der nationalen Umsatzsteuer mit einheitlichen Steuersätzen, sichern das BLP und das ULP globale Effizienz.*

Unterschiedliche Besteuerung von Gütern

Der oben angenommene Fall einer einheitlichen Umsatzbesteuerung aller Waren ist in der Besteuerungspraxis nicht vorzufinden. Beispiele dazu sind nicht zuletzt die vielen verschiedenen speziellen Verbrauchsteuern, die neben der Umsatzsteuer auf einige Güter wie Alkohol, Mineralöl und Tabakerzeugnisse erhoben werden. Zum anderen sind einige Konsumgüter, insbesondere Lebensmittel, in den EU–Ländern mit einem ermäßigten Umsatzsteuersatz belegt, andere gar umsatzsteuerfrei, während der Rest der Konsumgüter der normalen Umsatzbesteuerung unterliegt. Die wichtigste Abweichung ist jedoch im Verhältnis von Konsum– und Investitionsgütern vorzufinden. Während erworbene Investitionsgüter im Unternehmenssektor verbleiben und nach deutschem Recht gemäß § 15 UStG durch den Vorsteuerabzug von der Umsatzsteuer freigestellt sind, unterliegen Konsumgüter der Umsatzsteuer, da Verbraucher keinen Vorsteuerabzug geltend machen können. Eine entsprechende Regelung gilt auch in den anderen EU–Staaten. Um unsere Analyse bei unterschiedlicher Besteuerung nicht unnötig zu erschweren, nehmen wir an, daß das Güterbündel Y nur aus Investitionsgütern oder Erzeugnissen besteht, die von der Umsatzsteuer befreit sind, und die Waren des Konsumgüterbündels X der Umsatzsteuer mit dem einheitlichen Steuersatz t^i, $i = D, F$, unterliegen.

Im Produktionsbereich ändert sich nichts. Konsum– und Investitionsgüter werden bei vollkommenem Wettbewerb hergestellt, und die Grenzrate der Transformation entspricht wieder dem Produzentenpreisverhältnis:

$$\frac{H_X^D}{H_Y^D} = \frac{p_X^D}{p_Y^D}, \qquad \frac{H_X^F}{H_Y^F} = \frac{p_X^F}{p_Y^F}. \tag{5.16}$$

Nachfrage und Bestimmungslandprinzip

Unternehmer als Nachfrager von Investitionsgütern und Haushalte als Nachfrager von Konsumgütern sorgen für eine Angleichung der Preise der jeweiligen Güter. Im **Arbitrage–Gleichgewicht** ergibt sich somit aus der Sicht deutscher Nachfrager bei Anwendung des BLP

$$\left.\begin{array}{rcl} p_Y^D & = & p_Y^F \\ p_X^D(1+t^D) & = & p_X^F(1+t^D) \\ \Leftrightarrow \quad p_X^D & = & p_X^F \end{array}\right\} \Rightarrow \frac{p_X^D}{p_Y^D} = \frac{p_X^F}{p_Y^F}. \tag{5.17}$$

Auch die Produzentenpreise der Güter beider Sektoren sind beim BLP über die Länder identisch. Somit stimmen die Grenzraten der Transformation überein, und die Produktionsstrukturen werden nicht verzerrt.

Interpretiert man jedoch das Güterbündel Y als steuerbefreite Konsumgüter, so wird zwar die Bedingung für ein internationales Produktionsoptimum (5.17) nicht verletzt. Allerdings wird aufgrund der einseitigen Besteuerung das globale Allokationsoptimum verfehlt, da die Produzentenpreisverhältnisse sich von den Konsumentenpreisverhältnissen unterscheiden,

$$\frac{U_x^i}{U_y^i} = \frac{p_X^i(1+t^i)}{p_Y^i} > \frac{p_X^i}{p_Y^i} = \frac{H_X^i}{H_Y^i}, \quad i = D, F. \tag{5.18}$$

Darüber hinaus wird auch die Bedingung des effizienten Tauschs verletzt,

$$\frac{U_x^D}{U_y^D} = \frac{p_X^D(1+t^D)}{p_Y^D} \neq \frac{p_X^F(1+t^F)}{p_Y^F} = \frac{U_x^F}{U_y^F} \quad \text{für} \quad t^D \neq t^F. \tag{5.19}$$

Dieses Resultat überrascht nicht, da durch die Ausklammerung einiger Konsumgüter von der Bemessungsgrundlage die Umsatzsteuer einer **speziellen Verbrauchsteuer** entspricht und diese wiederum die Allokation verzerrt, wie wir ausführlich in Abschnitt 3.1 abgeleitet haben.

Nachfrage und Ursprungslandprinzip

Wird nun das ULP bei der grenzüberschreitenden Besteuerung der Umsätze praktiziert, folgt durch Güterarbitrage:

$$\left.\begin{array}{rcl} p_Y^D & = & p_Y^F \\ p_X^D(1+t^D) & = & p_X^F(1+t^F) \end{array}\right\} \Rightarrow \frac{p_X^D}{p_Y^D} \neq \frac{p_X^F}{p_Y^F} \quad \text{für} \quad t^D \neq t^F. \tag{5.20}$$

Bei unterschiedlicher steuerlicher Behandlung der Konsum– und Investitionsgüter sorgt die Güterarbitrage nicht für eine Angleichung der Produzentenpreisverhältnisse. Demzufolge stimmen die Grenzraten der Transformation nicht überein, und das ULP führt zu keiner effizienten Produktionsaufteilung zwischen Konsum– und Investitionsgütern und damit auch zu keiner effizienten internationalen Allokation. Angewandt auf den speziellen Fall der Länder Deutschland und Frankreich folgt

$$\frac{H_X^D}{H_Y^D} = \frac{p_X^D}{p_Y^D} > \frac{p_X^F}{p_Y^F} = \frac{H_X^F}{H_Y^F}$$

für 16% $= t^D < t^F =$ 20,6%. Hierzu sei angemerkt, daß die Spanne zwischen dem niedrigsten und dem höchsten **Umsatzsteuersatz in der EU** beträchtlich ist. So hat Deutschland nach Luxemburg den zweitniedrigsten Umsatzsteuersatz innerhalb der EU, während Dänemark und Schweden mit 25% den höchsten Steuersatz haben.

Interpretieren wir wiederum das Güterbündel Y als steuerbefreite Konsumgüter, so wird zwar das Tauschoptimum erreicht,

$$\frac{U_x^D}{U_y^D} = \frac{p_X^D(1+t^D)}{p_Y^D} = \frac{p_X^F(1+t^F)}{p_Y^F} = \frac{U_x^F}{U_y^F}, \tag{5.21}$$

das globale Allokationsoptimum allerdings verfehlt, da die Umsatzsteuer erneut einer speziellen Verbrauchsteuer entspricht:

$$\frac{U_x^i}{U_y^i} = \frac{p_X^i(1+t^i)}{p_Y^i} > \frac{p_X^i}{p_Y^i} = \frac{H_X^i}{H_Y^i}, \quad i = D, F. \tag{5.22}$$

Den Einfluß des BLP und des ULP auf die Produktion in beiden Ländern wollen wir in Abbildung 5.4 darstellen, die Abbildung 5.1 folgt. Wir konzentrieren uns dabei auf den Fall **steuerbefreiter Investitionsgüter**, Y.

Für das BLP haben wir soeben abgeleitet, daß das internationale Produktionsmaximum erreicht wird. Dies erkennen wir jetzt auch aus Abbildung 5.4. Die Anwendung des BLP sorgt dafür, daß die Produzentenpreisverhältnisse beider Länder übereinstimmen. Demzufolge haben die Transformationskurven H^D und H^F identische Steigungen und tangieren sich im Punkt BLP. Die Folge ist eine effiziente Produktionsaufteilung zwischen den Ländern, die durch F_{BLP} auf der aggregierten Transformationskurve TT abgebildet wird.

Wird dagegen das ULP praktiziert, ist die **Spezialisierung der Länder** auf die beiden Güter X und Y nicht effizient. Das ULP führt zu einer Abweichung der Produzentenpreisverhältnisse zwischen den Ländern und somit zu einer z.B. durch den Punkt ULP gekennzeichneten Allokation, bei der sich die Transformationskurven der beiden Länder schneiden.

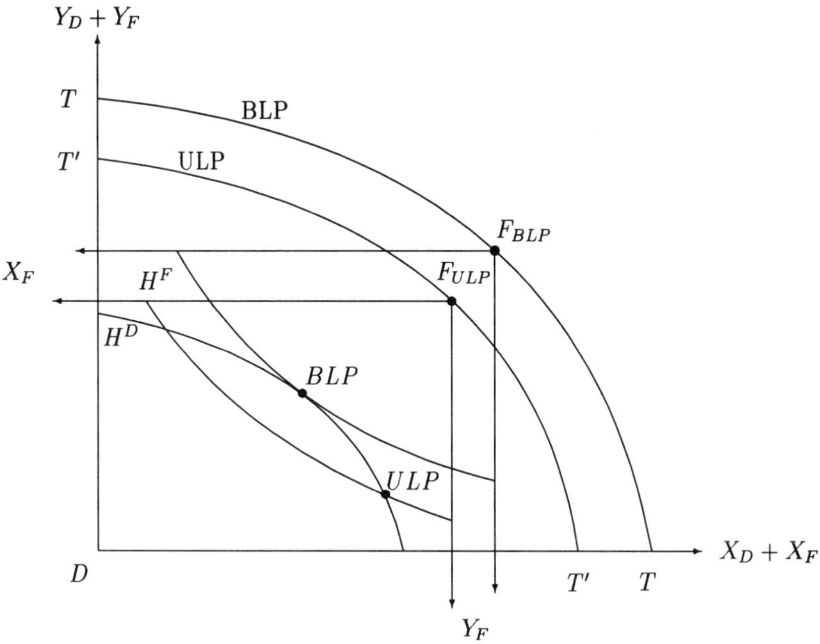

Abb. 5.4: Internationale Produktion und Umsatzbesteuerung

Die aggregierte Produktion ist damit durch F_{ULP} auf der Transformationskurve $T'T'$ gegeben. Sie ist eindeutig inferior gegenüber F_{BLP}, die sich auf der technisch möglichen Transformationskurve TT oberhalb von $T'T'$ befindet. Deutschland ist somit in diesem Beispiel in der Produktion der normal besteuerten Konsumgüter überspezialisiert, während in Frankreich mehr Investitionsgüter produziert werden als effizient wäre. Das gleiche Ergebnis würden wir erhalten, wenn wir in normal besteuerte und steuerbefreite Konsumgüter unterscheiden. Dann wäre Deutschland in normal besteuerten Konsumgütern und Frankreich in steuerbefreiten Waren überspezialisiert. In beiden Fällen führt die durch die Umsatzbesteuerung nach dem ULP entstandene Verzerrung zu einer ineffizienten Allokation, denn durch eine Änderung der Produktionsaufteilung zwischen den Ländern wäre es möglich, mit der gegebenen Ressourcenausstattung mehr zu produzieren. Zusammenfassend halten wir dies fest in

Ergebnis 5.1.2 *Nur das BLP sichert eine maximale Produktion in der EU, wenn einige international gehandelte Güter nicht oder nur ermäßigt besteuert werden. Das ULP verzerrt dagegen die internationale Produktionsstruktur im europäischen Binnenmarkt.*

5.1.3 Tatsächliche Umsatzbesteuerung in der EU und weitere Harmonisierungsmaßnahmen

In diesem Unterabschnitt wollen wir die Grundzüge des geltenden Umsatzsteuerrechts in der EU beschreiben und die von der europäischen Kommission angestrebten Maßnahmen zur Realisierung eines endgültigen Mehrwertsteuersystems für den Warenverkehr innerhalb der Gemeinschaft erläutern.

Mit dem Wegfall der Grenzkontrollen ist für den innergemeinschaftlichen Warenverkehr eine Änderung der Besteuerungspraxis zur Verwirklichung des BLP notwendig geworden. Wie wir im vorangegangenen Unterabschnitt abgeleitet haben, sichert die Anwendung des BLP zwar das Allokationsoptimum im Handel besteuerter Konsumgüter und steuerbefreiter Investitionsgüter. Jedoch haben importierende Verbraucher aufgrund der wegfallenden Grenzkontrollen einen steuerlichen Anreiz, eingeführte Güter im Importland nicht zur Besteuerung zu deklarieren und das internationale Steuersatzgefälle auszunutzen. Damit kommt es zu Verzerrungen.

Da das ULP alle Umsätze direkt im Ursprungsland besteuert, ist es ohne größere technische Schwierigkeiten im Binnenmarkt zu realisieren. Deshalb soll die Besteuerung des innergemeinschaftlichen Handels langfristig danach erfolgen. Jedoch ist auch eine Anwendung des ULP in der jetzigen Situation nicht unproblematisch. Zum einen werden bei nicht harmonisierten Umsatzsteuersätzen Verzerrungen ausgelöst. Zum anderen verursacht ein Wechsel vom BLP zum ULP Verschiebungen in den erzielbaren Steueraufkommen der einzelnen Länder. Typischen Importländern entstehen Nachteile in Form eines geringeren Steueraufkommens, da nur noch die inländische Wertschöpfung erfaßt wird bzw. die im Ausland entrichtete Umsatzsteuer für Waren aus einem anderen Mitgliedsland als Vorsteuer abgezogen werden kann. Im Gegensatz dazu steigt das Steueraufkommen exportstärkerer Länder.

Da die weniger exportstarken Mitgliedstaaten kein geringeres Steueraufkommen hinnehmen wollen, als sie es bei Anwendung des BLP erzielen, man sich aber innerhalb der EU auf kein Vorgehen zum Ausgleich der unterschiedlichen Steuereinnahmen bei Einführung des ULP einigen konnte, wurde eine Übergangsregelung geschaffen, die bis zur tatsächlichen Umsetzung des ULP gelten soll. Sie ist in der Übergangsrichtlinie vom 16.12.1991 festgehalten, die die **6. EG–Richtlinie zur Harmonisierung der Mehrwertsteuersysteme in der EG** vom 17.5.1977 ergänzt. Diese Richtlinie dient als Rechtsgrundlage für die

Umsatzbesteuerung in der Gemeinschaft sowie für weitere Harmonisierungsmaßnahmen der Umsatzsteuerbemessungsgrundlage. Im weiteren wurden noch zwei Vereinfachungsrichtlinien – die EG–Richtlinien vom 14.12.1992 und vom 10.4.1995 – erlassen, die einen Teil der Vorschriften der Übergangsrichtlinie vom 16.12.1991 änderten und ergänzten. Bis zur endgültigen Einigung über die Besteuerung nach den Grundsätzen des ULP gilt danach weiterhin die Besteuerung nach dem BLP. An die Stelle der Einfuhrumsatzsteuer, die nach wie vor bei Importen aus Drittländern, also Ländern, die nicht der Gemeinschaft angehören, erhoben wird, ist die **Steuer auf den innergemeinschaftlichen Erwerb von Gegenständen** getreten. Die Grenzkontrollen wurden durch ein innergemeinschaftliches EDV–gestütztes Kontrollsystem ersetzt, das allerdings die Unternehmen zusätzlich belastet. An jedes Unternehmen mit Sitz in der EU, das Handel innerhalb der Gemeinschaft betreibt, wird eine **Umsatzsteuer–Identifikationsnummer** (USt–IdNr.) vergeben. Das leistende Unternehmen liefert die Ware umsatzsteuerfrei an den Käufer in einem anderen EU–Mitgliedsland, der die Umsatzsteuer dann an sein zuständiges Finanzamt abführt. Bei innergemeinschaftlichen Lieferungen hat ein deutscher Unternehmer jetzt selbst den Nachweis der Voraussetzungen für die Steuerbefreiung im Ursprungsland einschließlich der Umsatzsteuer–Identifikationsnummer des Abnehmers nach den Regelungen des § 17c USt–Durchführungsverordnung (UStDV) zu erbringen. Um zu kontrollieren, ob der Abnehmer die steuerbaren Umsätze auch anmeldet, haben die Steuerbehörden der Mitgliedsländer die Möglichkeit, bei den Verwaltungen der anderen Mitgliedsländer Auskünfte einzuholen, ob dort ansässige Unternehmen an Abnehmer ihres Mitgliedstaates Umsätze bewirkt haben. Die Mitgliedstaaten erhalten Kenntnis über die innergemeinschaftlichen Lieferungen durch die **Zusammenfassende Meldung** nach § 18a UStG, in der die auf ihrem Gebiet ansässigen Unternehmen die innergemeinschaftlichen Lieferungen beim Bundesamt für Finanzen oder entsprechenden Finanzbehörden der EU–Mitgliedstaaten anzeigen müssen.

Allerdings gibt es bereits heute einige Ausnahmen, bei denen im Prinzip das ULP angewandt wird. Die wichtigste Ausnahme sind die grenzüberschreitenden Direktkäufe von Verbrauchern – jedoch nicht der Direktversand, bei dem als Ort der Lieferungen das Bestimmungsland gilt, oder der innergemeinschaftliche Erwerb neuer Fahrzeuge im Sinne des § 1b UStG durch Verbraucher. Neben den Direktkäufen von Verbrauchern werden auch innergemeinschaftliche Lieferungen an bestimmte vom Vorsteuerabzug ausgeschlossene Unternehmer, Kleinunternehmer, Land– und Forstwirte und nicht unternehmerisch tätige juristische Personen schon jetzt nach dem ULP besteuert, wenn der Gesamtwert der erworbenen Waren bei einem bestimmten Abnehmer die Erwerbsschwelle von 25 000 DM weder im vorangegangenen Kalenderjahr überstiegen hat noch im laufenden Kalenderjahr voraussichtlich überschreiten wird (§ 1a UStG). Allerdings sind neue Fahrzeuge und verbrauchsteuerpflichtige Waren von dieser Regelung ausgenommen. Entsprechend zu dieser Vorschrift kann die Besteuerung nach § 3c UStG bei der Beförderung oder Versendung eines Liefergegenstandes zwischen zwei Mitgliedsländern im Ursprungsland erfolgen, wenn die Lieferschwelle in Höhe von 200 000 DM bei einem bestimmten liefernden Unternehmen nicht überschritten wird. Auch diese Regelung gilt nicht für neue Fahrzeuge oder verbrauchsteuerpflichtige Waren.

Welche Maßnahmen verfolgt die EU–Kommission nun für die Zukunft? Ihr Ziel ist es, einen einheitlichen gemeinsamen Besteuerungsraum zu schaffen, d.h. die bestehenden 15 nationalen Besteuerungssysteme durch ein System zu ersetzen, in dem inländische und innergemeinschaftliche Umsätze mit Hilfe des ULP steuerlich gleich behandelt werden. Damit sollen nicht nur die Steuergrenzen beseitigt werden, sondern auch der Grenzausgleich und die damit zusammenhängenden steuerlichen Pflichten und Kontrollen im grenzüberschreitenden Handel zwischen den Mitgliedstaaten. Um diesen „echten“ Binnenmarkt zu verwirklichen, schlägt die Kommission vor, die Erhebung der Steuer für alle Umsätze eines Unternehmers, die er im Inland oder im Gemeinschaftsgebiet ausführt, unabhängig vom Ort der Leistungsausführung derjenigen Finanzbehörde (und damit dem Mitgliedsland) zu übertragen, in deren Bezirk der Unternehmer seine gewerbliche oder berufliche Niederlassung oder seinen Wohnsitz hat. Auch das Recht auf Vorsteuerabzug von Leistungen eines Unternehmers soll nur an dessen Sitz geltend gemacht werden dürfen. Dies gilt unabhängig davon, ob das leistende Unternehmen, das die zum Vorsteuerabzug berechtigende Umsatzsteuer in Rechnung gestellt hat, ein inländisches Unternehmen oder ein Unternehmen aus dem übrigen Gemeinschaftsgebiet ist. Die Verteilung des Steueraufkommens soll dann nach einer statistischen Ermittlung des versteuerten Verbrauchs in den jeweiligen Ländern erfolgen.

Für den Übergang zu dem vorgeschlagenen endgültigen Mehrwertsteuersystem sind weitere **Harmonisierungsmaßnahmen** erforderlich. Als erstes müssen die Steuersätze weiter angeglichen werden. Der allgemeine Steuersatz soll möglichst einheitlich in allen Mitgliedstaaten sein, um Wettbewerbsverzerrungen weitgehend zu reduzieren und eine annähernd gleiche Besteuerung in den Mitgliedsländern zu gewährleisten. Die Kommission hat sich aber schon darauf beschränkt, eine gewisse Bandbreite hinzunehmen. Wie wir gesehen haben, beträgt sie heute zehn Prozentpunkte und hat damit ein Ausmaß, das zu erheblichen Verzerrungen beim Übergang zum ULP führen würde. Des weiteren soll die Zahl der ermäßigten Steuersätze verringert sowie ihr Anwendungsbereich harmonisiert werden. Auch hier existieren bisher noch große Unterschiede: in Dänemark gibt es keine ermäßigte Umsatzsteuer, während viele Länder zwei und Belgien, Italien und Luxemburg sogar drei ermäßigte Umsatzsteuersätze haben. Sie rangieren von 1% in Belgien bis zu 21% in Schweden. Im weiteren sollen dann auch die Voraussetzungen für den Vorsteuerabzug, der Umfang der Steuerbefreiungen und die Regelungen für Kleinunternehmer und andere Sonderregelungen vereinheitlicht werden. Um die Besteuerung zu vereinfachen, muß die 6. EG–Richtlinie weiter angepaßt und erneuert werden. Eine Vereinfachung ist z.B. bei der Besteuerung der Körperschaften des öffentlichen Rechts und bestimmter Dienstleistungen wie Telekommunikation, Grundstücksleistungen oder Finanzierungsleistungen erforderlich. Und schließlich sollen auch die Anforderungen bei der Steuererhebung und ihrer Kontrolle vereinheitlicht und eine bessere Zusammenarbeit der nationalen Steuerverwaltungen angestrebt werden.

5.2 Besteuerung von Faktoreinkommen

Nicht nur die Besteuerung von Waren und Dienstleistungen muß in einem gemeinsamen Markt abgestimmt werden. Auch die Besteuerung der im Gemeinschaftsgebiet erwirtschafteten Kapitalerträge und Arbeitseinkommen bedarf der Koordination, wenn Verzerrungen und somit steuerliche Mehrbelastungen vermieden werden sollen.

5.2.1 Besteuerungsmöglichkeiten

Zuerst wollen wir die beiden Möglichkeiten der Besteuerung grenzüberschreitend erzielter Faktoreinkommen beschreiben, die ausführlich in *Koop* (1993) und *Thümler* (1994) dargestellt werden. Die erste Methode der Besteuerung von grenzüberschreitend erzielten Kapital– und Arbeitseinkünften ist das sogenannte **Wohnsitzlandprinzip** (WLP), nach dem Faktoreinkünfte unabhängig von ihrer Quelle nur im Wohnsitzstaat des Anlegers bzw. Arbeitnehmers besteuert werden. Da alle Einkünfte eines Steuerpflichtigen nur im Wohnsitzland besteuert werden, spricht man auch vom Welteinkommens- oder Universalitätsprinzip. Ein Land mit hohen Steuersätzen muß im Idealfall keine Kapitalflucht befürchten, da die Erträge aller Kapitalanlagen, unabhängig davon, ob im In- oder Ausland erzielt, im Wohnsitzland des Anlegers in gleicher Höhe besteuert werden. Diese Situation wird auch als **Kapitalexportneutralität** bezeichnet. Eine zweite Möglichkeit der internationalen Besteuerung von Faktoreinkünften bietet das **Quellenlandprinzip** (QLP). Danach werden Faktoreinkommen an der Quelle besteuert, also in dem Land, wo sie erwirtschaftet werden, unabhängig davon, wo der Faktorbesitzer wohnt. Nach dem QLP bleiben die im Ausland erzielten Faktoreinkommen im Inland steuerfrei. Der hier herrschende Zustand wird auch als **Kapitalimportneutralität** bezeichnet.

Besteuert nun ein Staat nach dem WLP und ein anderer nach dem QLP, oder werden, wie in der Besteuerungspraxis üblich, beide Prinzipien von den Staaten gleichzeitig angewandt, so kommt es zu einer **Doppelbesteuerung** von im Ausland erzielten Einkünften, die Auslandstätigkeiten von Investoren, Unternehmern und Arbeitnehmern behindert. Daher bestehen mit vielen Ländern bilaterale Abkommen zur Vermeidung der Doppelbesteuerung (DBA). Zudem greifen bei Auslandsaktivitäten in Ländern, mit denen keine DBA abgeschlossen wurden, einseitige nationale Regelungen zur Vermeidung oder Verminderung der Doppelbesteuerung (§§ 34c, 34d EStG, § 26 KStG). Zur Vermeidung bzw. Verminderung der Doppelbesteuerung kommen das Anrechnungsverfahren, die Freistellungsmethode und das Abzugsverfahren in Betracht. Beim **Anrechnungsverfahren** wird zunächst das Welteinkommen eines Inländers ermittelt und darauf die inländische Steuer berechnet. Eine Anrechnung der im Ausland gezahlten Steuern auf die inländische Steuerschuld kann ganz oder teilweise erfolgen. Bei der Untersuchung der allokativen Eigenschaften der einzelnen Besteuerungsverfahren im folgenden Unterabschnitt werden wir zur Vereinfachung immer von einer vollständigen Anrechnung ausgehen. Bei der **Freistellungsmethode** verzichtet in der Regel der Wohnsitzstaat auf die Besteuerung ausländischer Einkünfte und überläßt diese dem Quellenstaat. Natürlich werden die Steuereinnahmen der Länder bei den beiden Verfahren divergieren.

Das **Abzugsverfahren** berücksichtigt im Ausland gezahlte Steuern lediglich als Kosten, die von der Steuerbemessungsgrundlage, jedoch nicht von der Steuerschuld abzuziehen sind. Damit wird die Doppelbesteuerung nur gemildert, aber nicht ganz vermieden. Dies kann durch folgende Gegenüberstellung der einzelnen Verfahren gezeigt werden. Beim Freistellungsverfahren beträgt die Steuerschuld eines Steuerinländers, der lediglich ausländisches Einkommen erzielt, $T = t^a I_a$, wobei t^a den ausländischen Steuersatz und I_a die ausländischen Erträge bezeichnen. Dagegen beträgt bei vollständiger Anrechnungsmöglichkeit die Steuerschuld beim Anrechnungsverfahren $T = t^i I_a$, mit t^i als dem inländischen Steuersatz. Beim Abzugsverfahren werden die im Ausland gezahlten Steuern $T^a = t^a I_a$ von der Steuerbemessungsgrundlage, die den ausländischen Erträgen I_a entspricht, abgezogen. Das verbleibende Einkommen wird dann mit dem inländischen Steuersatz t^i versteuert. Die inländische Steuerschuld sowie die ausländische Steuerschuld ergeben die gesamte Steuerschuld:

$$\begin{aligned} T &= t^i(I_a - t^a I_a) + t^a I_a \\ &= (t^a + t^i - t^a t^i) I_a. \end{aligned} \tag{5.23}$$

Aufgrund der Relation $t^a + t^i - t^a t^i > t^a, t^i$ überschreitet beim Abzugsverfahren der effektive Steuersatz immer den höheren Steuersatz der beiden Länder. Die gesamte steuerliche Belastung ist deshalb im Normalfall beim Abzugsverfahren höher als bei der Anrechnungs- oder Freistellungsmethode. Allerdings werden wir in Unterabschnitt 5.2.3 sehen, daß das Abzugsverfahren in bestimmten Fällen für den Steuerpflichtigen vorteilhafter als die anderen beiden Verfahren sein kann.

5.2.2 Allokationswirkungen

Betrachten wir nun die allokativen Eigenschaften einer Besteuerung von grenzüberschreitenden Kapital- und Arbeitseinkommen. Wir nehmen vorläufig an, daß nur die Faktoren Kapital und Arbeit mobil sind. Haushalte selbst behalten ihren Wohnsitz bei. Zwar berücksichtigen sie bei der räumlichen Wahl ihres Arbeitsangebots alle benachbarten Länder, jedoch werden sie nur pendeln, aber nicht aus ihrem Heimatland wegziehen. Zuerst soll wiederum ein Referenzmodell ohne Besteuerung vorgestellt werden, in dem wir die Bedingungen einer effizienten Allokation herleiten. Dies wollen wir getrennt für Kapital- und Arbeitseinkommen machen. Sodann untersuchen wir, ob die Besteuerung der Faktoreinkommen eine effiziente Allokation sichert. In beiden Fällen unterscheiden wir zwischen der Anwendung des WLP und des QLP.

Effiziente Allokation ohne Besteuerung

Wir betrachten eine Föderation wie die EU, die zur Vereinfachung wieder aus nur zwei Ländern, $i = D, F$, bestehe. Der gesamte Kapitalstock in der EU, K, sei vorgegeben und soll auf die einzelnen Ländern aufgeteilt werden, wobei K_i den Kapitaleinsatz in der Produktion des Landes i bezeichne. Als zweiter, aber immobiler Produktionsfaktor existiere in jedem Mitgliedstaat die Ressource Land, die mit L_i bezeichnet werde. Jedes Land i produziere mittels einer linear–homogenen Produktionsfunktion, $F^i(L_i, K_i)$, ein homogenes privates Konsumgut. Das Allokationsproblem besteht in dieser einfachen Welt aus der effizienten Aufteilung des Kapitalstocks auf beide Länder. Ein fiktiver Planer hätte folgendes Problem zu lösen:

$$\max \sum_{i=D,F} F^i(L_i, K_i), \tag{5.24}$$

durch die Wahl von K_i, $i = D, F$, unter der Nebenbedingung

$$K = K_D + K_F. \tag{5.25}$$

Die notwendige Bedingung für eine **effiziente Kapitalallokation** lautet:

$$F_K^D = F_K^F. \tag{5.26}$$

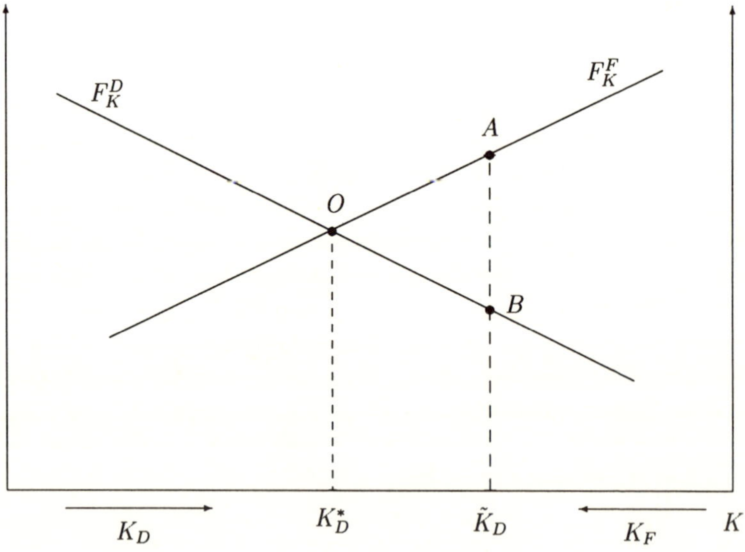

Abb. 5.5: Effiziente internationale Kapitalallokation

Kapital ist dann effizient auf die beiden Länder D und F verteilt, wenn die Grenzproduktivitäten des Kapitals sich in beiden Ländern entsprechen. Diese Bedingung ist in Abbildung 5.5 dargestellt. Die Länge der Abszisse mißt den gesamten Kapitalstock in der EU, K. Der Kapitaleinsatz in Deutschland wird auf der Abszisse nach rechts abgetragen, während der französische Kapitaleinsatz nach links ansteigt. Demzufolge nehmen auch die Grenzproduktivitäten des Kapitals von links nach rechts für D und umgekehrt für F ab. Im Schnittpunkt O sind sie in beiden Ländern gleich. Hier ist eine effiziente Kapitalallokation in der EU erreicht. Der effiziente Kapitaleinsatz in D beträgt K_D^*, und somit folgt für die effiziente Höhe des Kapitaleinsatzes in F, $K_F^* = K - K_D^*$. Wäre die internationale Kapitalallokation dagegen durch $\tilde{K}_D$ gekennzeichnet, so käme es zu einem Produktionsverlust. Bei dieser Allokation stimmen die beiden Grenzproduktivitäten nicht überein: Deutschland setzt zuviel Kapital in seiner Produktion ein und Frankreich zuwenig. Durch eine Reallokation von Kapital könnten beide Länder mit dem gleichen gemeinschaftlichen Kapitalstock eine um die Fläche OAB höhere Produktion erzielen.

Ein ähnliches Modell wollen wir auch zur Bestimmung der effizienten räumlichen Allokation des Faktors Arbeit betrachten. Arbeiter können unter Beibehaltung ihres Wohnsitzes zu ihrem Arbeitsort pendeln, sofern diese Arbeitsstätte außerhalb ihres Heimatlandes liegt. Wir wollen unser Beispiel auf die beiden Länder Deutschland, D, und Belgien, B, beschränken, so daß z.B. einige belgische Arbeiter zwar in Liège wohnen, aber in Aachen arbeiten. N bezeichne die Gesamtheit aller (potentiell) mobilen Arbeitskräfte in B und D. Die Anzahl der Arbeitskräfte in Land $i = B, D$, die jeweils unelastisch eine Einheit Arbeit anbieten, betrage N_i, während die jeweilige Ausstattung mit dem fixen Produktionsfaktor Land mit L_i gegeben sei. Jedes Land i produziere erneut ein homogenes Konsumgut durch die linear-homogene Produktionsfunktion $F^i(L_i, N_i)$. Wiederum erfordert die **effiziente Verteilung der Arbeitskräfte in der EU** die Maximierung der gemeinsamen Produktion beider Länder unter Beachtung der Arbeitskräfterestriktion, $N = N_D + N_B$. Als notwendige Bedingung folgt:

$$F_N^B = F_N^D, \tag{5.27}$$

d.h. die Grenzproduktivität eines Arbeiters in Belgien muß der einer in Deutschland eingesetzten Arbeitskraft entsprechen.

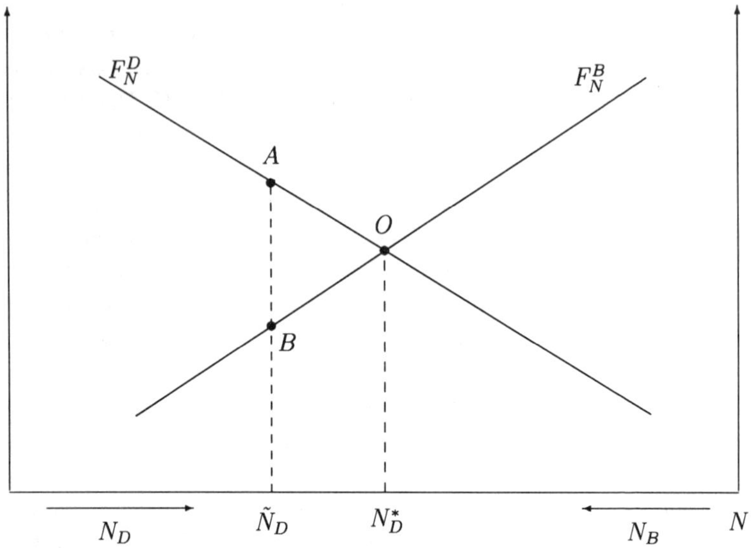

Abb. 5.6: Effiziente internationale Allokation des Faktors Arbeit

Abbildung 5.6, die analog zu Abbildung 5.5 zu interpretieren ist, verdeutlicht diesen Zusammenhang. Die Länge der Abszisse mißt erneut den Gesamtbestand an Arbeitskräften, N. Die Anzahl der in D bzw. B eingesetzten Arbeitskräfte wird nach rechts bzw. nach links auf der Abszisse abgetragen. Die Grenzproduktivitäten der Arbeit beider Länder sinken mit zunehmendem Arbeitseinsatz. Bei einer internationalen Arbeitskräfteallokation von $\tilde{N}_D$ befindet sich die Produktion unterhalb ihres effizienten Niveaus. Durch einen höheren Arbeitseinsatz in D und einen geringeren in B könnte die gemeinsame Produktion um die Fläche AOB erhöht werden. Eine effiziente Arbeitskräfteverteilung ist in N_D^* erreicht. Hier entsprechen sich die Grenzproduktivitäten der Arbeit in beiden Ländern, da sich die Kurven im Punkt O schneiden.

Besteuerung von Kapitaleinkommen

Wir kommen nun auf das Modell der internationalen Kapitalallokation zurück und unterstellen, daß der Preis des produzierten Gutes in beiden Ländern, D und F, auf Eins normiert ist. Es herrsche vollkommener Wettbewerb in allen Bereichen. Um uns auf mögliche Verzerrungen infolge der internationalen Besteuerung von Kapitaleinkünften konzentrieren zu können, sehen wir von anderen Verzerrungen ab. Dies bedeutet insbesondere, daß wir von einer idealtypischen, investitionsneutralen Unternehmenssteuer ausgehen. Der Preis pro Einheit Kapitaleinsatz entspricht dann dem jeweiligen landesspezifischen Zinssatz r^i. Sehen wir vereinfachend vom Verschleiß des Kapitals ab, so wählt der Unternehmenssektor jeden Landes seinen Kapitaleinsatz mit dem Ziel der Gewinnmaximierung nach folgender Regel:

$$F_K^i = r^i, \qquad i = D, F. \tag{5.28}$$

Die Haushalte als Kapitaleigentümer werden ihr Kapital dort anlegen, wo die Nettoverzinsung am höchsten ist. Ihr Verhalten hängt entscheidend vom herrschenden Besteuerungsprinzip ab.

Besteuerung nach dem Wohnsitzlandprinzip
Die Besteuerung nach dem WLP werde durch die Anrechnungsmethode realisiert. Das bedeutet, daß ausländische Quellensteuern auf die inländische Steuerschuld vollständig angerechnet werden. Notfalls kommt es also auch zu einer Erstattung der ausländischen Steuern. t^i bezeichne dabei den effektiven Steuersatz, der in Land i auf weltweite Erträge erhoben wird. Das Arbitrageverhalten der Kapitalanleger führt stets dazu, daß die Nettoerträge in beiden Ländern gleich sein müssen. Bei Anwendung des WLP erfordert dies aus der Sicht eines deutschen bzw. französischen Anlegers:

$$\left.\begin{array}{lrcl} & r^D(1-t^D) & = & r^F(1-t^D) \\ \text{bzw.} & r^D(1-t^F) & = & r^F(1-t^F) \end{array}\right\} \Rightarrow r^D = r^F = r, \tag{5.29}$$

d.h. auch die Bruttoerträge müssen übereinstimmen. Zusammen mit (5.28) ergibt sich aus einem Vergleich mit (5.26)

Ergebnis 5.2.1 *Werden internationale Kapitalanleger effektiv nach dem WLP durch eine vollständige Anrechnung ausländischer Abgaben besteuert, resultiert eine effiziente internationale Kapitalallokation, wenn die Investitionsentscheidungen der Unternehmen selbst nicht verzerrt sind.*

Allerdings ist hervorzuheben, daß in der Besteuerungspraxis die Anrechnung der ausländischen Steuer auf die Höhe der inländischen Steuer beschränkt ist und somit effektiv immer der höhere Steuersatz beider Länder maßgebend ist, also unter Umständen auch der des Quellenlandes. In diesem Fall gilt (5.29) nicht länger, und es wird praktisch nach dem QLP besteuert, dessen Eigenschaften im nächsten Unterpunkt behandelt werden.

Auch muß bedacht werden, daß die **Steuerehrlichkeit** nicht allzu ausgeprägt ist, wie z.B. die Einführung der **Zinsabschlagsteuer** in der Bundesrepublik Deutschland zeigte. Diese führte zu einer erheblichen Kapitalflucht in andere Länder, in denen diese Steuer nicht erhoben wird oder mit denen DBA existieren, wonach keine Quellensteuern erhoben werden, sondern die Besteuerung ausländischer Zinserträge nur in Deutschland zu erfolgen hat. Aufgrund des Bankgeheimnisses können Kapitalanlagen im Ausland von deutschen Finanzbehörden auch nicht verfolgt werden, so daß sie der Zinsabschlagbesteuerung durch die Flucht entgehen können. In diesem Fall kommt es zu folgender Arbitrageüberlegung eines deutschen Anlegers, der beispielsweise die Nettozinserträge in Deutschland mit denen in der Schweiz (S) vergleicht:

$$r^D(1-t^D) = r^S. \tag{5.30}$$

Während Erträge deutscher Anlagen der Zinsabschlagsteuer unterliegen, kann der Sparer bei Anlage seines Kapitals in der Schweiz die deutsche Steuer umgehen, so daß der Bruttozins dort (im wesentlichen) dem Nettozins entspricht. Aus der notwendigen Bedingung für den optimalen Kapitaleinsatz (5.28) folgt $F_K^D > F_K^S$ und damit eine ineffiziente Kapitalallokation. Verglichen mit einer effizienten Kapitalallokation ist der Kapitaleinsatz in der Schweiz zu hoch, und in Deutschland wird zu wenig investiert. Es ist zu vermuten, daß eine effiziente Kapitalallokation nur dann erreicht wird, wenn der Steuersatz auf Zinserträge harmonisiert wird und überall eine Zinsabschlagsteuer in gleicher Höhe existiert. Denn auf ein zwischenstaatliches Kontrollsystem, wie es in den USA existiert, konnte man sich bisher in Europa noch nicht einigen.

Besteuerung nach dem Quellenlandprinzip

Das QLP wird durch die Freistellungsmethode praktiziert, d.h. Kapitalerträge aus ausländischen Quellen werden von der inländischen Steuer freigestellt. Die ausländische Steuer bleibt effektiv. Wiederum führt das Arbitrageverhalten der Anleger dazu, daß sich die Nachsteuererträge der Kapitalanlagen in beiden Ländern entsprechen müssen,

$$\begin{aligned} r^D(1-t^D) &= r^F(1-t^F) \\ \Leftrightarrow \qquad r^D &\neq r^F \quad \text{für} \quad t^D \neq t^F. \end{aligned} \tag{5.31}$$

Da durch das QLP nun aber die länderspezifischen Erträge auch mit der länderspezifischen Steuer belegt werden, unterscheidet sich die Bruttoverzinsung. Es kommt bei nicht harmonisierten Steuersätzen zu einem Produktionsverlust, denn gemäß Bedingung (5.28) sind die Grenzproduktivitäten des Kapitals in beiden Ländern unterschiedlich. Dies kann anhand von Abbildung 5.7 verdeutlicht werden, die den Bruttogrenzproduktivitäten des Kapitals die Grenzproduktivitäten nach Steuer gegenüberstellt.

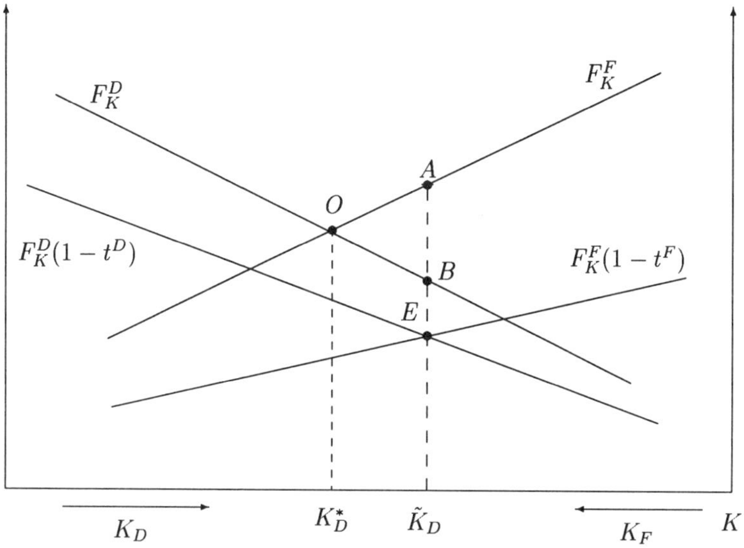

Abb. 5.7: Internationale Kapitalallokation beim QLP

Dabei wurde angenommen, daß der französische Steuersatz höher ist, $t^F > t^D$. Durch die Besteuerung der Kapitalerträge kommt es zu einem Gleichgewicht in E, da hier die Arbitrage–Bedingung der Anleger (5.31) erfüllt ist. Dieses Gleichgewicht mit der resultierenden internationalen Kapitalallokation $\tilde{K}_D$ ist aber nicht effizient. Durch eine Harmonisierung der Steuersätze könnte die Produktion um die Fläche OAB gesteigert werden, und es käme zur effizienten internationalen Kapitalallokation K_D^*. Diese Resultate für die internationale Besteuerung von Kapitaleinkommen nach dem QLP halten wir fest in

Ergebnis 5.2.2 *Werden durch die Anwendung der Freistellungsmethode internationale Kapitalanleger nach dem QLP besteuert, kann ohne Steuersatzharmonisierung keine effiziente Kapitalallokation erreicht werden.*

Dieses Ergebnis folgt selbst dann, wenn Investitionsentscheidungen im Unternehmensbereich nicht verzerrt werden.

Welche Empfehlungen können wir nun für eine zukünftige Besteuerung von Kapitaleinkünften in der EU aussprechen? Entweder muß das WLP durch einen umfangreichen Informationsaustausch der nationalen Finanzbehörden mit Aufgabe des Bankgeheimnisses ergänzt werden, oder das faktische oder rechtlich institutionalisierte QLP mit harmonisierten Steuersätzen muß zur Anwendung gelangen. Nur dann werden Produktionsverluste infolge einer ineffizienten Kapitalallokation vermieden.

Besteuerung von Grenzpendlern

Zur Untersuchung der Besteuerung von grenzüberschreitend erzielten Arbeitseinkünften betrachten wir erneut das Modell der internationalen Allokation der Arbeitskräfte. Wiederum herrsche vollkommener Wettbewerb. Haushalte bieten jeweils eine Einheit Arbeit unelastisch an, und die Nachfrage nach Arbeit ist unverzerrt. w^i bezeichne den Marktlohn pro Einheit Arbeit in Land $i = B, D$. Der für den Unternehmenssektor optimale Arbeitseinsatz in der Produktion ergibt sich aus der Gewinnmaximierung durch die notwendige Bedingung

$$F_N^i = w^i, \qquad i = B, D. \tag{5.32}$$

Das Grenzprodukt der Arbeit eines jeden Landes entspricht demnach dem dortigen Marktlohn. Da Haushalte nur zur Arbeitsstätte pendeln, orientieren sie sich bei ihrem räumlichen Arbeitsangebot ausschließlich am erreichbaren Nettolohn, jedoch nicht am **Angebot öffentlicher Güter**. Eine unterschiedliche Bereitstellung öffentlicher Leistungen kann allerdings zu einer hier noch ausgeklammerten Wohnsitzverlagerung führen, die wir im nächsten Abschnitt betrachten. Vorerst wollen wir nur untersuchen, wie sich Haushalte bei der Besteuerung nach dem WLP bzw. dem QLP verhalten, wenn sie ihren Wohnsitz beibehalten.

Besteuerung nach dem Wohnsitzlandprinzip

Die Besteuerung nach dem WLP wird durch die **Anrechnungsmethode** realisiert, d.h. die Arbeitnehmer unterliegen effektiv nur der Besteuerung ihres Wohnsitzstaates unabhängig vom Ort ihrer Arbeit. Ein räumliches Gleichgewicht, z.B. aus der Sicht belgischer Grenzpendler, ist dann erreicht, wenn ein Arbeitnehmer aus allen Beschäftigungsalternativen die gleichen Nettoeinkünfte bezieht:

$$w^B(1 - t^B) \quad = \quad w^D(1 - t^B)$$

$$\Leftrightarrow \quad w^B = w^D. \tag{5.33}$$

Da sich die Nachsteuereinkommen angleichen müssen, folgt beim WLP auch eine Angleichung der Marktlöhne in beiden Ländern. Zusammen mit (5.27) und (5.32) erhalten wir das

Ergebnis 5.2.3 *Werden ausländische Arbeitseinkünfte nach dem WLP besteuert, indem die ausländische Steuer auf die Steuer des Wohnsitzstaates angerechnet wird, ist die internationale Verteilung von Grenzpendlern effizient.*

Besteuerung nach dem Quellenlandprinzip

Die Anwendung des QLP wird wiederum durch die **Freistellungsmethode** realisiert, d.h. die Arbeitnehmer unterliegen effektiv der Besteuerung des Quellenlandes. Die Grenzpendler werden die Nettolöhne in beiden Ländern vergleichen, und eine gleichgewichtige räumliche Verteilung der Grenzpendler ist erreicht, wenn folgende Bedingung erfüllt ist:

$$w^B(1-t^B) = w^D(1-t^D) \tag{5.34}$$
$$\Leftrightarrow \quad w^B \neq w^D \quad \text{für} \quad t^B \neq t^D.$$

Die Marktlöhne sind also in den beiden Ländern unterschiedlich, wenn die Lohnsteuersätze nicht harmonisiert sind. Damit ist auch die Verteilung der Grenzpendler ineffizient, da die notwendige Effizienzbedingung (5.27) nicht erfüllt ist. Folglich wird weniger produziert als tatsächlich möglich wäre. Abbildung 5.8 veranschaulicht diese Situation, wobei wiederum die Bruttogrenzproduktivitäten der Arbeit den Grenzproduktivitäten nach Steuer gegenübergestellt sind.

In der Abbildung wird angenommen, daß der belgische Lohnsteuersatz über dem deutschen liegt, $t^B > t^D$. Dies entspricht durchaus der Besteuerungspraxis, denn der Spitzensteuersatz ist in Belgien mit 55% höher als in Deutschland, wo er nur 53% beträgt und bis 2002 auf 48,5% gesenkt werden soll[1]. Allerdings beginnt der Spitzensteuersatz in Belgien bei einem geringfügig höheren Einkommen (bei 2,42 Mio. BFr, ca. 121 000

[1] Selbst bei Beachtung der zusätzlichen steuerlichen Aufschläge, die auf die Einkommensteuer in beiden Ländern erhoben werden, bleibt diese Relation – wenn derzeit auch nur knapp – erhalten. Während in Belgien noch ein Aufschlag der Gemeinden und Verbände in Höhe von 7,5% und eine Krisensteuer in Höhe von 3% (Stand 1996) auf die gesamte Steuerschuld erhoben wird – damit beläuft sich der effektive Spitzensteuersatz auf 60,77% –, ist in Deutschland der Solidaritätszuschlag in Höhe von derzeit 5,5% und die Kirchensteuer mit 8% – 9% der Einkommensteuerschuld zu beachten. Der effektive Spitzensteuersatz beträgt in Deutschland somit derzeit höchstens 60,68%.

DM). Der Grundfreibetrag liegt mit 196 000 BFr (ca. 9 800 DM) für ledige Steuerzahler bzw. 154 000 BFr (ca. 7 700 DM) für jeden verheirateten Steuerzahler deutlich niedriger, so daß in Belgien bis zu einem Einkommen in Höhe des deutschen Grundfreibetrags immer eine höhere Grenzsteuerbelastung vorliegt.

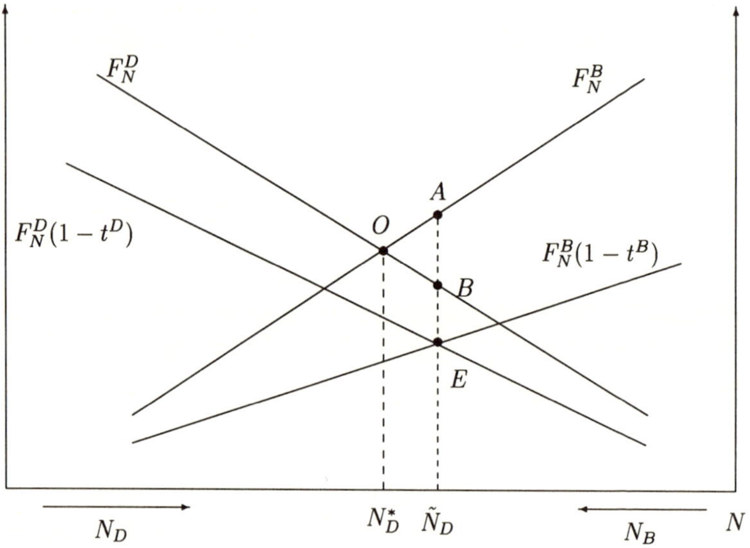

Abb. 5.8: Internationale Arbeitsallokation beim QLP

In Abbildung 5.8 kennzeichnet E das Gleichgewicht, da sich hier die Nettolöhne entsprechen. Die Grenzproduktivität der Arbeit ist in Belgien demnach um die Strecke AB höher als in Deutschland, und es kommt zu einer ineffizienten Verteilung der Grenzpendler, $\tilde{N}_D$. Bei einer Harmonisierung der Steuersätze könnte die Produktion jedoch um die Fläche OAB gesteigert werden. Es käme zu dem effizienten Gleichgewicht in O, wobei weniger Grenzpendler in D arbeiten würden als bisher, $N_D^* < \tilde{N}_D$. Aus der Effizienzbedingung (5.27), der Bedingung für einen optimalen Arbeitseinsatz, (5.32), und der Bedingung für ein Grenzpendlergleichgewicht bei Anwendung des QLP, (5.34), folgt

Ergebnis 5.2.4 *Werden ausländische Arbeitseinkünfte durch Anwendung der Freistellungsmethode nach dem QLP besteuert, kann nur bei*

einer Steuersatzharmonisierung eine effiziente internationale Allokation der Arbeitskräfte gesichert werden.

5.2.3 Besteuerungspraxis

Hinsichtlich der Steuerpflichten natürlicher Personen und Körperschaften unterscheidet das deutsche Steuerrecht in § 1 EStG bzw. §§ 1, 2 KStG zwischen der **unbeschränkten** und der **beschränkten** Steuerpflicht. Unbeschränkt steuerpflichtig ist eine natürliche Person, deren Wohnsitz oder gewöhnlicher Aufenthaltsort im Inland liegt. Für juristische Personen ist der Sitz oder der Ort der Geschäftsleitung im Inland der Anknüpfungspunkt für die unbeschränkte Steuerpflicht. Ist eine Person unbeschränkt steuerpflichtig, so unterliegen alle weltweit erzielten Einkünfte der deutschen Besteuerung. Greift keiner dieser beiden Anknüpfungspunkte für die unbeschränkte Steuerpflicht, liegen aber dennoch inländische Einkünfte im Sinne des § 49 EStG vor, so unterliegen die inländischen Einkünfte der natürlichen bzw. juristischen Person der beschränkten Steuerpflicht.

Diese auch in anderen westlichen Industrieländern übliche Differenzierung wird im Zuge der zunehmenden Internationalisierung und Freizügigkeit des Personenverkehrs immer kritischer gesehen. Denn bei beschränkt Steuerpflichtigen gehen nicht die Merkmale der Leistungsfähigkeit, also insbesondere persönliche Lebensumstände, oder andere ausländische Einkünfte in die Bestimmung des Steueranspruchs ein. Und dies obwohl sie wirtschaftlich in vergleichbarer Lage wie ein unbeschränkt Steuerpflichtiger sind, wenn sie ihr Einkommen überwiegend in ihrem Gastland erzielen. Ein besonderer Fall wurde durch das **Schumacker–Urteil** des Europäischen Gerichtshofs (EuGH) von 1995 bekannt. Es handelte sich dabei um einen belgischen Grenzpendler, der sein Einkommen ausschließlich in Deutschland erzielte. Er klagte unter Berufung auf Art. 48 EWGV gegen seine Behandlung als beschränkt Steuerpflichtiger in Deutschland, da seine persönlichen Lebensumstände, die gemäß dem Leistungsfähigkeitsprinzip in die Bestimmung des Steueranspruchs eingehen sollten, in keinem der beiden Länder Berücksichtigung fanden: in Deutschland nicht, weil er als beschränkt Steuerpflichtiger galt; in Belgien mangels belgischer oder anderer steuerbarer Einkünfte und aufgrund des DBA nicht. Da die Regelung der beschränkten Steuerpflicht im deutschen Recht eindeutig der in Art. 48 EWGV garantierten Freizügigkeit und der damit verbundenen Nichtdiskriminierung widersprach, verabschiedete der deutsche Gesetzgeber 1994 das sogenannte **Grenzpendlergesetz**. Danach werden dem Grenzpendler auf Antrag weitgehend die gleichen personen- und familienbezogenen Vergünstigungen gewährt, wie sie einem unbeschränkt Steuerpflichtigen in gleichen familiären Verhältnissen zustehen. Eine vollständige Gleichstellung, wie sie der EuGH im Schumacker-Urteil forderte, war aber damit noch nicht gewährleistet, da den Grenzpendlern nicht die Möglichkeit der Einkommensteuerveranlagung und des Splittingtarifs für Eheleute gegeben wurde. Sie wurde erst im Rahmen des Jahressteuergesetzes 1996 durch die Neufassung des § 1 III EStG sowie durch Einfügung des neuen § 1a EStG realisiert. Nach § 1 III EStG können sich Grenzpendler – auch wenn sie nicht Staatsangehörige eines EU- oder EWR-Staates sind – auf Antrag zur Einkommensteuer veranlagen lassen, sofern sie ihr Gesamteinkommen zu mindestens 90% in Deutschland erzielen oder die Obergrenze der steuerlich unschädlichen ausländischen Einkünfte von umgerechnet 12 000 DM nicht überschreiten. Für Staatsangehörige eines EU- oder EWR-Staates gelten nach § 1a EStG weitere Vergünstigungen, sofern sie die genannten Einkommensabgrenzungen für Grenzpendler erfüllen. Ehepaare können ihr Einkommen zusammen veranlagen, wobei sich Höchst- und Pauschbeträge verdoppeln und der Splittingtarif zur Anwendung gelangt. Des weiteren können sie auch Familienvergünstigungen wie den Haushaltsfreibetrag, den Abzug von Kinderbetreuungskosten als außergewöhnliche Belastung sowie die Möglichkeit des Realsplittings in Anspruch nehmen, auch wenn keiner der Ehepartner Steuerinländer ist.

Da grundsätzlich alle Länder nach der beschränkten und der unbeschränkten Steuerpflicht unterscheiden, käme es ohne einen Rücktritt von Besteuerungsansprüchen durch einzelne Länder zu steuerlichen Doppelbelastungen von im Ausland erzielten Einkünften. In der Besteuerungspraxis vermeiden Staaten die Doppelbesteuerung deshalb häufig durch den Abschluß von DBA, die gemäß § 2 AO den nationalen Steuervorschriften vorgehen. Selbst in der EU ist der Abschluß von DBA gemäß Art. 220 EWGV Aufgabe der Mitgliedsländer und keine supranationale Aufgabe. In den DBA stimmen zwei Staaten ihre Steueransprüche so aufeinander ab, daß es zu einem Interessenausgleich in Form einer angemessenen Steuerverteilung und beiderseitigen Steuerverzichten kommt. In den DBA wird zunächst die Frage geregelt, inwieweit der Quellenstaat berechtigt ist, eine Steuer zu erheben, und anschließend wird die Methode festgelegt, die zu einer Vermeidung der Doppelbesteuerung führen soll. Als Methoden zur Vermeidung der Doppelbesteuerung kennen die DBA die **Freistellung** ausländischer Einkünfte von der Steuer des Wohnsitzstaates und die **Anrechnung** ausländischer Steuern, wobei sich das

Anrechnungsverfahren nach § 34c EStG richtet. Die Steuerpflicht selbst kann aber nur durch innerstaatliches Recht, jedoch nicht durch ein DBA begründet werden. Nur wenn **kein** DBA vorliegt, greifen die einseitigen nationalen Regelungen der § 34c EStG und § 26 KStG zur Vermeidung oder Verminderung der Doppelbesteuerung.

Gemäß dem **OECD–Musterabkommen** von 1977 bzw. seiner neueren Auflage von 1992 werden **Kapitaleinkünfte** nach dem WLP besteuert. Dieses gesteht dem Quellenland die Erhebung einer Steuer von maximal 10% der Erträge zu, sieht aber vor, daß diese bei der Veranlagung im Wohnsitzland angerechnet werden. Mit den meisten Ländern ist in davon abweichenden bilateralen DBA sogar ein Verzicht des Quellenstaates auf die Erhebung einer Quellensteuer vereinbart. Die Besteuerung von**Arbeitseinkünften** erfolgt in den DBA dagegen nach dem QLP, wenn die Berufstätigkeit über einen gewissen Zeitraum im Quellenstaat ausgeführt wird. Das DBA wird durch die Freistellungsmethode durchgesetzt.

Kapitaleinkünfte aus Nicht–DBA–Staaten werden in der Bundesrepublik Deutschland gemäß § 34c EStG bzw. § 26 KStG bei Anwendung der Anrechnungsmethode nach dem WLP besteuert. Aber auch für Arbeitseinkünfte aus diesen Staaten gilt gemäß § 34c EStG das WLP, da die Anrechnungsmethode praktiziert wird. Auf die deutsche Steuer angerechnet werden können jedoch nur Steuern, die der Einkommen– oder Körperschaftsteuer entsprechen und bei demselben Steuerpflichtigen auf steuerpflichtige Einkünfte im Sinne des deutschen Einkommensteuergesetzes erhoben werden, die im selben Besteuerungszeitraum entstehen. Die ausländische Steuer kann also nur insoweit angerechnet werden, als inländische Steuer auf die Einkünfte aus dem Ausland anfällt. Der **Anrechnungshöchstbetrag** ist der Teil der deutschen Steuer, der dem Anteil der ausländischen Einkünfte am Welteinkommen des Steuerpflichtigen entspricht. Hierbei ist gemäß § 68a EStDV die **Per–Country–Limitation** zu beachten, wonach Anrechnungsüberhänge bei den Steuern einzelner Staaten nicht auf nicht ausgenutzte Anrechnungshöchstbeträge anderer Staaten übertragen werden können. Demgegenüber steht die nicht anwendbare **Overall Limitation**, bei der der Anrechnungshöchstbetrag für die gesamten ausländischen Einkünfte berechnet wird. Obwohl die Overall Limitation die Übertragung von Anrechnungsüberhängen erlaubt, kann der Anrechnungshöchstbetrag bei Verlusten in einem Land auch geringer ausfallen als bei der Per–Country–Limitation und somit nachteiliger sein. Da die Anrechnung nach deutschem Recht auf die Höhe der inländischen Steuer beschränkt ist, gelangt effektiv bei einem höheren Steuersatz im anderen Land das QLP zur Anwendung.

Allerdings besteht für natürliche und juristische Personen durch § 34c II EStG bzw. § 26 VI KStG i.V.m. § 34c II EStG ein Wahlrecht, das Anrechnungsverfahren nach § 34c I EStG durch das Abzugsverfahren nach § 34c II EStG zu ersetzen, das in bestimmten Fällen zu einem günstigeren Ergebnis als die Anrechnung führt. Die Abzugsmethode ist vor allem bei einem negativen zu versteuernden Einkommen oder hohen Auslandsteuern, z.B. bei hohen Quellensteuern auf Kapitalerträge, zu bevorzugen. Bei einem negativen Gesamteinkommen resultieren zwar weder bei der Anrechnungs- noch bei der Abzugsmethode Steuerersparnisse im betrachteten Jahr, aber durch die Abzugsmethode kann die ausländische abzuziehende Steuer in den Verlustabzug des § 10d EStG eingehen. Zum anderen kann die Abzugsmethode vorteilhafter sein, wenn aufgrund eines gegenüber dem Inland höheren ausländischen Steuersatzes ein großer Steuerüberhang an ausländischen Steuern entsteht, da das Anrechnungsverfahren die Anrechnung der ausländischen Steuer gemäß § 34c I EStG auf das Niveau inländischer Steuern beschränkt.

5.3 Besteuerung bei Wohnsitzverlagerungen

Eine wichtige Frage haben wir in unserer bisherigen Diskussion zwar bereits angesprochen, aber in der Modellanalyse noch vernachlässigt: Welche allokativen Wirkungen der Besteuerung sind bei einer Wohnsitzverlagerung von Steuerpflichtigen – also bei **Mobilität von Haushalten** – zu erwarten? Zur Beantwortung dieser Frage (s. dazu auch *Wellisch*, 2000) wollen wir in einem ersten Unterabschnitt auf die unterschiedliche Bedeutung von Haushalts- und Arbeitsmobilität eingehen. Sodann untersuchen wir, wann eine effiziente räumliche Haushaltsverteilung erreicht ist und wie Haushalte effizienzsichernd besteuert werden können. Im Anschluß daran beschreiben wir die rechtlichen Grundlagen der Freizügigkeit von Haushalten in der EU.

5.3.1 Haushalts- versus Arbeitsmobilität

Die EU ist nicht nur durch die Freizügigkeit des Faktors Arbeit an sich gekennzeichnet, sondern Personen können innerhalb der EU – bis auf wenige Ausnahmen – auch frei über ihren Wohnsitz entscheiden. Während für Grenzpendler bei der Wahl des Arbeitsortes nur Nettolohnunterschiede eine Rolle spielen, vergleichen Haushalte bei einer Migrationsentscheidung auch das Angebot öffentlicher Leistungen ihres Herkunftslandes mit demjenigen eines potentiellen Einwanderungslandes. Wenn die Nutzungsmöglichkeit dieser öffentlichen Güter im wesentlichen auf das jeweilige Land beschränkt ist, spricht man auch von **lokal öffentlichen Gütern**. Beispiele hierfür sind die Ausstattung mit Bildungseinrichtungen, Kultur- und Freizeitangebote, städtische Infrastruktur, soziale Absicherungsprogramme oder auch der in einem Land vorherrschende Grad der Kriminalität. Wir werden im folgenden sehen, daß die Berücksichtigung öffentlicher Leistungen bei der Wanderungsentscheidung erhebliche Konsequenzen für die effiziente räumliche Verteilung von Personen in einer Föderation haben kann. Während die effiziente Verteilung von Grenzpendlern bei Maximierung der gesamten Produktion in den betrachteten Ländern erreicht wurde, muß dies nicht länger der Fall sein, wenn die Freizügigkeit von Personen auch zu Wohnsitzverlagerungen führt.

Die uns eigentlich interessierende Frage dieses Abschnitts ist jedoch, ob bei Haushaltsmobilität zur Effizienzsicherung eine Steuersatzharmonisierung notwendig ist oder ob es ausreicht, einen Steuerwettbewerb zuzulassen, der für Europa eine denkbare Alternative darstellt. Um dieser Frage nachzugehen, wollen wir in den nachfolgenden Überlegungen zuerst die Bedingungen für eine **effiziente räumliche Haushaltsverteilung** herleiten und sodann untersuchen, wie diese auch unter dem Einfluß der Besteuerung erreicht werden kann.

5.3.2 Allokationswirkungen

Effiziente räumliche Haushaltsverteilung

Der Einfachheit halber nehmen wir wiederum an, daß die EU nur aus zwei Ländern, D und F, besteht. Dort sollen N gleichartige, vollkommen mobile Haushalte wohnen, die ihren Wohnsitz frei wählen können. N_i bezeichne dabei die Zahl der in Land $i = D, F$ ansässigen Haushalte. Da diese jeweils eine Einheit Arbeit unelastisch anbieten, wird mit N_i auch der Einsatz an Arbeit in Land i bezeichnet – von Grenzpendlern wird in diesem Fall also abgesehen. Des weiteren geht als immobiler Faktor Land, L_i, in die Produktion eines homogenen privaten Konsumguts ein, die mit Hilfe der linear-homogenen Produktionsfunktion $F^i(L_i, N_i)$ erfolgt. Ein repräsentativer Haushalt in Land i zieht einen Nutzen in Höhe von $U(x_i, g_i)$ aus dem Konsum des privaten Gutes, x_i, und dem Angebot des lokal öffentlichen Gutes, g_i. Das lokal öffentliche Gut verursacht Kosten bei seiner Bereitstellung in Höhe von $C^i(g_i, N_i)$, die sowohl von der Menge des öffentlichen Gutes selbst als auch von der Anzahl seiner Nutzer abhängen. Es handelt sich somit um ein unreines lokal öffentliches Gut, das durch **Rivalität im Konsum** gekennzeichnet ist.

Um eine effiziente Allokation herzuleiten, die durch die effiziente Verteilung mobiler europäischer Haushalte sowie die **effiziente Bereitstellung lokal öffentlicher Güter** gekennzeichnet ist, maximiert ein fiktiver sozialer Planer den Nutzen eines repräsentativen Haushalts in F,

$$\max U(x_F, g_F), \tag{5.35}$$

durch Wahl von x_i, g_i sowie N_i, $i = D, F$, unter den folgenden Nebenbedingungen:

$$(\lambda): \quad U(x_F, g_F) = U(x_D, g_D), \tag{5.36}$$

$$(\mu): \quad N = N_D + N_F \qquad \text{sowie} \tag{5.37}$$

$$(\gamma): \quad \sum_{i=D,F} F^i(L_i, N_i) = \sum_{i=D,F} [N_i x_i + C^i(g_i, N_i)], \tag{5.38}$$

wobei die griechischen Buchstaben in den Klammern die Lagrange–Parameter der jeweiligen Nebenbedingungen sind. Da wir annehmen, daß eine Migration der Haushalte kostenlos möglich ist, können Nutzenunterschiede zwischen mobilen Haushalten, die in D und F leben, nicht auftreten. Mit (5.36) wird demnach das **Migrationsgleichgewicht** bezeichnet. Bedingung (5.37) verlangt, daß jeder Haushalt in einem der beiden Länder wohnen muß, während Bedingung (5.38) die globale Produktionsbeschränkung des privaten Gutes darstellt, wonach die gesamte Produktion beider Länder gerade der Summe aus dem Konsum des privaten Gutes und den Kosten zur Bereitstellung des öffentlichen Gutes, ausgedrückt in Einheiten des privaten Gutes, entsprechen muß.

Wir wollen uns hier auf die Herleitung der effizienten räumlichen Haushaltsverteilung beschränken. Dazu nehmen wir an, daß ein eindeutiges Optimum mit einer inneren Lösung existiert, d.h. die effiziente Allokation der Haushalte erfordert in jedem Fall eine positive Anzahl von Haushalten in jedem Land, $N_i > 0$, $i = D, F$. Um sicherzustellen, daß eine Bevölkerungsagglomeration in nur einem Land nicht effizient ist, müssen der Rückgang der Pro–Kopf–Produktion des privaten Gutes sowie der

Anstieg der marginalen **Überfüllungskosten** des lokal öffentlichen Gutes bei einer Zunahme der Bevölkerung ausreichend groß sein.

Durch Ableitung nach N_F und N_D erhalten wir als notwendige Bedingung für die Lösung des Problems (5.35) – (5.38)

$$F_N^F - x_F - C_N^F = \frac{\mu}{\gamma} = F_N^D - x_D - C_N^D. \tag{5.39}$$

Bedingung (5.39) verlangt, daß der soziale Nettovorteil eines zusätzlichen Haushalts für ein Land in beiden Ländern übereinstimmen muß, um eine effiziente Bevölkerungsverteilung zu sichern. Der soziale Nettovorteil besteht aus der Differenz zwischen dem Vorteil, der dem Land bei der Einwanderung in Höhe des Grenzprodukts der Arbeit eines zusätzlichen Haushalts entsteht, und den sozialen Kosten, die sich aus dem Konsum des privaten Gutes und dem Kostenanstieg für die Bereitstellung des lokal öffentlichen Gutes zusammensetzen. Wäre der soziale Nettovorteil nicht über die Länder ausgeglichen, so wäre es möglich, den Konsum des privaten Gutes für alle Haushalte bei unverändertem Angebot des lokal öffentlichen Gutes zu erhöhen, indem die Haushalte in das Land mit dem höheren sozialen Nettovorteil wanderten. Gleichzeitig verdeutlicht diese Bedingung auch, daß sie nicht mit der Bedingung für die effiziente internationale Allokation von **Arbeitskräften** übereinstimmen muß, welche identische Grenzprodukte der Arbeit in den beiden Ländern verlangt. Diese Abweichung kann durch ein unterschiedliches Angebot lokal öffentlicher Güter erklärt werden, da sich unter Einhaltung des Migrationsgleichgewichts (5.36) dann die Bereitstellung privater Güter unterscheiden muß.

Die Bedingung für die effiziente räumliche Haushaltsverteilung (5.39) kann auch mit Hilfe von Abbildung 5.9 erklärt werden. Wir wollen dabei annehmen, daß sich die Bereitstellung öffentlicher Güter – sofern sie überhaupt erfolgt – bei einer Wohnsitzverlagerung nicht ändert. Werden keine öffentlichen Güter bereitgestellt, so kennzeichnet A das Allokationsoptimum. In dieser Situation erreichen Haushalte in den beiden Ländern den gleichen Nutzen, wenn sie gleichviel des privaten Gutes konsumieren können, $x_D = x_F$. Damit folgt aus (5.39), daß die Grenzproduktivitäten der Haushalte der beiden Länder einander entsprechen müssen. Die effiziente Haushaltsverteilung liegt bei N_D^*, bei der die Produktion des privaten Gutes in der Föderation maximiert wird.

Bieten die Regionen dagegen lokal öffentliche Güter an, die keine Ballungskosten verursachen, und ist deren Angebot in D höher als in F, dann muß in einem Migrationsgleichgewicht nach (5.36) der Konsum privater

Güter in F den in D übersteigen. Deshalb ist das Allokationsoptimum durch B mit einer effizienten Haushaltsverteilung von $\bar{N}_D > N_D^*$ gekennzeichnet. Diese Situation verdeutlicht, daß die Grenzproduktivität der Arbeit in D geringer als in F sein muß, da D weniger private Güter als F anbieten muß, damit sich die Haushalte in beiden Ländern gleich gut stellen. Wären die Grenzproduktivitäten der Arbeit dagegen identisch, so könnte die gesellschaftliche Wohlfahrt durch die Reallokation einiger Haushalte von F nach D erhöht werden. Ohne daß sich die Bereitstellungskosten des öffentlichen Gutes veränderten, könnten die wandernden Haushalte durch einen geringeren Konsum des privaten Gutes den gleichen Nutzen realisieren. Die Einsparungen im Konsum des privaten Gutes könnten dann dazu genutzt werden, alle Haushalte durch einen pauschalen Transfer besser zu stellen.

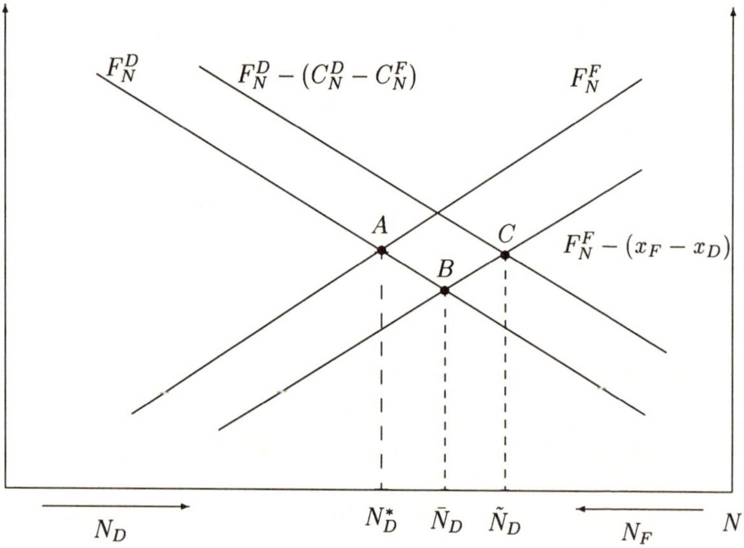

Abb. 5.9: Effiziente internationale Haushaltsallokation

Werden bei der Bereitstellung lokal öffentlicher Güter jedoch Überfüllungskosten verursacht, so muß der soziale Nettovorteil durch die Einwanderung von Haushalten für ein Land nach unten korrigiert werden. Falls die marginalen Überfüllungskosten, so wie in Abbildung 5.9 angenommen, in D geringer als in F sind, muß die Bevölkerung in D

noch weiter ansteigen, um eine effiziente Allokation zu sichern. Das resultierende Allokationsoptimum wird durch Punkt C mit einer effizienten Haushaltsverteilung in Höhe von $\tilde{N}_D > \bar{N}_D > N_D^*$ verwirklicht.

Effizienzsicherndes Steuersystem
Um ein effizienzsicherndes Steuersystem herzuleiten, nehmen wir wiederum an, daß im Produktionsbereich vollkommener Wettbewerb herrscht. Demnach maximieren die Unternehmen ihren Gewinn durch die Wahl des Produktionsfaktors Arbeit, indem sie das Grenzprodukt der Arbeit dem Lohnsatz anpassen,

$$F_N^i = w^i, \qquad i = D, F. \tag{5.40}$$

Auf das Arbeitseinkommen der Haushalte wird eine wohnsitzabhängige Lohnsteuer, t^i, erhoben. Des weiteren erzielen Haushalte neben dem Arbeitseinkommen wohnsitzunabhängige Einkünfte I, die den Nettoerträgen des Faktors Land entsprechen. Als Budgetrestriktion eines Haushalts folgt

$$x_i = w^i(1 - t^i) + I, \qquad i = D, F. \tag{5.41}$$

Substituiert man w^i gemäß (5.40) durch F_N^i in (5.41), setzt die nach I aufgelösten Gleichungen beider Länder gleich und vergleicht die resultierende Gleichung mit der Bedingung für eine effiziente internationale Allokation der Haushalte, (5.39), so erhält man als Bedingung für eine effizienzsichernde Besteuerung der mobilen Haushalte

$$C_N^D - w^D t^D = C_N^F - w^F t^F. \tag{5.42}$$

Das bedeutet, daß z.B. eine vollständige **Internalisierung der Überfüllungskosten**, $w^i t^i = C_N^i$, eine effiziente räumliche Bevölkerungsverteilung sichert. Auch diese Situation können wir wiederum graphisch durch Abbildung 5.10 darstellen.

Da Migrationsentscheidungen der mobilen Haushalte zwar auf Basis ihrer steuerlichen Belastung, nicht aber aufgrund der sozialen marginalen Überfüllungskosten getroffen werden, stellt sich ein dezentrales Migrationsgleichgewicht in E bei einer internationalen Haushaltsallokation von $\tilde{N}_D$ ein. Diese räumliche Verteilung ist aber nicht effizient, da sich für eine gegebene Versorgung mit lokal öffentlichen Gütern die sozialen Nettovorteile der beiden Länder um die Strecke AB unterscheiden.

Die effiziente internationale Haushaltsallokation ist durch O und eine Verteilung von N_D^* gekennzeichnet. Hier sind die sozialen Nettovorteile eines mobilen Haushalts für beide Länder gleich. Nur wenn die Differenz der Steuerbelastung, $w^D t^D - w^F t^F$, der Differenz der marginalen Überfüllungskosten, $C_N^D - C_N^F$, entspricht, resultieren dezentralisierte Migrationsentscheidungen in einer effizienten räumlichen Haushaltsallokation. Diese Bedingung gilt insbesondere dann, wenn die marginalen Überfüllungskosten vollständig internalisiert werden und die Grenzkosten–Preis–Regel, $w^i t^i = C_N^i$, zur Anwendung gelangt.

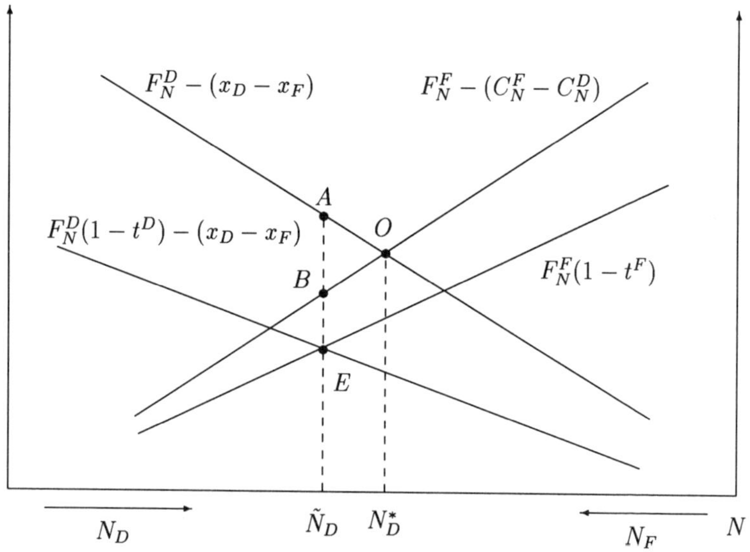

Abb. 5.10: Effizienzsichernde Besteuerung mobiler Haushalte

Wir können nun die eingangs gestellte Frage nach einer **Steuersatzharmonisierung** folgendermaßen beantworten:

Ergebnis 5.3.1 *Eine Steuersatzharmonisierung sichert im allgemeinen keine effiziente Verteilung mobiler Haushalte in der EU, da sie nicht zu einer Internalisierung der marginalen Ballungskosten führt.*

Allerdings sorgt ein **Steuerwettbewerb** unter den Bedingungen eines vollkommenen internationalen Wettbewerbs für eine effiziente Haushaltsverteilung innerhalb der EU, wie beispielsweise in der Untersuchung von *Wellisch* (2000) gezeigt wird. Nur bei einer identischen Versorgung mit öffentlichen Gütern und gleichen Ballungskosten in den einzelnen Ländern ist gemäß (5.36), (5.41) und (5.42) eine Steuersatzharmonisierung erforderlich, um eine effiziente räumliche Haushaltsverteilung zu sichern. In diesem Fall erfordert die effiziente Allokation eine Angleichung der Marktlöhne, die bei identischer Versorgung mit privaten Gütern nur über eine gleichmäßige Steuerbelastung erreichbar ist.

5.3.3 Rechtliche Grundlagen der Freizügigkeit von Haushalten in der EU

Abschließend wollen wir die rechtlichen Grundlagen der **Freizügigkeit des Personenverkehrs** in der EU ansprechen. Diese wird durch Art. 48 EWGV gesichert, der allen erwerbstätigen Staatsangehörigen der EU-Mitgliedsländer nicht nur die freie Berufswahl, sondern als Folge der Berufswahl auch die freie Wohnsitzwahl im Gemeinschaftsgebiet erlaubt. Unter bestimmten, von der Kommission festgelegten Bedingungen haben EU-Arbeitnehmer auch das Recht, in einem anderen EU-Staat nach Beendigung des Beschäftigungsverhältnisses zu verbleiben. Das **Verbleiberecht** ist in der EG-Verordnung 1251/70 vom 29.6.1970 geregelt. Danach dürfen Arbeitnehmer und deren Familienangehörige beispielsweise in einem anderen Mitgliedsland der EU verbleiben, wenn sie nach dreijähriger Beschäftigung und ständigem Aufenthalt in diesem Mitgliedstaat vor Erreichen des Ruhestandsalters eine Arbeit in einem anderen Mitgliedstaat aufnehmen oder wenn sie bei Erreichen der Altersgrenze mindestens zwölf Monate im Beschäftigungsstaat gearbeitet und sich dort seit drei Jahren ständig aufgehalten haben.

Der EU-Rat hat 1990 drei neue **Richtlinien zum Aufenthaltsrecht für nichterwerbstätige EU-Staatsbürger** in den Ländern der EU beschlossen. Danach haben auch Studierende, Rentner und andere Nichterwerbstätige die freie Wohnortwahl innerhalb der EU, solange sie über ausreichende Mittel verfügen und somit nicht die Sozialhilfe des Gastlandes in Anspruch nehmen müssen.

Die EU-Mitgliedstaaten haben die Pflicht, die ihnen verbliebenen Rechtssetzungsbefugnisse unter Wahrung des Gemeinschaftsrechts auszuüben. Danach schränkt Art. 48 EWGV auch die Regelungsautonomie der EU-Mitgliedstaaten auf dem Gebiet der direkten Steuern ein. Sie dürfen Staatsangehörige anderer Mitgliedsländer nicht schlechter als eigene Staatsangehörige behandeln, soweit sie sich in gleicher Lage befinden.

Trotz der Schaffung von rechtlichen Rahmenbedingungen für die Freizügigkeit des Personenverkehrs ist zu beobachten, daß die Mobilität von EU–Bürgern im Gegensatz zur **Kapitalmobilität** innerhalb der Gemeinschaft noch relativ gering ist. Auch im Vergleich zu US–amerikanischen **Mobilitätsraten von Haushalten** läßt sich ein eindeutiger Unterschied erkennen. So betrug die jährliche Mobilitätsrate innerhalb der EU in den 90er Jahren, gemessen als die Anzahl der EU–Bürger, die in ein anderes Mitgliedsland zogen, im Verhältnis zur gesamten EU–Bevölkerung, nur etwa 0,2%. Dies ist lediglich ein Bruchteil der jährlichen Mobilitätsrate in den USA, die in diesem Zeitraum etwa 10 bis 15 mal so hoch war. Mit zunehmender Integration innerhalb der EU und besseren Fremdsprachenkenntnissen der EU–Bevölkerung ist jedoch anzunehmen, daß es auch in der EU in Zukunft zu stärkeren Wanderungsbewegungen kommen wird.

Literaturempfehlungen zu Kapitel 5

Empfohlene Lehrbuchliteratur:

Fehr, Hans, Christoph Rosenberg und Wolfgang Wiegard (1995), *Welfare Effects of Value–Added Tax Harmonization in Europe*, Springer, Berlin, Kapitel 1 und 3.

Frenkel, Jacob A., Assaf Razin und Efraim Sadka (1991), *International Taxation in an Integrated World*, MIT Press, Cambridge, Mass., Kapitel 1, 2 und 11.

Grotherr, Siegfried, Claus Herfort und Günther Strunk (1998), *Internationales Steuerrecht*, Hrsg.: Deutsche Steuer–Gewerkschaft, 1. Aufl., Fleischer, Achim, Kapitel IB und IIIC.

Homburg, Stefan (1997), *Allgemeine Steuerlehre*, Vahlen (WiSo–Kurzlehrbücher: Reihe Volkswirtschaft), München, Kapitel 7.

Rose, Gerd (1995), *Grundzüge des Internationalen Steuerrechts*, 3. vollst. überarb. Aufl., Gabler, Wiesbaden, Kapitel 21–24.

Weindl, Josef (1996), *Europäische Gemeinschaft (EU)*, 3., durchges. Aufl., Oldenbourg, München, Kapitel E und F.

Zitierte und vertiefende Literatur:

Baranowski, Karl–Heinz (1998), *Praktiker–Handbuch 1998: Außensteuerrecht – Steuerinländer mit Auslandsbeziehungen und Steuerausländer mit Inlandsbeziehungen, Band II*, IDW–Verlag, Düsseldorf.

Bundesministerium der Finanzen (Hrsg.) (1998), *Unsere Steuern von A – Z: Ausgabe 1998*, Bonn.

Koop, Michael J. (1993), *Zur Gewinnbesteuerung von Körperschaften in der Europäischen Gemeinschaft*, J.C.B. Mohr, Tübingen.

Sinn, Hans Werner (1990), „Tax Harmonization and Tax Competition in Europe“, *European Economic Review 34*, S. 489–504.

Thümler, Axel (1994), *Körperschaftsteuerliches Anrechnungsverfahren und internationales Steuerrecht*, Lang, Frankfurt a.M.

Wellisch, Dietmar (2000), *Theory of Public Finance in a Federal State*, Cambridge University Press, Cambridge, Mass., Kapitel 2.

Kapitel 6

Inzidenz der Besteuerung

In diesem Kapitel wollen wir uns mit der **Belastungsverteilung**, der sogenannten Inzidenz, der Besteuerung beschäftigen und untersuchen, wer die Last einer Steuer tatsächlich trägt. Eine derartige Analyse ist, genauso wie die Anreizanalyse in den beiden vorangegangenen Kapiteln, Voraussetzung für die Ableitung eines optimalen Steuersystems. Nur wenn auch die Inzidenz der Besteuerung bekannt ist, können wir beurteilen, ob ein Steuersystem die erwünschten Verteilungsziele tatsächlich (bestmöglich) zu verwirklichen hilft.

Ein wesentliches Ergebnis der Inzidenzanalyse ist die Erkenntnis, daß die Last einer Steuer nicht notwendigerweise von denjenigen getragen wird, die diese Steuer abführen müssen. Denn die Erhebung einer Steuer verändert in der Regel nicht nur den relativen Preis des besteuerten Gutes, sondern über ausgelöste Nachfrage– und Angebotsentscheidungen auch die relativen Preise auf anderen Märkten. Abhängig vom Zusammenspiel dieser Reaktionen kann eine Steuer die Wirtschaftssubjekte unterschiedlich belasten. So kann z.B. die Erhebung einer Lohnsteuer, die vom Arbeitgeber abgeführt wird, einerseits bewirken, daß die Nettolöhne sinken und somit der Faktor Arbeit belastet wird. Andererseits kann die Belastung über höhere Preise an die Konsumenten weitergegeben werden.

Aufgrund dieser verschiedenen Belastungswirkungen unterscheidet man folgende vier Einflußebenen einer Steuer: Wirtschaftssubjekte können Steuersubjekt, Steuerzahler, Steuerdestinatar oder Steuerträger sein. Das **Steuersubjekt** oder der Steuerpflichtige ist die Person, die die Steuer schuldet, während der **Steuerzahler** die Steuer abführt. Diese beiden Funktionen müssen nicht zusammenfallen. Bei der Lohnsteuer ist der Steuerzahler nämlich der Arbeitgeber, während der Arbeitnehmer das Steuersubjekt ist. Diejenige Person, die nach dem Willen des Gesetzgebers die Steuer wirtschaftlich tragen soll, wird **Steuerdestinatar** genannt. Bei der Umsatzsteuer ist dies beispielsweise der Endverbraucher. Schließlich ist der **Steuerträger** das Wirtschaftssubjekt oder die Gruppe von Wirtschaftssubjekten, die durch die Steuer tatsächlich belastet wird. In der Regel ist dies nicht nur eine Person oder eine Gruppe. Betrachten wir z.B. eine Unternehmensteuer wie die Körperschaftsteuer, deren Destinatar die Unternehmer oder Anteilseigner sind. Können diese die Last zu einem Teil auf die Konsumenten überwälzen, indem sie höhere Preise durchsetzen, so sind neben den Produzenten auch die Konsumenten Steuerträger.

Mit Hilfe dieser Definitionen können auch direkte und indirekte Steuern voneinander abgegrenzt werden. Eine Steuer wird als **direkte Steuer** bezeichnet, wenn Steuersubjekt und Steuerdestinatar identisch sind, wie es beispielsweise bei der Einkommen-, Erbschaft- oder Grundsteuer der Fall ist. Dagegen fallen bei einer **indirekten Steuer** diese beiden Funktionen auseinander. So schulden die Unternehmen die an den Endverbraucher gerichteten Umsatz- und speziellen Verbrauchsteuern und sind somit Steuersubjekt, während die Konsumenten die Rolle des Steuerdestinatars einnehmen. Ursprünglicher Zweck dieser Klassifizierung in indirekte und direkte Steuern war, überwälzbare von nicht überwälzbaren Steuern zu unterscheiden. Dabei wurde jedoch übersehen, daß die Steuerinzidenz wesentlich vom Grad des auf dem Markt herrschenden Wettbewerbs sowie von den vorhandenen Ausweichmöglichkeiten bestimmt wird und keine Eigenschaft einer Steuer selbst ist. So hängt die **Überwälzbarkeit** der Umsatzsteuer entscheidend von den Preiselastizitäten des Angebots und der Nachfrage ab. Die Unternehmen versuchen, die Belastung durch die Umsatzsteuer über höhere Preise an die Konsumenten weiterzugeben. Hier spricht man von einer Vorwärtsüberwälzung einer Steuer. Kann die Steuer jedoch aufgrund einer elastischen Nachfrage nicht vollständig über Preiserhöhungen auf die Konsumenten überwälzt werden, sinken sowohl die Produktion als auch die Gewinne nach Steuern. Die Nachfrage der Unternehmen nach Arbeit sinkt und damit auch die Löhne. Diese Rückwärtsüberwälzung trifft den Faktor Arbeit. Ähnliche Effekte ruft aber auch eine direkte Steuer wie die Lohnsteuer hervor. Daher ist die Unterscheidung in direkte und indirekte Steuern hinsichtlich ihrer Überwälzbarkeit nur sehr bedingt aussagekräftig.

Bei der Erhebung einer Steuer versucht der Steuerpflichtige jedoch nicht nur, durch höhere Preis- oder Lohnforderungen die Belastung auf andere Wirtschaftssubjekte zu überwälzen. Diese Überwälzungsversuche führen vielmehr auch bei anderen Akteuren zu einer Substitution besteuerter durch unbesteuerte Faktoren oder Güter, um der Mehrbelastung zu entgehen. Dadurch entstehen Verzerrungen, die eine Zusatzlast erzeugen, wie wir in den vorangegangenen Kapiteln hervorgehoben haben. Die Summe aus dem steuerbedingten Einkommensentzug aller privaten Wirtschaftssubjekte und der entstehenden **Zusatzlast** in der Ökonomie wird als materielle Steuerlast oder Steuerinzidenz bezeichnet.

Bei der Inzidenzanalyse werden unmittelbar zunächst nur die Wirkungen von Steuern auf Güter- und Faktorpreise untersucht. Von finanzpolitischem Interesse sind aber die Auswirkungen auf die **Wohlfahrt** der Haushalte, wie hoch also ihre Belastungen durch Einkommens- bzw. Nutzenentzug aufgrund der veränderten relativen Preise sind. Dafür benötigt man jedoch eine Vorstellung, wie einzelne Haushalte mit den Produktionsfaktoren Arbeit und Kapital ausgestattet sind und welche Rolle bestimmte Güter in ihrem Warenkorb spielen. Eine Steuer, die Löhne senkt und Zinsen erhöht, ist im Interesse von Beziehern höherer Einkommen, deren Einkommen zu einem großen Teil aus Kapitaleinkünften bestehen. Sie wirkt regressiv, da sie die durchschnittliche Belastung bei steigendem Einkommen senkt. Dagegen wirkt eine Steuer, die die Preise von Luxusgütern erhöht, progressiv und ist damit eher im Interesse von Beziehern niedrigerer Einkommen.

Des weiteren hängt die Inzidenz einer Steuer entscheidend davon ab, was mit dem erzielten Steueraufkommen geschieht. Gehen wir davon aus, daß der Staat zusätzliche Steuereinnahmen vollständig zur Finanzierung höherer Ausgaben verwendet, dann spricht man von einer **Budgetinzidenz** oder auch **Balanced Budget Incidence**. Hier muß neben der Steuerinzidenz auch die Inzidenz zusätzlicher öffentlicher Ausgaben untersucht werden. Dagegen hat der Staat aber auch die Möglichkeit, bei unveränderter Höhe seiner Ausgaben die Steuererhöhung zur Senkung einer anderen Steuer auszunutzen. Bei dieser sogenannten **Differentialinzidenz** werden die Belastungswirkungen verschiedener Steuern, die das gleiche Aufkommen sichern, miteinander verglichen. Diese Art der Inzidenzanalyse hat den Vorteil, daß die schwierig zu ermittelnde Inzidenz öffentlicher Ausgaben nicht weiter untersucht werden muß. Im folgenden Abschnitt 6.1 wollen wir jedoch nur eine Untersuchung der **absoluten Inzidenz** von Steuern vornehmen. Bei der Betrachtung der Belastung durch eine Steuer werden weder andere Steuern gesenkt noch die Ausgaben des Staates verändert. Hier werden wir zunächst nur einen Markt betrachten, da die wesentlichen Belastungswirkungen häufig auf dem Markt, auf dem die Steuer erhoben wird, entstehen. Diese Untersuchung ist allerdings nur dann geeignet, die Inzidenz einer Steuer einigermaßen verläßlich anzuzeigen, wenn das besteuerte Gut einen relativ zur gesamten Wirtschaft verschwindend geringen Anteil hat, so daß sich nur dessen Preis ändert, die Preise anderer Güter und Faktoren aber annähernd unbeeinflußt bleiben. Wir wollen im Abschnitt 6.1 die Inzidenz einer speziellen Verbrauchsteuer, also z.B. einer Alkohol- oder Tabaksteuer, sowohl für einen Wettbewerbsmarkt als auch für einen Monopolmarkt untersuchen. Auswirkungen auf einen Oligopolmarkt werden im Anschluß daran kurz erläutert. Sollen die gesamten Belastungswirkungen einer Steuer aufgedeckt werden, müssen jedoch alle Märkte einer Ökonomie betrachtet werden. Eine solche allgemeine Gleichgewichtsanalyse erfolgt in Abschnitt 6.2. Dabei untersuchen wir sowohl die durch Steuern hervorgerufenen Faktorpreisänderungen als auch die Güterpreisänderungen auf allen Märkten.

6.1 Partielle Gleichgewichtsanalyse

6.1.1 Steuerinzidenz auf einem Wettbewerbsmarkt

In diesem Unterabschnitt wollen wir uns mit den Belastungen von Konsumenten und Produzenten durch eine **spezielle Verbrauchsteuer** beschäftigen. Die Analyse könnte jedoch mit entsprechenden Ergebnissen auf einen Faktormarkt übertragen werden, auf dem nur ein Faktor mit einer Steuer, z.B. Kapital mit einer Zinssteuer, belastet würde. Wir nehmen an, daß das betrachtete Gut x unter den Bedingungen vollkommenen Wettbewerbs hergestellt und nachgefragt wird. Sein Preis p sei für die einzelnen Akteure gegeben und wird durch die aggregierte Nachfrage und das aggregierte Angebot bestimmt.

Wie wir bereits in der Einleitung betont haben, ist es ökonomisch völlig unerheblich, wer die Steuer zahlt. Warum dies so ist, wollen wir am Beispiel einer **Wertsteuer** (ad valorem Verbrauchsteuer), t, aufzeigen. Betrachten wir dazu Abbildung 6.1. $S(p)$ sei die preisabhängige Angebotskurve und $D(p)$ die ebenfalls vom Preis abhängige Nachfragekurve. Es ist bei der Interpretation dieser Abbildung allerdings zu beachten, daß $S(p)$ und $D(p)$ als angebotene oder nachgefragte Mengen die Abszissenwerte zu den jeweiligen Preisen angeben.

In einer Situation ohne Steuern beschreibt Punkt A das Gleichgewicht auf dem Gütermarkt, da sich zum Preis p_1 Angebot und Nachfrage entsprechen.

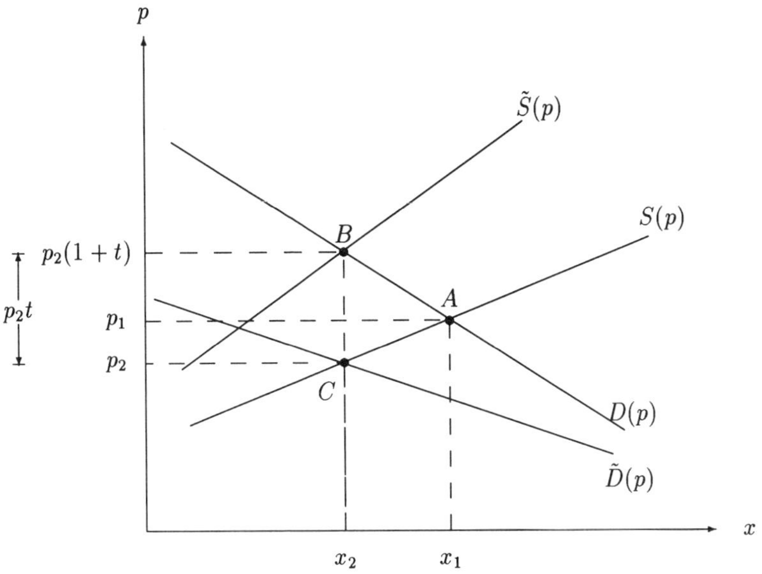

Abb. 6.1: Steuerinzidenz auf einem Wettbewerbsmarkt

Jetzt soll eine Wertsteuer auf das Gut x erhoben werden. Nehmen wir zuerst an, daß die Anbieter die Steuer abführen müssen. Da sich die Produzenten an dem Preis, den sie nach Steuer erzielen können, orientieren, gibt $S(p)$ weiterhin die Nettopreisangebotskurve an. Da sich die Konsumenten jedoch an den Bruttopreisen orientieren, muß jedem Wert der Nettopreisangebotskurve ein entsprechender Wert der Bruttopreisangebotskurve $\tilde{S}(p) = S\left(\frac{p}{1+t}\right)$ zugewiesen werden, wobei der Funktionswert p nun den Bruttopreis angibt. $D(p)$ gibt wiederum die Nachfrage der Konsumenten an, da für sie die Bruttopreise als Konsumentenpreise maßgebend sind. Wie wir sehen, verlagert sich das Gleichgewicht auf dem Gütermarkt von A nach B. Die abgesetzte Menge verringert sich von x_1 auf x_2, und der Konsumentenpreis erhöht sich von p_1 auf $p_2(1+t)$. Damit verbleibt den Unternehmen nach Zahlung der Steuer nur noch ein Preis von p_2 pro abgesetzter Einheit. Wie aus Abbildung 6.1 hervorgeht, tragen sowohl die Produzenten als auch die Konsumenten einen Teil der Last durch die Besteuerung: die Konsumentenrente verringert sich um $p_1ABp_2(1+t)$, während die Produzentenrente – der Gewinn der Anbieter bei Produktion ohne Fixkosten – um die Fläche p_2CAp_1 zurückgeht.

Die Steuereinnahmen entsprechen jedoch nur dem Rechteck $p_2CBp_2(1+t)$, so daß eine Zusatzlast im Umfang des Dreiecks ABC entsteht.

Wird die Steuer dagegen von den Konsumenten abgeführt, so ändert sich nichts grundlegendes am Ergebnis. Während für die Produzenten die Nettopreisangebotskurve $S(p)$ maßgebend ist, orientiert sich die Nachfrage der Konsumenten an den Bruttopreisen, die durch die Nachfragekurve $D(p)$ zum Ausdruck kommt. Um Angebot und Nachfrage auf denselben Preis zu beziehen, muß jedem Wert der Bruttopreisnachfrage ein entsprechender Wert der Nettopreisnachfrage durch die Transformation $\tilde{D}(p) = D[p(1+t)]$ zugewiesen werden, wobei p als Funktionswert den Nettopreis angibt. Das neue Gleichgewicht befindet sich in C. Wiederum verringert sich die Gleichgewichtsmenge auf x_2 und der Konsumenten– bzw. der Produzentenpreis erhöht bzw. reduziert sich ebenfalls wieder auf $p_2(1+t)$ bzw. p_2. Da die abgesetzte Menge sowie der Konsumenten– bzw. Produzentenpreis unabhängig davon sind, wer die Steuer zahlt, muß die gleiche Lastverteilung zwischen Konsumenten und Produzenten vorliegen, wie auch aus Abbildung 6.1 hervorgeht.

Nun stellt sich die wichtige Frage, von welchen Faktoren die Lastverteilung zwischen Konsumenten und Produzenten abhängt. Bevor wir darauf mit Hilfe einer algebraischen Analyse eine genaue Antwort geben, können wir bereits jetzt einige wichtige Schlußfolgerungen ziehen, indem wir uns nochmals auf Abbildung 6.1 beziehen. Es zeigt sich, daß die Verteilung der Steuerlast sowie die Höhe des Wohlfahrtsverlustes im Verhältnis zum erzielten Steueraufkommen entscheidend von den Steigungen der Angebots– und der Nachfragekurve abhängig sind. Bei einer vollkommen unelastischen Angebotskurve, die senkrecht verläuft, ändert sich der Konsumentenpreis nicht, und folglich tragen die Produzenten die gesamte Steuerlast. Eine **Zusatzlast** entsteht nicht. Auch bei einer völlig elastischen Nachfrage, deren Verlauf horizontal ist, tragen die Anbieter die gesamte Last, da sich der Konsumentenpreis nicht ändert. Jedoch entsteht hier eine beträchtliche Zusatzlast. Ist dagegen das Angebot vollständig elastisch, gekennzeichnet durch einen waagerechten Verlauf der Angebotskurve, so tragen die Konsumenten die gesamte Last einschließlich der entstehenden Zusatzlast, da jetzt der Produzentenpreis unverändert bleibt und die gesamte Steuer durch einen höheren Konsumentenpreis auf die Verbraucher überwälzt werden kann. Fragen die Konsumenten Güter völlig preisunelastisch nach, so daß die Nachfragekurve vertikal verläuft, tragen sie auch hier die gesamte Last der Besteuerung, da sich nur ihr Preis erhöht. Allerdings entsteht in diesem Fall keine Zusatzlast.

Die bislang erzielten Einsichten fassen wir zusammen in

Ergebnis 6.1.1 *Die Erhebung einer speziellen Verbrauch- oder Faktorsteuer belastet sowohl Anbieter als auch Nachfrager und zwar unabhängig davon, wer die Steuer zahlt. Im allgemeinen wird jedoch derjenige Marktteilnehmer stärker belastet, dessen Anpassungsfähigkeit, ausgedrückt durch seine Angebots- bzw. Nachfrageelastizität, geringer ist.*

Die bisherigen Ergebnisse wollen wir nun durch eine algebraische Untersuchung absichern und präzisieren, wobei wir auch auf einen Beitrag von *Kotlikoff* und *Summers* (1987) verweisen. Ausgehend von einer Situation ohne Steuer wird eine spezielle Wertsteuer, die von den Konsumenten abzuführen ist, erhoben. Die Annahme, daß die Konsumenten die Steuerzahler sind, erleichtert die mathematische Herleitung des Ergebnisses. Das Marktgleichgewicht läßt sich als

$$S(p) = D[p(1+t)] \tag{6.1}$$

darstellen, wobei p erneut den Produzentenpreis und t den Wertsteuersatz angibt. Um nun die Inzidenz dieser Verbrauchsteuer ableiten zu können, müssen wir zunächst die Änderungen des Produzenten- und Konsumentenpreises bei Einführung der Steuer bestimmen. Totale Differentiation von (6.1) ergibt:

$$\frac{dp}{dt} = p\frac{D'}{S' - D'(1+t)}. \tag{6.2}$$

Ausgehend von einem Gleichgewicht in einer Situation ohne Steuer, $t = 0$, läßt sich dieser Term zu

$$\frac{dp}{dt} = p\frac{\varepsilon^D}{\varepsilon^S - \varepsilon^D} \tag{6.3}$$

umformen, wobei $\varepsilon^D \equiv \frac{\partial D(p)}{\partial p}\frac{p}{D(p)}$ die Nachfrageelastizität und $\varepsilon^S \equiv \frac{\partial S(p)}{\partial p}\frac{p}{S(p)}$ die Angebotselastizität bezeichne. Bei negativer Nachfrageelastizität, $\varepsilon^D < 0$, und positiver Angebotselastizität, $\varepsilon^S > 0$, sinkt der Produzentenpreis gegenüber einer Situation ohne Steuern. Die Veränderung des Konsumentenpreises an der Stelle $t = 0$ ergibt sich analog als

$$\frac{d[p(1+t)]}{dt} = \frac{dp}{dt} + p = p\frac{\varepsilon^S}{\varepsilon^S - \varepsilon^D}. \tag{6.4}$$

Folglich steigt der Konsumentenpreis bei Einführung einer speziellen Verbrauchsteuer, sofern die Produzenten das betrachtete Gut nicht unelastisch anbieten, $\varepsilon^S = 0$. Aus (6.3) und (6.4) sehen wir bereits, daß sich Konsumenten– bzw. Produzentenpreise um so stärker ändern, je elastischer das Angebot bzw. die Nachfrage ist. Der Unterschied zwischen dem Konsumenten– und dem Produzentenpreis ist nach Einführung der Steuer daher um so größer, je höher die Angebots– und die Nachfrageelastizität dem Betrage nach sind.

Nun wollen wir untersuchen, wie sich die Konsumenten– und die Produzentenrente bei Einführung einer Wertsteuer verändern. Die Veränderung der Konsumentenrente (KR) bei einer marginalen Steuererhebung ist

$$\frac{dKR}{dt} = \frac{dKR}{d[p(1+t)]}\frac{d[p(1+t)]}{dt}. \tag{6.5}$$

Die Konsumentenrente beim Preis $p(1+t)$ ist folgendermaßen definiert:

$$KR[p(1+t)] = \int_0^{D[p(1+t)]} p^D(x)dx - p(1+t)D[p(1+t)],$$

wobei $p^D(x)$ die inverse Nachfragefunktion darstellt. Die Veränderung der Konsumentenrente bei einer Preisänderung ist somit

$$\begin{aligned} & \frac{dKR}{d[p(1+t)]} \\ = \; & \underbrace{\frac{d[\int^{\cdot}_{\cdot} p^D(x)dx]}{dD[p(1+t)]}}_{=p(1+t)} D'[p(1+t)] - \{D[p(1+t)] + p(1+t)D'[p(1+t)]\} \\ = \; & -D[p(1+t)]. \end{aligned} \tag{6.6}$$

Setzt man (6.4) und (6.6) in (6.5) ein, gilt beim Übergang zur Besteuerung, also an der Stelle $t = 0$:

$$\frac{dKR}{dt} = -pD(p)\frac{\varepsilon^S}{\varepsilon^S - \varepsilon^D}. \tag{6.7}$$

Die Veränderung der Produzentenrente (PR) wird analog bei einem marginalen Anstieg von t durch

$$\frac{dPR}{dt} = \frac{dPR}{dp}\frac{dp}{dt} \tag{6.8}$$

bestimmt. Es gilt:

$$PR(p) = pS(p) - \int\limits_0^{S(p)} p^S(x)dx \qquad \text{und}$$

$$\frac{d\,PR(p)}{d\,p} = S(p) + pS'(p) - \underbrace{\frac{d\,[\int_\cdot^\cdot p^S(x)dx]}{d\,S(p)}}_{=p} S'(p) = S(p), \tag{6.9}$$

mit $p^S(x)$ als inverser Angebotsfunktion. Unter Berücksichtigung von (6.3) und (6.9) folgt aus (6.8) beim Übergang zur Besteuerung:

$$\frac{d\,PR}{d\,t} = pS(p)\frac{\varepsilon^D}{\varepsilon^S - \varepsilon^D}. \tag{6.10}$$

Sowohl die Konsumenten– als auch die Produzentenrente sinken bei der Einführung einer marginalen ad valorem Verbrauchsteuer, sofern die Nachfrageelastizität negativ und die Angebotselastizität positiv ist. Im neuen Gleichgewicht gilt daher für die Lastverteilung zwischen Konsumenten und Produzenten:

$$\frac{d\,KR}{d\,t} \Big/ \frac{d\,PR}{d\,t} = -\frac{\varepsilon^S}{\varepsilon^D}. \tag{6.11}$$

Dieses Resultat halten wir fest als

Ergebnis 6.1.2 *Das Verhältnis der Veränderungen von Konsumenten- und Produzentenrente entspricht gerade dem negativen Verhältnis von Angebots- und Nachfrageelastizität.*

Bisher haben wir uns auf die Betrachtung eines Marktes bei vollkommenem Wettbewerb beschränkt. Jedoch sind bei der Besteuerung eines monopolistisch angebotenen Gutes andere Belastungswirkungen zu erwarten. Daher werden wir im nächsten Unterabschnitt die Inzidenz einer speziellen Verbrauchsteuer auf einem Monopolmarkt untersuchen, wobei wir wiederum die Wechselwirkungen mit anderen Märkten vernachlässigen.

6.1.2 Steuerinzidenz auf einem Monopolmarkt

Das Preis–Mengen–Diagramm der Abbildung 6.2 stellt den Fall eines Marktes bei monopolistischem Angebot dar. Im Gegensatz zu einem einzelnen Unternehmen bei vollkommenem Wettbewerb betrachtet der Monopolist den Preis nicht als gegeben, sondern steuert ihn über die Wahl seiner Absatzmenge. Dadurch kann er auch seinen Grenzerlös beeinflussen, während der Grenzerlös eines einzelnen Unternehmens bei vollkommener Konkurrenz gleich dem als exogen betrachteten Preis ist. So entspricht die Nachfragekurve der Konsumenten bei atomistischem Angebot gleichzeitig den Grenz- und Durchschnittserlöskurven der Anbieter. Dagegen stellt auf einem Monopolmarkt die Nachfragekurve lediglich die Durchschnittserlöskurve des Monopolisten dar, die auch als **Preis–Absatz–Funktion** bezeichnet wird. Die Grenzerlöskurve, MR, verläuft unterhalb der Durchschnittserlöskurve und halbiert bei linearer Erlösfunktion gerade den Winkel zwischen Ordinate und Durchschnittserlöskurve.

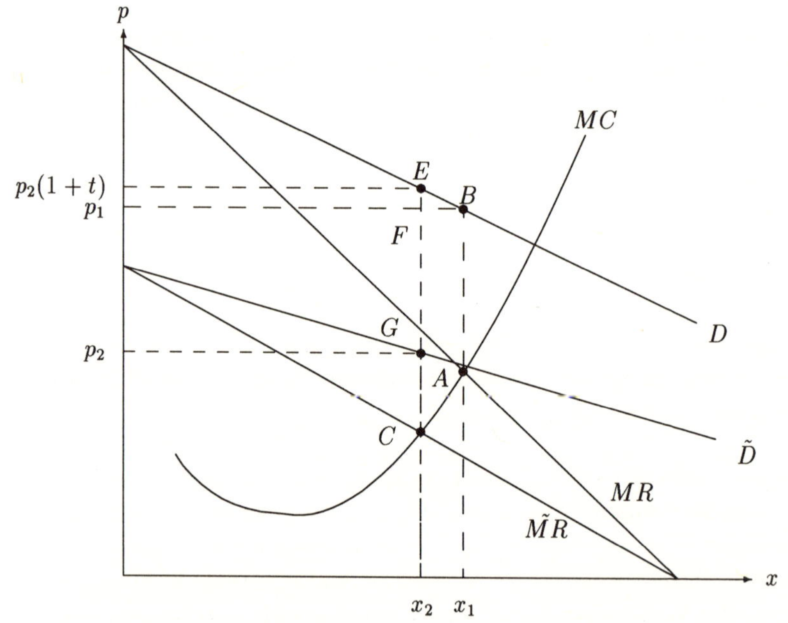

Abb. 6.2: Steuerinzidenz auf einem Monopolmarkt

In einer Situation ohne Steuer ist das Gleichgewicht im Punkt A erreicht, in dem der Grenzerlös gerade den Grenzkosten, MC, entspricht. Die gewinnmaximale Menge ist x_1, und der dazugehörende Preis p_1 wird durch den **Cournot–Punkt**, B, angezeigt, der sich aus der vertikalen Projektion des Schnittpunkts der MR– und der MC–Kurve, A, auf die Durchschnittserlös– bzw. Nachfragekurve ergibt.

Die Einführung einer speziellen ad valorem Verbrauchsteuer läßt den Durchschnittserlös zu Brutto– und Nettopreisen auseinanderfallen. Die Nachfragekurve zu Nettopreisen, $\tilde{D}(p) = D[p(1+t)]$, die als Ordinatenwerte gleichzeitig die durchschnittlichen Erlöse nach Bezahlung der Steuer angibt, liegt unterhalb von D, und die Grenzerlöskurve nach Abzug der Steuer ist durch $\tilde{MR} = MR/(1+t)$ gegeben. Das neue Gleichgewicht ist durch den Schnittpunkt der Kurven $\tilde{MR}$ und MC, C, und einer auf x_2 gesunkenen Absatzmenge gekennzeichnet. Der Cournot–Punkt befindet sich jetzt in E bei einem höheren Konsumentenpreis, $p_2(1+t)$, während sich der Monopolist mit einem geringeren Produzentenpreis, p_2, zufrieden gibt, der sich durch die Projektion von E auf der $\tilde{D}$–Kurve in Punkt G ergibt.

Wieder wird die Last der Steuer, die von den Produzenten abgeführt wird, teilweise auf die Konsumenten überwälzt. Die Verbraucher erfahren eine Einbuße ihrer Konsumentenrente in Höhe von $p_2(1+t)EBp_1$. Die Überwälzung auf die Konsumenten ist um so stärker, je unelastischer ihre Nachfrage ist und je langsamer die Grenzkosten bei zunehmender Produktion ansteigen. Diese Schlußfolgerung haben wir auch für den Fall vollkommenen Wettbewerbs gezogen. Der Monopolist erleidet durch die Steuer einen Gewinnrückgang in Höhe von $p_1FGp_2 + x_2FBx_1 - x_2CAx_1 = p_1FGp_2 + FBAC$. Da das Steueraufkommen demgegenüber aber nur $p_2(1+t)EGp_2$ beträgt, kommt es zu einem gesellschaftlichen Wohlfahrtsverlust in Höhe von $EBF + FBAC = EBAC$.

Auf einem Monopolmarkt müssen wir im Gegensatz zum vollkommenen Wettbewerb zwischen der Inzidenz einer Wert– und einer Mengensteuer unterscheiden. Da bei einer **Mengensteuer** die Nettogrenz– und Nettodurchschnittserlöskurven parallel nach unten verschoben werden, fällt der Grenzerlös genau um den zu zahlenden Steuerbetrag pro Einheit des verkauften Gutes. Um genau diesen Betrag steigen aber auch die Steuereinnahmen des Staates. Die Erhebung einer **Wertsteuer** verringert dagegen den Grenzerlös des Monopolisten um weniger als die mit dieser Steuer erwirtschafteten Einnahmen pro Einheit des verkauften Gutes. Die Verringerung des Grenzerlöses entspricht aufgrund des Verhältnisses $\tilde{MR} = MR/(1+t)$ dem Betrag $t\,\tilde{MR}$, während der Staat tp_2 pro Einheit des verkauften Gutes an Steuern einnimmt. Da der Preis im Monopol aber immer höher als der Grenzerlös ist, gilt $t\,\tilde{MR} < tp_2$. Soll z.B. für beide Steuerarten die gleiche Menge abgesetzt werden, müssen die beiden Nettogrenzerlöskurven die Grenzkostenkurve in demselben Punkt schneiden. Dann übersteigt der Stücksteuerbetrag einer Wertsteuer den einer Mengensteuer, und eine Mengensteuer führt zu geringeren Steuereinnahmen. Dementsprechend kann bei Erhebung einer Mengensteuer im Monopolfall weniger abgesetzt werden als bei Erhebung einer Wertsteuer, sofern das Steueraufkommen nicht divergieren soll.

6.1.3 Steuerinzidenz auf einem Oligopolmarkt

Nun gibt es in vielen Bereichen der Wirtschaft weder vollkommenen Wettbewerb noch Monopole. Die Luftfahrt, der Banken- und Versicherungssektor oder auch der inzwischen liberalisierte Telekommunikationsmarkt sind Beispiele für oligopolistische Märkte. Eine Analyse der Steuerinzidenz liefert hier jedoch keine eindeutigen Ergebnisse. Da das Verhalten eines Oligopolisten stark vom unterstellten Verhalten seiner Konkurrenten abhängt und diese Reaktionen vielschichtig sein können, ist auch die Preisbildung im Oligopol nicht eindeutig. Somit ist die Inzidenz, die ja gerade die Auswirkungen einer Steuer auf die Preise und die daraus resultierende Lastverteilung untersucht, nur in Abhängigkeit der möglichen Reaktionen der Oligopolisten zu ermitteln. Es ist einerseits möglich, daß ein Oligopolist auf die Besteuerung eines von ihm angebotenen Gutes nicht mit einer Preiserhöhung reagiert, weil er fürchtet, seine Konkurrenten könnten seinen Marktanteil durch geringere Preise für sich vereinnahmen. Andererseits könnte es aber auch sein, daß er seinen Preis heraufsetzt, weil er der festen Überzeugung ist, daß seine Konkurrenten ebenso mit einer Preiserhöhung reagieren. Hierbei würde die Last zumindest teilweise auf den Konsumenten überwälzt werden.

Für den oligopolistisch strukturierten Markt gilt außerdem noch eine weitere Besonderheit. Aus der Sicht aller Unternehmen dieses Marktes ist es am besten, wenn sie sich zu einem **Kartell** zusammenschließen und abgestimmt handeln, da sie dann den gewinnmaximalen Absatz der Industrie wie ein Monopolist verwirklichen würden. Allerdings zeigt das Verhalten der Organisation erdölexportierender Länder (OPEC), die als ein Kartell angesehen werden kann, welche Schwierigkeiten mit einem **abgestimmten Verhalten** in der Praxis verbunden sind. Nur durch niedrig festgelegte Absatzmengen kann ein hoher Preis erzielt werden. In einer solchen Situation entsteht aber für jedes einzelne Land oder allgemeiner für jedes am Kartell teilnehmende Unternehmen ein Anreiz, mehr als die vereinbarte Menge herzustellen und abzusetzen, um zusätzliche Gewinne für sich abzuschöpfen. Da alle Länder diesen Anreiz haben, ist der

Monopolpreis letztlich nicht zu halten. Eine Besteuerung des von einer oligopolistisch strukturierten Industrie hergestellten Gutes kann nun aber gerade dazu führen, daß sich die Preisbildung der konkurrierenden Oligopolisten an die für alle Unternehmen optimale Kartellösung annähert, wie z.B. *Besley* (1989) sowie *Walz* und *Wellisch* (1997) zeigen. Natürlich werden die Unternehmen durch die Steuer belastet. Andererseits werden sie wegen der Besteuerung aber auch ihre Produktion senken und die Preise erhöhen. Da eine zu hohe Produktion gerade das Problem unabgestimmten Verhaltens war, können die Bruttogewinne der Unternehmen bei ausreichender Produktionssenkung und Preissteigerung sogar so stark ansteigen, daß sie sich selbst nach Abführung der Steuer besser stellen als in einer Situation ohne Steuern.

Zusammenfassend kann man sagen, daß die Verteilungswirkungen auf einem Oligopolmarkt sehr stark vom unterstellten Verhalten der Akteure abhängen. Daher stützen sich die meisten Ökonomen auf die Aussagen der Inzidenz bei vollkommener Konkurrenz oder im Monopol als eine grobe Annäherung für die Lastverteilung im Oligopol.

Natürlich vernachlässigt diese **Partialanalyse** einige wichtige Belastungswirkungen. Wir haben bereits erwähnt, daß relative Preisänderungen auf anderen Märkten ausgeklammert bleiben. Selbst bei einem relativ kleinen Markt für das betrachtete Produkt hat die Erhebung einer speziellen Verbrauchsteuer jedoch Folgewirkungen für andere Gütermärkte, die durch Substitutionsbeziehungen im Konsum übertragen werden. Aber auch Faktorpreise können sich ändern, wenn die Substitutionsgüter verschiedene Faktoreinsatzverhältnisse aufweisen. Genauso werden bei Erhebung einer speziellen Faktorsteuer Substitutionsbeziehungen im Faktoreinsatz andere Faktormärkte und im weiteren auch die Gütermärkte beeinflussen.

Des weiteren ist eine solche partielle Inzidenzanalyse nur auf spezielle Steuern, die auf nur ein Gut bzw. einen Faktor erhoben werden, anwendbar. Die Steuerinzidenzanalyse einer allgemeinen Einkommensteuer oder einer Mehrwertsteuer ist in diesem Rahmen nicht möglich, da diese allgemeinen Steuern bereits unmittelbar (nicht nur über Substitutionsprozesse) mehrere Faktor- bzw. Gütermärkte betreffen.

Weiterhin ist zu betonen, daß wir lediglich eine absolute Inzidenzanalyse durchgeführt haben, in der die Verwendung der Steuereinnahmen nicht beachtet wird. Dieses Problem können wir vermeiden, wenn wir wie im folgenden Abschnitt 6.2 mit Hilfe einer Differentialinzidenzanalyse zwei

Steuern, die das gleiche Aufkommen erwirtschaften, vergleichen.

Trotz dieser zentralen Einwände kann eine Partialanalyse auch hilfreich sein, da sie zumindest die primären Belastungswirkungen der Steuer angibt. So ist bei vollkommen unelastischem Faktorangebot eine partielle Inzidenzanalyse einer speziellen Faktoreinkommensteuer wie der Lohnsteuer oder der Boden- bzw. Grundsteuer eine relativ gute Annäherung an die Ergebnisse einer allgemeinen Gleichgewichtsanalyse, jedenfalls sofern man annimmt, daß die Auswirkungen einer veränderten Nachfrage vernachlässigbar sind.

6.2 Allgemeine Gleichgewichtsanalyse der Steuerinzidenz: Das Harberger–Modell

Nachdem wir uns eingehend mit der Steuerinzidenz auf einem Markt beschäftigt haben, wollen wir jetzt die Zusammenhänge in einem **allgemeinen Gleichgewichtsmodell** aufzeigen, das die Wechselwirkungen zwischen allen Güter- und Faktormärkten erfaßt. Auch die bislang vorgenommene Aufteilung in Produzenten einerseits und Konsumenten andererseits ist ungenügend, denn die Produzenten treten wiederum als Nachfrager auf den Märkten auf. Da sich durch die Erhebung einer Steuer die Faktoreinkommen ändern und sich Haushalte in der Art ihrer Faktoreinkünfte unterscheiden, ist eine Unterscheidung in Kapitalbesitzer und Arbeitnehmer erforderlich. Die folgende Untersuchung betrachtet daher die Wirkungen einzelner Steuern auf alle Faktor- und Güterpreise einer Ökonomie. Um einen umfassenden Überblick über die Belastungswirkungen von Steuern zu vermitteln, werden wir alle denkbaren Steuern analysieren. Entsprechend leiten wir die Inzidenz einer speziellen sowie einer allgemeinen Verbrauchsteuer ab, z.B. einer Tabaksteuer bzw. einer Mehrwertsteuer. Aber auch die Inzidenz einer allgemeinen Steuer auf einen Faktor wie die Lohnsteuer sowie einer speziellen Steuer auf den Faktoreinsatz in einem Sektor, z.B. die Körperschaftsteuer im körperschaftlich organisierten Unternehmenssektor, werden untersucht. Das hier vorgestellte Modell geht im wesentlichen auf *Harberger* (1962) zurück und ist daher in der Literatur auch als das **Harberger–Modell** bekannt. Besonderes Augenmerk schenkte Harberger der Frage, ob und wie Produktionsfaktoren, die in verschiedenen Produktionssektoren innerhalb eines Landes eingesetzt werden, einer steuerlichen Belastung entweichen können.

Zunächst wollen wir die Annahmen des Modells beschreiben, bevor wir in den Unterabschnitten 6.2.2 bis 6.2.5 die Inzidenz der gerade genannten Steuern graphisch untersuchen. In Unterabschnitt 6.2.6 werden wir die Ergebnisse sodann algebraisch präzisieren. Schließlich wollen wir im Unterabschnitt 6.2.7 noch die Inzidenz einer Steuer aufzeigen, die ein Land, das mit anderen Ländern durch eine hohe internationale Kapitalmobilität verbunden ist, auf den Kapitaleinsatz in seinen Grenzen erhebt.

6.2.1 Die Modellannahmen

Wir betrachten ein stark aggregiertes 2-Faktoren–2-Güter–2-Sektoren-Modell, das eine übersichtliche, aber dennoch vollständige Analyse sichert. Der Modellrahmen ist damit mit dem des 5. Kapitels vergleichbar, den wir dazu verwendet haben, die allokativen Eigenschaften einer Besteuerung des internationalen Handels aufzuzeigen. Allerdings handelt es sich hier um eine geschlossene Ökonomie. Auf allen Faktor- und Gütermärkten herrsche vollkommener Wettbewerb. Die betrachtete Volkswirtschaft sei mit den beiden Produktionsfaktoren Arbeit, N, und Kapital, K, ausgestattet, die völlig unelastisch zur Produktion angeboten werden. Da es sich um ein statisches Modell handelt, verschleißt Kapital nicht, d.h. es gibt keine Ersatzinvestitionen und auch keine Ersparnisse. Aufgrund des vollkommenen Wettbewerbs sind beide Faktoren vollbeschäftigt, so daß wir die Inzidenz einer Steuer auch in der **Edgeworth–Box** untersuchen können. Die Produktionsfaktoren Arbeit und Kapital werden in zwei Sektoren zur Produktion der beiden Güter, X und Y, eingesetzt. Während w den Preis pro Einheit Arbeit und r den Preis pro Einheit Kapital bezeichnet, werden die Güterpreise durch p_X und p_Y gekennzeichnet. Sie sind aus Sicht der einzelnen Unternehmen gegeben. Die Produzenten maximieren ihren Gewinn und passen ihre technische Grenzrate der Substitution zwischen den Faktoren, $MRTS_{KN}$, an das Faktorpreisverhältnis, r/w, an. Da die Faktoren zwischen den beiden Sektoren vollkommen mobil sind, unterscheiden sich die Faktorpreise zwischen den Sektoren nicht, denn sonst könnte eine Reallokation der Faktoren die Erträge für die Faktoreigentümer steigern.

Die Produktionsfunktionen der beiden Sektoren seien linear–homogen. Außerdem sollen die Produktionsisoquanten eines jeden Sektors bei gegebener **Faktorintensität**, N/K, die gleiche Steigung besitzen. Somit ist die technische Grenzrate der Substitution und damit auch das Faktorpreisverhältnis in einem Sektor unabhängig vom Produktionsniveau. Allerdings divergieren die Produktionsfunktionen der beiden Sektoren.

Bei einheitlichem Faktorpreisverhältnis weisen sie folglich unterschiedliche Faktorintensitäten auf und werden dementsprechend als kapital- oder arbeitsintensiv bezeichnet.

Da also die Isoquanten zwischen den Sektoren unterschiedlich verlaufen, ergeben sich sektorspezifische Substitutionselastizitäten zwischen Arbeit und Kapital. Die **Substitutionselastizität**, die die Änderung des Faktoreinsatzverhältnisses zwischen Kapital und Arbeit bei verändertem Faktorpreisverhältnis in einem Sektor $i = X, Y$ und damit die Krümmung der Isoquanten angibt, ist (positiv) definiert als

$$\sigma_i \equiv -\frac{d(K_i/N_i)}{K_i/N_i} \Big/ \frac{d(r/w)}{r/w}, \quad i = X, Y. \tag{6.12}$$

Sie mißt den Grad der Substituierbarkeit zwischen den beiden Faktoren innerhalb eines Sektors. Die Substitutionselastizitäten werden in den folgenden Unterabschnitten hilfreich sein, wenn es gilt, die Wirkungen einer Steuer auf den relativen Faktorpreis zu untersuchen. Ist σ_i z.B. kleiner als Eins, so wird ein steuerlich bedingter Anstieg der Kapitalintensität um ein Prozent den relativen Preis für Kapital um mehr als ein Prozent senken.

Die Wirkungen einzelner Steuern werden mit Hilfe einer **Differentialinzidenzanalyse** untersucht. Dabei wird eine unverzerrende Steuer durch eine andere, verzerrende Steuer ersetzt, die das gleiche Aufkommen sichert. Somit bleiben die Ausgaben des Staates unverändert. Der vom Staat beanspruchte Teil der Produktionsfaktoren wird nicht weiter beachtet. Von Interesse ist nur, wie die Produktionsfaktoren Arbeit und Kapital in die Produktion von X und Y eingehen und wie diese Allokation sich aufgrund des Finanzierungswechsels ändert.

Die Güternachfrageseite soll im Grundmodell eine denkbar einfache Struktur aufweisen. Wir nehmen an, daß alle Konsumenten identische Präferenzen haben und zu gleichen Teilen mit den Faktoren Arbeit und Kapital ausgestattet sind. Durch diese Annahme erreichen wir, daß Nachfrageveränderungen innerhalb der Gruppe der Konsumenten durch eine steuerbedingte Einkommensumverteilung vermieden werden. Die Nutzenfunktion eines repräsentativen Haushalts sei **homothetisch**, d.h. seine gewünschte Konsumstruktur für beide Güter hängt nur vom relativen Güterpreis und nicht vom Einkommen ab. Diese Annahme ist wichtig, da sich bei einer Differentialinzidenzanalyse das Steueraufkommen nicht ändert und somit auch nicht das Einkommen der Konsumenten. Änderungen der Nachfragestruktur ergeben sich nur infolge eines geänderten relativen Güterpreises. Allerdings ist diese Analyse etwas ungenau, da sie übersieht, daß die Konsumenten durch die Erhebung verzerrender Steuern eine Nutzeneinbuße erleiden und somit ein geringeres Realeinkommen zur Verfügung haben. Bei einer späteren Erweiterung des Grundmodells wird die Nachfrageseite zusätzlich einer disaggregierten Betrachtung unterzogen, wobei zwischen der Nachfrage reicher Haushalte nach Luxusgütern und der ärmerer Haushalte nach lebensnotwendigen Gütern ebenso unterschieden wird wie zwischen typischen Lohnempfängern und Beziehern von Kapitaleinkünften.

6.2.2 Inzidenz einer speziellen Verbrauchsteuer

Als erstes wollen wir die Substitution einer Pauschalsteuer durch eine spezielle ad valorem Verbrauchsteuer auf das Gut X, t_X, betrachten, die das gleiche Steueraufkommen sichert. Bei der speziellen Steuer kann es sich z.B. um eine Mineralölsteuer oder um eine Alkohol- oder Tabaksteuer handeln. Hierbei ist hervorzuheben, daß die besteuerten Güter relativ kapitalintensiv hergestellt bzw. verarbeitet werden. So hat die Mineralölverarbeitung mit 1,148 Mio. DM/Erwerbstätigem[1] nach dem Energie- und Wassersektor mit 2,018 Mio. DM/Erwerbstätigem die zweithöchste Kapitalintensität in der deutschen Wirtschaft, während die der Tabakverarbeitung mit 450 700 DM/Erwerbstätigem deutlich geringer ist. Da nur Zahlen für die gesamte Getränkeherstellung vorliegen – dort beträgt die Kapitalintensität 585 700 DM/Erwerbstätigem –, ist ein direkter Schluß auf die Alkoholverarbeitung nicht möglich. Allerdings liegt in diesen drei besteuerten Sektoren die Kapitalintensität über dem Durchschnitt, der sich auf die Gesamtwirtschaft ohne Wohnungsvermietung bezieht und sich auf 239 900 DM/Erwerbstätigem beläuft. Welche Veränderungen der Faktor- und Güterpreise sind hier bei der Einführung einer speziellen Verbrauchsteuer im Austausch gegen eine Pauschalsteuer zu erwarten?

Da der zur Produktion der Güter X und Y zur Verfügung stehende Bestand an Produktionsfaktoren vorgegeben ist, läßt sich die resultierende Allokation mit Hilfe der **Edgeworth–Box** und der **Produktionsmöglichkeitenkurve** darstellen. In der Edgeworth-Box in Abbildung 6.3 wird die Produktion des Gutes X vom Ursprung 0_X und die des Gutes Y vom Ursprung 0_Y gemessen. Entlang der Kurve $0_X BA 0_Y$ sind die Produktionsfaktoren K und N effizient in der Produktion der beiden Güter X und Y eingesetzt. Die Kurve ist der Ort der Tangenti-

[1] Diese und die folgenden vom Statistischen Bundesamt herausgegebenen Daten über die Kapitalintensitäten beziehen sich auf die alten Bundesländer und bezeichnen die **Kapitalintensität** von 1994 in Preisen von 1991.

alpunkte der jeweiligen Produktionsisoquanten, in denen die Grenzraten der technischen Substitution zwischen K und N für beide Sektoren übereinstimmen, $MRTS^X_{KN} = MRTS^Y_{KN}$, wie in den beiden Punkten A und B dargestellt. Aus dem Verlauf der Kurve ist ersichtlich, daß X das relativ kapitalintensiv produzierte Gut ist, d.h. $K_X/N_X > K_Y/N_Y$, denn die Verbindungslinien vom Ursprung 0_X zu sämtlichen Punkten auf $0_X BA0_Y$ verlaufen flacher als die von den gleichen Punkten der Kurve zum anderen Ursprung 0_Y. Anders ausgedrückt verläuft $0_X BA0_Y$ unterhalb der (gedachten) Diagonale $0_X 0_Y$.

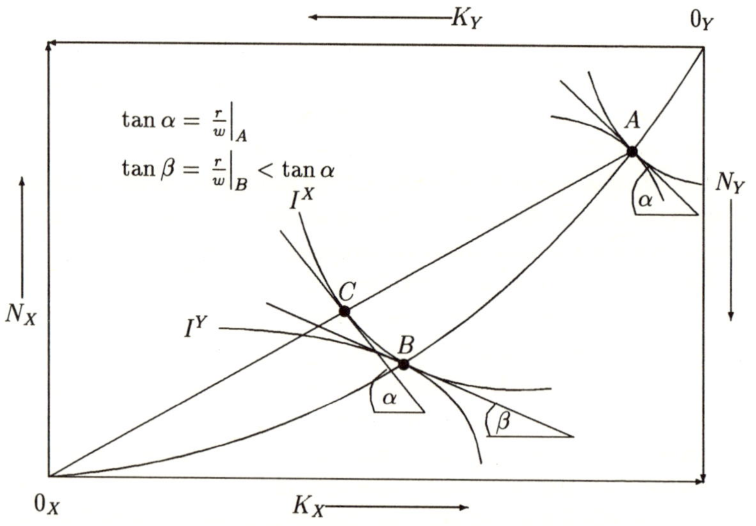

Abb. 6.3: Inzidenz einer speziellen Verbrauchsteuer in der Edgeworth-Box

Die Produktionsmöglichkeiten- oder **Transformationskurve** PP in Abbildung 6.4 gibt die alternativen Produktionskombinationen von X und Y an, die in effizienter Weise bei einer bestimmten Ausstattung mit Produktionsfaktoren erzeugt werden können. Diese Produktionsmengen ergeben sich jeweils für die effizienten Faktoreinsätze entlang $0_X BA0_Y$ in Abbildung 6.3. Gleichzeitig sind in der Abbildung 6.4 die Indifferenzkurven, $\bar{U}^i$, $i = 1, 2$, des repräsentativen Konsumenten eingezeichnet. Wird eine unverzerrende Pauschalsteuer zur Finanzierung öffentlicher Ausgaben erhoben, befindet sich das Gleichgewicht der Ökonomie in Punkt A. Hier passen sich Produzenten und Konsumenten an das unverzerrte Preisverhältnis an, und die Grenzrate der Transformation entspricht gerade der Grenzrate der Substitution im Konsum, $MRS_{XY} = p_X/p_Y = MRT_{XY}$. Natürlich muß sich A in Abbildung 6.3 auch auf der Kurve der effizienten Allokation der Produktionsfaktoren, $0_X BA0_Y$, befinden.

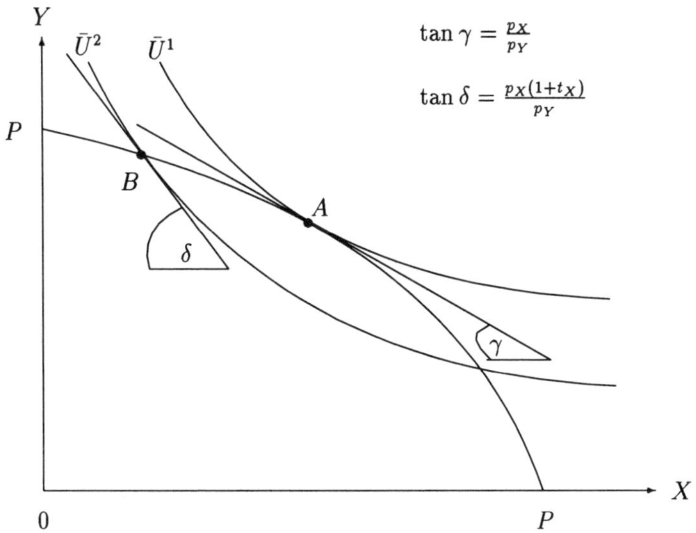

Abb. 6.4: Inzidenz einer speziellen Verbrauchsteuer und die Produktionsmöglichkeitenkurve

Der Wechsel zu einer aufkommensgleichen speziellen Verbrauchsteuer treibt nun einen Keil zwischen die Grenzrate der Substitution der Konsumenten und die Grenzrate der Transformation der Produzenten. Während sich nämlich der relative Preis von X durch die Erhebung der Verbrauchsteuer für die Konsumenten erhöht, passen sich die Produzenten weiterhin an das Preisverhältnis vor Steuern an. Im neuen Gleichgewicht in B gilt

$$MRS_{XY} = \frac{p_X(1+t_X)}{p_Y} = (1+t_X)MRT_{XY}. \tag{6.13}$$

B liegt jedoch weiterhin auf der Produktionsmöglichkeitenkurve PP und damit auch auf der Kurve effizienter Faktorallokationen, $0_X BA0_Y$, da keine Verzerrungen im Faktoreinsatz auftreten. Lediglich die Konsumentscheidung wird aufgrund des höheren Konsumentenpreises für X verzerrt, indem eine geringere Nachfrage auf X und eine höhere Nachfrage auf Y entfällt. Die Unternehmen passen sich in effizienter Weise an die veränderte Konsumentscheidung an, indem sie die Produktion von Y auf Kosten von X ausdehnen. Dadurch erhöht sich die Kapitalintensität in beiden Sektoren. Dies kann man in Abbildung 6.3 erkennen, indem man die Sekanten von den beiden Ursprüngen, 0_X bzw. 0_Y, zu A und zu B einzeichnet und diese miteinander vergleicht. Für beide Güter verlaufen sie nach B flacher als nach A. Da die Steigungen der Sekanten durch den Ursprung aber genau den jeweiligen Arbeitsintensitäten entsprechen, muß die Arbeitsintensität beim Übergang von A nach B in beiden Sektoren abgenommen und folglich die Kapitalintensität in beiden Sektoren zugenommen haben. Ein Anstieg der Kapitalintensität in beiden Sektoren ist bei gleichzeitiger Vollbeschäftigung der Faktoren jedoch nur möglich, wenn der relative Preis für Kapital sinkt, $\frac{r}{w}\Big|_B < \frac{r}{w}\Big|_A$. Der durch die Produktionsumschichtung überwiegend freigesetzte Faktor Kapital muß sich verbilligen, wenn er weiterhin vollständig eingesetzt werden soll. In Abbildung 6.3 wird das durch die Betrachtung des Punktes C deutlich, in dem die Isoquante I_X, die aufgrund unserer Annahmen die gleiche Steigung wie in A haben muß, steiler als in B ist.

Eine spezielle Verbrauchsteuer im Sektor X wird also das Faktorpreisverhältnis r/w verringern, wenn X relativ kapitalintensiv hergestellt wird. Somit verändert sich das Verhältnis von Lohn– zu Kapitaleinkommen zu Lasten des Kapitaleinkommens. Wäre die Produktion von X dagegen relativ arbeitsintensiv, so würde der relative Preis für Kapital, r/w, steigen. Allgemein folgt damit

Ergebnis 6.2.1 *Eine spezielle Verbrauchsteuer auf die Ausbringung eines Sektors senkt den relativen Preis des Produktionsfaktors, der relativ intensiv in der Produktion des besteuerten Gutes verwendet wird.*

Angewandt auf die in der Bundesrepublik Deutschland mit einer speziellen Verbrauchsteuer belegten und relativ kapitalintensiven Sektoren Mineralölverarbeitung, Tabak und Alkohol müßte nach unserem Ergebnis bei der Einführung dieser Steuern der relative Preis des Kapitals insgesamt gesunken sein. Allerdings sei vor einer allzu voreiligen Übertragung der Ergebnisse auf die Wirtschaftspraxis gewarnt. Sie bereitet insbesondere durch die Annahme der Vollbeschäftigung und einer geschlossenen Volkswirtschaft Probleme.

Im einzelnen wird das Ausmaß der in Ergebnis 6.2.1 festgehaltenen Veränderung von r/w durch folgende Faktoren bestimmt:

- Faktorintensitäten: Je verschiedener die Faktorintensitäten der beiden Sektoren sind, desto stärker müssen sie sich beim Übergang von A nach B ändern und um so größer ist die Veränderung von r/w. Daraus folgt aber auch, daß sich der relative Faktorpreis bei gleichen und vom Produktionsniveau unabhängigen Faktorintensitäten nicht verändern würde.

- Preiselastizität der Nachfrage nach X: Je größer die Elastizität der Nachfrage nach X im Verhältnis zu Y ist, desto größer ist der steuerbedingte Nachfragerückgang nach X und somit die Veränderung des relativen Kapitalpreises, r/w. Wird X dagegen vollkommen unelastisch nachgefragt, so gibt es auch keine Änderung des relativen Kapitalpreises.

- Substitutionselastizität von K und N: Je geringer die Substitutionselastizität in der Produktion von X und Y ist, um so stärker sind die Isoquanten gekrümmt und um so größer ist die Änderung von r/w als Folge einer Änderung der Faktorintensitäten.

Bisher haben wir identische Wirtschaftssubjekte betrachtet. Berücksichtigt man nun aber die Unterschiede zwischen den Haushalten, indem man verschiedene Präferenzen für die Güter X und Y und unterschiedliche Anteile am Eigentum der Produktionsfaktoren unterstellt, dann können auch speziellere Aussagen über die Steuerinzidenz für einzelne soziale Gruppen von Personen gemacht werden. Die Verbrauchsteuer belastet im Vergleich zu einer unverzerrenden Steuer in diesem Fall insbesondere die Kapitaleigentümer, wenn der besteuerte Sektor relativ kapitalintensiv produziert, da deren Entlohnung im Vergleich zu derjenigen der Lohnbezieher sinkt. Ist die Produktion des besteuerten Sektors dagegen relativ arbeitsintensiv, so stellen sich die Kapitaleigentümer im Vergleich zu den Lohnbeziehern besser. Das bedeutet für unsere drei Sektoren Mineralölverarbeitung, Tabak und Alkohol, daß Arbeiter durch die Besteuerung besser entlohnt werden, da es sich um relativ kapitalintensive Sektoren handelt.

Wenn die Konsumenten verschiedene Präferenzen haben, unterscheiden sich auch die individuellen Konsumstrukturen. Interpretiert man z.B. den besteuerten Sektor als einen Bereich, der Güter des lebensnotwendigen Bedarfs herstellt, dann werden durch die Verbrauchsteuer solche Konsumenten belastet, bei denen lebensnotwendige Güter eine bedeutende

Rolle im Warenkorb spielen, also typischerweise ärmere Haushalte. Unter diesen Annahmen wirkt eine spezielle Verbrauchsteuer daher regressiv, d.h. Bezieher höherer Einkommen werden durchschnittlich weniger stark belastet als Geringerverdienende. Für unsere Beispiele trifft diese Aussage ohne weiteres zu. So ist der Ausgabenanteil für Mineralöl, Tabakwaren oder Alkohol am Einkommen ärmerer Haushalte relativ hoch, und damit werden ärmere Haushalte durch diese Verbrauchsteuern relativ stark belastet.

Schließlich sollte auch die Annahme unelastischer Faktorangebote in Frage gestellt werden. Es ist durchaus – zumindest längerfristig – plausibel, daß das Arbeitsangebot vom jeweils herrschenden Lohnsatz abhängt. Wenn der besteuerte Sektor arbeitsintensiver ist, wird die Steuer zu einem geringeren Lohnsatz führen. Löst der geringere Lohnsatz einen Anreiz zu einem verminderten Arbeitsangebot aus, wird der Lohnsatz nicht so stark sinken wie bei fixem Arbeitsangebot. Gesamtwirtschaftlich sinkt die Arbeitsintensität, N/K, und der Einfluß auf den relativen Kapitalpreis, r/w, ist schwächer als bei konstantem Arbeitsangebot. Ist der besteuerte Sektor der kapitalintensivere Sektor, wird das Arbeitsangebot ausgedehnt, und der Kapitalpreis fällt im Verhältnis zum Lohnsatz nicht so stark. Auf die Inzidenz einer Steuer bei einem vollkommen elastischen Kapitalangebot werden wir noch ausführlich bei der Betrachtung einer offenen Volkswirtschaft in Unterabschnitt 6.2.7 eingehen.

6.2.3 Inzidenz einer allgemeinen Konsumausgabensteuer

Wir wollen nun den Fall betrachten, in dem eine allgemeine Konsumausgabensteuer, $t_X = t_Y = t$, im Tausch für eine aufkommensgleiche Pauschalsteuer eingeführt wird. Die **Mehrwertsteuer** stellt in ihrer Idealform eine solche allgemeine Konsumausgabensteuer dar. Allerdings ist sie in Deutschland nicht verwirklicht, wie wir bereits in Unterabschnitt 3.2.2 festgestellt haben. Würde man die Inzidenz der Mehrwertsteuer in einer Ökonomie mit Gütern untersuchen, die teilweise dem normalen und teilweise dem ermäßigten Umsatzsteuersatz unterliegen, bzw. die umsatzsteuerfrei sind, so erhielte man ähnliche Ergebnisse wie im vorangegangenen Unterabschnitt bei der Analyse einer speziellen Verbrauchsteuer.

Wir wollen im folgenden aber annehmen, daß alle Güter gleich belastet sind und sich deshalb die beiden Konsumentenpreise um den gleichen Satz erhöhen. In diesem Fall werden Verzerrungen vermieden, denn die relativen Produzenten- und Konsumentenpreise entsprechen sich weiterhin und somit auch die Grenzraten der Substitution und der Transformation, d.h.

$$MRS_{XY} = \frac{p_X(1+t)}{p_Y(1+t)} = \frac{p_X}{p_Y} = MRT_{XY}. \tag{6.14}$$

Da annahmegemäß auch einkommensbedingte Nachfrageänderungen ausscheiden, gibt die Allokation A in den Abbildungen 6.3 und 6.4 weiterhin das Gleichgewicht wieder. Daher folgt hier sofort das

Ergebnis 6.2.2 *Bei gegebenem Faktorangebot verändert die Einführung einer allgemeinen Konsumsteuer die Allokation nicht, wenn alle Haushalte identisch sind. Es ergeben sich keine Verteilungswirkungen.*

In dem hier betrachteten Modell entspricht die allgemeine Konsumsteuer einer **allgemeinen Einkommensteuer**, d.h. einer Steuer auf alle Faktorerträge. Beide Steuern wirken wie eine Pauschalsteuer, da die Faktorangebote unelastisch sind. Demnach würde auch die Substitution einer allgemeinen Konsumsteuer durch eine allgemeine Einkommensteuer bei identischen Wirtschaftssubjekten weder die relativen Preise, die Ressourcenallokationen noch die Nutzen verändern.

Unterscheiden sich die Haushalte jedoch in ihren Präferenzen oder ihrem Einkommen, ändern sich die Ergebnisse. Ersetzt eine allgemeine Konsumsteuer oder eine aufkommensgleiche allgemeine proportionale Einkommensteuer eine für alle Personen einheitliche pauschale Abgabe und unterscheiden sich die individuellen Einkommen, so ist das neue Gleichgewicht zwar weiterhin effizient, jedoch hat die Steuer Umverteilungswirkungen. Da die auf das Einkommen bezogene durchschnittliche Steuerbelastung bei einer Pauschalsteuer mit zunehmendem Einkommen abnimmt, die Pauschalsteuer also regressiv ist, erhöht sich durch den Steuerwechsel das verfügbare Einkommen ärmerer Haushalte, während Bezieher höherer Einkommen schlechter gestellt werden.

Bei Präferenzunterschieden führt die Erhebung einer allgemeinen Konsumausgaben- oder Einkommensteuer zu einer veränderten Nachfrage nach den Gütern X und Y. Ist z.B. die Einkommenselastizität der Nachfrage nach Y bei ärmeren Haushalten höher als bei reicheren Haushalten, wird die Nachfrage nach Y im Vergleich zu X ansteigen, da sich das Einkommen ärmerer Haushalte im Vergleich zu einer Pauschalbesteuerung erhöht. Der relative Preis des im Sektor Y intensiv genutzten Faktors wird nach der im vorangegangenen Unterabschnitt durchgeführten Analyse steigen.

Auch würde eine allgemeine Konsum– oder Einkommensteuer bei einem elastischen Arbeitsangebot ihre Neutralität verlieren, und zwar hinsichtlich der Verteilungswirkungen und – wie in Abschitt 4.1 abgeleitet wurde – auch hinsichtlich der Effizienzeigenschaften, da der relative Preis der Freizeit sinkt. Wird das Arbeitsangebot infolge der Besteuerung vermindert, verringert sich bei gegebenem Kapitalstock die gesamtwirtschaftliche Arbeitsintensität, N/K. Die relative Verknappung von Arbeit würde für sich betrachtet den relativen Lohnsatz, w/r, ansteigen lassen und damit die weiterhin beschäftigten Lohnempfänger begünstigen. Umgekehrtes würde für den Fall eines variablen Kapitalangebots gelten.

6.2.4 Inzidenz einer Lohn– oder Zinssteuer

Wird eine allgemeine Steuer auf einen Faktor, wie z.B. eine Lohneinkommensteuer, eingeführt, die eine von allen Haushalten erhobene Pauschalsteuer mit gleichem Aufkommen ersetzt, können wir wiederum direkt folgendes Ergebnis formulieren:

Ergebnis 6.2.3 *Sind alle Haushalte identisch, d.h. in gleichem Maße Lohn– und Kapitaleinkommensbezieher, wirkt eine allgemeine Faktorsteuer neutral, solange die Faktorangebote unelastisch sind. Die Allokation bleibt unverändert, und es ergeben sich keine Verteilungswirkungen.*

Unterscheiden sich die Haushalte allerdings in ihren Einkommensquellen, so führt die Erhebung der **Lohnsteuer** zu einer Einkommensumverteilung zu Lasten der Lohnbezieher. Gehören Lohnbezieher zudem zu den ärmeren Haushalten, die lebensnotwendige Güter relativ stark nachfragen, geht die Nachfrage nach diesen Gütern zurück. Wie in Unterabschnitt 6.2.2 ausgeführt, läßt diese Nachfrageumschichtung das Zins–Lohn–Verhältnis, r/w, ansteigen, wenn lebensnotwendige Güter arbeitsintensiv hergestellt werden, und führt damit zu einer weiteren Verschlechterung der Situation der Lohnbezieher.

Wird der besteuerte Faktor, in diesem Fall Arbeit, elastisch angeboten und verringert die Lohnsteuer das Arbeitsangebot, so treibt die gesunkene gesamtwirtschaftliche Arbeitsintensität für sich betrachtet den relativen Lohnsatz, w/r, in die Höhe. Auch steigt der relative Preis des arbeitsintensiv hergestellten Produktes durch die Verknappung des Faktors Arbeit, wodurch dessen Konsumenten eine Realeinkommenseinbuße erfahren. Lohnbezieher überwälzen damit einen Teil der Last auf Kapitaleinkommensbezieher und auf Haushalte, für die das arbeitsintensiv hergestellte Produkt eine relativ große Rolle im Warenkorb spielt.

Die Möglichkeit für Lohneinkommensbezieher, im Falle eines elastischen Arbeitsangebots die Lohnsteuer zu überwälzen, ist von folgenden Faktoren abhängig:

- Elastizität des Arbeitsangebots: Je elastischer das Arbeitsangebot reagiert, desto stärker ist die Steuerüberwälzung.
- Substitutionselastizität in der Produktion von X und Y: Je geringer die Substitutionselastizität ist, desto stärker ist die Erhöhung des relativen Lohnsatzes, w/r, für einen bestimmten Rückgang der Arbeitsintensität, N/K.
- Elastizität der Nachfrage: Je geringer die Nachfrageelastizität nach dem arbeitsintensiv erzeugten Gut ist, desto mehr wird die Steuerbelastung auf dessen Konsumenten durch höhere Preise überwälzt.

6.2.5 Inzidenz einer eigenständigen Körperschaftsteuer

Eine Pauschalsteuer soll nun durch eine aufkommensgleiche Steuer auf den Faktoreinsatz in einem Sektor, in unserem Fall auf den Kapitaleinsatz im Sektor X, ersetzt werden. Diese Steuer, t_{r_X}, wollen wir im folgenden als Körperschaftsteuer interpretieren, die nur im körperschaftlich organisierten Sektor X erhoben wird – in Abgrenzung zum Sektor Y, dem Sektor der Einzelunternehmen und Personengesellschaften. Auf die möglichen Schwächen dieser Interpretation kommen wir am Ende dieses Unterabschnittes zu sprechen. Die Inzidenz der Körperschaftsteuer können wir wie in folgender Abbildung 6.5 mit Hilfe der Edgeworth–Box darstellen.

A sei wieder das Gleichgewicht vor Einführung einer Körperschaftsteuer, wenn von allen Haushalten eine Pauschalsteuer erhoben wird. Wird diese Pauschalsteuer nun durch die aufkommensgleiche Körperschaftsteuer ersetzt, können wir zwei Effekte beobachten, die nach *Mieszkowski* (1967) auch als Outputeffekt und als Faktorsubstitutionseffekt bezeichnet werden. Zum einen steigt der Preis des Gutes X an, da sich ein Faktor in seiner Produktion verteuert hat. Konsumenten reagieren hierauf mit einer Nachfrageänderung, wodurch sich die Produktion von Y auf Kosten der Erzeugung von X ausdehnt – der **Outputeffekt**. Der durch die Erhebung der Körperschaftsteuer ausgelöste Outputeffekt verändert den relativen Faktorpreis, r/w, in entsprechender Weise wie eine spezielle Verbrauchsteuer, deren Inzidenz wir in Unterabschnitt 6.2.2 untersucht haben. Sie ist wiederum abhängig von der Faktorintensität im Sektor X. Wird X wie in Abbildung 6.5 relativ kapitalintensiv erzeugt, führt die Produktionsausweitung von Y zu einem Rückgang von r/w, da die Kapitalintensität in beiden Sektoren ansteigt und Kapital somit billiger werden muß. Würde die Produktion des besteuerten Sektors dagegen in arbeitsintensiver Weise erfolgen, würde der Outputeffekt die Produktion des kapitalintensiven Gutes und damit die Arbeitsintensität in beiden Sektoren erhöhen. r/w müßte ansteigen. Da die Kapitalintensität in den meisten Statistiken nur nach einzelnen Branchen gegliedert ist, jedoch nicht nach körperschaftlich und nicht körperschaftlich organisierten Sektoren, kann man über die Inzidenz des Outputeffekts keine empirisch gehaltvolle Aussage machen.

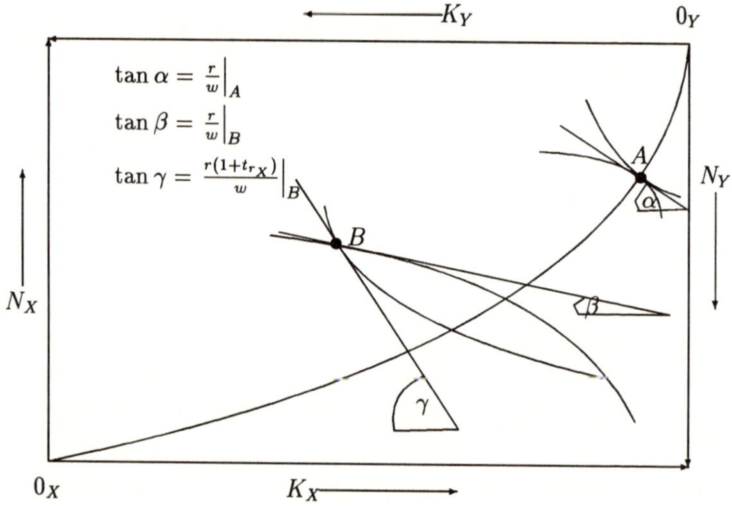

Abb. 6.5: Inzidenz der Körperschaftsteuer in der Edgeworth–Box

Die Auswirkungen der Körperschaftsteuer sind mit dieser Produktionsumschichtung jedoch keinesfalls abgeschlossen. Da sich der Kapitaleinsatz im Sektor X verteuert, wird eine Substitution von Kapital durch Arbeit im besteuerten Sektor ausgelöst – der **Faktorsubstitutionseffekt**. Die Erhebung der Körperschaftsteuer veranlaßt Kapitaleigentümer,

Kapital von X nach Y umzuschichten. Dadurch sinkt die Arbeitsintensität im Sektor Y. Folglich wird $MRTS_{KN}^X$ steigen und $MRTS_{KN}^Y$ sinken. Die Reallokation von Kapital wird solange erfolgen, bis der relative Kapitalpreis, r/w, ausreichend gesunken ist und

$$MRTS_{KN}^X = \frac{r(1+t_{rX})}{w} > \frac{r}{w} = MRTS_{KN}^Y \tag{6.15}$$

gilt. Die Erhebung der Steuer t_{rX} erzeugt eine Verzerrung in der Produktion, und die Ökonomie verläßt die Kurve effizienter Allokationen in der Edgeworth–Box und die Transformationskurve. Das neue Gleichgewicht liegt nun in B, wobei nach Bedingung (6.15) die Isoquanten unterschiedliche Steigungen haben. Der Faktorsubstitutionseffekt wirkt somit eindeutig negativ auf das Zins–Lohn–Verhältnis.

Der gesamte Einfluß der Körperschaftsteuer auf das Faktorpreisverhältnis r/w hängt nun von der Richtung und Stärke der beiden Effekte ab. Zusammenfassend erhalten wir

Ergebnis 6.2.4 *Eine stärkere steuerliche Belastung des Kapitaleinsatzes im Körperschaftssektor reduziert r/w, wenn der Körperschaftssektor kapitalintensiv produziert. Erfolgt die Produktion dagegen arbeitsintensiv, verteuert der Outputeffekt den Kapitaleinsatz, während der Faktorsubstitutionseffekt den relativen Kapitalpreis verringert.*

Erneut lassen sich speziellere Aussagen über die Inzidenz gewinnen, wenn die Konsumenten in einzelne Gruppen unterschieden werden. Zunächst wollen wir die Belastungen einer Körperschaftsteuer für typische Bezieher von Kapitaleinkommen einerseits und Arbeitseinkommen andererseits vergleichen. Ist X der kapitalintensive Sektor, werden Kapitaleigentümer im Vergleich zu einer Pauschalsteuer oder einer **allgemeinen Einkommensteuer**, schlechter und Lohnbezieher besser gestellt. Ist der Outputeffekt hinreichend stark, kann der relative Zinssatz, r/w, sogar um mehr als rt_{rX} sinken, und Kapitaleinkommensbezieher wären schlechter gestellt als bei einer Kapitalsteuer, die in beiden Sektoren erhoben wird. Erfolgt die Produktion des besteuerten Gutes dagegen in arbeitsintensiver Weise, kann die Inzidenz einer Körperschaftsteuer sogar der einer allgemeinen Steuer auf alle Faktoreinkommen entsprechen, wenn Output– und Faktorsubstitutionseffekt in ihren Beträgen übereinstimmen. Dann kommt es zu keiner Änderung von r/w, da ein Teil der Steuerlast auf den Faktor Arbeit überwälzt wird. Ist die Arbeitsintensität des besteuerten Sektors und damit der Outputeffekt sehr groß, kann r/w auch ansteigen und so zu einer relativen Begünstigung der Kapitaleinkommensbezieher im Vergleich zu einer allgemeinen Einkommensteuer führen.

Allgemein kann man sagen, daß bei Mobilität der Faktoren zwischen den Sektoren eine Steuer auf **einen** Faktor in nur **einem** Sektor die Erträge **beider** Faktoren in **beiden** Sektoren beeinflußt.

Berücksichtigt man wiederum die unterschiedlichen Konsumwünsche von Personen, so führt der steuerbedingte Anstieg des relativen Preises von X zu einer Belastung derjenigen Konsumenten, in deren Warenkorb X eine wichtigere Rolle spielt. Unterstellt man variable Faktorangebote, so wird die Veränderung von r/w gedämpft, wie wir in den beiden vorangegangenen Unterabschnitten gesehen haben.

Allerdings sollte man bei der Interpretation der Steuer t_{rX} als Körperschaftsteuer Vorsicht walten lassen. Zumindest im deutschen Steuerrecht kann man nicht ohne weiteres von einer eigenständigen Körperschaftsteuer, die Erträge zusätzlich belastet, sprechen. Dazu sei nochmals auf Abschnitt 4.4 verwiesen, in dem die international verschiedenen Unternehmenssteuersysteme im Körperschaftssektor beschrieben worden sind. In Deutschland wird bei der Besteuerung von Gewinnen einer Körperschaft zwischen ausgeschütteten und einbehaltenen Gewinnen unterschieden. Während einbehaltene Gewinne mit einem einheitlichen Steuersatz von 40% besteuert werden, sind ausgeschüttete Gewinne aufgrund des Vollanrechnungssystems mit dem persönlichen Einkommensteuersatz des Anteilseigners zu versteuern. Gewinne einer Personengesellschaft unterliegen dagegen – ob ausgeschüttet oder nicht – dem persönlichen Einkommensteuersatz des Unternehmers. Allerdings ist im letzten Fall die Steuerbelastung gemäß § 32c EStG i.V.m. §§ 7, 8 GewStG bei gewerblichen Einkommen auf 45% und ab dem Jahr 2000 auf 43% begrenzt. Diese Regelung soll hauptsächlich der Förderung kleinerer und mittelständischer Unternehmen dienen.

Eine weitere steuerliche Förderungsmaßnahme für Einzelunternehmen und Personengesellschaften gegenüber Kapitalgesellschaften findet sich im Gewerbesteuerrecht. Der Gewerbeertrag wird gemäß § 11 I Nr. 1 GewStG für Einzelunternehmen und Personengesellschaften um einen Freibetrag in Höhe von 48 000 DM gekürzt, während Kapitalgesellschaften keinen Freibetrag abziehen können. Für Kapitalgesellschaften beträgt die sogenannte Steuermeßzahl auf den Gewerbeertrag 5%. Dagegen ist die Steuermeßzahl für Einzelunternehmen und Personengesellschaften nach der Höhe des Gewerbeertrags von 1% bis 5% gestaffelt (§ 11 II GewStG). Insoweit unterscheidet sich die ertragsteuerliche Belastung von Unternehmen in Abhängigkeit von ihrer Rechtsform.

Da sich trotz dieser geringfügigen Belastungsunterschiede im deutschen Steuerrecht keine systematisch unterschiedliche Behandlung der Anteilseigner von Körperschaften und personenbezogenen Unternehmen ergibt, bildet unsere Annahme eher das amerikanische Steuersystem ab, in dem ein eigenständiger Körperschaftsteuersatz existiert. Zwar wird die bei einer Ausschüttung entstehende steuerliche Doppelbelastung durch die Anwendung eines geringeren Dividendensteuersatzes gemindert. Im Vergleich zum Sektor der Personengesellschaften (**partnerships**) entsteht aber eine steuerliche Mehrbelastung für die Anteilseigner von Körperschaften, die wir durch die Körperschaftsteuer abbilden konnten.

6.2.6 Algebraische Bestimmung der Inzidenz einer Besteuerung von Kapital im Körperschaftssektor

Die Steuerinzidenz und das Harberger–Modell stellen ein wichtiges Kapitel in der Theorie der Besteuerung dar, so daß auch hier eine algebraische Herleitung der Ergebnisse nicht fehlen sollte. Wir werden daher im folgenden zuerst das Gleichgewicht der Ökonomie beschreiben, um dann den Einfluß einer Kapitaleinkommensteuer im Sektor X auf die Preisbildung abzuleiten. Ausgehend von einem Steuersatz $t_{r_X} = 0$ – die Analyse würde für anfänglich positive Steuersätze unnötig erschwert – wird eine infinitesimale Steuer $dt_{r_X} = t_{r_X} > 0$ eingeführt, die als Körperschaftsteuer im Sektor X interpretiert wird. Die Gleichgewichtsbedingungen werden total differenziert, um alle Änderungen auf dt_{r_X} zurückzuführen.

Aufgrund des Gesetzes von *Walras* können wir zur Ableitung des Gleichgewichts den Gütermarkt des Sektors Y vernachlässigen und uns auf den Gütermarkt des X–Sektors, in dem auch die Steuer erhoben wird, konzentrieren. Das Angebot eines Gutes wird durch die Produktion des jeweiligen Sektors bestimmt. Somit ergibt sich für das Angebot von X:

$$X = F^X(N_X, K_X), \tag{6.16}$$

dessen totales Differential durch

$$dX = F_N^X dN_X + F_K^X dK_X, \tag{6.17}$$

mit den Grenzproduktivitäten $F_i^X \equiv \partial F^X/\partial i$ der Faktoren $i = K, N$ gegeben ist. Aufgrund der Annahme vollkommener Konkurrenz entsprechen die Bruttofaktorpreise, w_i und r_i, $i = X, Y$, den Wertgrenzprodukten, die wir in (6.17) verwenden können, und nach Division durch X erhalten wir

$$\hat{X} = \alpha_{NX}\hat{N}_X + \alpha_{KX}\hat{K}_X, \tag{6.18}$$

wobei $\hat{i}$ die relative Veränderung einer Variable i angibt, $\hat{i} \equiv di/i$ für $i = X, K_X, N_X, r_X, w_X$, und $\alpha_{NX} \equiv w_X N_X/(p_X X)$ bzw. $\alpha_{KX} \equiv r_X K_X/(p_X X)$ den Anteil der Lohn– bzw. Zinskosten an den gesamten Produktionskosten im Sektor X darstellen. Da wir linear–homogene Produktionsfunktionen unterstellt haben, folgt $\alpha_{NX} + \alpha_{KX} = 1$.

Die Kenntnis der Substitutionselastizitäten der beiden Sektoren ist für die Herleitung der Inzidenz ebenfalls wichtig, um auf die steuerbedingte Substitution von Arbeit durch Kapital in den beiden Sektoren schließen zu können. Die Substitutionselastizität wird durch Gleichung (6.12) definiert und ergibt nach Umformung

$$\hat{K}_i - \hat{N}_i = -\sigma_i(\hat{r}_i - \hat{w}_i) \qquad \text{für} \quad i = X, Y. \tag{6.19}$$

Hiermit haben wir die Angebotsseite ausreichend beschrieben und betrachten nun die Nachfrageseite.

Da alle Haushalte identisch sind und homothetische Nutzenfunktionen haben, ist die gesamte Nachfrage für das Produkt eines Sektors nur vom relativen Preis abhängig, sofern wir Einkommenseffekte aufgrund der unterstellten Differentialinzidenzanalyse vereinfachend vernachlässigen:

$$X = X\left(\frac{p_X}{p_Y}\right). \tag{6.20}$$

Auch hiervon bilden wir analog zur Angebotsseite das totale Differential und erhalten nach Division durch X die relative Veränderung der Nachfrage nach X als

$$\hat{X} = \varepsilon_X(\hat{p}_X - \hat{p}_Y), \tag{6.21}$$

wobei $\varepsilon_X \equiv \frac{dX}{d(p_X/p_Y)}\frac{p_X/p_Y}{X}$ näherungsweise die **kompensierte relative Preiselastizität** der Nachfrage nach X ist. Es handelt sich hierbei nur um eine Annäherung, da die kompensierte relative Preiselastizität die Veränderung der Nachfrage nach Gut X bei einem durch die partielle Kapitalsteuer veränderten relativen Güterpreis beschreibt, wenn der Konsument keine Nutzenminderung in Kauf nehmen muß. Tatsächlich ist aber der ursprüngliche Nutzen nach der Einführung der Steuer nicht mehr aufrecht zu halten, da die Steuer eine Zusatzlast hervorruft. Wie wir in der graphischen Analyse in Abbildung 6.5 gesehen haben, wird die Allokation der Faktoren bei einer Körperschaftsteuer verzerrt, so daß die neue Güterallokation unterhalb der Produktionsmöglichkeitenkurve liegt. Das bedeutet, daß durch die Vernachlässigung des Einkommenseffekts in unserer Nachfragefunktion der Produktionsrückgang von X unterschätzt, während der Anstieg in der Produktion von Y überschätzt wird. Bei Steuern, die keine Zusatzlast hervorrufen, gibt es diese Ungenauigkeit nicht.

Da alle Faktoren unelastisch angeboten werden und vollbeschäftigt sind, folgt aus der totalen Differentiation der Markträumungsbedingungen:

$$dK_X = -dK_Y \qquad \text{sowie} \qquad dN_X = -dN_Y. \tag{6.22}$$

Aufgrund des vollkommenen Wettbewerbs bei linear–homogener Produktion erhalten wir aus der Preisgleichung

$$p_X X = w_X N_X + r_X K_X \tag{6.23}$$

nach totaler Differentiation:

$$p_X dX + X dp_X = w_X dN_X + r_X dK_X + N_X dw_X + K_X dr_X. \tag{6.24}$$

Nach Multiplikation von (6.17) mit p_X folgt

$$p_X dX = w_X dN_X + r_X dK_X. \tag{6.25}$$

Subtrahiert man sodann (6.25) von (6.24), so erhält man

$$X dp_X = N_X dw_X + K_X dr_X. \tag{6.26}$$

Nach Division durch $p_X X$ läßt sich die relative Änderung des Preises von X folgendermaßen darstellen:

$$\hat{p}_X = \alpha_{NX}\hat{w}_X + \alpha_{KX}\hat{r}_X. \tag{6.27}$$

Da auf den Kapitaleinsatz im Körperschaftssektor X eine Steuer erhoben wird, gleichzeitig aber wegen der **intersektoralen Faktormobilität** die Nettofaktorerträge, w und r, in beiden Sektoren ausgeglichen sein müssen, gilt:

$$w = w_X = w_Y, \tag{6.28}$$

$$r = r_Y = \frac{r_X}{1 + t_{r_X}}. \tag{6.29}$$

Differenziert man – ausgehend von einer Situation ohne Steuer, $t_{r_X} = 0$ – (6.29) und berücksichtigt $dt_{r_X} = t_{r_X}$, folgt nach Division durch r:

$$\hat{r} = \hat{r}_Y = \hat{r}_X - t_{r_X}. \tag{6.30}$$

Setzt man (6.30) für $\hat{r}_X$ in (6.27) ein, folgt:

$$\hat{p}_X = \alpha_{NX}\hat{w} + \alpha_{KX}(\hat{r} + t_{r_X}). \tag{6.31}$$

Analog erhalten wir die Preisgleichung für den unbesteuerten Y–Sektor als

$$\hat{p}_Y = \alpha_{NY}\hat{w} + \alpha_{KY}\hat{r}. \tag{6.32}$$

Nun haben wir acht Gleichungen [(6.18), (6.19), (6.21), (6.22), (6.31), (6.32), wobei (6.19) und (6.22) jeweils zwei Gleichungen beinhalten] mit den neun Unbekannten X, $\hat{p}_X$, $\hat{p}_Y$, $\hat{r}$, $\hat{w}$, $\hat{K}_X$, $\hat{N}_X$, $\hat{K}_Y$ und $\hat{N}_Y$ und somit ein unterbestimmtes Gleichungssystem. Es kann aber gelöst werden, wenn man einen Preis als Numéraire wählt und dann nach relativen Preisen auflöst. Wir werden hier den Lohnsatz auf Eins normieren, so daß alle Preise in Lohneinheiten gemessen werden und $\hat{w} = 0$ ist. Das nun aus acht Gleichungen und acht Unbekannten bestehende Gleichungssystem kann mittels Matrixalgebra gelöst werden. Diesen Schritt wollen wir hier überspringen und sofort zur Lösung übergehen[2].

Wir lösen nach $\hat{r}$ auf und erhalten aufgrund der Normierung des Lohnsatzes die relative Änderung des Zins–Lohn–Verhältnisses:

$$\hat{r} = \frac{\varepsilon_X \alpha_{KX}(K_X/N_X - K_Y/N_Y) - \sigma_X(\alpha_{NX}K_X/N_X + \alpha_{KX}K_Y/N_Y)}{D} t_{r_X}, \tag{6.33}$$

[2] Eine genaue Herleitung findet man z.B. in *Mieszkowski* (1967) oder *Shoven* und *Whalley* (1972).

mit $D = \varepsilon_X(\alpha_{KY} - \alpha_{KX})(K_X/N_X - K_Y/N_Y) + \sigma_Y K_Y/N_X + \sigma_X(\alpha_{NX}K_X/N_X + \alpha_{KX}K_Y/N_Y)$. Mit welchem Faktor die Steuer den relativen Zins beeinflußt, geht aus dem Bruch hervor, der auf den ersten Blick sehr kompliziert erscheint. Wir wollen daher versuchen, ihn durch die Bestimmung des Vorzeichens und einzelner Terme zu interpretieren. Betrachten wir zuerst den Nenner D, um sein Vorzeichen zu bestimmen. Die Elastizität der Nachfrage, ε_X, ist immer negativ, die Substitutionselastizität, σ_i, $i = X, Y$, ist positiv definiert. Da das Vorzeichen der Differenz zwischen dem Kostenanteil von Kapital im Y– und im X–Sektor, $\alpha_{KY} - \alpha_{KX}$, immer entgegengesetzt zu dem der Kapitalintensitäten zwischen X– und Y–Sektor, $K_X/N_X - K_Y/N_Y$, ist, besitzt der Nenner ein positives Vorzeichen.

Der Zähler besteht aus zwei Summanden, wobei der erste Summand dem **Outputeffekt** entspricht. In Übereinstimmung mit den Ergebnissen der graphischen Analyse des vorangegangenen Unterabschnitts läßt sich erkennen, daß der Outputeffekt wegen $\varepsilon_X < 0$ negativ ist, wenn X kapitalintensiv und positiv, sofern der besteuerte Sektor arbeitsintensiv produziert. Der Outputeffekt ist um so größer, je elastischer die Nachfrage nach X, ε_X, je größer der Unterschied in den Kapitalintensitäten, $K_X/N_X - K_Y/N_Y$, und je größer der Kapitalkostenanteil im X–Sektor, α_{KX}, ist, da dann der relative Preis von X stärker ansteigt. Der zweite Term des Zählers entspricht dem **Faktorsubstitutionseffekt**. Er ist wegen des Minuszeichens immer negativ, da alle darin enthaltenen Größen positiv oder positiv definiert sind. Der Faktorsubstitutionseffekt ist um so größer und hat damit eine um so stärkere negative Wirkung auf r, je größer die Substitutionselastizität im besteuerten Sektor, σ_X, ist. In diesem Fall kann Kapital die Steuerbelastung weniger leicht aus dem X–Sektor heraus überwälzen. Deshalb ruft der Faktorsubstitutionseffekt eine Verringerung des Nettokapitalpreises, r, und keine Erhöhung des Bruttokapitalpreises, $r(1 + t_{r_X})$, hervor. Heben sich Output– und Faktorsubstitutionseffekt gerade auf, bleibt der relative Faktorpreis unverändert, $\hat{r} = 0$. Hierbei kann Kapital die Steuerbelastung so weit auf den Faktor Arbeit überwälzen, daß sich sein relativer Preis nicht verändert und beide Faktoren gleichmäßig belastet werden. Kapital kann aber auch mehr, $\hat{r} < 0$, oder weniger, $\hat{r} > 0$, durch die Kapitalsteuer belastet werden als bei einer allgemeinen Einkommensteuer. Wie wir bereits in der graphischen Analyse erkannt haben, ist die Überwälzungsmöglichkeit von der Stärke des Output– und des Faktorsubstitutionseffekts abhängig.

Durch eine ähnliche Vorgehensweise können auch für die anderen Steuern die relativen Veränderungen im Zins–Lohn–Verhältnis berechnet werden. Vereinfachen wir Gleichung (6.2.6) zu

$$\hat{r} = \frac{\alpha_{KX} A + B}{D} t_{r_X}, \tag{6.34}$$

wobei A bzw. B den ersten bzw. zweiten Ausdruck des Zählers bezeichnen, dann ergibt sich $\hat{r}$ bei Einführung einer partiellen **Lohnsteuer** auf Arbeit im Sektor X, t_{w_X}, als

$$\hat{r} = \frac{\alpha_{NX} A - B}{D} t_{w_X}. \tag{6.35}$$

Die partielle Lohnsteuer ist eine rein hypothetische Abgabe und soll hauptsächlich dazu dienen, die Auswirkungen der verschiedenen Steuern voneinander abzugrenzen und den Übergang auf eine **allgemeine Einkommensteuer** in einem Sektor zu erleichtern. Kombiniert man nun den Einfluß einer Lohnsteuer und den einer Kapitalsteuer im Sektor X bei gleichem Steuersatz, $t_{r_X} = t_{w_X} = t_X$, so kann man die Wirkungen einer allgemeinen Steuer auf das Einkommen im X–Sektor ermitteln. Da eine solche Einkommensteuer das Faktorpreisverhältnis nicht verzerrt, sondern nur eine zusätzliche Kostenbelastung für den Sektor X ist, die den Konsumentenpreis für Güter dieses Sektors erhöht, entspricht t_X einer speziellen Verbrauchsteuer. Durch Addition von (6.34) und (6.35) folgt

$$\hat{r} = \frac{A}{D} t_X. \tag{6.36}$$

(6.36) bestätigt unsere bereits in Unterabschnitt 6.2.3 getroffene Aussage, daß in diesem Fall nur ein Outputeffekt entsteht. Kapital kann einen Teil der steuerlichen Belastung auf den Faktor Arbeit überwälzen, wenn X arbeitsintensiv hergestellt wird, $A > 0$, wogegen Kapital bei kapitalintensiver Produktion des X–Sektors, $A < 0$, stärker belastet wird als bei einer allgemeinen Einkommensteuer auf die Erträge beider Sektoren.

6.2.7 Internationale Steuerinzidenz

Bisher haben wir nur die Verteilungswirkungen in einer geschlossenen Ökonomie betrachtet. Da wir uns aber in einer Welt der Globalisierung befinden, ist es wichtig, auch die Inzidenz von Steuern in einer offenen Volkswirtschaft zu untersuchen. Wir konzentrieren uns auf einen wichtigen Aspekt und bestimmen die Inzidenz einer Steuer, die ein Land auf den Einsatz eines mobilen Produktionsfaktors, z.B. Kapital, in seinen Grenzen erhebt. Diese Untersuchung ist nicht nur deshalb aufschlußreich, weil Kapital zwischen den EU-Ländern sehr mobil ist. Auch in föderal strukturierten Staaten liefert sie interessante Einsichten, da Abgaben auf den Kapitaleinsatz als bedeutende - wenn nicht größte - Einnahmequellen unter den Steuern auf Gemeindeebene anzusehen sind. Dies gilt für die in der Bundesrepublik Deutschland erhobene **Gewerbeertragsteuer**, die effektiv den Kapitaleinsatz belastet und gemäß Tabelle 1.1 fast 75% des Aufkommens der Gemeindesteuern ausmacht, ebenso wie für die in den angelsächsischen Ländern dominierende **Property Tax**, die auf Grundstücke und das realwirtschaftliche Betriebsvermögen erhoben wird.

Betrachten wir eine **Föderation**, die aus I identischen Mitgliedstaaten besteht. Die in einem Staat i lebenden Haushalte sind immobil und unterscheiden sich durch die Art ihrer Einkünfte. Die erste Gruppe von Haushalten ist mit dem Produktionsfaktor Land in Staat i, L_i, ausgestattet. Dieser wird den ansässigen Unternehmen unelastisch zum Einsatz in der Produktion angeboten. Die Landeigentümer erhalten dafür die Landrente ρ^i pro eingesetzter Einheit Land als Faktorentgelt. Die zweite Gruppe von Haushalten besteht aus Kapitaleigentümern. Im Unterschied zu Land ist der Produktionsfaktor Kapital zwischen den Mitgliedstaaten mobil. Nur für die Föderation insgesamt ist sein Bestand in Höhe von K vorgegeben. Kapitaleigentümer investieren ihr Kapital dort, wo es die höchste Rendite erwirtschaftet. Im Gleichgewicht muß deshalb der Zinssatz, der wiederum mit r bezeichnet wird, in allen Ländern gleich sein.

In jedem Mitgliedstaat wird ein homogenes privates Gut mit Hilfe einer linear-homogenen Produktionsfunktion hergestellt, dessen Preis auf Eins normiert wird. $F^i(L_i, K_i)$ bezeichnet erneut die Produktionsfunktion des Staates i, wobei K_i die Menge des in i eingesetzten Kapitals ist. Der Faktor Land werde weder auf der Ebene der Produktion noch auf Haushaltsebene besteuert. Dagegen müssen die Unternehmen auf den Kapitaleinsatz die Mengensteuer θ_K^i abführen. Somit setzen sich die Kapitalkosten der Unternehmen aus den Faktorentgelten der Kapitaleigentümer und der Kapitalsteuer zusammen, und der Gewinn aller Unternehmen in i beträgt

$$F^i(L_i, K_i) - \rho^i L_i - (r + \theta_K^i)K_i. \tag{6.37}$$

Die Unternehmen maximieren ihren Gewinn durch den optimalen Einsatz der Produktionsfaktoren K_i und L_i, wobei sie r, ρ^i und θ_K^i als gegeben betrachten. Die notwendigen Bedingungen für ein Gewinnmaximum lauten:

$$F_K^i = r + \theta_K^i \equiv \phi_i, \tag{6.38}$$

$$F^i - K_i F_K^i = \rho^i L_i. \tag{6.39}$$

Gemäß (6.38) wählen Unternehmen ihren Kapitaleinsatz derart, daß die Grenzproduktivität des Kapitals, $F_K^i \equiv \partial F^i / \partial K_i$, gerade den Grenzkosten des Kapitals, ϕ_i, entspricht. Bedingung (6.39) folgt aus der Annahme einer linear–homogenen Produktionsfunktion bei vollkommenem Wettbewerb. Der optimale Landeinsatz ist erreicht, wenn die Grenzproduktivität von Land, $F_L^i = (F^i - K_i F_K^i)/L_i$ gerade den Kosten aus der letzten eingesetzten Einheit Land, ρ^i, entspricht.

Der Kapitalmarkt befindet sich im Gleichgewicht, wenn die Kapitalnachfrage aller Unternehmen gleich dem exogen gegebenen Kapitalstock der Föderation ist:

$$\sum_{i=1}^{I} K_i = K. \tag{6.40}$$

Wie wird sich nun eine Erhöhung der Kapitalsteuer in einem Mitgliedstaat auf den Zinssatz in der Föderation und die Landrenten der einzelnen Mitgliedstaaten auswirken? Betrachten wir zunächst die Auswirkungen auf den Zinssatz. Aus (6.38) ergibt sich

$$K_i' \equiv \frac{dK_i}{d\phi_i} = \frac{1}{F_{KK}^i}, \tag{6.41}$$

mit $F_{KK}^i \equiv \partial^2 F^i / \partial K_i^2$. Für das Kapitalmarktgleichgewicht (6.40) folgt unter Verwendung von (6.41) bei einer Änderung von θ_K^i:

$$K_i' + \sum_{j=1}^{I} K_j' \frac{dr}{d\theta_K^i} = 0. \tag{6.42}$$

Da wir identische Mitgliedstaaten unterstellt haben, ist $K_i' = K_j'$, $\forall i, j$, und Bedingung (6.42) reduziert sich auf

$$\frac{dr}{d\theta_K^i} = -\frac{1}{I}. \tag{6.43}$$

Nach (6.43) sinkt der Zinssatz in der Föderation, wenn ein Staat seinen Kapitalsteuersatz erhöht. Ist der betrachtete Staat jedoch sehr klein, $I \to \infty$, ist die Zinsänderung vernachlässigbar gering, $dr/d\theta_K^i \to 0$.

Als Änderung des Landrenteneinkommens in i ergibt sich unter Verwendung von (6.38) und (6.39)

$$L_i \frac{d\rho^i}{d\theta_K^i} = -K_i \frac{dr}{d\theta_K^i} - K_i = \left(\frac{1}{I} - 1\right) K_i. \tag{6.44}$$

Unterstellen wir wiederum, daß der Staat i sehr klein ist, $I \to \infty$, so sinkt die Landrente dort um den Betrag K_i.

Aufgrund der Ergebnisse (6.43) und (6.44) könnte man nun vermuten, daß Kapitaleigentümer die Steuerbelastung vollständig auf die Landeigentümer überwälzen können, wenn der betrachtete Mitgliedstaat einen relativ geringen Marktanteil am gemeinsamen Kapitalmarkt hat und sich einem nahezu vollkommen elastischen Kapitalangebot gegenübersieht. Demnach würde eine Kapitalsteuererhöhung keinen Einfluß auf die anderen Mitgliedstaaten ausüben. Diese Schlußfolgerung ist jedoch nicht korrekt. Um dies zu verdeutlichen, machen wir uns klar, daß die Einkommensänderung für alle Kapitaleigentümer in der Föderation

$$K \frac{dr}{d\theta_K^i} = -\frac{IK_i}{I} = -K_i \tag{6.45}$$

beträgt, wobei wir (6.43) eingesetzt haben. Gemäß (6.45) trägt Kapital die gesamte Last einer Kapitalsteuererhöhung, unabhängig von der Größe des Staates, der die Steuer erhöht. Dieses Ergebnis widerspricht jedoch keinesfalls Ergebnis (6.44), das besagt, daß Landeigentümer in i die Steuerlast tragen. Denn die durch die Steuererhöhung ausgelöste Abwanderung von Kapital aus i in alle anderen Mitgliedstaaten der Föderation erhöht die Landrenten dort. Somit verändert sich die gesamte in der Föderation erzielte Landrente nicht, da der Rückgang der Landrente im Land der Steuererhöhung gerade durch den Anstieg der Landrenten in den $I-1$ anderen Mitgliedstaaten der Föderation ausgeglichen wird:

$$\sum_{j \neq i} L_j \frac{d\rho^j}{d\theta_K^i} = -(I-1)K_i \frac{dr}{d\theta_K^i} = \left(1 - \frac{1}{I}\right) K_i. \tag{6.46}$$

Wiederum haben wir (6.38) und (6.39) verwendet und (6.43) eingesetzt, um (6.46) herzuleiten. (6.46) gibt die Veränderung der Landrenten in den $I-1$ anderen Mitgliedstaaten an, die in ihrer Höhe (6.44) entspricht, jedoch das entgegengesetzte Vorzeichen hat. Landeigentümer aller anderen Mitgliedstaaten werden in dem Maße durch die Steuer entlastet, wie die Landeigentümer im Mitgliedstaat der Steuererhöhung belastet werden. Dieses Resultat fassen wir zusammen in

Ergebnis 6.2.5 *Der mobile Produktionsfaktor Kapital trägt die volle Last der Kapitalbesteuerung durch ein Land, unabhängig davon, wie klein das Land ist, das seine Kapitalsteuer erhöht.*

Übertragen wir das soeben abgeleitete Ergebnis auf die EU, so tragen die Kapitaleigentümer die volle Last der Steuererhöhung auf den Kapitaleinsatz in einem Land, unabhängig davon, in welchem Land der EU sie ihr Kapital investieren. Eine Steuerflucht ist nach unserer Analyse nicht vollständig möglich. Eine Anpassung der Investitionsentscheidung führt lediglich dazu, daß die Steuerbelastung auf andere Kapitaleigentümer teilweise überwälzt wird.

Literaturempfehlungen zu Kapitel 6

Empfohlene Lehrbuchliteratur:

Boadway, Robin W. und David E. Wildasin (1984), *Public Sector Economics*, 2. Aufl., Little Brown and Company, Boston, Kapitel 12.

Rosen, Harvey S. (1995), *Public Finance*, 4. Aufl., Irwin, Chicago, Kapitel 13.

Stiglitz, Joseph E. und Bruno Schönfelder (1994), *Finanzwissenschaft*, 2. Aufl. (1. deutschsprachige Aufl.), 1. Nachdruck, Oldenbourg, München, Kapitel 17.

Zitierte und vertiefende Literatur:

Atkinson, Anthony B. und Joseph E. Stiglitz (1980), *Lectures on Public Economics*, McGraw–Hill, New York, Kapitel 6 und 7.

Besley, Timothy (1989), „Commodity Taxation and Imperfect Competition: A Note on the Effects of Entry“, *Journal of Public Economics 40*, S. 359–368.

Harberger, Arnold C. (1962), „The Incidence of the Corporation Income Tax“, *Journal of Political Economy 70*, S. 215–240.

Kotlikoff, Laurence J. und Lawrence H. Summers (1987), „Tax Incidence“, in: A.J. Auerbach und M. Feldstein (Hrsg.), *Handbook of Public Economics II*, Amsterdam, S. 1043–1092.

Mieszkowski, Peter M. (1967), „On the Theory of Tax Incidence“, *Journal of Political Economy 75*, S. 250–262.

Shoven, John B. und John Whalley (1972), „A General Equilibrium Calculation of the Effects of Differential Taxation of Income from Capital in the U.S.“, *Journal of Public Economics 1*, S. 281–321.

Walz, Uwe und Dietmar Wellisch (1997), „Is Free Trade in the Interest of Exporting Countries when there is Ecological Dumping“, *Journal of Public Economics 66*, S. 275–291.

Wellisch, Dietmar (2000), *Theory of Public Finance in a Federal State*, Cambridge University Press, Cambridge, Mass., Kapitel 4.

Kapitel 7

Optimale Besteuerung

In diesem letzten Kapitel wollen wir uns mit dem Problem der optimalen Besteuerung beschäftigen. Einen Grundstein für diese Analyse haben wir in den vorangegangenen Kapiteln gelegt, die sich ausführlich mit den Zielen der Effizienz und der Verteilungsgerechtigkeit, denen die Besteuerung genügen sollte, sowie den Auswirkungen der Besteuerung auf diese Ziele beschäftigt haben. Unter optimaler Besteuerung versteht man die bestmögliche Verwirklichung dieser Ziele durch die Steuererhebung, wenn ein bestimmter öffentlicher Ausgabenbedarf gedeckt werden soll.

In der Realität stehen der Regierung fast ausschließlich verzerrende Steuern zur Verfügung, um ihren gewaltigen Einnahmenbedarf zur Bereitstellung öffentlicher Güter oder zur Umverteilung von Einkommen zu decken. Deshalb konzentrieren wir uns im folgenden auf die **optimale Struktur verzerrender Steuern**, da die wenigen als unverzerrend bekannten Abgaben nur einen geringen Anteil am gesamten Steueraufkommen ausmachen und bei genauerer Betrachtung in einigen Fällen auch nicht ganz unverzerrend wirken. Selbst die **Grundsteuer** kann nur bedingt als Beispiel einer **unverzerrenden Steuer** angesehen werden. Denn nur wenn Land nicht weiter zu erschließen ist, wirkt eine Steuer auf den Wert des Landes unverzerrend. Sind aber Investitionen in Bauland möglich, so werden die Entscheidungen durch die Erhebung einer Steuer auf den Wert von Grund und Boden verzerrt. Pauschal- oder Kopfsteuern, die von Haushalten abzuführen sind, wirken – wenn überhaupt – nur in einer geschlossenen Volkswirtschaft unverzerrend. Können Haushalte jedoch wie in der EU ihren Wohnsitz frei wählen, haben sie die Möglichkeit, dieser Besteuerung zu entgehen. Eine zwischen den Ländern unabgestimmte pauschale Besteuerung wird eine effiziente räumliche Allokation der Haushalte verhindern, und es entsteht eine Zusatzlast. Als weiteres Beispiel unverzerrender Steuern wird häufig die

Reingewinnsteuer genannt, die keinen Einfluß auf die Finanzierungs- und Investitionsentscheidungen der Unternehmer ausübt. Jedoch entstehen durch die in der Praxis erhobenen Gewinnsteuern wie Körperschaft–, Gewerbe– und Einkommensteuer Verzerrungen, wie wir in Abschnitt 4.4 gesehen haben. Des weiteren besteht die Möglichkeit, eine **Pigousteuer** zur **Internalisierung externer Effekte**, die durch Umweltverschmutzung bei industrieller Produktion entstehen können, zu erheben und somit eine effiziente Situation herbeizuführen. Allerdings ist die Pigousteuer nicht entscheidungsneutral. Vielmehr sind die durch sie ausgelösten Substitutionseffekte gesellschaftlich erwünscht, da sie eine durch Externalitäten gekennzeichnete ineffiziente Allokation in eine effiziente Allokation überführen können. Außerdem können bei einem bestimmten öffentlichen Einnahmenbedarf durch die Erhebung einer Pigousteuer andere verzerrende Steuern mit unerwünschten Substitutionseffekten gesenkt werden. Zu denken ist hierbei etwa an die mit dem Schlagwort **„Ökologische Steuerreform“** gekennzeichnete Finanzierung einer Lohnsteuerreduktion durch die Erhebung von Umweltsteuern. Jedoch ergeben sich bei der praktischen Umsetzung einer Pigoubesteuerung Probleme in der Bestimmung der effizienzsichernden Steuersätze, da man die Zahlungsbereitschaft der von der Umweltverschmutzung betroffenen Personen kennen müßte, die Ermittlung der Präferenzen aber auf die wohlbekannten **Freifahrerprobleme** stößt. Auch die Anpassung der Steuersätze an eine geänderte Technik bzw. an ein geändertes Umweltbewußtsein begegnet diesen Schwierigkeiten. Des weiteren ist eine eindeutige Identifizierung des Verursachers eines externen Effekts und somit eine verursachergerechte Zurechnung der Steuern äußerst problematisch.

Wir beginnen die Analyse der optimalen Besteuerung in Abschnitt 7.1 mit einer Situation, in der nur zwei Steuern, eine Lohn– und eine Vermögensteuer, verfügbar sind. Wie wir bereits in Kapitel 4 gesehen haben, verzerrt die Lohnsteuer die Arbeitsangebotsentscheidung, während eine Vermögensteuer aufgrund der Veränderung des intertemporalen Preisverhältnisses die Sparentscheidung verzerrt. Das bedeutet, daß wir in einer solchen Situation keine (first–best) effiziente Allokation erwarten dürfen, sondern uns mit einer **Second–Best–Lösung** zufrieden geben müssen, da die bestehenden Verzerrungen nicht vollständig eliminiert werden können. Denn ein gewisser öffentlicher Ausgabenbedarf muß in jedem Fall gedeckt werden. Eine zweitbeste Lösung erhalten wir auch, wenn wir das Optimalsteuerproblem um den Verteilungsaspekt erweitern.

In Abschnitt 7.2 werden wir jedoch sehen, daß man bei mangelnder Zeitkonsistenz der Politik nicht einmal mit einer Second–Best–, sondern nur mit einer **Third–Best–Lösung** des Besteuerungsproblems rechnen darf, d.h. der bestmögliche Einsatz verzerrender Steuern zur Deckung des öffentlichen Einnahmenbedarfs ist nicht möglich. Unter mangelnder **Zeitkonsistenz** der Politik versteht man **Glaubwürdigkeitsprobleme** der Regierung, sich an eine zuerst angekündigte Politik zu halten, wenn diese zum Zeitpunkt ihrer Ausführung nicht mehr optimal ist. Dieser Fall kann bei der Vermögensbesteuerung eintreten. Wenn die Sparentscheidung von Personen der Vergangenheit angehört und ein bestimmtes Vermögen angehäuft wurde, können sie nicht mehr auf eine Besteuerung dieses Vermögens reagieren. Damit wird die Vermögensteuer auf in der Vergangenheit gebildete Vermögenswerte zu einer unverzerrenden Steuer, und es wird sich als optimal herausstellen, diese Steuer entgegen den ursprünglichen Ankündigungen so hoch wie möglich zu setzen. Da solche Politikabweichungen aber im Laufe der Zeit von rationalen Wirtschaftssubjekten antizipiert werden, verfehlen sie ihre wohlfahrtssteigernde Wirkung. Haushalte werden in Erwartung der am Ende tatsächlich realisierten hohen Vermögensteuer im Extremfall auf eine Ersparnisbildung verzichten, so daß die Vermögensteuer als unverzerrende Einnahmequelle entfällt. Die öffentlichen Ausgaben können dann lediglich durch hohe Lohnsteuern finanziert werden, die ihrerseits große Zusatzlasten verursachen. Welche Möglichkeiten es gibt, dieses Zeitkonsistenzproblem der Besteuerung zu überwinden, werden wir ebenfalls im zweiten Abschnitt aufzeigen.

Im dritten Abschnitt dieses Kapitels wollen wir untersuchen, wie ein optimales Steuersystem gestaltet sein muß, wenn es zwar keine Zeitinkonsistenzprobleme gibt, jedoch Wirtschaftssubjekte Steuern hinterziehen können. Hier stellt sich die Frage, wie die Regierung darauf steuerpolitisch reagieren soll, wenn sie effizienzsichernd und gerecht besteuern will, und ob es sinnvoll ist, Anreize zur Steuerhinterziehung zur Verfolgung dieser Ziele vollständig zu vermeiden.

7.1 Ein einfaches und ein erweitertes Optimalsteuerproblem

In diesem Abschnitt werden wir uns zuerst mit dem Optimalsteuerproblem in seiner einfachsten Form vertraut machen, bei dem die Regierung ein bestimmtes Ausgabenniveau mittels Steuereinnahmen finanzieren soll. Da Steuern aber zu einer Verzerrung wirtschaftlicher Entscheidungen führen, sucht die Regierung nach derjenigen Kombination verschiedener Steuern, die diese entstehende Zusatzlast der Besteuerung minimiert, so daß der Nutzen der Gesellschaftsmitglieder bei gegebener Ausgabenhöhe maximiert wird. Zu diesem Zwecke werden wir in den Unterabschnitten 7.1.1 und 7.1.2 nur den Effizienzgesichtspunkt der Besteuerung untersuchen, indem wir ein einfaches Modell mit identischen Personen vorstellen und einen repräsentativen Haushalt betrachten. Wie wir in Kapitel 3 betont haben, sollte ein optimales Steuersystem aber auch gerecht besteuern. Daher werden wir in Unterabschnitt 7.1.3 Personen nach ihren Einkommensquellen unterscheiden und aufzeigen, wie sich durch die Erweiterung um den Verteilungsaspekt die optimale Steuerstruktur ändert.

Da die Vermögensteuer die Sparentscheidung beeinflußt, soll der repräsentative Haushalt zwei Perioden, $i = 1, 2$, leben. In der ersten Periode kann er sein exogen gegebenes Anfangsvermögen, A, das wir uns als ererbtes Vermögen vorstellen können, für den Konsum privater Güter, c_1, oder für Ersparnisse, s, verwenden. In der zweiten Periode entscheidet er über die Höhe seines Arbeitsangebots, l, wobei der Lohnsatz auf Eins normiert sei. Der Staat erhebe eine proportionale Lohnsteuer, t_w, auf das Arbeitseinkommen und eine proportionale Vermögensteuer, t_v, auf die gebildete Ersparnis und ihre Erträge. Wir unterscheiden demnach vereinfachend nicht zwischen der Besteuerung von Zinsen und der Vermögensbesteuerung. Wichtig ist nur, daß die Steuer t_v die Sparentscheidung verzerrt. Da der Haushalt nur zwei Perioden lebt, fließt sein gesamtes verfügbares Einkommen in der zweiten Periode in den Konsum, c_2. Somit lauten die Budgetrestriktionen des Haushalts für die erste bzw. zweite Periode:

$$c_1 + s = A \quad \text{bzw.} \tag{7.1}$$

$$c_2 = (1 - t_v)(1 + r)s + (1 - t_w)l. \tag{7.2}$$

Der Nutzen des Haushalts ist vom Konsum in den beiden Perioden sowie vom Arbeitseinsatz abhängig und soll folgende einfache Struktur aufweisen:

$$U(c_1) + c_2 - \Lambda(l). \tag{7.3}$$

Die Linearisierung des Nutzens aus dem Konsum in der zweiten Periode hat den Vorteil, Ergebnisse zu liefern, die leicht zu interpretieren sind. Ein nichtlinearer Zusammenhang würde das Ergebnis aber qualitativ nicht verändern. Aus dem Konsum der ersten Periode leitet der

Haushalt ebenfalls einen Nutzen ab, jedoch fällt der Grenznutzen mit zunehmendem Gegenwartskonsum, $U' > 0$, $U'' < 0$. Mehr Arbeit verringert den Nutzen, und zwar um so stärker, je höher das Arbeitsangebot bereits ist. Das **Arbeitsleid**, Λ, weist somit einen konkaven Verlauf auf: $\Lambda' > 0$, $\Lambda'' > 0$.

Die staatliche Budgetrestriktion läßt sich durch

$$g = t_w l + t_v(1+r)s \tag{7.4}$$

beschreiben. Die Staatsausgaben, g, müssen genau den Einnahmen aus Lohn- und Vermögensteuer entsprechen. Da nur in der zweiten Periode ein Steueraufkommen zu erzielen ist, sollen sich auch die staatlichen Ausgaben auf diese Periode beschränken. Eine Staatsverschuldung in der Gegenwart ist demnach nicht erforderlich.

Das **Optimalsteuerproblem** besteht nun darin, die Steuersätze t_w und t_v derart zu wählen, daß bei gegebenen Staatsausgaben der Nutzen des repräsentativen Haushalts (7.3) maximiert wird. Dazu muß der Regierung bekannt sein, wie der Haushalt in der ersten Periode die Höhe seiner Ersparnisse sowie in der zweiten Periode sein Arbeitsangebot bestimmt. Erst dann kann die Regierung die optimalen Steuersätze festsetzen. Betrachten wir die Entscheidungsprobleme der beiden Akteure im einzelnen.

7.1.1 Das Entscheidungsproblem des Haushalts

Der Haushalt betrachtet bei seinen Entscheidungen A, r und insbesondere t_v und t_w als gegeben. Setzt man die Budgetrestriktion der ersten Periode, (7.1), für c_1 und die der zweiten Periode, (7.2), für c_2 in die Nutzenfunktion (7.3) ein, folgt als Entscheidungsproblem:

$$\max U(A-s) + (1-t_v)(1+r)s + (1-t_w)l - \Lambda(l) \tag{7.5}$$

durch Wahl von s und l. Die notwendigen Bedingungen für ein Nutzenmaximum lauten:

$$U'(A-s) = (1-t_v)(1+r) \qquad \text{sowie} \tag{7.6}$$

$$\Lambda'(l) = 1-t_w. \tag{7.7}$$

Bedingung (7.6) bestimmt die optimale Ersparnisbildung des Haushalts. Danach wird er die Grenzkosten der Ersparnis, d.h. den Grenznutzen des Konsums in Periode 1, dem Grenzertrag der Ersparnis, $(1-t_v)(1+r)$, angleichen. Die Vermögensteuer, t_v, beeinflußt somit die Sparentscheidung.

Sie treibt einen Keil zwischen die volkswirtschaftlichen Grenzkosten, U', und den marginalen sozialen Ertrag der Ersparnis, $(1+r)$. Wir nehmen zusätzlich an, daß der Grenznutzen aus dem Gegenwartskonsum bei einer Ersparnis von Null, $U'(A)$, geringer als der Zinsfaktor $(1+r)$ ist, so daß der Konsument in einer Situation ohne Vermögensbesteuerung, $t_v = 0$, immer einen positiven Betrag spart. Das Arbeitsangebot des Haushalts bestimmt sich nach Bedingung (7.7) durch Angleichung der Grenzkosten des Arbeitsangebots, $\Lambda'(l)$, an den Grenzertrag des Arbeitseinsatzes, den Nettolohn $(1 - t_w)$. Auch hier treibt die Lohnsteuer einen Keil zwischen die volkswirtschaftlichen Grenzkosten, Λ', und den marginalen sozialen Ertrag des Arbeitsangebots in Höhe von 1.

Aus den Bedingungen erster Ordnung, (7.6) und (7.7), folgen die Reaktionen des Haushalts auf Änderungen staatlicher Steuerpolitik durch implizite Differentiation. Seine Reaktionen in Periode 1 lauten:

$$\frac{ds}{dt_v} = \frac{1+r}{U''} < 0 \qquad \text{und} \qquad \frac{dl}{dt_w} = -\frac{1}{\Lambda''} < 0. \tag{7.8}$$

Demgegenüber wird seine Anpassung in Periode 2 durch

$$\frac{ds}{dt_v} = 0 \qquad \text{und} \qquad \frac{dl}{dt_w} = -\frac{1}{\Lambda''} < 0 \tag{7.9}$$

beschrieben. Während der Haushalt mit seinem Arbeitsangebot auf Veränderungen des Lohnsteuersatzes t_w in beiden Perioden reagieren kann, trifft er seine Sparentscheidung in der Gegenwart durch Antizipation des in der Zukunft gültigen Vermögensteuersatzes t_v. Das bedeutet, daß er in Periode 2 nicht mehr auf eine veränderte Kapitalbesteuerung mit einer Anpassung der Ersparnisse reagieren kann. Diese beschränkte Reaktionsmöglichkeit wird im nächsten Abschnitt 7.2 eine wichtige Rolle spielen.

7.1.2 Das Entscheidungsproblem der Regierung

Die Regierung verhält sich in diesem Modell als **Stackelberg–Führer**[1]. Sie weiß also, daß sich der Haushalt gemäß den Bedingungen erster Ordnung, (7.6) sowie (7.7), verhält, und wählt ihre steuerpolitischen Instru-

[1] Dieser Begriff stammt aus der **Oligopoltheorie** und ist nach dem Wirtschaftstheoretiker *Heinrich von Stackelberg* (1905 – 1946) benannt. Als Stackelberg–Führer wird dasjenige Unternehmen im Oligopol bezeichnet, das das Verhalten der anderen Unternehmen, die als Stackelberg–Folger handeln und den Preis bzw. die Produktionsmenge des Stackelberg–Führers als gegeben ansehen, kennt und auf dieser Basis seine optimale Strategie wählt.

mente entsprechend. Es wird des weiteren angenommen, daß sich die Regierung am Wohl der Gesellschaft, d.h. am Nutzen des repräsentativen Haushalts, orientiert und keine eigenen Interessen verfolgt. Somit maximiert die Regierung den Nutzen des repräsentativen Haushalts, (7.3), unter Beachtung der staatlichen Budgetrestriktion, (7.4), sowie der Bedingungen erster Ordnung, (7.6) und (7.7). Die einfachste Möglichkeit, dieses Entscheidungsproblem zu lösen, besteht darin, die gesamtwirtschaftliche Budgetrestriktion der Periode 2,

$$c_2 + g = l + (1+r)s, \tag{7.10}$$

in die Nutzenfunktion des Haushalts, (7.3), und die Bedingungen erster Ordnung, (7.6) und (7.7), in die staatliche Budgetrestriktion, (7.4), einzusetzen. Das Optimalsteuerproblem kann dann folgendermaßen formuliert werden:

$$\begin{aligned} \max W \quad \equiv \quad & U(A-s) + l + (1+r)s - g - \Lambda(l) \\ & + \lambda\{g - [1 - \Lambda'(l)]l - [(1+r) - U'(A-s)]s\} \end{aligned} \tag{7.11}$$

durch die Wahl von s und l, wobei λ den Lagrange–Multiplikator bezeichnet. Da die Bedingungen erster Ordnung, (7.6) und (7.7), implizit das Arbeitsangebot und die Ersparnisse im Gleichgewicht in Abhängigkeit von den Steuersätzen angeben, wäre es alternativ möglich gewesen, die expliziten Angebotsfunktionen für Arbeit und Kapital in das Optimalsteuerproblem einzusetzen und es durch Wahl von t_v und t_w zu lösen. Die notwendigen Bedingungen für ein Wohlfahrtsmaximum lauten:

$$\frac{\partial W}{\partial s} = 0 = -U'(A-s) + (1+r) + \lambda\{-[(1+r) - U'(A-s)] - sU''(A-s)\} \tag{7.12}$$

$$\text{sowie} \qquad \frac{\partial W}{\partial l} = 0 = 1 - \Lambda'(l) + \lambda\{-[1 - \Lambda'(l)] + l\Lambda''(l)\}. \tag{7.13}$$

Auflösen der beiden Bedingungen erster Ordnung nach λ und anschließendes Gleichsetzen ergibt:

$$\frac{(1+r) - U'(A-s)}{(1+r) - U'(A-s) + sU''(A-s)} = \frac{1 - \Lambda'(l)}{1 - \Lambda'(l) - l\Lambda''(l)}. \tag{7.14}$$

Durch einen Vergleich mit den Bedingungen erster Ordnung des Haushalts, (7.6) und (7.7), wird ersichtlich, daß die Zähler von (7.14) die marginalen Verzerrungen durch die Vermögen– bzw. Lohnsteuer wiedergeben. Die Nennerausdrücke stellen die Veränderungen der Staatseinnahmen bei Veränderung des Spar– bzw. Arbeitsangebots dar. Das bedeutet, daß im Optimum die Verzerrung durch die Besteuerung bezogen auf das marginale Steueraufkommen zwischen den verfügbaren Steuern zum Ausgleich kommen muß.

Setzt man die Definitionen der Nettopreiselastizitäten des Spar- bzw. Arbeitsangebots

$$\varepsilon_s \equiv \frac{ds}{d[(1+r)(1-t_v)]}\frac{(1+r)(1-t_v)}{s} = -\frac{U'(A-s)}{sU''(A-s)} \qquad \text{bzw.} \qquad (7.15)$$

$$\varepsilon_l \equiv \frac{dl}{d(1-t_w)}\frac{1-t_w}{l} = \frac{\Lambda'(l)}{l\Lambda''(l)}, \qquad (7.16)$$

die man unter Verwendung von (7.6) bzw. (7.7) erhält, in die Bedingung erster Ordnung der Regierung, (7.14), ein, folgt unter Verwendung der Bedingungen erster Ordnung des Entscheidungsproblems für den Haushalt, (7.6) und (7.7):

$$\boxed{\frac{\varepsilon_l}{\varepsilon_s} = \frac{1-t_w}{t_w} \Big/ \frac{1-t_v}{t_v} \qquad \text{Ramsey–Regel.}} \qquad (7.17)$$

Gleichung (7.17) gibt die **Ramsey–Regel** (1927)[2] der optimalen Besteuerung wieder, deren Aussage wir festhalten in

Ergebnis 7.1.1 *Gemäß der Ramsey–Regel sollte die Regierung zur Sicherung einer effizienten Steuerstruktur stärker auf diejenige Steuer zurückgreifen, die eine weniger elastische Bemessungsgrundlage besitzt. Besitzen beide Bemessungsgrundlagen die gleiche Elastizität, so müssen auch die Steuersätze angeglichen werden.*

Ein optimales Steuersystem sollte nicht nur aus einer der beiden verzerrenden Steuern bestehen, sofern die beiden Elastizitäten, ε_s sowie ε_l, endlich und positiv sind. Intuitiv läßt sich diese Forderung damit begründen, daß die marginale Erhöhung einer Steuer, die bisher Null war, nur eine Verzerrung zweiter Ordnung, aber eine Erhöhung der Steuereinnahmen erster Ordnung mit sich bringt. Eine positive Steuer dagegen wird bei einer marginalen Erhöhung immer eine Verzerrung erster Ordnung mit sich bringen. Diese Aussage folgt aus dem bereits in Unterabschnitt 3.1.2 hergeleiteten Ausdruck der Zusatzlast, die quadratisch vom Steuersatz abhängt. Beide Steuersätze sollten deshalb positiv, aber

[2] Benannt nach dem englischen Mathematiker *Frank P. Ramsey* (1903 - 1930), der sich in seinem kurzen Leben nicht nur in der Mathematik, sondern auch in der Philosophie und in den Wirtschaftswissenschaften einen Namen machte.

geringer als Eins sein. Ein ähnliches Ergebnis haben wir bereits mit der **Inverse–Elastizitäten–Regel** (3.13) für eine optimale Besteuerung des Verbrauchs hergeleitet. Grundsätzlich verallgemeinert die Ramsey–Regel die Inverse–Elastizitäten–Regel, indem auch die von der Besteuerung ausgelösten Kreuzpreiseffekte betrachtet werden. Da wir in unserem einfachen Modell allerdings eine additiv–separable Nutzenfunktion unterstellten, haben wir diese Effekte erneut ausgeklammert. Insofern könnte man auch von (7.17) als Inverse–Elastizitäten–Regel sprechen.

7.1.3 Beachtung des Effizienz- und des Gerechtigkeitskriteriums im Optimalsteuerproblem

Wir wollen nun mit der Forderung nach **Verteilungsgerechtigkeit** auch das zweite normative Kriterium, dem eine optimale Besteuerung genügen sollte, in unsere Überlegung einbeziehen. Diese Vorgehensweise folgt der Beschreibung der normativen Kriterien der Besteuerung in Kapitel 3, in dem wir nach der Darstellung des Effizienzkriteriums der Besteuerung die Forderung nach einem gerechten Steuersystem umrissen haben. Ganz analog hierzu wurde bislang ein optimales Steuersystem mit einem effizienzsichernden System gleichgesetzt. Verteilungsüberlegungen spielten hierbei keine Rolle, da wir von identischen Gesellschaftsmitgliedern ausgegangen sind. Berücksichtigt man aber die Tatsache, daß sich Personen in ihren Einkommensquellen unterscheiden, so sind die Umverteilungswirkungen der Besteuerung zu beachten. Demnach suchen wir im folgenden nach einem Steuersystem, das neben dem Effizienzkriterium auch eine gerechte Einkommensverteilung anstrebt, wobei die Gerechtigkeitsvorstellungen der Gesellschaft durch die Wohlfahrtsfunktion der Regierung verkörpert werden.

Die Gesellschaft bestehe nun aus unterschiedlichen Mitgliedern, die vereinfachend in Kapitaleinkommensbezieher und Arbeiter geteilt werden können. Die Kapitaleinkommensbezieher, die wir im weiteren kurz als „Kapitalisten“ bezeichnen wollen, leben zwei Perioden. In der ersten Periode sind sie mit einem exogenen, nicht besteuerten Vermögensbestand, A, als alleiniger Quelle ihres Lebenseinkommens ausgestattet. Ein repräsentativer Kapitalist trifft in seinem Leben nur eine einzige Entscheidung. Er bestimmt die nutzenmaximale Höhe seiner Ersparnis in der Gegenwart, die er für zukünftige Konsumzwecke bildet. Dabei beachtet er, daß er seine Ersparnisse in der zweiten Periode versteuern muß. Seine

Budgetrestriktionen in den beiden Perioden lauten somit

$$c_1 + s = A \quad \text{und} \tag{7.18}$$
$$c_2 = (1 - t_v)(1 + r)s. \tag{7.19}$$

Unter diesen Nebenbedingungen maximiert er seinen Nutzen

$$\tilde{U}(c_1, c_2) \equiv c_1 + U(c_2), \qquad U' > 0,\, U'' < 0, \tag{7.20}$$

durch die Wahl von s. Im Gegensatz zu Unterabschnitt 7.1.1 bezeichnen c_1 und c_2 nur den Konsum des Kapitalisten in der ersten und zweiten Periode. Die Nutzenfunktion des Kapitalisten soll nun in der ersten Periode linear und in der zweiten Periode konkav sein. Diese vereinfachende Form stellt sicher, daß es für die Regierung immer optimal sein wird, einen positiven Vermögensteuersatz, der deutlich geringer als 100% ist, $0 < t_v < 1$, zu wählen – selbst dann, wenn die Einkommenselastizität des Sparangebots, ε_s, gleich Null ist. Allerdings sind die folgenden Aussagen in qualitativer Hinsicht nicht auf diese einfache Form der Nutzenfunktion beschränkt, sondern gelten auch für eine allgemeinere Nutzenfunktion.

Die zweite Gruppe von Personen, die Arbeiter, soll den gleichen Mitgliederumfang aufweisen wie die Gruppe der Kapitalisten. Die Arbeiter leben nur in der zweiten Periode. Ihre einzige Entscheidung betrifft das Arbeitsangebot, aus dessen besteuerter Entlohnung sie ihren Konsum, x, finanzieren,

$$x = l(1 - t_w), \tag{7.21}$$

wobei der Lohnsatz wiederum auf Eins normiert sei. Die Nutzenfunktion eines repräsentativen Arbeiters sei durch

$$\tilde{\Lambda}(x, l) \equiv x - \Lambda(l), \qquad \Lambda',\, \Lambda'' > 0, \tag{7.22}$$

gekennzeichnet und werde unter Beachtung der Budgetrestriktion (7.21) durch Wahl von l maximiert.

Die notwendigen Bedingungen für ein Nutzenmaximum der Kapitalisten bzw. der Arbeiter lauten analog zu den Bedingungen erster Ordnung des ersten Unterabschnitts

$$\frac{1}{U'(c_2)} = (1 + r)(1 - t_v) \quad \text{bzw.} \tag{7.23}$$
$$\Lambda'(l) = 1 - t_w. \tag{7.24}$$

Die Regierung unterliegt erneut der Beschränkung, genügend Steuern zu erheben, um die Staatsausgaben g in der zweiten Periode zu finanzieren. Ihre Budgetrestriktion ist daher wieder durch (7.4) gegeben. Unter Berücksichtigung der Nutzen beider Haushaltsgruppen, (7.20) und (7.22), strebt die Regierung eine optimale Einkommensverteilung an, die sich an der folgenden Wohlfahrtsfunktion, $\tilde{W}$, orientiert:

$$\tilde{W} \equiv \varphi\tilde{U}(c_1, c_2) + \tilde{\Lambda}(x, l) = \varphi[c_1 + U(c_2)] + x - \Lambda(l), \tag{7.25}$$

wobei φ das **relative gesellschaftliche Wohlfahrtsgewicht** der Gruppe der Kapitalisten ist. Die Zielfunktion (7.25) ist somit eine Erweiterung der **Utilitaristischen Wohlfahrtsfunktion**, die in Kapitel 8.2 des Bandes „Finanzwissenschaft I: Rechtfertigung der Staatstätigkeit" beschrieben wird. Das Wohlfahrtsgewicht φ können wir als den Einfluß der Kapitalisten auf den politischen Willensbildungsprozeß bzw. als die gesellschaftliche Wertschätzung für diese Personengruppe interpretieren.

Setzt man die Budgetrestriktion der zweiten Periode des Kapitalisten, (7.19), sowie die Bedingungen erster Ordnung der Kapitalisten, (7.23), und der Arbeiter, (7.24), in die staatliche Budgetrestriktion, (7.4), ein, so erhält man als modifizierte Budgetrestriktion der Regierung:

$$g = [1 - \Lambda'(l)]l + (1+r)c_2U'(c_2) - c_2. \tag{7.26}$$

Nach Einsetzen der privatwirtschaftlichen Budgetrestriktionen sowie der Verhaltensbedingungen (7.23) und (7.24) in (7.25) folgt als Maximierungsproblem der Regierung:

$$\begin{aligned} \max \tilde{W} \;&=\; \varphi[A - c_2U'(c_2) + U(c_2)] + l\Lambda'(l) - \Lambda(l) \\ &\quad + \lambda\{g - [1 - \Lambda'(l)]l - (1+r)c_2U'(c_2) + c_2\}, \end{aligned} \tag{7.27}$$

durch Wahl von c_2 und l, wobei λ erneut den Lagrange–Multiplikator bezeichnet. Die notwendigen Bedingungen für ein Wohlfahrtsmaximum lauten:

$$\frac{\partial \tilde{W}}{\partial c_2} = -\varphi c_2U''(c_2) - \lambda[(1+r)U'(c_2) + (1+r)c_2U''(c_2) - 1] = 0 \quad \text{und} \tag{7.28}$$

$$\frac{\partial \tilde{W}}{\partial l} = l\Lambda''(l) - \lambda[1 - \Lambda'(l) - l\Lambda''(l)] = 0. \tag{7.29}$$

Verwenden wir die Definitionen für die Nettopreiselastizitäten der Ersparnis – diese verändert sich gegenüber dem vorigen Unterabschnitt aufgrund der anderen Form der Nutzenfunktion zu

$$\varepsilon_s \equiv -1 - \frac{[U'(c_2)]}{c_2U''(c_2)} \tag{7.30}$$

– bzw. des Arbeitsangebots, (7.16), in den Bedingungen erster Ordnung, (7.28) und (7.29), lösen diese nach λ auf und setzen sie einander gleich, so folgt als notwendige Bedingung für eine optimale Besteuerung die erweiterte Ramsey–Regel unter Einbeziehung von Verteilungsaspekten:

$$\frac{\varphi U'(c_2^*)}{1} = \frac{1 - t_w^*}{1 - t_w^*(1 + \varepsilon_l^*)} \bigg/ \frac{1 - t_v^*}{1 - t_v^*(1 + \varepsilon_s^*)} \,. \tag{7.31}$$

Die optimalen Werte der Variablen haben wir zur besseren Unterscheidung von späteren Ergebnissen mit $*$ indiziert. Die linke Seite von (7.31) gibt das Verhältnis der sozial gewichteten Grenznutzen des Konsums zwischen Kapitalisten und Arbeitern an und bringt damit das Verteilungsziel zum Ausdruck. Während der Grenznutzen eines Kapitalisten, $U'(c_2^*)$, mit φ gewichtet wird, beträgt die Gewichtung des Grenznutzens eines Arbeiters aus seinem Konsum in Höhe von 1, wie in der Wohlfahrtsfunktion unterstellt, 1. Die rechte Seite betont dagegen das Effizienzkriterium, indem sie die relativen Verzerrungen der beiden Steuern aufeinander bezieht. Ist sowohl das Arbeits– als auch das Sparangebot völlig unelastisch, $\varepsilon_l^* = \varepsilon_s^* = 0$, so sind beide Steuern unverzerrend, und die relative Steuerbelastung wird nur durch verteilungspolitische Ziele bestimmt. Im Optimum haben dann beide Haushaltsgruppen den gleichen gewichteten Grenznutzen des Konsums: $\varphi U'(c_2^*) = 1$. Jede Abweichung von identischen gewichteten Grenznutzen kann nur durch unterschiedliche Verzerrungswirkungen der in Frage kommenden Steuern begründet sein, die auf der rechten Seite von (7.31) erscheinen. Wird beispielsweise Arbeit elastischer angeboten, $\varepsilon_l > \varepsilon_s$, wird die Regierung von der Norm $\varphi U'(c_2) = 1$ tendenziell in Richtung einer stärkeren Belastung der weniger anpassungsfähigen Kapitalisten abweichen. Umgekehrtes gilt für den Fall $\varepsilon_l < \varepsilon_s$. Bei Einbeziehung verteilungspolitischer Ziele ergibt sich daher

Ergebnis 7.1.2 *Orientiert sich die Ausgestaltung eines optimalen Steuersystems an Effizienz– und Verteilungskriterien, so müssen im Optimum die Abweichungen von der effizienzsichernden und verteilungsgerechten Steuerstruktur angeglichen werden. Dabei wird die sozial optimale Einkommensverteilung zugunsten der Haushaltsgruppe durchbrochen, die sich besser anpassen kann.*

Es sei nochmals darauf hingewiesen, daß die abgeleitete Steuerstruktur des einfachen sowie des erweiterten Optimalsteuerproblems nur eine Second–Best–Lösung ist, da die verfügbaren Steuern Arbeits– und Sparangebot verzerren. Eine effiziente Allokation könnte nur erreicht werden, wenn der Regierung eine unverzerrende Steuer zur Verfügung stünde. Im folgenden Abschnitt werden wir allerdings sehen, daß es häufig nicht einmal gelingt, dieses Second-Best-Ergebnis zu erreichen, wenn Politiker Glaubwürdigkeitsprobleme haben. Dieser Problemkreis wird in der Literatur unter dem Begriff der Zeitinkonsistenz staatlichen Handelns erfaßt.

7.2 Zeitkonsistenzprobleme der Besteuerung

Bisher sind wir immer davon ausgegangen, daß sich Regierungen bzw. Politiker an ihre angekündigten steuerpolitischen Maßnahmen halten, ohne sich zum Zeitpunkt der Durchführung zu überlegen, ob die ursprünglich angekündigte Maßnahme weiterhin wünschenswert ist. In der Steuerpolitik trifft dies häufig jedoch nicht zu, da sich die zum Ankündigungszeitpunkt (ex ante) optimale Politik zum Zeitpunkt der Durchführung (ex post) als nicht mehr erwünscht herausstellen kann. Eine angekündigte Politikmaßnahme, die ex post nicht mehr optimal ist, wird zeitinkonsistent genannt. Zu einer solchen Situation kann es kommen, wenn steuerpolitische Entscheidungen erst dann endgültig getroffen werden, wenn private Entscheidungen bereits unwiderruflich gefällt sind. In diesem Fall können Wirtschaftssubjekte nicht mehr auf eine Politikänderung reagieren. Die Regierung hat die Möglichkeit, wenn sie sich nicht unabwendbar an ihre Ankündigung gebunden hat – sie also **diskretionäre Politik** betreiben kann –, ihre Pläne zu revidieren, um so die Zusatzlast der Besteuerung zu reduzieren und kurzfristig die Wohlfahrt zu erhöhen. Demzufolge entstehen Anreize zu nachträglichen Änderungen nur dann, wenn Politiker keine unverzerrende Steuer erheben und somit keine first-best effiziente Allokation erreichen können. Könnte die Regierung auf unverzerrende Steuern zurückgreifen, so hätte sie keinen Anlaß, von ihrer Ankündigung abzuweichen, da der angekündigte Steuersatz immer, d.h. bei Ankündigung und bei Durchführung, effizienzsichernd und somit optimal ist. Durch eine Abweichung könnte also nichts gewonnen werden, da eine unverzerrende Steuer keine Zusatzlast hervorruft. Aufgrund des geringen Aufkommens aus unverzerrenden Steuern sind diskretionäre Politikentscheidungen jedoch durchaus realistisch. Allerdings verursachen sie Glaubwürdigkeitsprobleme der Regierung gegenüber ihren Bürgern. Langfristig werden private Haushalte diese Abweichungen antizipieren und sich nicht mehr von falschen Ankündigungen täuschen lassen. Dies mündet in einer Situation, die eine geringere gesellschaftliche Wohlfahrt sichert als eine glaubhafte Bindung an eine Second–Best–Steuerstruktur.

Zeitkonsistenzprobleme können sowohl in der Geldpolitik als auch in der Fiskalpolitik auftreten[3]. Wir wollen uns hier natürlich mit den Problemen der Zeitkonsistenz bei der Wahl einer optimalen Steuerstruktur beschäftigen. In der steuerpolitischen Praxis ist diskretionäres Handeln der Politiker oft anzutreffen. Besonders auffällig ist dieses Verhalten bei nicht eingehaltenen Wahlversprechen der Politiker: vor der Wahl versprechen sie, z.B. keine Steuererhöhungen durchzuführen, und werden deshalb gewählt. Während ihrer Regierungszeit stellt es sich aber als vorteilhaft heraus, das Versprechen zu brechen und höhere Steuern zu erheben. Allerdings werden sich die Wähler langfristig darauf einstellen und solchen Wahlversprechungen keinen Glauben mehr schenken. Als weiteres prominentes Beispiel kann die Einführung der Quellensteuer auf Zinserträge in der Bundesrepublik Deutschland genannt werden. Zum Zeitpunkt ihrer relativ überraschenden Einführung war ein großer Teil privaten Vermögens in Deutschland fest angelegt und konnte deshalb der Besteuerung nicht entweichen. Bezogen auf diese Anlagen ist die Quellensteuer eine unverzerrende Steuer. Mittelfristig führt die Quellensteuer aber zu einer massiven **Kapitalflucht** ins Ausland, um der **Zinsabschlagsteuer** zu entgehen. Auf die Analyse in Abschnitt 5.2 sei hierzu nochmals hingewiesen. Auch hier gilt, daß diskretionäre Politik nur solange vorteilhaft ist, wie sie überraschend wirkt. Auf die Dauer werden die Privaten die diskretionäre Politik antizipieren, und sie wird zu Wohlfahrtseinbußen führen.

Diese Zusammenhänge sollen in den folgenden Unterabschnitten näher erläutert werden, wobei wir den Unterschied zwischen einer optimalen Steuerpolitik bei glaubwürdiger Bindung an angekündigte Maßnahmen und diskretionärer Politik besonders hervorheben wollen. Zunächst werden wir in Unterabschnitt 7.2.1 als Referenzsituation die optimale Steuerstruktur beschreiben, wenn die Steuerpolitik glaubwürdige Bindungen eingehen kann und von ihren Ankündigungen nicht abweicht. Sodann wird in Unterabschnitt 7.2.2 dieser Situation das zeitkonsistente Gleichgewicht bei diskretionärer Politik gegenübergestellt, in dem Politiker von ihren Ankündigungen abweichen können. In beiden Fällen wird nur das Effizienzkriterium der Besteuerung berücksichtigt. Unterliegen Politiker keinen Glaubwürdigkeitsbindungen, stellt sich die Frage, wie

[3] *Kydland* und *Prescott* (1977) sowie *Calvo* (1978) waren die ersten, die mit einem spieltheoretischen Ansatz Zeitkonsistenzprobleme in der Geldpolitik thematisierten. Das Glaubwürdigkeitsproblem in der Fiskalpolitik wurde erstmals von *Fischer* (1980) angesprochen.

das suboptimale Ergebnis bei diskretionärer Besteuerung möglichst nahe an das Ergebnis bei glaubhafter Bindung herangeführt werden kann. Eine Möglichkeit wird in Unterabschnitt 7.2.3 durch die Einbeziehung von Verteilungsüberlegungen vorgestellt. Sie besteht darin, einen Politiker zu wählen, der nicht die verteilungspolitischen Vorstellungen der Gesellschaft vertritt, sondern konservativer eingestellt ist und den Kapitalisten nähersteht.

7.2.1 Optimale Besteuerung bei glaubwürdiger Bindung

Zur Verdeutlichung der Zeitkonsistenzprobleme knüpfen wir an das einfache und das erweiterte Optimalsteuerproblem aus Abschnitt 7.1 an. Es gelten daher die gleichen Annahmen. Wir haben schon bei der Einführung des Modells erwähnt, daß die Haushalte bereits in der ersten Periode Entscheidungen über ihre Ersparnisse treffen müssen, die von der Rendite nach Steuern abhängen. Daraus entsteht ein Erwartungsproblem, das zu einem Zeitkonsistenzproblem in der Steuerpolitik führen kann. Allerdings wollen wir in diesem Unterabschnitt noch unterstellen, daß die Regierung sich in Periode 1 glaubwürdig an eine Steuerpolitik (t_v, t_w) für Periode 2 binden kann, ihre Ankündigungen also nicht wieder revidiert. Diese Vorstellung ist aber eher unrealistisch und kann nur mit weiteren Annahmen gestützt werden. So könnte man sich zusätzlich vorstellen, daß die Haushalte bei einer Abweichung von der angekündigten Steuerpolitik die Politiker sofort abwählen. Da es im Interesse eines Politikers ist, im Amt zu bleiben, liegt somit eine **glaubwürdige Bindung** vor. Eine andere Möglichkeit wäre, die Regelbindung in der Verfassung zu verankern. Wie wird die Regierung also unter diesen Annahmen die Vermögen- und Lohnsteuer setzen?

Die Antwort auf diese Frage haben wir bereits in Abschnitt 7.1 hergeleitet, denn die optimale Steuerstruktur entspricht dem uns bekannten Second-Best-Ergebnis, das durch die **Ramsey-Regel** (7.17) bzw. die erweiterte Ramsey-Regel (7.31) beschrieben wird. Diese Erkenntnis können wir festhalten als

Ergebnis 7.2.1 *Bei glaubwürdiger Bindung werden beide Steuern zur Finanzierung öffentlicher Güter herangezogen, wenn sie beide eine elastische Bemessungsgrundlage besitzen.*

7.2.2 Optimale Besteuerung bei diskretionärer Politik

Können Politiker von Fall zu Fall entscheiden – eine diskretionäre Politik betreiben – ist die einmal angekündigte Steuerpolitik nicht glaubwürdig und somit nicht zeitkonsistent – selbst wenn sie zu einer Second–Best–Lösung des Besteuerungsproblems führt. Ein ähnliches Problem tritt auf, wenn ein Regierungswechsel ansteht, da auch in diesem Fall eine neue Regierung die Steuerpolitik neu überdenken wird und sich eine andere Steuerstruktur als optimal erweisen kann.

Diese Überlegungen wollen wir anhand des einfachen Optimalsteuerproblems, das nur Effizienzgesichtspunkte thematisiert, aufzeigen. Der Ablauf der verschiedenen Entscheidungen privater Haushalte einerseits und der Regierung andererseits entspricht der nachstehenden Reihenfolge. In Periode 1 wählen die Haushalte ihre Ersparnis basierend auf den Erwartungen über die zukünftige Steuerpolitik. Jedoch setzt die Regierung erst in Periode 2 ihre optimale Steuerpolitik (t_v, t_w) endgültig fest, nachdem sie die Höhe der Ersparnisse kennt. Danach werden die Haushalte ihr Arbeitsangebot wählen, wobei sie die tatsächliche Festsetzung von t_v und t_w berücksichtigen.

Glaubwürdigkeitsrestriktion der Regierung

Das optimale Verhalten der Privaten wird nach wie vor durch die Bedingungen erster Ordnung (7.6) und (7.7) beschrieben, wobei t_v jetzt durch den erwarteten Vermögensteuersatz t_v^e zu ersetzen ist. Die angekündigte und bei glaubwürdiger Bindung optimale Steuerpolitik ist jedoch kein **zeitkonsistentes Gleichgewicht** mehr, da aus Sicht der Periode 2 die gesamtwirtschaftliche Ersparnis gegeben ist. Die Regierung hat somit in Periode 2 einen Anreiz, die Vermögensteuer t_v als eine unverzerrende Abgabe entgegen der Ankündigung neu zu bestimmen, denn die Privaten können nicht länger mit Ersparnisverringerung auf eine Erhöhung dieser Steuer reagieren.

Das Maximierungsproblem der Regierung und ihre Budgetrestriktion bleiben weiterhin unverändert. Allerdings ist nun die Einkommenselastizität der Ersparnis, ε_s, nur ex ante positiv. Ex post, also zum Zeitpunkt der Wahl der staatlichen Steuerpolitik, hat die Ersparnis als Bemessungsgrundlage eine Elastizität von Null. Aus der notwendigen Bedingung für die Lösung des Maximierungsproblems der Regierung, der **Ramsey–Regel** (7.17), folgt dann für eine zeitkonsistente Politik, daß die Vermögensteuer im maximalen Umfang zur Deckung der Staatsausgaben heranzuziehen ist, da sie zu einer unverzerrenden Steuer wird. Für eine bestimmte Höhe an Staatsausgaben, g, muß der Vermögensteuersatz im zeitkonsistenten Gleichgewicht somit folgendermaßen gewählt werden:

$$t_v(s) = \min\left\{\frac{g}{(1+r)s}, 1\right\}. \tag{7.32}$$

Nach Bedingung (7.32) muß ein konfiskatorischer Vermögensteuersatz in Höhe von 100% gewählt werden, wenn nicht schon bei einem geringeren Steuersatz das Budget der Regierung ausgeglichen wird. Bedingung (7.32) wird als **Glaubwürdigkeitsrestriktion** bezeichnet. Jede Abweichung von dieser Regel ist nicht glaubwürdig und würde zu Zeitinkonsistenz führen. Dieses wichtige Resultat halten wir fest als

Ergebnis 7.2.2 *Bei zeitkonsistenter Politik wählt die Regierung den maximalen notwendigen Vermögensteuersatz, um den öffentlichen Einnahmenbedarf zu decken.*

Der Lohnsteuersatz, t_w, ergibt sich sodann als Residuum aus der staatlichen Budgetrestriktion (7.4). Insbesondere folgt aus (7.32), daß $t_w = 0$ für $t_v < 1$ gilt.

In einem zeitkonsistenten Gleichgewicht darf es keine Erwartungsbrüche geben. Vielmehr müssen die Erwartungen der privaten Entscheidungsträger über die Höhe des Vermögensteuersatzes auch erfüllt werden. Deshalb müssen in einem zeitkonsistenten Gleichgewicht die Bedingungen erster Ordnung privaten Verhaltens, (7.6) und (7.7), und die Glaubwürdigkeitsrestriktion der Regierung (7.32) simultan erfüllt sein. Zu beachten ist dabei, daß der einzelne Haushalt die aggregierte **gesamtwirtschaftliche Ersparnis** in der Glaubwürdigkeitsrestriktion (7.32) bei seiner individuellen Sparentscheidung in Periode 1 als gegeben annimmt, da er darauf keinen Einfluß hat. Die gesamtwirtschaftliche Ersparnis ergibt sich in Abhängigkeit des erwarteten Vermögensteuersatzes, $s(t_v^e)$.

Anhand der folgenden Abbildung 7.1 sollen mögliche Gleichgewichte bei diskretionärer Politik beschrieben werden. Dazu werden die Steuereinnahmen aus der Vermögensteuer, $t_v(1+r)s(t_v^e)$, als eine Funktion des Vermögensteuersatzes dargestellt. Die **Laffer–Kurve** in der oberen Abbildung stellt die Einnahmenfunktion dar, wenn sich die Regierung glaubwürdig an eine Steuerpolitik binden kann. Jedes zeitkonsistente Gleichgewicht bei diskretionärer Politik muß ebenfalls auf dieser Kurve liegen, da nur dort die Erwartungen der Privaten vollständig erfüllt sind, d.h. $t_v^e = t_v$. Bei allen Punkten, die nicht auf der Laffer–Kurve liegen, werden die privaten Erwartungen verletzt. Die **ex post–Vermögensteuerfunktion** im unteren Diagramm verläuft dagegen linear durch den Ursprung mit der Steigung $(1+r)s(t_v^e)$, denn die gesamtwirtschaftliche Ersparnis steht in Periode 2 bereits fest, $\partial s(t_v^e)/\partial t_v = 0$.

Mögliche Gleichgewichte bei diskretionärer Politik

Vollständige Enteignung

Die vollständige Enteignung erfolgt bei einem konfiskatorischen Vermögensteuersatz, $t_v = 1$. In diesem Fall sind alle Bedingungen für ein **zeitkonsistentes Gleichgewicht** erfüllt. Ein Steuersatz t_v in Höhe von 1 wird gemäß (7.32) sicherlich dann gewählt, wenn die gesamtwirtschaftliche Ersparnis gerade Null ist, weil niemand Ersparnisse bildet. Nach der Bedingung erster Ordnung (7.6) ist aber die Wahl, keine Ersparnis zu bilden, auch rational für jeden einzelnen Haushalt, wenn er einen Vermögensteuersatz von 1 erwartet. Die ex post–Vermögensteuerfunktion fällt mit der Abszisse zusammen, und auf der Laffer–Kurve wird der Punkt C erreicht. Jeder Haushalt erwartet korrekterweise, vollständig enteignet zu werden, und hat daher keinen Anreiz, Ersparnisse zu bilden. Tatsächlich wird dann auch ex post eine konfiskatorische Vermögensteuer gewählt. Allerdings resultieren keine Steuereinnahmen daraus, da die gesamtwirtschaftliche Ersparnis Null ist.

Dieses Gleichgewicht ist jedoch der denkbar schlechteste Fall. Da durch die Vermögensteuer keine Einnahmen erzielt werden, müssen die gesamten öffentlichen Ausgaben in Periode 2 alleine durch die Lohnsteuer finanziert werden. Dies führt zu erheblichen Verzerrungen, da die Höhe der Zusatzlast quadratisch mit dem Steuersatz ansteigt und nur eine Steuer zur Verfügung steht. Des weiteren vergeben Haushalte so nutzenspendende Ersparnismöglichkeiten, da wir angenommmen haben, daß der Grenzertrag ihrer Ersparnis ohne Steuern größer als ihr Grenznutzen aus dem Konsum ist, wenn sie nicht sparen, $U'(A) < 1 + r$.

Trotz ihrer offensichtlichen Suboptimalität ist die vollständige Enteignung ein zeitkonsistentes Gleichgewicht. Jeder Haushalt verhält sich rational, denn er hat selber keinen Einfluß auf die gesamtwirtschaftliche Ersparnis und bestimmt seine Ersparnis simultan mit allen anderen Haushalten. Glaubt jeder Haushalt von den anderen, daß diese einen Vermögensteuersatz von 1 erwarten, so ist die vollständige Enteignung unvermeidbar, unabhängig davon, wieviel der Haushalt selbst spart. Deshalb ist die Wahl einer Ersparnis von Null eine **individuell rationale Strategie**. Das Gleichgewicht ist vergleichbar mit einer Bankenpanik. Die Befürchtung eines Zusammenbruchs führt zu **selbsterfüllenden Er-**

wartungen, da alle Anleger gleichzeitig ihre Einlagen aufkündigen und somit den Bankencrash tatsächlich verursachen.

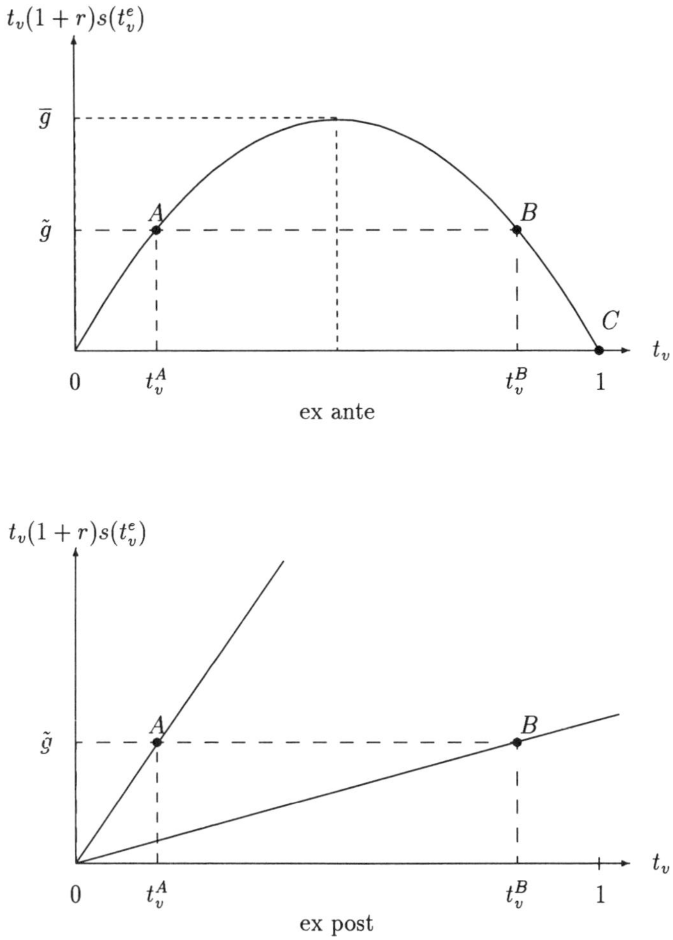

Abb. 7.1: Ex ante- und ex post-Vermögensteuerfunktionen

Wir haben nun erklärt, daß die vollständige Enteignung ein mögliches zeitkonsistentes Gleichgewicht ist, aber noch nicht, unter welchen Bedingungen es überhaupt eintritt. Dazu betrachten wir noch einmal Abbildung 7.1 und definieren die maximal erzielbaren Steuereinnahmen aus der Vermögensteuer als

$$\overline{g} \equiv \arg\max_{t_v}[t_v(1+r)s(t_v^e)]. \tag{7.33}$$

Übersteigen die tatsächlichen Ausgaben dieses Einnahmenniveau, $g > \overline{g}$, so muß die Vermögensteuer in jedem Fall durch die Erhebung einer Lohnsteuer ergänzt werden. Aus der Glaubwürdigkeitsrestriktion der Regierung (7.32) folgt, daß in allen diesen Fällen $t_v = 1$ gewählt wird.

Ergebnis 7.2.3 *Übersteigen die Staatsausgaben die mit der Vermögensteuer maximal erzielbaren Steuereinnahmen, $g > \overline{g}$, so wird die Regierung den höchsten Vermögensteuersatz wählen, $t_v = 1$. In diesem Fall ist die vollständige Enteignung ein eindeutiges Gleichgewicht.*

Allerdings kann die vollständige Enteignung, die aus Sicht der Haushalte die schlechteste Lösung ist, da eine positive Ersparnisbildung ausbleibt, auch dann nicht als zeitkonsistentes Gleichgewicht ausgeschlossen werden, wenn $g \leq \overline{g}$ ist. Erwarten alle Haushalte $t_v = 1$, so ist ihr optimales Verhalten durch eine Ersparnis von Null gekennzeichnet, unabhängig davon, wie hoch die Staatsausgaben tatsächlich sind. Für die Regierung ist es aufgrund ihrer Glaubwürdigkeitsrestriktion optimal, $t_v = 1$ zu setzen, da $s(t_v^e) = 0 < g/(1+r)$. Somit erfüllen sich die Erwartungen selbst. Jedoch sind für Staatsausgaben in Höhe von $g \leq \overline{g}$ auch andere Gleichgewichte möglich. Wann diese Gleichgewichte erreicht werden und durch welche Steuerstruktur sie gekennzeichnet sind, wollen wir im nächsten Unterpunkt untersuchen.

Partielle Enteignung

Andere mögliche Gleichgewichte zeichnen sich durch eine partielle Enteignung, $t_v < 1$, aus. Sie sichern der Bevölkerung eine höhere Wohlfahrt, da sie näher bei der Second–Best–Steuerstruktur liegen und dabei Ersparnisse gebildet werden. Zur Verdeutlichung betrachten wir wiederum Abbildung 7.1. Bei einem Staatsausgabenniveau von $\tilde{g}$ sind sowohl A als auch B Gleichgewichte. In A erwartet jeder Haushalt einen Steuersatz $t_v^e = t_v^A$. Die gesamtwirtschaftliche Ersparnis beträgt dann $s(t_v^A)$, und die Einnahmen aus der Vermögensteuer bei einem Steuersatz von t_v^A decken gerade die öffentlichen Ausgaben, $\tilde{g}$. Die Regierung orientiert sich an der ex post–Einnahmenfunktion aus Abbildung 7.1 und findet es tatsächlich auch optimal, $t_v = t_v^A$ zu wählen. Damit ist A ein Gleichgewicht. Eine analoge Überlegung verdeutlicht, daß auch B mit $t_v^e = t_v^B$ ein mögliches Gleichgewicht für dieses Staatsausgabenniveau ist.

Allerdings ist die Wohlfahrt in A höher als in B, da B auf der rechten Seite der Laffer–Kurve liegt. Diese Seite der Laffer–Kurve gibt Kombinationen von Steuersätzen und Steueraufkommen an, bei denen eine marginale Erhöhung der Steuersätze zu einem so starken Rückgang der Ersparnisse führt, daß die Einnahmen aus der Vermögensteuer sinken. Das gleiche Staatsausgabenniveau kann auch mit einem geringeren Steuersatz und folglich mit einer geringeren Verzerrung der Sparentscheidung erreicht werden[4]. Das andere mögliche Gleichgewicht in C, die vollständige Enteignung, ist allerdings gegenüber B inferior. Während in B die Arbeitsentscheidung nicht verzerrt wird, da die Lohnsteuer Null ist, gleichzeitig aber noch positive Ersparnisse gebildet werden, kommt es in C zu einer zusätzlichen Verzerrung der Arbeitsentscheidung bei einer gesamtwirtschaftlichen Ersparnis von Null. Dort muß das gesamte Steueraufkommen aus der Lohnsteuer aufgebracht werden. Die partielle Enteignung durch die Vermögensteuer ist daher einer totalen Enteignung vorzuziehen.

Jedoch ist selbst in A die Wohlfahrt geringer als in einem Gleichgewicht bei glaubwürdiger Bindung. Dort würde auch die Lohnsteuer zur Finanzierung der Staatsausgaben herangezogen, die in A entfällt. Deshalb stellt das Gleichgewicht in A lediglich eine **Third–Best–Lösung** dar. Der in diesem Falle optimale Vermögensteuersatz, t_v^A, maximiert die Wohlfahrt unter diskretionärer Politik, wenn ein staatliches Ausgabenniveau in Höhe von $\tilde{g}$ zu decken ist. Könnte die Regierung hingegen glaubwürdig einen geringeren Vermögensteuersatz $t_v < t_v^A$ ankündigen, so würde auch die Lohnsteuer t_w zur Finanzierung der Staatsausgaben herangezogen, und alle wären bessergestellt als bei einem Gleichgewicht in A, B oder C. Die durch die Vermögensteuer als alleinige Steuereinnahmequelle entstehende große Verzerrung könnte durch einen zusätzlichen Rückgriff auf das Lohneinkommen als Steuerbasis reduziert werden. Die Lösung würde sich dem durch die Ramsey–Regel (7.17) beschriebenem Second–Best–Optimum annähern. Zusammenfassend formulieren wir das

Ergebnis 7.2.4 *Sind die Staatsausgaben nicht höher als die maximal erzielbaren Einnahmen aus der Vermögensteuer, $g \leq \overline{g}$, so existieren*

[4] Einen ähnlichen Zusammenhang haben wir bereits in Abbildung 4.4 dargestellt. Man vergleiche hierbei die Freizeit–Einkommens–Kombinationen J und K auf der Preis–Konsum–Kurve, die das gleiche Steueraufkommen bei unterschiedlichen Steuersätzen sichern.

Gleichgewichte mit partieller Enteignung, $t_v < 1$. Die Ersparnisbildung ist positiv, jedoch ist die Wohlfahrt geringer als bei glaubwürdiger Bindung, bei der auch Arbeitseinkommen besteuert wird.

Überlegen wir noch einmal kurz, warum in der beschriebenen Situation, $t_v < 1$, mehrere Gleichgewichte existieren können. Zur Verdeutlichung beschränken wir uns auf die Gleichgewichte A und B in Abbildung 7.1. Sie sind beide durch ein identisches Steueraufkommen charakterisiert, das zur Finanzierung der öffentlichen Ausgaben in Höhe von $\tilde{g}$ genau ausreicht. Den privaten Haushalten ist $\tilde{g}$ bekannt. Da sie annahmegemäß vollständig über den Verlauf der Laffer–Kurve informiert sind, antizipieren Haushalte, daß $\tilde{g}$ alternativ mit den Steuersätzen t_v^A oder t_v^B finanziert werden kann. Welcher dieser beiden Steuersätze von der Regierung gewählt wird, hängt von der Höhe der gesamtwirtschaftlichen Ersparnis ab. Diese ist jedoch aus Sicht eines einzelnen Haushalts wiederum unbekannt, da beide Steuersätze, t_v^A oder t_v^B, zur Sicherung von $\tilde{g}$ möglich sind. Haushalte bilden sich daher eine Erwartung über die realisierte Höhe der gesamtwirtschaftlichen Ersparnis, die in Punkt A $s(t_v^A)$ und in Punkt B $s(t_v^B)$ beträgt. Demnach ist ex ante nicht zu beurteilen, welches der beiden Gleichgewichte realisiert wird.

Welchen Erklärungsgehalt haben die abgeleiteten Ergebnisse für die Besteuerungspraxis? Eine konfiskatorische oder beinahe **konfiskatorische Besteuerung** des Vermögens trifft man nicht an. Vielmehr werden neben ex post unverzerrenden Steuern wie die Vermögensteuer auch verzerrende Steuern wie die Lohnsteuer erhoben, um öffentliche Ausgaben zu finanzieren. Wie läßt sich diese Abweichung zu unseren Ergebnissen erklären? Man kann hierfür eine Reihe von Gründen anführen. Ein erster Grund könnte im verfassungsmäßigen Verbot einer konfiskatorischen Vermögensbesteuerung liegen. Eine solche Steuerpolitik verstößt in der Bundesrepublik Deutschland gegen Art. 14 GG, der das Recht auf Eigentum garantiert.

Zweitens setzt in einer Welt mit hoher Kapitalmobilität die Möglichkeit der **Kapitalflucht** in Länder mit niedrigeren Vermögensteuern einer extensiven Vermögensbesteuerung enge Grenzen. Der Spielraum für wohlfahrtssteigernde überraschende Abweichungen von der angekündigten Politik ist beschränkt, da zwischen der erstmaligen Ankündigung und der gesetzlichen Verwirklichung einer steuerpolitischen Maßnahme zumeist ein längerer Zeitraum liegt, Investoren aber schnell reagieren.

Drittens können sich Regierungen durch glaubwürdiges Handeln eine Reputation aufbauen, die zur Verbesserung der Wiederwahlchancen erforderlich ist. Um dies zu verstehen, versetze man sich abweichend vom vorliegenden Modell in eine Situation, in der die Regierung auch nach der zweiten Periode im Amt bleiben will. In diesem Fall besteht ein größerer Anreiz, Vermögen mit einem geringeren Steuersatz zu belegen. Ein Abweichen von der glaubwürdigen Politik ist für sie nun mit höheren Kosten verbunden, da ein Verlust an Glaubwürdigkeit mit in der Zukunft geringerer Ersparnis und damit auch geringerer Wohlfahrt der Bevölkerung einhergeht. Bei einer einmaligen Festlegung der Steuerpolitik hingegen bezieht die Regierung nur die kurzfristigen Effizienzgewinne aus einem Rückgriff auf die Vermögensteuer als Einnahmequelle in ihr Kalkül ein.

Schließlich haben steuerpolitische Maßnahmen nicht nur allokative Wirkungen, sondern auch Verteilungswirkungen. Haushalte verfügen über unterschiedliche Einkommensquellen. Würde man nur eine möglichst effiziente Allokation der Ressourcen fordern, würden ohne glaubwürdige Bindung entweder nur die Kapitalisten wie in Gleichgewicht A oder B oder nur die Arbeiter wie in Gleichgewicht C zur Finanzierung öffentlicher Ausgaben herangezogen. Die damit verbundenen Verteilungseffekte können gesellschaftlich unerwünscht sein. Mit diesem Aspekt werden wir uns im folgenden Unterabschnitt beschäftigen.

7.2.3 Möglichkeiten zur Überwindung der Zeitkonsistenzprobleme

Nachdem wir am Ende des vorangegangenen Unterabschnitts einige Gründe aufgezeigt haben, weshalb eine vollständige Vermögensbesteuerung in der Steuerpraxis nicht beobachtbar ist, wollen wir in diesem Unterabschnitt nach einem Anreizmechanismus suchen, der Politiker veranlaßt, selbst dann ein Second-Best-Gleichgewicht anzustreben, wenn sie diskretionär entscheiden und keiner Glaubwürdigkeitsbindung unterliegen. Dazu betrachten wir erneut das erweiterte Optimalsteuerproblem, das wir in Unterabschnitt 7.1.3 eingeführt haben, wobei die Haushalte wiederum in die zwei gleichgroßen Gruppen der Arbeiter und der Kapitalisten unterteilt werden. Analog zur vorangegangenen Vorgehensweise bestimmen wir zunächst die optimale Besteuerung bei diskretionärer Politik, wenn die Regierung neben dem Ziel, ein bestimmtes Ausgabenniveau mit geringstmöglichen Verzerrungen zu finanzieren, auch eine gerechte Einkommensverteilung anstrebt. Sodann werden wir zeigen, daß eine Regierung, deren Verteilungsvorstellung die Kapitaleinkommensbezieher begünstigt, einen Ausweg aus dem Dilemma des Zeitkonsistenzproblems bieten kann. Diese Analyse lehnt sich an *Rogers* (1985) an.

Zeitkonsistente Steuerpolitik

Eine zeitkonsistente Steuerpolitik ist wiederum dadurch gekennzeichnet, daß sie für die Regierung auch ex post, d.h. wenn die Kapitalisten ihre Sparentscheidung bereits getroffen haben, optimal ist. Das Maximierungsproblem der Regierung wird bei diskretionärer Politik weiterhin durch (7.27) beschrieben. Jedoch sind die Ersparnisse der Kapitalisten, s, zum Zeitpunkt der Entscheidung nicht mehr veränderbar, $\varepsilon_s = 0$. Aus der erweiterten Ramsey–Regel (7.31) folgt als Bedingung für das Gleichgewicht bei diskretionärer Fiskalpolitik unter Beachtung des Gerechtigkeitsziels:

$$\frac{\varphi U'(\tilde{c}_2)}{1} = \frac{1 - \tilde{t}_w}{1 - \tilde{t}_w(1 + \tilde{\varepsilon}_l)}, \tag{7.34}$$

wobei wir Optimalwerte mit einer Tilde gekennzeichnet haben. Die linke Seite gibt analog zu (7.31) das Verhältnis der sozial gewichteten Grenznutzen des Konsums zwischen Kapitalisten und Arbeitern wieder. Auf der rechten Seite befindet sich nun nur noch die durch die Lohnsteuererhebung hervorgerufene relative Verzerrung, denn bei der Vermögensteuer handelt es sich ex post um eine unverzerrende Steuer.

Ein Vergleich von (7.31) mit (7.34) zeigt, daß die Regierung abhängig davon, ob sie sich glaubwürdig binden kann oder ob sie diskretionär handelt, unterschiedliche Steuersätze wählt. Die optimale Kombination der Steuersätze t_w^* und t_v^* bei glaubwürdiger Bindung kann nicht gleichzeitig auch bei diskretionärer Politik optimal sein. Um dies zu verdeutlichen, setzen wir $t_w^* = \tilde{t}_w$ und somit auch $\varepsilon_l^* = \tilde{\varepsilon}_l$ in (7.34) ein. Daraus folgt unmittelbar $\varphi U'(\tilde{c}_2) > \varphi U'(c_2^*)$. Bei abnehmendem Grenznutzen des privaten Konsums kann diese Ungleichung nur dann erfüllt sein, wenn der Zukunftskonsum der Kapitalisten bei diskretionärer Politik geringer ist als bei glaubwürdiger Bindung, $\tilde{c}_2 < c_2^*$. Folglich muß bei identischen Lohnsteuersätzen eine höhere Vermögensbesteuerung im diskretionären Gleichgewicht vorherrschen, $\tilde{t}_v > t_v^*$.

Zugleich folgt aus (7.34), daß Kapital nicht konfiskatorisch besteuert wird, solange $\varphi > 0$ ist. In diesem Fall berücksichtigt die Regierung das Verteilungsziel bei ihrer Entscheidung. Die Glaubwürdigkeitsrestriktion wird abgeschwächt, und die Kapitalisten antizipieren bei ihrer Sparentscheidung, daß es zu keiner vollständigen Enteignung kommen wird. Wir wollen nun untersuchen, ob eine Veränderung der verteilungspolitischen Vorstellungen zugunsten der Kapitalisten es ermöglicht, ein zeitkonsistentes Gleichgewicht mit einer Second–Best–Steuerstruktur zu sichern.

Veränderung der Verteilungsvorstellungen

Die wahren gesellschaftlichen **Verteilungspräferenzen** sind in (7.27) derart festgelegt, daß der Nutzen eines repräsentativen Kapitalisten mit φ, der eines Arbeiters dagegen mit 1 gewichtet wird. Wenn eine zeitkonsistente Steuerpolitik erfolgen soll, die durch die notwendige Bedingung (7.34) charakterisiert wird und die zugleich mit der Bedingung (7.31) für eine optimale Besteuerung bei **glaubwürdiger Bindung** übereinstimmt, dann müssen die Steuersätze in beiden Situationen identisch sein, $t_i^* = \tilde{t}_i$, $i = v, w$. Um dies zu erreichen, könnte die Gesellschaft die Steuerpolitik einem Politiker übertragen, dessen Verteilungspräferenzen von den wahren gesellschaftlichen Präferenzen abweichen. Sei φ^* die Gewichtung, die ein solcher Politiker dem Nutzen der Kapitalisten zuordnet. Dann muß bei simultaner Erfüllung von (7.31) und (7.34) folgender Zusammenhang gelten:

$$\varphi^* = \varphi \frac{1 - t_v^*}{1 - t_v^*(1 + \varepsilon_s^*)} > \varphi. \tag{7.35}$$

Aus (7.35) ist ersichtlich, daß die relative Verzerrung durch die Vermögensteuer Eingang in die gesellschaftlichen Präferenzen findet. Eine zeitkonsistente Steuerpolitik stimmt nur dann mit einer Second–Best–Politik überein, wenn der Politiker konservativ ist, d.h. wenn seine Verteilungspräferenzen die Kapitalisten begünstigen, $\varphi^* > \varphi$[5]. Je größer die Einkommenselastizität der Ersparnis der Kapitalisten ist, um so stärker muß auch die Gewichtung des Nutzens der Kapitalisten in der Zielfunktion des Politikers sein. Bei einer solchen Gewichtung der Verteilungspräferenzen antizipieren die Kapitalisten, daß es für den Politiker in der zweiten Periode optimal ist, den Vermögensteuersatz t_v^* zu wählen. Die gesamtwirtschaftliche Ersparnis beträgt dann $s(t_v^*) > s(\tilde{t}_v)$. Für den Politiker besteht in Periode 2 aufgrund seiner „kapitalfreundlichen" Verteilungspräferenzen kein Anreiz, von den Erwartungen der privaten Haushalte in Richtung eines höheren Vermögensteuersatzes abzuweichen. Obwohl also keine explizite glaubwürdige Bindung vorliegt, kann das optimale diskretionäre Verhalten des konservativen Politikers zu genau dem Gleichgewicht führen, das sich ergibt, wenn ein Politiker glaubwürdig die wahren gesellschaftlichen Präferenzen verfolgt. Hierbei sollte aber darauf hingewiesen werden, daß das mit Hilfe der veränderten Verteilungspräferenzen herbeigeführte Gleichgewicht nicht eindeutig ist. Das Second–Best–Gleichgewicht ist also nur eines von mehreren möglichen Gleichgewichten.

[5] Mit der Frage, wie die Gesellschaft ihren optimalen Politiker bestimmt, beschäftigt sich die Politische Ökonomie im Rahmen von **Wahlmodellen**. Hierzu soll auf *Persson* und *Tabellini* (1990) verwiesen werden.

Welches Gleichgewicht tatsächlich realisiert wird, hängt wiederum von der Erwartungsbildung der Kapitalisten ab. Zusammenfassend erhalten wir das

Ergebnis 7.2.5 *Überträgt man die steuerpolitische Entscheidungsgewalt einem konservativen Politiker, der die Interessen der Kapitalisten stärker berücksichtigt, kann das Zeitkonsistenzproblem abgemildert und im Idealfall sogar überwunden werden.*

Ist das resultierende diskretionäre Gleichgewicht second–best, so steigt durch die Übertragung der steuerpolitischen Kompetenz an einen konservativen Politiker die gesellschaftliche Wohlfahrt. Da der Vermögensteuersatz dann immer geringer ist als im ursprünglichen diskretionären Gleichgewicht, sind Kapitalisten eindeutig bessergestellt. Erstaunlicherweise können sich aber auch die Arbeiter verbessern, denn es ist a priori nicht eindeutig zu beurteilen, ob der Lohnsteuersatz gegenüber dem ursprünglichen diskretionären Gleichgewicht sinkt oder steigt. Ist das Ausgangsgleichgewicht durch einen Vermögensteuersatz auf der rechten Seite der Laffer–Kurve gekennzeichnet, steigen die Vermögensteuereinnahmen mit geringerem Vermögensteuersatz, und der Lohnsteuersatz kann sinken. Auch die Gruppe der Arbeiter ist dann begünstigt. Ein zusätzlicher positiver Effekt für die Arbeiter kann sich ergeben, wenn man Faktorpreisbewegungen berücksichtigt. Unter der Annahme, daß die Grenzproduktivität der Arbeit mit zunehmendem Kapitaleinsatz steigt, kommt es aufgrund der höheren Ersparnis– und Kapitalbildung zu einem Anstieg der Bruttolöhne, welcher sogar bei einem gegenüber dem Ausgangsgleichgewicht höheren Lohnsteuersatz zu einem Nettolohnanstieg führen kann.

Bereits weiter oben haben wir erwähnt, daß Zeitkonsistenzprobleme auch in der **Geldpolitik** existieren. Diese Gedanken sollen hier noch einmal aufgegriffen werden. Ausgangspunkt ist dabei der der **Phillipskurve** zugrunde liegende kurzfristige Trade–off zwischen einem hohen Beschäftigungsstand und Preisstabilität. Beinhaltet die Zielfunktion der Zentralbank diese beiden Argumente, so besteht kurzfristig die Möglichkeit, durch überraschende Geldmengenerhöhungen die Arbeitslosigkeit zu verringern, da bei zunehmender Inflation die Reallöhne sinken. Rationale Erwartungen seitens der Tarifparteien verhindern jedoch, daß die Arbeitslosenquote systematisch durch expansive Geldpolitik verringert werden kann. Reale Veränderungen bleiben aufgrund von Nominallohnanpassungen folglich aus. Der langfristige Beschäftigungsstand ist daher durch die **natürliche Arbeitslosigkeit** determiniert, die man heute in vielen

Ländern Europas mit der **strukturellen Arbeitslosigkeit** gleichsetzen kann. Sie kann nicht mit Hilfe politischer Maßnahmen unterschritten werden. Expansive Geldpolitik führt lediglich zu höherer Inflation und damit zu einer geringeren sozialen Wohlfahrt.

Um dieses Zeitkonsistenzproblem abzuschwächen, wird in vielen Ländern ein unabhängiger, dem Ziel der Preisstabilität stärker verpflichteter Zentralbankpolitiker ins Amt berufen[6]. Da dieser keinen Anreiz hat, das Preisstabilitätsziel zugunsten eines höheren Beschäftigungsstandes aufzugeben, ergibt sich eine Situation, die der bei glaubwürdiger Bindung entspricht und eine höhere gesellschaftliche Wohlfahrt sichert.

In diesem Abschnitt haben wir verdeutlicht, was man unter Zeitkonsistenzproblemen versteht und warum solche Probleme sowohl in der Fiskal- als auch in der Geldpolitik auftreten können. Wir haben gesehen, daß suboptimale Gleichgewichte immer dann auftreten, wenn Politiker sich nicht glaubwürdig an einmal getroffene Entscheidungen binden können. Diesem Problem kann mittels der Wahl von Politikern begegnet werden, die die Präferenzen derjenigen Wirtschaftsubjekte stärker gewichten, deren Entscheidungen bei endgültiger Festsetzung einer Politikmaßnahme nicht mehr revidierbar sind und deren Belastung kurzfristig relativ geringe gesellschaftliche Kosten verursacht.

Allerdings sind nicht nur Probleme der Zeitkonsistenz zur Realisierung eines optimalen Steuersystems zu überwinden. Der Gesetzgeber sollte auch darauf achten, daß Effizienz und Verteilungsgerechtigkeit des realisierten Steuersystems nicht durch Steuerhinterziehung untergraben werden.

7.3 Optimale Verhinderung der Steuerhinterziehung

In der bisherigen Analyse eines optimalen Steuersystems haben wir unterstellt, daß die Regierung die Einkünfte aller Wirtschaftssubjekte direkt beobachten kann. Das besteuerte Einkommen stimmte somit stets mit der tatsächlichen Steuerbasis überein. In der Realität kann die Regierung jedoch nicht sämtliche Einkünfte beobachten. Dies bedeutet, daß die Wirtschaftssubjekte die Möglichkeit haben, unbeobachtet von der Regierung einen Teil ihrer Einkünfte bei ihrer persönlichen Steuererklärung zu unterschlagen. Das so erzielte Steueraufkommen ist geringer als in einer ver-

[6] *Kydland* und *Prescott* (1977) formulierten erstmals ein solches Modell zur Lösung von Zeitkonsistenzproblemen in der Geldpolitik. Seine eigentliche Bedeutung fand es jedoch erst durch den Beitrag von *Barro* und *Gordon* (1983).

gleichbaren Situation, in der die Regierung vollkommen informiert ist. Da die Regierung aber ein bestimmtes öffentliches Ausgabenniveau finanzieren muß, ist sie gezwungen, die erklärte Steuerbasis mit höheren Steuern zu belegen. Da ein Steuersystem im wesentlichen auf verzerrende Steuern zurückgreifen muß, kommt es zu höheren Zusatzlasten der Besteuerung. **Steuerhinterziehung** gefährdet aber ebenfalls das angestrebte Verteilungsziel. Seine Realisierung ist nun mit höheren volkswirtschaftlichen Kosten verbunden, weil sich die Wirtschaftssubjekte nicht nur in ihrer Leistungsfähigkeit, sondern auch in ihren Möglichkeiten, Steuern zu hinterziehen, unterscheiden. Ein effizientes und gerechtes Steuersystem muß sich also zusätzlich dadurch auszeichnen, daß es die Anreize der privaten Wirtschaftssubjekte zur Steuerhinterziehung berücksichtigt.

In der Steuerpraxis existieren eine Reihe von Möglichkeiten, der Besteuerung zu entgehen. Zum einen können Sparer ihr Vermögen ins Ausland, z.B. auf schweizerische Bankkonten, verlagern. Aufgrund des bestehenden DBA's zwischen Deutschland und der Schweiz wird in der Schweiz keine Quellensteuer auf die dort erzielten Erträge erhoben, da sie nach dem Wohnsitzlandprinzip in Deutschland besteuert werden sollen. Das Bankgeheimnis verhindert aber die Kontrolle dieser Vermögensanlagen seitens der deutschen Finanzbehörden. Deutsche Sparer können somit die Erträge aus Vermögensanlagen im Ausland relativ risikolos der Besteuerung entziehen.

Jedoch beschränken sich die Möglichkeiten, der Besteuerung zu entkommen, nicht nur auf eine Kapitalflucht ins Ausland. Auch innerhalb eines Landes sind zahlreiche und oft nur schwer überprüfbare „Steuerschlupflöcher" vorhanden. So kommen Unternehmen vielfach ihrer gesetzlichen Buchführungspflicht nicht vollständig nach und verheimlichen somit dem Fiskus steuerbare Einnahmen. Auch **Tauschgeschäfte** werden nicht versteuert, obwohl ein Steuertatbestand vorliegt. Tauschgeschäfte sind dadurch charakterisiert, daß offenstehende, aber nicht tatsächlich ausgestellte Rechnungen eines Unternehmens mit Sachleistung anstatt in Geld entlohnt werden. Diese Güter- und Leistungsströme sind kaum nachvollziehbar und entgehen daher leicht der Besteuerung. Wenn andererseits ein Elektriker nach Feierabend für einen Bekannten Stromleitungen verlegt und dies „privat" abrechnet, d.h. sich ohne Rechnung bar ausbezahlen läßt, so handelt es sich hier um eine spezielle Form der Steuerhinterziehung, um die sogenannte **Schwarzarbeit**.

Aus den genannten Gründen ist die Höhe des tatsächlich hinterzogenen Steueraufkommens nur schwer zu ermitteln. Schätzungen der Europäischen Kommission vermuten einen durchschnittlichen Anteil der nicht angemeldeten Erwerbstätigkeit, der sogenannten Schwarzarbeit, am BIP der EU in Höhe von 7 - 16%. Als Hauptursache für diese Art der Steuerhinterziehung nennt die Kommission neben der wachsenden Steuerlast die zunehmende Nachfrage nach Dienstleistungen sowie die Auslagerung von Tätigkeiten aus Großunternehmen. Neben den klassischen Bereichen der Schwarzarbeit wie dem Baugewerbe, der Landwirtschaft, dem Einzelhandel, dem Hotel- und Gaststättengewerbe sowie den häuslichen Diensten findet sie sich zunehmend auch im verarbeitenden Gewerbe, in der Dienstleistungsbranche und in modernen innovativen Wirtschaftszweigen.

Tabelle 7.1: Wirtschaftsfaktor Schattenökonomie
Geschätzter prozentualer Anteil der Schwarzarbeit am BIP in der EU

Belgien	12 - 21	Italien	20 - 26
Dänemark	3 - 7	Luxemburg	k.A.
Deutschland	4 - 14	Niederlande	5 - 14
Finnland	2 - 4	Österreich	4 - 7
Frankreich	4 - 14	Portugal	k.A.
Griechenland	29 - 35	Schweden	4 - 7
Großbritannien	7 - 13	Spanien	10 - 23
Irland	5 - 10	EU 13	7 - 16

Quelle: EU-Kommission (1998)

An der Spitze der durch Schwarzarbeit erzielten Wirtschaftsleistung innerhalb der EU steht, wie aus Tabelle 7.1 zu ersehen ist, Griechenland mit einem geschätzten Anteil der Schwarzarbeit am BIP in Höhe von 29 - 35%, gefolgt von Italien mit 20 - 26%, Spanien mit 10 - 23% sowie Belgien mit 12 - 21%. Deutschland rangiert mit 4 - 14% im Mittelfeld, während die Schwarzarbeit in Skandinavien und Österreich mit einer Bandbreite von 2 - 7% offenbar das geringste Ausmaß erreicht.

Die Länder unterscheiden sich nicht nur durch den Umfang der Schwarzarbeit, sondern auch durch die getroffenen Maßnahmen zur Bekämpfung dieser Art der Steuerhinterziehung. In Belgien, Deutschland und Frankreich versucht man, die Schwarzarbeit im Bereich der Haushaltsdienstleistungen gezielt zu reduzieren, indem man den Abzug von Ausgaben für hauswirtschaftliche Beschäftigungsverhältnisse von der Steuer zuläßt und von Geringverdienern keine oder nur geringe Sozialabgaben einbehält. Die Niederlande setzen dagegen auf eine allgemeine Verringerung der Lohnnebenkosten und die im Kreis der EU-Partner noch umstrittene

Senkung der Mehrwertsteuer bei arbeitsintensiven Tätigkeiten.

Wie wir anhand der Daten sehen können, ist die Steuerhinterziehung in ihren verschiedenen Ausprägungen ein empirisch sehr bedeutendes Problem. Daher sollte eine analytische Auseinandersetzung mit diesem Thema Bestandteil dieses Kapitels zur optimalen Besteuerung sein. Analog zum Vorgehen in den beiden voranstehenden Abschnitten werden wir untersuchen, wie ein optimales Steuersystem ausgestaltet sein sollte, wenn es zu Steuerhinterziehung kommen kann. Dazu wird das bisherige Modell in einigen Bereichen verändert. Sodann werden die Entscheidungen der Haushalte sowie der Regierung beschrieben. Als Ergebnis erhalten wir zwei modifizierte Ramsey–Regeln zur optimalen Besteuerung bei Steuerhinterziehung.

7.3.1 Das Modell

Grundlage der Analyse dieses Abschnitts ist ein Modell von *Sandmo* (1981), in dem das Problem der Steuerhinterziehung auf dem Arbeitsmarkt untersucht wird. Im Gegensatz zu den vorhergehenden Abschnitten handelt es sich hierbei um ein statisches Modell. Zeitkonsistenzprobleme sowie die Bildung von Kapitalvermögen und seine Besteuerung werden somit vernachlässigt. Wir unterstellen einen Arbeitsmarkt, der aus einem regulären Sektor und dem Schwarzmarkt besteht. Während das Arbeitsangebot im regulären Sektor beobachtbar ist und entsprechend sämtliche Arbeitseinkünfte besteuert werden können, entgehen am Schwarzmarkt erzielte Arbeitseinkünfte vollständig der Besteuerung. Die Regierung verfügt aber über einen Kontrollmechanismus, mit dessen Hilfe sie Schwarzarbeiter mit einer gewissen Wahrscheinlichkeit identifizieren und bestrafen kann. Neben der auf hinterzogene, aber von der Regierung identifizierte Arbeitseinkünfte erhobenen Strafsteuer beeinflußt auch die Lohnsteuer das optimale Arbeitsangebot der Haushalte auf den beiden Märkten. Betrachten wir daher zunächst die privaten Haushalte.

Wir unterteilen die Wirtschaftssubjekte in zwei Gruppen, die Steuerhinterzieher, H, und die korrekten Steuerzahler, Z, die sich durch ihre Zutrittsmöglichkeiten zu den einzelnen Arbeitsmärkten unterscheiden. Die Mitglieder einer jeden Gruppe sind identisch, und ihre Anzahl wird vereinfachend auf Eins normiert. Während Mitglieder der Gruppe H sich aufgrund ihrer Qualifikationen auch Zutritt zum Schwarzmarkt verschaffen und damit auf beiden Märkten Arbeit anbieten können, hat die Z–Gruppe nur zum regulären Arbeitsmarkt Zutritt. Auf am regulären Arbeitsmarkt erzielte Einkommen wird eine Lohnsteuer erhoben. Der

Anbieter von Schwarzarbeit wird dagegen nur eine Strafsteuer zahlen müssen, sofern seine nicht angemeldete Erwerbstätigkeit entdeckt wird.

Untersuchen wir zuerst das Verhalten des korrekten Steuerzahlers. Sein Nutzen sei positiv abhängig vom Konsum des privaten Guts, c_Z, und negativ abhängig vom Arbeitsangebot, l_Z:

$$U^Z = c_Z - \Lambda(l_Z), \tag{7.36}$$

wobei das Grenzleid der Arbeit positiv ist und mit zunehmendem Arbeitseinsatz steigt, $\Lambda_l^Z \equiv \partial\Lambda(l_Z)/\partial l_Z > 0$, $\Lambda_{ll}^Z \equiv \partial^2\Lambda(l_Z)/\partial(l_Z)^2 > 0$. Bei einem Lohnsatz von w^Z und einem Lohnsteuersatz t^Z auf das reguläre Arbeitseinkommen ergibt sich die Budgetrestriktion des korrekten Steuerzahlers als

$$c_Z = w^Z l_Z(1 - t^Z), \tag{7.37}$$

wobei der Preis des privaten Gutes auf Eins normiert sei. Der Konsum des korrekten Steuerzahlers entspricht also seinem Nettoeinkommen.

Die individuelle Nutzenfunktion des Steuerhinterziehers lautet:

$$U^H = c_H - \Lambda(l_H, h), \tag{7.38}$$

mit $\Lambda_l^H, \Lambda_h^H > 0$; $\Lambda_{ll}^H, \Lambda_{hh}^H > 0$; $\Lambda_{lh}^H = \Lambda_{hl}^H = 0$, wobei tiefgestellte Indizes wiederum partielle Ableitungen bezeichnen. Das **Arbeitsleid** des Steuerhinterziehers ist sowohl von seinem Arbeitsangebot auf dem regulären Arbeitsmarkt, l_H, als auch von seinem Arbeitsangebot auf dem Schwarzmarkt, h, abhängig. Das Grenzleid der Arbeit kann für die beiden Arbeitsangebote unterschiedlich hoch sein. Wie sich später herausstellen wird, ist diese Annahme notwendig, um eine innere Lösung für das Maximierungsproblem des Steuerhinterziehers zu erhalten. Die zunächst wenig plausible Gestalt der Arbeitsleidfunktion mag man damit rechtfertigen, daß die Arbeit, die der Steuerhinterzieher auf den beiden Märkten anbietet, heterogen ist. Man könnte sich z.B. vorstellen, ein Büroangestellter erledigt außerhalb seiner regulären Arbeitszeit die Gartenarbeit für einen Nachbarn und erhält dafür ein Entgelt, das er der Besteuerung hinterzieht.

Das am regulären Arbeitsmarkt erzielte Einkommen wird mit dem Lohnsteuersatz t^H belastet, der sich vom Steuersatz der korrekten Steuerzahler unterscheiden kann. Dies läßt sich damit erklären, daß sich die Gruppe der korrekten Steuerzahler hinsichtlich ihrer Entlohnung und somit hinsichtlich der steuerlichen Belastung erheblich von der Gruppe der Steuerhinterzieher unterscheidet. Das Einkommen aus der Schwarzarbeit entweicht dagegen der Besteuerung, sofern der Steuerhinterzieher nicht bei einer Kontrolle entdeckt wird. Die Wahrscheinlichkeit, entdeckt zu werden, beträgt P, und entsprechend ist $(1-P)$ die Wahrscheinlichkeit, daß der Steuerhinterzieher der Kontrolle entgeht. Im Falle der Entdeckung wird eine Strafsteuer mit dem Steuersatz ϑ auf den hinterzogenen Betrag fällig. Der potentielle Steuerhinterzieher muß sich am Anfang einer jeden Periode für das jeweilige Arbeitsangebot auf den beiden Märkten entscheiden. Der Bruttolohnsatz beträgt einheitlich w^H. Die Annahme gleicher Lohnsätze auf beiden Märkten geschieht nur zur Vereinfachung der Analyse, sie beeinträchtigt die Ergebnisse jedoch in keiner Weise. Die für den Steuerhinterzieher relevante Budgetbeschränkung offenbart sich erst am Ende einer Periode, wenn klar ist, ob er sein Einkommen aus Schwarzarbeit erfolgreich hinterziehen konnte (Zustand 1 mit Wahrscheinlichkeit $(1-P)$) oder ob sein Betrugsversuch entdeckt wurde und er eine Strafe zahlen muß (Zustand 2 mit Wahrscheinlichkeit P):

$$c_{H,1} = w^H l_H(1-t^H) + w^H h \qquad \text{bzw.} \tag{7.39}$$

$$c_{H,2} = w^H l_H(1-t^H) + w^H h(1-\vartheta). \tag{7.40}$$

Demnach entspricht der Konsum des Steuerhinterziehers in Zustand 1, $c_{H,1}$, der Summe aus seinem Nettoeinkommen aus Arbeit am regulären Markt und dem unbesteuerten Einkommen aus Schwarzarbeit. Wird der Steuerhinterzieher jedoch entdeckt, so ist sein Konsum, $c_{H,2}$, im Vergleich zum Zustand 1 geringer, da die Strafzahlung sein Nettoeinkommen aus Schwarzarbeit mindert.

7.3.2 Die Entscheidungsprobleme der beiden Haushaltstypen

Die beiden Haushaltsgruppen wählen ihren Arbeitseinsatz, l_Z bzw. l_H und h, und maximieren so ihren Nutzen unter Beachtung ihrer jeweiligen Budgetrestriktion. Durch die Wahl des Arbeitseinsatzes wird zugleich das Nettoeinkommen und damit die Höhe ihres optimalen Konsums bestimmt. Den Lohnsatz, w^i, $i = Z, H$, den Lohnsteuersatz, t^i, $i = Z, H$, den Strafsteuersatz bei entdeckter Schwarzarbeit, ϑ, sowie auch die Entdeckungswahrscheinlichkeit bei Steuerhinterziehung, P, betrachten sie dabei als exogen gegeben.

Das Entscheidungsproblem des korrekten Steuerzahlers stellt sich nach Einsetzen seiner Budgetrestriktion (7.37) in seine Nutzenfunktion (7.36) als

$$\max U^Z = w^Z l_Z(1 - t^Z) - \Lambda(l_Z) \tag{7.41}$$

durch Wahl von l_Z dar. Das optimale Arbeitsangebot l_Z ergibt sich implizit aus der folgenden Bedingung erster Ordnung:

$$\Lambda_l^Z = w^Z(1 - t^Z). \tag{7.42}$$

Die Grenzkosten des Arbeitsangebots, ausgedrückt durch das Grenzleid der Arbeit, müssen im Optimum gerade dem Nettolohnsatz entsprechen.

Für die Gruppe der Steuerhinterzieher ergibt sich ein erweitertes Problem, da diese Haushalte zusätzlich entscheiden müssen, wie hoch ihr Arbeitsangebot am Schwarzmarkt ist. Die Erwartungsnutzenfunktion des Steuerhinterziehers, $E(U^H)$, entspricht der Summe der mit der jeweiligen Eintrittswahrscheinlichkeit, $(1 - P)$ bzw. P, gewichteten Nutzen in den beiden Zuständen,

$$E(U^H) = (1 - P)[c_{H,1} - \Lambda(l_H, h)] + P[c_{H,2} - \Lambda(l_H, h)]. \tag{7.43}$$

Setzt man die beiden Budgetrestriktionen (7.39) und (7.40) in die Erwartungsnutzenfunktion $E(U^H)$ ein, so stellt sich das Entscheidungsproblem eines Steuerhinterziehers nach einigen Umformungen folgendermaßen dar:

$$\max E(U^H) = w^H l_H(1 - t^H) + w^H h(1 - P\vartheta) - \Lambda(l_H, h) \tag{7.44}$$

durch Wahl von l_H und h. Die Bedingungen erster Ordnung für ein Nutzenmaximum lauten in diesem Fall:

$$\Lambda_l^H = w^H(1 - t^H) \quad \text{sowie} \tag{7.45}$$

$$\Lambda_h^H = w^H(1 - P\vartheta). \tag{7.46}$$

Auch der Steuerhinterzieher paßt seine **Arbeitsangebotsentscheidungen** so an, daß die Grenzkosten des Arbeitsangebots auf dem regulären bzw. dem Schwarzmarkt gerade dem jeweiligen Lohnsatz nach Lohnsteuer bzw. erwarteter Strafzahlung entsprechen. Aus einem Vergleich von (7.45) mit (7.46) folgt, daß das Grenzleid der Schwarzarbeit geringer (höher) ist als das der regulären Arbeit, sofern der erwartete Strafsteuersatz, $P\vartheta$, höher (geringer) ist als der Lohnsteuersatz. Aufgrund der

Annahmen über den Verlauf der Arbeitsleidfunktion können Randlösungen immer dann ausgeschlossen werden, wenn sowohl t^H als auch $P\vartheta$ kleiner als Eins sind. In diesem für die weitere Analyse relevanten Fall kommt es stets zu einem positiven Arbeitsangebot auf beiden Märkten.

7.3.3 Das Verhalten der Regierung

Wie wird sich nun die Regierung verhalten, wenn sie eine optimale Besteuerung in einer Ökonomie sichern will, in der Steuerhinterziehung nicht völlig ausgeschlossen werden kann? Hierbei stellen sich einige konzeptionelle Fragen, die bei Modellen ohne Schwarzarbeit nicht berücksichtigt werden müssen. Erstens ist es fraglich, ob auch der Nutzen des Steuerhinterziehers aus seinem mit Schwarzarbeit finanzierten Konsum sowie sein Arbeitsleid aus Schwarzarbeit in der sozialen Wohlfahrtsfunktion berücksichtigt werden sollte. Wir unterstellen hier eine **Utilitaristische Wohlfahrtsfunktion**, in die der individuelle Nutzen der beiden Haushaltsgruppen mit unterschiedlichen Gewichten eingeht. Somit erhöht auch der Nutzen aus Schwarzarbeit die soziale Wohlfahrt. Ein zweites Problem ist auf die **unvollständige Information** der Regierung über die Höhe der Schwarzarbeit eines Steuerhinterziehers zurückzuführen. Zwar kann die Regierung potentielle Steuerhinterzieher von korrekten Steuerzahlern unterscheiden, jedoch soll es ihr nur möglich sein, Steuerhinterzieher zu bestrafen, wenn sie diese bei der Schwarzarbeit erwischt. Drittens stellt sich die Frage, ob die Regierung den **Erwartungsnutzen** oder den tatsächlich realisierten Nutzen der Steuerhinterzieher bei ihrer Politik berücksichtigen sollte. Wir lösen dieses Problem durch Annahme rationaler Erwartungen. Dies bedeutet, daß die von den Steuerhinterziehern erwartete Wahrscheinlichkeit, entdeckt zu werden, dem tatsächlichen Anteil der aufgedeckten Vergehen entspricht.

Die exogen gegebenen Ausgaben der Regierung, g, müssen ihren Einnahmen aus dem Lohnsteueraufkommen am regulären Arbeitsmarkt und dem Strafsteueraufkommen entsprechen,

$$\begin{aligned} g &= t^Z w^Z l_Z + (1-P) t^H w^H l_H + P w^H (t^H l_H + \vartheta h) \\ &= t^Z w^Z l_Z + w^H (t^H l_H + P\vartheta h). \end{aligned} \tag{7.47}$$

Die soziale Wohlfahrtsfunktion ergibt sich bei einer Gewichtung der individuellen Nutzen der jeweiligen Bevölkerungsgruppe mit φ^Z bzw. φ^H als

$$W = \varphi^Z U^Z + \varphi^H [(1-P) U^H (c_{H,1}, l_H, h) + P U^H (c_{H,2}, l_H, h)]. \tag{7.48}$$

Das Optimalsteuerproblem der Regierung erhält man nun nach Einsetzen der privaten Budgetrestriktionen sowie der Bedingungen erster Ordnung der Haushalte in die Wohlfahrtsfunktion (7.48) und in die staatliche Budgetrestriktion (7.47):

$$\begin{aligned}\max W &= \varphi^Z(l_Z\Lambda_l^Z - \Lambda^Z) + \varphi^H(l_H\Lambda_l^H - \Lambda^H + h\Lambda_h^H) \\ &\quad +\lambda[g - (w^Z - \Lambda_l^Z)l_Z - (w^H - \Lambda_l^H)l_H - (w^H - \Lambda_h^H)h],\end{aligned} \tag{7.49}$$

durch Wahl von l_Z, l_H und h, wobei $\Lambda^Z \equiv \Lambda(l_Z)$, $\Lambda^H \equiv \Lambda(l_H, h)$ und λ der Lagrange–Multiplikator ist. Die Bedingungen erster Ordnung für ein Wohlfahrtsmaximum lauten:

$$\frac{\partial W}{\partial l_Z} = 0 \quad \Leftrightarrow \quad \varphi^Z l_Z \Lambda_{ll}^Z = \lambda(w^Z - \Lambda_l^Z - l_Z\Lambda_{ll}^Z), \tag{7.50}$$

$$\frac{\partial W}{\partial l_H} = 0 \quad \Leftrightarrow \quad \varphi^H l_H \Lambda_{ll}^H = \lambda(w^H - \Lambda_l^H - l_H\Lambda_{ll}^H), \tag{7.51}$$

$$\frac{\partial W}{\partial h} = 0 \quad \Leftrightarrow \quad \varphi^H h \Lambda_{hh}^H = \lambda(w^H - \Lambda_h^H - h\Lambda_{hh}^H). \tag{7.52}$$

Setzt man die Definitionen der Nettopreiselastizitäten des jeweiligen Arbeitsangebots,

$$\varepsilon_l^Z \equiv \frac{\Lambda_l^Z}{l_Z\Lambda_{ll}^Z}, \quad \varepsilon_l^H \equiv \frac{\Lambda_l^H}{l_H\Lambda_{ll}^H}, \quad \varepsilon_h^H \equiv \frac{\Lambda_h^H}{h\Lambda_{hh}^H}, \tag{7.53}$$

wobei z.B.

$$\varepsilon_l^Z \equiv \frac{dl_Z}{d[w^Z(1-t^Z)]}\frac{w^Z(1-t^Z)}{l_Z}$$

gilt, in die obigen Bedingungen erster Ordnung der Regierung ein, lassen sich unter Verwendung der Bedingungen erster Ordnung der Haushalte die notwendigen Bedingungen für ein Wohlfahrtsmaximum folgendermaßen umformen:

$$\varphi^Z = \lambda\left(\varepsilon_l^Z \frac{t^Z}{1-t^Z} - 1\right), \tag{7.54}$$

$$\varphi^H = \lambda\left(\varepsilon_l^H \frac{t^H}{1-t^H} - 1\right), \tag{7.55}$$

$$\varphi^H = \lambda\left(\varepsilon_h^H \frac{P\vartheta}{1-P\vartheta} - 1\right). \tag{7.56}$$

Die sieben notwendigen Bedingungen für ein Wohlfahrtsoptimum, bestehend aus den Bedingungen erster Ordnung der Haushalte, (7.42) sowie

(7.45) und (7.46), der Budgetrestriktion des Staates, (7.47), und den Marginalbedingungen (7.54) - (7.56), bestimmen eindeutig die sieben endogenen Variablen λ, l_Z, l_H, h, t^Z, t^H und ϑ, bei gegebenen Staatsausgaben zur Finanzierung öffentlicher Güter, g, gegebenen Wohlfahrtsgewichten, φ^Z und φ^H, sowie gegebener Entdeckungswahrscheinlichkeit, P.

Wir untersuchen nun, nach welchen Regeln die Regierung die Lohnsteuersätze und den Strafsteuersatz bei Steuerhinterziehung wählt. Durch Gleichsetzen von (7.55) und (7.56) erhalten wir eine Regel für eine **effizienzsichernde Besteuerung der Steuerhinterzieher**:

$$\frac{\varepsilon_l^H}{\varepsilon_h^H} = \frac{1-t^H}{t^H} \bigg/ \frac{1-P\vartheta}{P\vartheta}. \tag{7.57}$$

Gleichung (7.57) ist eine Variante der **Ramsey–Regel** (7.17). Sie bestimmt das effiziente Verhältnis zwischen dem Lohnsteuersatz, t^H, und dem erwarteten Strafsteuersatz bei Steuerhinterziehung, $P\vartheta$. Nach dieser Regel sollte der Staat stärker auf eine Arbeitseinkommensbesteuerung (Bestrafung der Schwarzarbeit) zurückgreifen, wenn reguläre Arbeit (Schwarzarbeit) weniger elastisch auf Nettolohnänderungen reagiert als Schwarzarbeit (reguläre Arbeit). Es ist also für Zwecke der ökonomischen Effizienz nicht sinnvoll, erwartete Steuerhinterziehung durch Wahl von $P\vartheta = 1$ völlig zu unterbinden. Dies mag erklären, warum in der Steuerpraxis keine prohibitiv hohen Strafen für Steuerhinterzieher existieren. Dennoch ist (7.57) mit einem Strafsteuersatz von über 100% vereinbar, da die Entdeckungswahrscheinlichkeit geringer als Eins ist, $P < 1$. In einer Situation, die durch identische Nettopreiselastizitäten auf beiden Märkten gekennzeichnet ist, kann man sogar eindeutig sagen, daß der Strafsteuersatz, ϑ, den Lohnsteuersatz, t^H, übersteigen muß.

Welcher Bedingung muß nun ein optimaler Einkommensteuertarif bei Steuerhinterziehung genügen? Dazu dividieren wir (7.54) durch (7.55), um eine Regel für die optimale Besteuerung der beiden Haushaltsgruppen zu erhalten:

$$\frac{\varphi^Z}{\varphi^H} = \frac{1-t^H}{1-t^H(1+\varepsilon_l^H)} \bigg/ \frac{1-t^Z}{1-t^Z(1+\varepsilon_l^Z)}. \tag{7.58}$$

Diese Ramsey–Regel ist eine Variante von (7.31). Sie bestimmt das optimale Verhältnis zwischen den beiden Lohnsteuersätzen auf dem regulären Arbeitsmarkt, t^Z und t^H, in Abhängigkeit von der Gewichtung der beiden Haushaltsgruppen in der Wohlfahrtsfunktion und den Nettopreiselastizitäten des jeweiligen Arbeitsangebots. Demnach finden in dieser

Bedingung sowohl Verteilungs- als auch Effizienzgesichtspunkte Berücksichtigung. Je höher der Nutzen einer Haushaltsgruppe in der sozialen Wohlfahrtsfunktion gewichtet wird und je höher ihre Nettopreiselastizität ist, um so geringer sollte der Lohnsteuersatz dieser Haushaltsgruppe sein. Interessant ist die Untersuchung von zwei Spezialfällen. Wird erstens der Nutzen der beiden Haushaltsgruppen sozial gleich bewertet, $\varphi^Z = \varphi^H$, so reduziert sich (7.58) auf die einfache Ramsey-Regel, da die Regierung nur eine möglichst effiziente Allokation anstrebt. Bieten zweitens sowohl die korrekten Steuerzahler als auch die Steuerhinterzieher Arbeit unelastisch auf dem regulären Arbeitsmarkt an, $\varepsilon_l^Z = \varepsilon_l^H = 0$, so ist die Lohnsteuer unverzerrend, und die relative Steuerbelastung bestimmt sich lediglich durch verteilungspolitische Ziele. Da wir hier einen konstanten Grenznutzen des privaten Konsums unterstellt haben, wird in diesem Fall nur die Gruppe mit dem geringeren Verteilungsgewicht mit einer Lohnsteuer belastet. Wir halten somit fest

Ergebnis 7.3.1 *Kann eine bestimmte Gruppe von Haushalten Steuern hinterziehen und belegt die Regierung die entdeckten Steuerhinterzieher mit einer Strafsteuer, so ist es aus allokativer Sicht sinnvoll, ein gewisses Ausmaß an Steuerhinterziehung zuzulassen, wenn Schwarzarbeit nicht vollkommen unelastisch angeboten wird. Das Phänomen der Steuerhinterziehung hat jedoch keinen Einfluß auf das optimale Verhältnis der Lohnsteuersätze für die verschiedenen Gruppen von Arbeitnehmern auf dem regulären Arbeitsmarkt.*

Abschließend sollten wir uns noch einmal kurz mit einem bereits oben angesprochenen Problembereich beschäftigen. In der voranstehenden Analyse sind wir davon ausgegangen, daß die Regierung auch den Nutzen aus Schwarzarbeit in der sozialen **Wohlfahrtsfunktion** berücksichtigt. Nehmen wir nun abweichend davon an, daß die Regierung diesen Nutzen vernachlässigt, jedoch weiterhin das Aufkommen aus der Strafsteuer zur Finanzierung der öffentlichen Ausgaben heranzieht. Die Regel (7.57) zur optimalen Besteuerung der Steuerhinterzieher vereinfacht sich dann zu $\varepsilon_h^H = (1 - P\vartheta)/(P\vartheta)$. Der Strafsteuersatz ist in diesem Fall also lediglich von der Nettopreiselastizität der Schwarzarbeit abhängig und ist um so höher, je weniger elastisch Schwarzarbeit reagiert. Dieses Ergebnis erhält man sofort, wenn man das Verteilungsgewicht in (7.56) vernachlässigt, $\varphi^H = 0$. Die Gestalt der Marginalbedingung (7.58) hingegen bleibt erhalten.

In diesem abschließenden Kapitel haben wir unter Ausnutzung der in den vorangegangenen Kapiteln gewonnenen Erkenntnisse über die Anreiz- und Verteilungswirkungen von Steuern ein optimales Steuersystem hergeleitet. Dabei haben wir auch zwei in der Steuerpraxis wichtige Problembereiche angesprochen, die Zeitinkonsistenz und die Steuerhinterziehung, und untersucht, wie ein optimales Steuersystem in diesen Fällen angepaßt werden muß.

Die Auswahl dieser Problemkreise war subjektiv und natürlich keineswegs abschließend. Für darüber hinausgehende Fragen sei erneut auf die Literaturempfehlungen am Ende jedes Kapitels verwiesen.

Literaturempfehlungen zu Kapitel 7

Empfohlene Lehrbuchliteratur:

Atkinson, Anthony B. und Joseph E. Stiglitz (1980), *Lectures on Public Economics*, McGraw–Hill, New York, Kapitel 12.

Rosen, Harvey S. (1995), *Public Finance*, 4. Aufl., Irwin, Chicago, Kapitel 15.

Persson, Torsten und Guido Tabellini (1990), *Macroeconomic Policy, Credibility and Politics*, Harwood Academic Publishers, Chur, Kapitel 1, 6 und 7.3.

Stiglitz, Joseph E. und Bruno Schönfelder (1994), *Finanzwissenschaft*, 2. Aufl. (1. deutschsprachige Aufl.), 1. Nachdruck, Oldenbourg, München, Kapitel 19.

Zitierte und vertiefende Literatur:

Barro, Robert J. und David M. Gordon (1983), „Rules, Discretion and Reputation in a Modell of Monetary Policy“, *Journal of Monetary Econonmics 12*, S. 101–121.

Calvo, Guillermo A. (1978), „On the Time Consistency of Optimal Policy in a Monetary Economy“, *Econometrica 46*, S. 1411–1428.

EU-Kommission (1998), „Mitteilung der Kommission zur nicht angemeldeten Erwerbstätigkeit“, KOM (1998) 219 endg. vom 7.4.1998, Brüssel.

Fischer, Stanley (1980), „Dynamic Inconsistency, Cooperation and the Benevolent Dissembling Government“, *Journal of Economic Dynamics and Control 2*, S. 93–107.

Kydland, Finn E. und Edward C. Prescott (1977), „Rules Rather than Discretion: the Inconsistency of Optimal Plans“, *Journal of Political Economy 85*, S. 473–491.

Ramsey, Frank P. (1927), „A Contribution to the Theory of Taxation“, *Economic Journal 37*, S. 47–61.

Rogers, Carol Ann (1986), „The Effects of Distributive Goals on the Time Inconsistency of Optimal Taxes“, *Journal of Monetary Econonmics 17*, S. 251–269.

Sandmo, Agnar (1981), „Income Tax Evasion, Labour Supply, and the Equity–Efficiency Tradeoff“, *Journal of Public Economics 16*, S. 265–288.

Sachverzeichnis

Buchanzeigen